BOU-FARIK

UNE PAGE DE L'HISTOIRE
DE LA COLONISATION ALGÉRIENNE

BOU-FARIK

PAR

LE COLONEL C. TRUMELET

COMMANDEUR DE L'ORDRE DE LA LÉGION D'HONNEUR
OFFICIER DE L'INSTRUCTION PUBLIQUE
MEMBRE DE LA SOCIÉTÉ DES GENS DE LETTRES

DEUXIÈME ÉDITION

« Par l'épée et par la charrue. »
(Devise du maréchal BUGEAUD.)

« Le défrichement seul vous mangera
« quelques existences, je vous en avertis.
« Plus une terre est fertile, plus on meurt
« à la défricher. Un grand capitaliste s'é-
« criait, il y a quelques années, devant
« les marais d'Ostie : « Que de millions
« à prendre ! mais il faudrait d'abord y
« enterrer cent mille Allemands. » Si
« vous n'avez pas d'Allemands à enterrer,
« mon cher monsieur, je ne vous conseille
« pas de débuter dans le rôle de premier
« occupant. »

ED. ABOUT. — *Le Progrès*, chap. II.

ALGER
ADOLPHE JOURDAN, LIBRAIRE-ÉDITEUR
4, PLACE DU GOUVERNEMENT, 4

1887

A Monsieur BORÉLY LA SAPIE

COLON DE LA PREMIÈRE HEURE, PREMIER MAIRE DE BOU-FARIK, CONSEILLER GÉNÉRAL, OFFICIER DE L'ORDRE NATIONAL DE LA LÉGION D'HONNEUR.

Mon cher Ami,

Si le public a trouvé bon de gratifier Ferdinand de Lesseps du glorieux surnom de « *Le Grand Français* », je ne vois pas pourquoi l'Algérie reconnaissante ne vous décernerait pas celui de « *Le Grand Algérien;* » car, enfin, ce titre vous l'avez bien et dûment gagné par votre stage de près d'un demi-siècle derrière la charrue de la Colonisation algérienne.

Mais laissez-moi rappeler sommairement à ceux de vos contemporains qui l'ont oubliée, et apprendre aux générations nouvelles qui ne l'ont jamais sue, la glorieuse odyssée de votre existence coloniale.

Vous naissiez dans les rudes montagnes des Basses-Alpes à une époque déjà assez éloignée de nous; mais, enfin, il vous reste cette consolation que vous n'avez pas le monopole de cette particularité.

Vous faites vos premières études au Collège d'Avignon, cette cité qui n'est plus jeune non

plus, et qui, dès le treizième siècle, s'était déjà constituée en République. Seulement, cela n'a pas duré.

En 1832, — vous aviez dix-huit ans, — à la suite de la première invasion du choléra, vous débutiez vaillamment dans les œuvres de dévouement désintéressé et d'amour de l'humanité, en remplaçant, au chevet pestilentiel des cholériques, les médecins qui avaient lâchement abandonné leur poste de combat.

Votre première action d'éclat était récompensée par une médaille d'or grand module.

En 1843, vous visitiez l'Algérie en touriste : parfaitement accueilli par l'illustre maréchal Bugeaud, — ce soldat-colon, — vous preniez possession, un an après, en novembre 1844, — vous aviez trente ans, — de la ferme de Soukaly, et vous entrepreniez, sans retard, ce travail aussi herculéen que dangereux, du dessèchement de son marais, lequel ne couvrait pas moins de 200 hectares de superficie, opération colossale qui, grâce à votre énergique activité a été achevée en deux mois.

L'année suivante, — en 1845, — ce vaste marécage, qui avait été ensemencé immédiatement après son dessèchement, donnait de magnifiques et abondantes récoltes. Vous alliez tirer de cette vase léthifère la plus splendide exploitation qu'on pût voir. Vous vous révéliez, en même temps, comme agriculteur de premier ordre, et comme planteur d'arbres hors de pair.

A partir de ce moment de votre brillante entrée dans le service de la Colonisation héroïque, et des absorptions immodérées du sulfate de quinine, vous appartenez à l'histoire de Bou-Farik; aussi, me suis-je emparé, sans vous en demander la permission, de votre personnalité si vaillamment et si intelligemment agricole, pour lui donner la place qu'elle méritait dans les annales de la Colonisation algérienne.

En 1847, vous fondiez le Comice agricole de la province d'Alger.

Un décret du 21 novembre 1851 érigeait Bou-Farik en Commune, et il lui était donné pour section municipale le village de Soumàa et son territoire.

La Commission municipale de la Commune de Bou-Farik était constituée à la date du 12 janvier 1852, et vous en étiez nommé le premier Maire; et les dix années pendant lesquelles vous avez exercé ces difficiles fonctions vous ont suffi pour transformer le marais vaseux sur lequel avait été bâtie la ville, en une merveilleuse oasis, qui, au lieu de donner la mort, comme autrefois, aux téméraires qui osaient l'habiter, distribuait et redonnait la vie et la santé à ceux que la maladie avait frappés : Bou-Farik s'était métamorphosé entre vos mains; du charnier des premiers temps vous aviez fait une ville d'hygiène et de résurrection, où l'on allait prendre l'air bienfaisant, comme ailleurs on va prendre les eaux.

En 1853, lorsque les trois Provinces résolurent d'envoyer une nombreuse délégation à Paris pour s'occuper des intérêts de notre grande Colonie, vous fûtes un de ceux qui furent désignés pour représenter la Province d'Alger, et la délégation, réunie en assemblée générale à Paris, vous choisit pour son président.

Avant la création des Conseils généraux algériens, vous avez été successivement Secrétaire, puis Président de la Chambre consultative d'Agriculture du département d'Alger, pour la session de 1861.

Dès que furent créés les Conseils généraux algériens, vous y fûtes investi successivement des fonctions de Secrétaire, puis de Vice-Président du Conseil général d'Alger, lequel vous nommait son Délégué au Conseil supérieur du Gouvernement.

En 1865, après avoir quitté, sur votre demande, la Mairie de Bou-Farik, où vous estimiez avoir accompli votre tâche, vous étiez appelé à la Mairie de Blida, où vous avez laissé votre marque en créant, indépendamment du Jardin-Bizot, qu'on y admire, et d'un magnifique boulevard extérieur, des œuvres utiles et d'intérêt général.

C'est pendant le cours de votre administration de la Commune de Blida, que sévirent presque à la fois tous les fléaux qui s'abattaient jadis sur les populations de la Régence d'Alger, sans doute pour en donner une répétition à la nouvelle génération; nous voulons parler du tremblement de terre de Blida de janvier 1867, du choléra, du typhus, de la famine, fléaux qui frappèrent plus particulièrement la population indigène, et qui la décimèrent pendant l'*dam ech-Cheurr* — l'année de la misère 1867-1868. — Votre dévouement, pendant cette année terrible, vous valait coup sur coup deux médailles d'or, et une proposition pour la croix d'Officier de la Légion d'honneur.

En 1869, il était créé, sous la présidence du maréchal Randon, une Commission pour la révision de l'Administration algérienne, et vous étiez nommé Membre de cette commission d'étude, laquelle se réunissait à Paris.

En 1871, lorsque des mesures furent prises pour réparer les désastres de la formidable insurrection indigène, le Vice-Amiral de Gueydon, Gouverneur général civil de l'Algérie, nommait, avec l'autorisation du Ministre, une *Commission dite des Indemnités*. Cette Commission, très importante par sa composition et par le choix de ses membres, vous choisissait pour son président. C'est ainsi que, pendant près de deux années, vous êtes arrivé à faire distribuer aux victimes de cette insurrection des sommes dont le montant s'est élevé au chiffre énorme de *vingt millions de francs*.

Après l'accomplissement de cette œuvre longue et surtout délicate, vous rentriez à Soukaly, où votre présence — l'œil du maître — se faisait très fortement sentir : là, vous repreniez la direction des travaux de votre ferme, ce chef-d'œuvre agricole de quarante ans d'âge, que vous complétiez et perfectionniez par la création d'orangeries-modèles. Mais les hommes de votre trempe et de votre mérite ne sont pas faits pour le repos, et, sous le spécieux prétexte que ceux qui sont pourvus de trésors de dévouement n'ont pas le droit d'en faire des économies, qu'ils doivent les gaspiller à ce point de risquer de se faire pourvoir d'un conseil judiciaire, sous ce prétexte, disons-nous, on est venu, en 1882, vous relancer suant dans vos sillons votre sueur *quininée* des premiers âges de Soukaly, pour vous faire accepter le mandat de Conseiller général, et, malgré votre désir de vous occuper enfin de vos affaires particulières, vous avez consenti encore une fois — et cela pour ne pas en perdre l'habitude — à faire de nouveau les affaires des autres, et il faut bien en prendre votre parti ; ce sera toujours comme cela jusqu'à la consommation des siècles, c'est-à-dire tant qu'il vous restera un souffle de vie, et, chaque année, cette Assemblée départementale, dont vous êtes une des lumières, vous déléguera pour la représenter au Conseil supérieur du Gouvernement, dont vous avez été, en 1884, l'expérimenté Vice-Président. Et notez que je ne compte pas, dans ma longue nomenclature de votre œuvre coloniale, vos nombreux travaux dans les Commissions administratives, au sein desquelles, et depuis une éternité, on ne voit que vous et toujours vous.

C'est là, certes, mon cher Conseiller, une existence bien et utilement remplie, et les jeunes Colonies sont bien heureuses de trouver à leur berceau des hommes tels que vous, des guides sûrs, vaillants, dévoués, qui n'hésitent pas à sacrifier leur santé, à la compromettre pour toujours, et à jouer mille fois leur vie dans ce duel incessant avec un ennemi invisible, c'est-à-dire avec le sol empoisonné des régions dont nous faisons la conquête sur les populations ignorantes, paresseuses ou indifférentes, régions dont nous faisons, à coups de cadavres, de magnifiques colonies dont nous dotons notre cher Pays.

Et, s'il est un point qui, en Algérie, n'avait pas volé sa réputation d'empesté et de léthifère, c'est bien celui que vous avez pêché dans la vase, et dont vous avez fait un lieu de délices, un véritable Éden ; je veux parler de la ville de Bou-Farik d'aujourd'hui, qu'un poète de l'ordre de Sidi Ahmed-ben-Ioucef (1) a surnommée « *la verte émeraude de la Metidja* ». Aussi, suis-je certain que, si les ossements des glorieux morts qu'a tués la mort jaune se recouvraient de leurs chairs, et pouvaient remettre la main sur leurs âmes, c'est-à-dire revivre, ils ne regretteraient pas le sacrifice qu'ils ont fait jadis de leur existence, surtout s'ils considéraient le résultat qu'ont obtenu les corps auxquels ils appartenaient, en coopérant de leur humus intoxiqué à cette merveilleuse résurrection, à cette transformation d'un charnier en un coin de la *Djenna*, du Paradis.

Du reste, ce livre, dont vous avez bien voulu accepter la dédicace, dira, en vous suivant pas à pas, à la génération présente, et à celles qui viendront après elle, la large part que vous avez prise à ce dixième travail d'Hercule en service chez Augias,

---

(1) Sidi Ahmed-ben-Ioucef-El-Meliani est le marabouth qui, il y a plus de trois siècles, avait donné le surnom de « *Ourida*, » une petite Rose, à la ville de Blida.

et dont il fut si mal payé ; et qu'était-ce, d'ailleurs, que ce nettoyage d'étables qui n'avaient que trente années de malpropreté, si on le compare à celui que vous avez opéré dans la Métidja, laquelle avait douze cents ans de putréfaction pestilentielle? et notez qu'Hercule était un dieu, tandis que vous, mon cher Borély, — j'espère que vous ne vous en offenserez pas, — vous n'êtes qu'un simple mortel, et moi pas davantage.

Si la guerre a eu ses héros en Algérie, la terre a eu aussi les siens, et nous n'avons pas le droit — même avant qu'ils ne soient plus — de les laisser croupir dans l'oubli ou dans l'indifférence. C'est dans ce but, mon cher ami, qu'aux uns et aux autres, j'ai entrepris de donner les honneurs du bronze, ou les honneurs du livre.

Colonel TRUMELET.

Valence, le 1ᵉʳ janvier 1837.

AVANT-PROPOS

DE LA PREMIÈRE ÉDITION.

Si, dans notre Algérie, il est un centre de population intéressant à étudier, c'est particulièrement celui de Bou-Farik ; pas un, en effet, ne naquit et ne se développa dans de plus détestables conditions et avec moins de chances de succès. Bou-Farik, qui se fit seul, et presque malgré l'Administration, puisque, à deux reprises différentes, il fut menacé d'abandon, Bou-Farik, disons-nous, est non-seulement un exemple, une promesse pour les Colons de l'avenir, mais encore et surtout une réponse aux détracteurs de notre belle et grande Colonie, à ceux qui, nous opposant sans cesse les Anglais, prétendent que nous n'entendons rien en matière de Colonisation, et que nous manquons de moral, de persévérance, de patience. Nous le demandons, est-il, dans les colonies anglaises ou américaines, un seul centre de population qui ait eu à braver, pendant sept années, le fusil et le couteau d'un peuple essentiellement guerrier, d'un peuple de poudre et de *chabir* (1)? En est-il un seul qui se soit installé aussi crânement au milieu d'une population ennemie nombreuse, énergique, fanatique, impitoyable? Lorsqu'une peuplade gêne leur expansion, nous savons ce qu'en font les Anglais et les Américains : ils la suppriment. Quant à nous, c'est différent : généreux jusqu'au jocrissisme, nous tendons la main à notre ennemi pour l'élever jusqu'à nous; c'est Abel disant à Caïn : « Mon frère ! » et sollicitant son amitié avec le succès que nous savons.

Nous aimons toutes les gloires, parce qu'elles forment l'auréole de la Patrie; nous applaudissons à toutes les luttes, parce qu'elles révèlent des forts. Disons donc les luttes et les misères de cette génération de Colons de la première heure : sept années de guerre, de combats incessants, d'alertes, de nuits éclairées par les sinistres lueurs de l'incendie, ou par les éclairs de la poudre : aujourd'hui, surpris par les flammes qui consumeront leurs demeures; demain, par le couteau qui tuera sourdement; l'ennemi sera toujours là guettant sa proie : il émergera d'un brouillard, d'un makis, d'une touffe de joncs ou d'une forêt de roseaux : guerre de ruses, d'embûches, de trahisons. Là tout le monde est soldat, et le fusil a plus à faire que la pioche. Existence fiévreuse, tourmentée, où chaque jour sera trop souvent le dernier pour quelques-uns de nos intrépides Colons. Là encore on risquera sa tête pour faire un peu de blé

---

(1) *Chabir*, éperon arabe.

ou de foin, et dix minutes suffiront à l'incendie pour dévorer le prix de ce périlleux labeur. Combien de ces malheureux faucheurs nous seront rapportés décapités! Puis viendra la période des misères sans gloire : après la guerre avec le fusil, ce sera la guerre avec le sol. Terrassés par la maladie, tremblant de la fièvre sur une dure paillasse jetée en travers d'un gourbi ouvert à tous les vents, ces héros lutteront et ne céderont point; la mort seule sera plus forte qu'eux. La terre, leur mère, qui leur sera marâtre, les tuera; comme Saturne, elle dévorera ses enfants; comme les chevaux de Diomède, elle ne vivra que de chair humaine; mais, comme Hercule aussi, qui vainquit ce roi des Bistones, et qui le fit dévorer lui-même par ses propres chevaux, les fils de ces martyrs de la colonisation la vaincront, la dompteront et vivront d'elle.

En écrivant l'histoire de Bou-Farik, nous avons voulu montrer ce que peuvent, dans notre Algérie, le courage persévérant, l'initiative privée et une Administration intelligente; nous avons voulu sauver de l'oubli les noms de ces vaillants soldats de la charrue qui ont fondé cette délicieuse oasis que nous admirons aujourd'hui; nous avons voulu que les fils de ces énergiques colons sachent ce qu'a coûté à leurs pères le champ qu'ils leur ont laissé en héritage; nous avons voulu qu'ils n'oublient pas que cette luxuriante végétation qui leur donne ses fruits et qui leur prête son ombre émerge d'un charnier, et que la terre qu'ils foulent recouvre les débris humains, les ossements d'une génération morte à la peine, ou décimée par la fièvre ou par le feu de l'ennemi.

Chaque année emporte quelques-uns de ces vétérans de l'époque héroïque, de l'âge de fer de la Colonisation ; aussi, nous sommes-nous hâté de faire appel aux souvenirs de ceux qui ont survécu aux misères et aux périls de cette période, et de transporter du domaine de la tradition dans celui de l'histoire des faits qui les honorent, et qu'il eût été regrettable de laisser tomber dans l'oubli.

Il est certain que l'histoire de Bou-Farik n'a point l'intérêt de celle d'Athènes ou de Rome : Bou-Farik, qui n'a pas encore fait toutes ses dents, n'a jamais eu, d'ailleurs, la prétention d'éclipser ces deux vieilles cités qui n'en ont plus. Mais si Bou-Farik n'a eu ni les origines fabuleuses, ni les usurpations, ni les détrônements, ni les restaurations, ni les bouleversements, ni les élévations, ni les abaissements, ni les savantes tueries dont se montrent si fières les villes de Cécrops et de Romulus, il a eu, en revanche, ses féroces Hadjouth, ses fébricitants intoxiqués, son sulfate de quinine en pilules ou en liquide, et les cadavres de plusieurs générations de soldats et de colons pour engrais, guano humain qui, plus tard, et avec le génie de ses administrateurs, fera sa vie, sa santé, sa richesse, sa beauté.

Dire l'histoire de Bou-Farik — le cœur de la Métidja — c'est faire celle de la célèbre plaine qui, pour nos pères, résuma longtemps toute l'Algérie. C'est, en effet, de ce point que, pendant les vingt premières années de notre occupation, tout rayonne et s'épand ; c'est là que se forment ces orages de poudre et de baïonnettes qui doivent fondre sur la Barbarie et nous en donner la conquête ; c'est de Bou-Farik et des haouch qui l'entourent, pareils à des satellites, que sortiront — en faisant école — les meilleurs procédés de culture. Mais nous n'arriverons pas d'un bond à notre but ; ce ne sera pas sans la chercher que nos Colons retrouveront la clef égarée depuis quinze cents ans de l'ancien grenier de Rome ; il leur faudra lutter, et à outrance, avec l'air, avec le sol, avec ses habitants. Certes, il en coûtera pour faire la toilette à cette terre enchevêtrée de ronces et de palmiers nains, terre ingrate qui ne se contentera pas des sueurs de son maître, et qui en exigera encore la vie : elle le fera trébucher — la cruelle ! — dans le sillon au fond duquel il s'apprêtera à jeter son bien. Époque de lutte avec les hommes, avec le sol, avec les éléments ! Aujourd'hui la charrue, demain le fusil ; aujourd'hui la peste, demain la balle du Hadjouth ; aujourd'hui le haouch est une ferme, demain ce sera une citadelle ; les fenêtres s'appelleront des créneaux, des embrasures ; aujourd'hui colon, demain soldat ! Époque tourmentée, surexcitée, à pouls fébrile, toujours en dessus ou en dessous de la vie normale ! existence emprisonnée entre deux horribles alternatives, le sulfate ou le salpêtre, la quinine ou la poudre.

Nous sommes en plein sous le règne des sept fléaux limbiques dont parle Toussenel, et, renversant les termes de ses ingénieuses théories, ce n'est point à l'Harmonie que nous viserons ; ce sera à ce séduisant et primitif édénisme que nous ont fait perdre les légèretés — bien pardonnables d'ailleurs — de nos premiers parents, et nous y tendrons parce que c'est la période des verdures et des jardins, des jardins sans autre limites que l'horizon, et, chose singulière ! Toussenel (1), je vous le dis en vérité, en sera le premier planteur ! Ayons d'abord l'Harmonie des fleurs ; au reste, le Créateur s'en charge ; quant à l'Harmonie humaine, nous avons bien peur que le gros travail de son organisation ne reste encore longtemps dans les cartons de l'Éternel ! Nous arriverons donc à l'édénisme, dussions-nous escalader des monceaux de cadavres enfiévrés pour y atteindre !

Puis, au bout de cette période où le mal aura été en dominance, quand l'acier de l'épée aura pris la courbe de la faux, nous verrons émerger presque soudainement de cette pourriture, absolument comme le fait une gracieuse fée par l'ouverture d'une trappe de théâtre, une délicieuse oasis empanachée de toutes les verdures, pailletée de fruits d'or, émaillée de fleurs jetant dans l'air toute la parfumerie céleste, et tous ces grands arbres, assez élevés pour servir de pied-à-terre aux étoiles, seront habités par des myria-

---

(1) M. Toussenel, le charmant et spirituel auteur du *Monde des Oiseaux* et de l'*Esprit des Bêtes*, a été Commissaire civil à Bou-Farik de 1841 à 1842.

des d'oiseaux qui, bien que chantant chacun pour son compte et sans souci de l'harmonie collective, n'en chatouilleront pas moins délicieusement la trompe d'Eustache des mortels qui n'ont point de répugnance pour la musique naturelle ; puis encore, au lieu de ces flaques d'eau verdâtre, repaires de reptiles visqueux, nous aurons des lacs de cristal jonglant avec des diamants. Nous verrons aussi des cultivateurs à muscles d'acier et à visages dorés de santé par le hâle des champs, remplacer les débiles, livides et ballonnés Colons des premiers temps, — des temps héroïques, — puis une fourmilière de beaux enfants bâtis à chaux et à sable — la joie du présent et l'espoir de l'avenir — pendant en grappes aux seins joufflus de ravissantes petites mères toutes roses, abondantes en chairs comme la Charité. Bou-Farik, enfin, verra de nombreux centenaires ; la profession de médecin y sera une sinécure, et l'excellent Dr George (1) — le dévouement éclairé fait homme — s'y verra dans l'obligation de consommer lui-même sa quinine, s'il tient absolument à écouler ce fébrifuge.

Quant aux féroces Hadjouth, ils solliciteront un emploi dans les Chemins de fer, et nous pourrons les entendre crier en assez bon français, et avec le timbre particulier aux gens de cette administration : « Bou-Farik ! Bou-Farik !... dix minutes d'arrêt ! »

Nous trouverons, malgré cela, des gens qui

---

(1) Décédé à Alger en 1882.

soutiendront que nous n'avons pas marché ; mais, si nous les examinons de près, il nous sera facile de constater que, pareils aux maisons moresques, ils ont toutes leurs vues en dedans. Pourtant, comme nous savons qu'attester et prouver sont deux, nous voulons déposer sur table les pièces du procès. On jugera.

Commandant C. TRUMELET.

Tniyet-el-Ahd, le 17 septembre 1869.

BOU-FARIK

I

Bou-Farik avant 1830 et les arbres-gibets. — Le chaouch-exécuteur. — De la justice de l'Agha des Arabes, et de celle des kaïds. — Topographie de Bou-Farik et de ses abords. — Les trois arbres d'avant l'occupation. — L'organisation de la province d'Alger au temps des Turks. — L'outhan des Beni-Khelil. — Le quartier de Bou-Farik divisé en trois cantons. — Un marché par outhan.

Quand, le 23 juillet 1830, une colonne française, marchant sur Blida, passa pour la première fois à Bou-Farik (1), ce lieu n'était marqué que par un vieux puits à dôme grisâtre, et à margelle ridée, striée par sa chaîne : c'est celui que nous voyons

---

(1) *Bou-Farik* (et non *Bou-Fariq*) n'a pas le sens de « *père de la Séparation,* » qu'on lui attribue souvent. Ce nom de lieu est composé de : « *bou,* » qui indique la *propriété,* la *possession,* et qui se traduit par « *l'homme à, qui a, à, maître, possesseur.* Exemple : « *Bou-Lahia,* » l'homme à la grande barbe, « *Bou-Heulba,* » l'homme à la bosse, celui qui a une bosse, — et de « *Farik.* » D'après M. Cherbonneau, le *farik* serait le froment encore tendre grillé au four. « *Bou-*

encore aujourd'hui sur l'emplacement où se tenait, avant la conquête, le *Souk l-etsnin* de l'*Outhan* (district) des Beni-Khelil, emplacement que nous avons conservé pour y établir notre *Marché du lundi*.

On remarquait, en outre, à 400 mètres environ au nord-est de ce puits, une blanche *Koubba* (1)

Farik, selon le regretté professeur, serait donc le pays où l'on recueillait le premier *froment*, le froment précoce pour la table des gens riches. Ce froment, ajoute-t-il, se préparait le plus souvent avec du beurre.

L'interprète principal *Beaussier* donne, dans son *Dictionnaire arabe*, à peu près le même sens au mot « *farik*, » qui, d'après lui, serait du *blé* dont les grains sont bien formés et pleins, mais pas encore secs, et qu'on mangerait grillé. Nous acceptons d'autant plus volontiers ces deux leçons, qu'elles ont pour auteurs deux maîtres dont nous nous honorions d'être l'ami, et que la façon dont ils orthographient ce nom de lieu est celle qui est admise par les lettrés arabes, lesquels écrivent ces deux mots بو فريك, et non بو فريف, le mot *fariq*, dans ce dernier cas, signifiant *fraction*.

Nous ajouterons que le savant professeur égyptien Ellious Bocthor admettait cette leçon, il y a de cela plus d'un demi-siècle. Dans son *Dictionnaire arabe* (édition de 1828), il dit que le mot *farik* s'applique au « *froment* encore tendre, et grillé légèrement au four. »

(1) *Koubba* signifie *coupole*, *dôme*. En Algérie, la Koubba est un dôme élevé sur le tombeau d'un saint marabouth. Quelquefois, cette sorte de chapelle n'est que commémorative. C'est le cas pour celle de Bou-Farik, laquelle a été érigée en l'honneur de Sidi Abd-el-Kader-El-Djilani, l'illustre fondateur de l'ordre religieux des Kadrya, mort en l'an 1166 de notre ère, et dont le tombeau est à Baghdad.

dédiée au plus grand saint de l'Islam, Sidi Abd-el-Kader-El-Djilani, le Sultan des Justes et des Parfaits ; cette *Koubba*, disons-nous, complétait, avec quatre vieux trembles creux (1), la physionomie de cette zone désolée. L'un de ces arbres, affirmait-on, aurait eu une affectation patibulaire. On prétend même que, longtemps encore après l'installation du Camp de Bou-Farik, des bouts de cordes flottaient détressés et défrisés comme la chevelure d'un noyé aux branches de cet arbre sinistre, lequel, nous le répétons, aurait été l'instrument servant à l'exécution des arrêts du kaïd de l'*outhan*. Quant à ces cordes de dis dont nous parlons, elles ne pouvaient être, tout naturellement, que les restes de cette terrible et dernière cravate, dont la justice se chargeait de faire le nœud avant d'envoyer ses criminels dans un monde qu'ils ne devaient pas avoir grand'peine à trouver meilleur.

Nous avions plusieurs raisons pour soupçonner qu'on avait calomnié ces arbres séculaires : d'abord, bien que le Gouvernement turk n'eût jamais passé pour extraordinairement paternel, il ne faudrait pas croire pourtant que la potence fût en permanence dans la Régence. Il est bien évident

---

Le département d'Oran n'a pas moins de deux cents chapelles dédiées à ce grand saint.

(1) L'un de ces quatre arbres était près du puits, sur l'emplacement du Marché : les trois autres s'élevaient sur le point où fut tracée plus tard la première cour du Camp-d'Erlon, terrain appartenant aussi à l'ancien Marché.

qu'on y pendait, — où ne pendait-on pas alors? — mais pas tous les jours; autrement, il ne serait resté personne pour payer l'impôt, et le Beylik turk avait énormément de goût pour ce rendement fiscal.

Nous répétons donc qu'on ne pendait pas aussi souvent que veulent bien le dire les détracteurs du régime turk, ou les amateurs d'émotions fortes, et cela parce que l'*Agha des Arabes* (1) avait seul le droit, dans le Gouvernement d'Alger, d'infliger la peine de mort. Ce droit avait bien été déféré, par exception, au kaïd du Sebaou, et à celui d'Es-Sebt, chez les Hadjouth; mais jamais, avant l'occupation, le kaïd de l'outhan des Beni-Khelil n'avait été autorisé à user de la terrible prérogative de faire lancer ses administrés dans l'éternité. D'ailleurs, en dehors des villes, les Arabes qui avaient mérité la mort, ou qui avaient été condamnés à subir cette peine, ce qui était absolument la même chose, étaient habituellement décapités; la pendaison n'était employée qu'exceptionnellement sur les mar-

---

(1) L'Agha des Arabes était un des principaux personnages de la Régence ; il avait, en campagne, le commandement de la Milice turke ; mais son pouvoir s'exerçait particulièrement sur les Arabes, auxquels il faisait sentir impitoyablement les effets de sa terrible juridiction. Il administrait, avec le concours des kaïds, la justice criminelle dans les *outhan* ou districts qui relevaient directement du Gouvernement d'Alger, lequel, au sud, avait pour limite ce que nous avons appelé le Petit-Atlas. Le reste de la Régence était divisé en trois Beyliks, lesquels étaient administrés par des Beys nommés par le Pacha d'Alger.

chés (1), et cela pour cette bonne raison que l'arbre, l'indispensable accessoire de ce mode d'exécution, y aurait trop souvent fait défaut.

Ces considérations nous portaient donc à croire que l'histoire des bouts de corde était le produit de l'imagination de quelque amateur de l'horrible, de ces gens qui ne peuvent voir une hart se balançant à une branche d'arbre sans que leur esprit frappé ne mette un pendu au bout, avec des corbeaux décrivant leur affreuse spirale autour du supplicié pour en choisir les meilleurs morceaux ; mais, aujourd'hui, nous n'avons plus le droit de douter : ces arbres ont parfaitement été des gibets. Nous tenons le fait d'un des plus anciens et des plus honorables Colons de Bou-Farik, — un Colon de la première

---

(1) Les exécutions ne se faisaient sur les marchés que lorsqu'il y avait lieu de frapper par un exemple l'imagination des Arabes, ou quand on voulait qu'il ne restât plus de doute dans leur esprit sur la mort d'un rebelle qui leur était cher, ou de tout autre ennemi du Gouvernement du Pacha. L'Agha des Arabes faisait quelquefois aussi des tournées judiciaires, et l'on exécutait alors, séance tenante, les criminels qui avaient encouru la peine de mort. Ce cas se présenta rarement au Marché de Bou-Farik, où l'Agha ne paraissait d'ailleurs que fort peu souvent.

La forme des exécutions à mort variait selon que les condamnés étaient Arabes ou Kabils, Turks ou Kouloughlis : les premiers étaient pendus ; les seconds étaient étranglés ou décapités.

Dans les villes, l'exécution des arrêts criminels était habituellement confiée à des Juifs de la profession de cordonnier.

époque ; — par quel procédé de conservation a-t-il pu arriver jusqu'à nos jours? Nous n'en savons rien. Il nous affirma qu'en 1838, un certain Mosthafa, — il nous citait le nom, — qui avait été, avant 1830, l'un des chaouchs du kaïd de l'outhan, lui disait, avec des regrets plein les yeux et plein la voix, un jour que notre Colon ébranchait un de ces arbres qui gênait une des constructions du Camp-d'Erlon : « Tu viens de couper là, ô Colon! une branche à laquelle j'ai accroché — c'était le bon temps! — passablement de ces gueux d'Arabes! » Mosthafa était Turk. Or, comme il n'est pas dans la nature de se vanter d'avoir pendu ses contemporains quand on ne l'a pas fait, nous sommes bien obligé de croire que ces arbres ont réellement servi de gibets économiques avant l'occupation française, et peut-être un peu aussi au temps de l'anarchie, — *doulet mehemla*, — qui régna dans cette partie de la Metidja jusqu'en 1835, année de la fondation du Camp de Bou-Farik. Nous soutenons, malgré cela, que le kaïd des Beni-Khelil n'avait pas le droit de pendre ses administrés, et que, s'il l'a fait, il a eu tort. Puisse cette énergique protestation, un peu tardive, il est vrai, adoucir les regrets des malheureux qui eurent à se plaindre de cet abus d'autorité du kaïd. Par ces temps de fraternité où nous vivons, ce n'est pas un mal, pensons-nous, d'avoir des larmes pour toutes les infortunes, fussent-elles même arabes.

A l'époque dont nous parlons, c'est-à-dire en 1830, le territoire actuel de Bou-Farik n'était qu'un marais tigré de forêts de joncs impénétrables ; ce n'étaient que flaques d'eaux croupissantes, que mares, que rides suintantes ; ne trouvant pas à s'écouler, ces eaux dormaient sur le sol en attendant que le soleil les bût ; d'autres, faisant effort vers le nord-ouest, parvenaient à gagner péniblement l'ouad Tlata et l'ouad Eth-Tharfa, qui les jetaient dans le Mazàfran. Des chaussées, des ponts en branchages jetés sur ces vases permettaient de circuler à travers les fondrières, lesquelles étaient semées d'îlots fourrés de makis emmêlés et embroussaillés de lianes, de ronces, d'aubépines et d'oliviers rabougris. C'était un délicieux pays pour le sanglier, la bête fauve et le gibier d'eau ; il l'était moins pour l'espèce si inférieure des bimanes, laquelle n'a jamais su résister que fort imparfaitement aux effets de l'intoxication paludéenne.

On arrivait à Bou-Farik par des sentiers qui suivaient les renflements, les veines du sol en traversant des enfoncements bourbeux, des marécages enchevêtrés de joncs et de roseaux, et des makis inextricables ; à chaque pas, des broussailles, des branchages jetés en ponceaux au milieu du chemin pour combler quelque dépression dans laquelle on enfonçait jusqu'aux genoux, surtout pendant la saison des pluies. Ces chaussées boueuses, pétries par les pieds nus des Arabes, étaient souvent impraticables pour les chevaux et les mulets.

Bou-Farik (1) était le centre et le point culminant et d'attache de ces sentiers qui, pareils à un paquet de muscles, irradiaient et s'allongeaient en

---

(1) L'emplacement du Marché.

serpentant dans l'est, dans le nord et dans l'ouest. Son altitude, par rapport à ce qui l'entourait, donnait à son terrain une fermeté, une solidité qui, jointe à sa position au centre de l'outhan des Beni-Khelil, et à sa situation sur la route d'Alger à Blida, en faisait tout naturellement un lieu parfaitement propre à l'établissement d'un Marché.

La fondation du Marché de Bou-Farik est évidemment contemporaine de l'organisation du Beylik turk en provinces et en districts; elle daterait ainsi du milieu du XVIe siècle de notre ère.

En 1830, outre le petit bois de figuiers et d'orangers du haouch Ech-Chaouch, et les trembles dont nous avons parlé plus haut, on ne comptait que *trois arbres* dans un rayon de 600 mètres autour du marché de Bou-Farik : deux figuiers à 400 mètres à l'ouest du puits du Marché, et un palmier sur le point où fut établi plus tard le cimetière chrétien, à 100 mètres à l'ouest du Camp-d'Erlon. Jusqu'en 1835, les choses restèrent en cet état. Ce détail a bien son intérêt en présence du Bou-Farik d'aujourd'hui; il pourrait être une réponse à ceux de ces prétendus amis de l'Algérie qui s'efforcent de démontrer qu'on n'a rien fait dans ce qu'ils appellent ce *malheureux pays*.

Au temps des Turks, le Gouvernement d'Alger comptait cinq villes : Alger, El-Blida, El-Koléïa, Cherchel et Dellys, et onze *outhan* ou districts : Beni-Kelil, Beni-Mouça, Icer, Sebaou, Beni-Djàd, Beni-Khalifa, Hamza, Es-Sebt, Arib, Beni-Menacer, El-Fahs, ou banlieue d'Alger.

A l'ouest et au sud d'El-Fahs, s'étendait l'outhan

des Beni-Khelil : il était borné, à l'est, par l'ouad El-Harrach, à l'ouest par l'ouad Cheffa et le Mazafran, et au sud, par le Beylik de Tithri.

L'outhan des Beni-Khelil comprenait trois grandes divisions, qui étaient : le Sahel, la plaine, ou quartier de Bou-Farik, et la montagne.

Le quartier de Bou-Farik, situé au centre de la vaste plaine de la Metidja, se subdivisait en trois cantons : El-Outha, ou la plaine proprement dite, El-Merdjïa (1), ou partie marécageuse, et El-Hamada, ou partie élevée, sèche, non humide.

Le canton d'El-Outha était compris entre la route d'Alger à Blida et l'ouad El-Harrach : il avait pour principaux centres de population le haouch Baba-Ali, le haouch Ar'a-Ahmed, les Oulad-Rached, Sidi-Hached, Kara-Ahmed, les Oulad-Chebel, Karfa, le haouch Memmouch, le haouch Khadam, le haouch Ben-El-Euldja, le haouch Oulad-Eth-Thahar, le haouch Goreïth, le haouch Soukaly ou Souk-Ali, le haouch Ech-Cheurfa, le haouch Ech-Chaouch, le haouch R'ilan, le haouch Màçouma, le haouch Ben-Ech-Cherif, le haouch Serkadji, le haouch Ben-Aïça, et le haouch El-R'eraba.

Le canton d'El-Merdjïa était à l'ouest de l'Outha : c'était la portion marécageuse de la plaine. Il était séparé de l'outhan Es-Sebt par la Cheffa. Ses principaux centres de population étaient : le haouch Sidi-Aaïd-Ech-Cherif, le haouch Er-Roumily, le haouch Ben-Eth-Thaïba, le haouch Ben-

---

(1) *El-Merdjia* étaient les gens qui habitaient la portion marécageuse, la partie basse de la Metidja.

Bernou, le haouch Ben-Khelil, le haouch Bou-Ogab (le haouch au Vautour, que nous appelons Bouagueb), et Mered.

C'est dans ce canton d'El-Merdjïa que se trouvait le point appelé *Bou-Farik*.

Le canton d'El-Hamada partait de Mered, et escaladait le territoire des trois tribus kabiles (1 établies entre le Harrach et la Cheffa : les Beni-Misra, les Beni-Salah et les Beni-Meçaoud. Les principaux centres de population de ce canton étaient : Halouya, Guerouaou, le haouch Bou-Inan, Ben-Klid, le haouch Amrouça, la zaouya de Sidi El-Habchi.

Blida faisait partie, géographiquement seulement, de ce canton ; son administration était tout à fait distincte de celle de l'outhan des Beni-Khelil. Cette ville avait pour premier fonctionnaire un *hakem*, ou gouverneur.

Chaque outhan était administré par un kaïd turk (2) ; chaque canton ou tribu avait un mcheikh, et chaque subdivision de tribu un cheikh. Il existait, dans certaines grandes fractions, un fonctionnaire d'un rang intermédiaire entre le mcheikh et le kaïd ; son titre était celui de cheikh ech-chioukh, cheikh des cheikh.

Tous les kaïds de la province d'Alger relevaient de l'Agha des Arabes. Nous avons dit plus haut

---

(1, Toutes les populations habitant les montagnes de l'Algérie sont Kabiles et d'origine berbère.

(2) Les kaïds étaient toujours pris parmi les Turks.

quelles étaient les attributions de ce haut fonctionnaire.

Chaque outhan avait un marché au moins par semaine. Le plus fréquenté de toute la plaine avait toujours été celui de Bou-Farik, qui se tenait le lundi.

Le kaïd des Beni-Khelil était, en 1830, le Turk Ioucef. Ibrahim, le gendre du Pacha Hoçaïn, était Agha des Arabes. A la chute du gouvernement turk, Mohammed-ben-Ech-Chergui s'empara du kaïdat des Beni-Khelil. Ibrahim-Agha, qui avait partagé l'exil du Pacha, son beau-père, fut remplacé par le More Hamdan-Bou-Rkaïb.

II

Expédition du général de Bourmont sur Blida. — La colonne est attaquée par les Kabils, et suivie, dans sa retraite, jusqu'au delà de Bou-Farik. — Le général Clauzel remplace M. de Bourmont. — Expédition sur Médéa. — Ravitaillement de Médéa. — Le chef d'escadrons Mendiri est nommé Agha des Arabes. — Le général Berthezène, qui a remplacé le général Clauzel, dirige une nouvelle expédition sur Médéa. — Les Beni-Khelil et les Beni-Mouça s'emparent des ponts de Bou-Farik. — Rassemblements hostiles autour de ce point; ils sont dispersés. — Les Beni-Khelil se donnent un kaïd que ne reconnaît pas l'autorité française. — El-Hadj-Mohy-ed-Din remplace le commandant Mendiri dans la charge d'Agha des Arabes. — Le général duc de Rovigo succède au général Berthezène dans le commandement de la Division d'Occupation. — Rassemblements armés à Soukaly. — L'Agha des Arabes fait défection. — Combat de Sidi-Aaïd-Ech-Cherif.

A présent que nous savons ce qu'était Bou-Farik avant nous, nous allons dire rapidement les faits saillants qui se sont déroulés autour de son puits ; nous verrons, en même temps, ce que nous avons fait de ce marécage malsain que pavèrent tant de cadavres de fiévreux, région empoisonnée où, pendant longtemps, le sulfate de quinine liquide se débita dans les cantines sous le titre de *consommation*.

Dix-huit jours après l'entrée des Français à Alger, c'est-à-dire le 23 juillet 1830, le général de Bourmont, suivi de 1,500 hommes d'infanterie, d'un escadron de Chasseurs et d'une demi-batterie de campagne, dirigeait une reconnaissance sur Blida. Sa colonne, qui était partie d'Alger à quatre heures du matin, passait par le pont de l'ouad El-Kerma, faisait une longue halte sur le puits de Bou-Farik, et, après douze heures de marche, par une température accablante, elle arrivait dans la soirée à Blida, où elle était assez bien reçue par la population.

Cette pointe, qui avait déplu aux Kabils de la montagne à laquelle cette ville est adossée, et qui s'était faite malgré les observations d'El-Hadj-Mohammed-ben-Zamoum, personnage influent de la tribu des Flicet-Oumellil, lequel avait cherché à dissuader le général de s'avancer dans le pays avant qu'un traité n'eût réglé la nature de nos relations avec les Arabes, cette expédition, disons-nous, n'eut point le succès qu'on en attendait.

Le 24, dans la matinée, les montagnards descendirent dans la ville avec des intentions évidemment hostiles; quelques coups de feu furent même tirés sur un détachement envoyé en reconnaissance sur la route de Médéa. Vers onze heures, M. Blouquier de Trélan, chef d'escadron d'État-Major, et aide de camp du général de Bourmont, sorti pour reconnaître la cause de la fusillade qui se faisait entendre dans les rues de la ville, tombait frappé d'une balle qui le blessait mortellement.

A une heure, la colonne levait son camp et se remettait en marche sur Alger. Dès ce moment, nos troupes furent assaillies par une nuée d'Arabes et de Kabils qui leur firent d'abord éprouver des pertes assez sérieuses; mais, dès qu'elles furent en plaine, l'attaque de l'ennemi devint molle et timide. Il suivit pourtant la colonne jusqu'à la Zaouya de Sidi-Aaïd-Ech-Cherif, qui est située à 5 kilomètres au-delà de Bou-Farik. Chaque fois que, pendant cette retraite, qui s'exécuta d'ailleurs dans l'ordre le plus parfait, notre poignée de cavaliers trouva l'occasion de charger les Kabils, elle ne la laissa pas échapper, et elle le fit toujours avec succès.

La colonne coucha à Bir-Touta, et ce fut là que le général de Bourmont reçut le bâton de maréchal de France.

Mais le général Clauzel, qui avait été nommé au commandement en chef de l'Armée d'Occupation en remplacement du maréchal de Bourmont, était arrivé à Alger le 2 septembre. Il n'avait pas tardé à reconnaître qu'il était temps d'en finir avec le Bey de Tithri, Mosthafa-Bou-Mezrag, qui, couvert par ses montagnes, croyait pouvoir braver impunément la puissance française : un arrêté du 15 novembre 1830 le destitua, et le remplaça par le More Mosthafa-ben-El-Hadj-Omar. Une expédition sur le Tithri fut décidée pour appuyer cette mesure, et le général en chef prit en personne le commandement de la colonne qui devait marcher sur la capitale de ce Beylik.

Ce corps d'armée, qui présentait un effectif de 7,000 hommes, vint bivouaquer à Bou-Farik le 17 novembre. Une pluie torrentielle, qui dura jusqu'au matin du lendemain, n'ayant pas permis aux soldats de faire la soupe, la colonne ne put quitter Bou-Farik que le 18, à midi, pour se diriger sur Blida.

Le 28 novembre, le général Clauzel, de retour de son expédition de Médéa, quittait Blida, que les mauvaises dispositions des Kabils qui l'avoisinent et la dominent ne permettaient pas encore d'occuper. Craignant les violences de ces montagnards, les débris de la population de cette dernière ville ont voulu suivre la colonne. Émus de compassion, nos soldats prodiguent leurs soins à cette cohue de vieillards, de femmes et d'enfants qui se traînent derrière nos bataillons ; les officiers même mettent pied à terre pour donner leurs chevaux à ces malheureux, exténués de fatigue et paralysés par la peur.

Le corps expéditionnaire arrivait, le soir, à la Zaouya de Sidi-Aaïd-Ech-Cherif, et y bivouaquait.

Le 8 décembre suivant, deux brigades, aux ordres du lieutenant-général Boyer, passent à Bou-Farik, avec un convoi considérable, pour aller ravitailler Médéa, où nous avions laissé garnison.

Dans le courant de février 1831, le grand-prévôt Mendiri, chef d'escadrons de Gendarmerie, est nommé Agha des Arabes en remplacement de Hamdan-Bou-Rkaïb, dont la charge avait été supprimée le 7 janvier.

Le kaïd de l'outhan des Beni-Khelil, Mohammed-ben-Ech-Chergui, abandonna ses fonctions quelques jours après la retraite de Hamdan. L'Agha Mendiri ne le fit pas remplacer immédiatement.

Le lieutenant-général Berthezène, qui avait succédé au général Clauzel dans le commandement de la Division d'Occupation d'Afrique, dirige, au mois de juin, une expédition sur Médéa pour y soutenir le Bey Mosthafa-ben-El-Hadj-Omar, que nous y avions installé au mois de novembre de l'année précédente, et dont la position était devenue fort critique après l'évacuation de cette place par les troupes françaises. Le corps expéditionnaire, parti d'Alger le 25 juin, bivouaquait en avant de Bou-Farik le lendemain 26.

La colonne Berthezène, qui, au retour de cette expédition, n'avait cessé de combattre depuis son départ de Médéa, arrive, le 4 juillet, à quatre heures du matin, à hauteur de Bou-Farik, et poursuit son chemin dans la direction de l'ouad El-Kerma. A quelque distance au-delà de ce premier point, au-dessous du haouch Bou-Ogab, la route serpentait dans un taillis épais, et franchissait plusieurs ruisseaux sur dix ponts étroits faits de branchages, et très rapprochés l'un de l'autre. Les Beni-Khelil et les Beni-Mouça s'étaient emparés de ce passage difficile, et faisaient mine de vouloir le défendre. Nos soldats fondent intrépidement sur eux et les en débusquent. La colonne franchit ensuite le défilé sans être inquiétée, et va prendre son bivouac sur l'ouad El-Kerma.

Dans le courant de juillet, les Arabes commencent à former des rassemblements nombreux et visiblement hostiles autour de Bou-Farik. Les 18, 19 et 20 juillet, ils attaquent la Ferme-Modèle (1) et le blockhaus de l'ouad El-Kerma; le 21, les tirailleurs de l'ennemi s'avancent jusqu'à Bir-Khadem. Le 22, le général en chef marche aux Arabes, les rejette sur la route de Blida, et les poursuit jusqu'à Bir-Touta. La cavalerie française, qui en sabre un grand nombre, pousse jusqu'en vue de Bou-Farik, où se trouvaient encore quelques masses ennemies. La dispersion de ces bandes met fin à cette levée de boucliers.

Nous avons vu plus haut que le kaïd de l'outhan des Beni-Khelil n'avait pas été remplacé; or, comme on se lasse de tout, même de l'anarchie, les Beni-Khelil mirent à la tête de leur district El-Hadj-Bou-Alouan. L'Agha Mendiri refuse de reconnaître ce fonctionnaire qu'il n'a pas nommé, et met à sa place El-Arby-ben-Brahim, cheikh des Beni-Salah.

Dans le courant de décembre, le chef d'escadrons Mendiri est remplacé dans la charge d'Agha des Arabes par El-Hadj-Mohy-ed-Din-Es-Sr'ir-ben-Sidi-Ali-ben-Mbarek, de l'illustre famille des marabouths de Koléa. Nous allouons à ce nouveau

---

(1) C'était le haouch Hocam-Pacha.

fonctionnaire un traitement annuel de 70,000 fr.

Le premier acte que fit de son pouvoir l'Agha El-Hadj-Mohy-ed-Din fut de destituer, sous prétexte qu'il n'avait pas sa confiance, le kaïd des Beni-Khelil, El-Arby-ben-Brahim, qu'avait nommé l'Agha Mendiri, et de le remplacer par El-Arby-ben-Mouça-El-Iceri.

Mais El-Arby-ben-Brahim avait résolu de protester contre la décision de l'Agha El-Hadj-Es-Sr'ir, et de soutenir son droit par les armes. Il appela, en conséquence, les Kabils de l'outhan des Beni-Khelil à la défense de sa cause, et il se porta, à leur tête, à la rencontre de son compétiteur El-Arby-ben-Mouça, qui, lui-même, se tenait prêt à le recevoir avec les cavaliers des Beni-Khelil.

Les deux kaïds se rencontrèrent dans les environs du haouch Bou-Ogab. Le combat ne fut pas long ; une charge des cavaliers d'El-Arby-ben-Mouça déterminait la fuite des fantassins kabils d'El-Arby-ben-Brahim. Le kaïdat restait au vainqueur.

Le lieutenant-général duc de Rovigo venait prendre, le 25 décembre, le commandement de la Division d'Occupation que quittait le général Berthezène.

Il se préparait, vers le mois de juillet 1832, un soulèvement général contre notre autorité. Ce mouvement était fomenté par le marabouth Sid Es-Sâdi, qui, déjà, avait figuré dans l'insurrection de l'année précédente, et par El-Hadj-Mohammed-ben-Zamoum, l'homme des Flicet-Oumellil. Le premier était chargé d'appeler à la guerre sainte ceux que le second devait y conduire.

Le général en chef apprenait, dès le 26 août, par l'Agha des Arabes, les menées de Sid Es-Sâdi. Le 18 septembre, le même fonctionnaire informait le duc de Rovigo de la présence sur l'ouad El-Hamiz, avec quelques forces, du chef de la coalition.

Le général en chef ne voulut rien hâter; il crut préférable d'attendre, pour attaquer les Arabes, qu'ils eussent réuni toutes leurs forces, afin de savoir où frapper et d'en finir d'un seul coup.

Fortement travaillé par le chef de l'insurrection, l'Agha El-Hadj-Mohy-ed-Din tint bon pourtant jusqu'à la fin de septembre; mais, lassés de sa résistance, Sid Es-Sâdi et Ben-Zamoum se rendirent à Koléa pour faire cesser son hésitation et achever de le décider.

Comme l'avaient prévu les agitateurs, le saint marabouth faiblit et se laissa entraîner : ils l'emmenèrent à Soukaly, haouch situé à 3 kilomètres à l'est de Bou-Farik, position dont les masses soulevées avaient fait leur point de concentration.

Les kaïds de tous les outhan de la Metidja faisaient cause commune avec les insurgés, et marchaient avec eux.

Vers la fin de septembre, les hostilités avaient déjà pris un caractère sérieux : c'était surtout aux reconnaissances que s'attaquaient les Arabes, et, chaque jour, les abords du haouch Hoçaïn-Pacha (Ferme expérimentale) et du Bordj-El-Harrach (la Maison-Carrée) étaient le théâtre de petits combats dans lesquels nos soldats montraient beaucoup de valeur. Ces escarmouches incessantes étaient, d'ailleurs, une excellente école pour notre armée, en ce sens qu'elles la familiarisaient avec la manière de faire la guerre des Arabes, avec leurs cris surtout, qui produisaient toujours plus que de l'étonnement sur nos conscrits.

Le général en chef établit, le 28 septembre, son quartier général à Bir-Khadem. De ce point, il dirigea sur Soukaly, dans la nuit du 1er au 2 octobre, une colonne forte de 3,000 hommes qu'il avait mise aux ordres du général de Faudoas.

Les Arabes ont toujours été mieux renseignés sur les mouvements de nos troupes que nous sur les leurs; aussi, a-t-il été, de tout temps, fort difficile de les surprendre : la colonne Faudoas donne donc, à sa sortie du bois de Bir-Touta, dans un parti ennemi qui, au lieu de combattre, s'empresse de courir donner l'éveil aux insurgés. Ceux-ci quittent aussitôt Soukaly pour aller prendre position à Sidi-Aaïd, à 4 kilomètres environ de ce premier point.

La colonne française continua néanmoins son mouvement sur Soukaly, qu'elle croyait toujours occupé par l'ennemi. La nuit était très obscure, et bien qu'il fût près de quatre heures du matin, le jour ne se faisait pas. On reconnut bientôt que l'on approchait de la zaouya de Sidi-Aaïd, qui est à droite de l'ancienne route de Blida. L'escadron de Chasseurs marchait en tête de colonne. Une décharge à bout portant l'accueillit tout à coup; il avait donné en plein dans les contingents arabes, qui étaient venus prendre position sur ce point. Un peu étourdis de cette réception, nos cavaliers ont un moment d'hésitation dont les Arabes, fort heureusement, ne savent pas profiter; mais les Chasseurs se remettent bientôt, et, conduits par leurs officiers, ils se précipitent avec un élan irrésistible sur l'ennemi, qui lâche pied. Or, en ce moment, le jour commençait à poindre; nos Chasseurs qui, dès lors, peuvent juger à qui ils ont affaire, chargent vigoureusement la cavalerie indigène, qui ne tient pas devant eux, et qui abandonne, sans le moindre scrupule, les fantassins des contingents au sabre ou à la lance de nos intrépides cavaliers. Les Arabes laissent une centaine de cadavres sur le terrain.

Les fuyards se sont réfugiés de l'autre côté du défilé; mais la difficulté du terrain ne permet pas au général de Faudoas d'aller les y chercher. Il rallie sa colonne, et fait sa grande halte sur le champ du combat.

Le général reprenait ensuite la route d'Alger; mais à peine était-il en marche, que les Arabes repassaient le défilé et recommençaient à tirailler. La colonne fait volte-face; la cavalerie charge de nouveau avec une *furia* extrême, et culbute définitivement les assaillants, auxquels elle prend deux drapeaux.

Cette belle affaire de guerre, qui ne nous avait coûté que sept tués et douze blessés, fut appelée officiellement *Combat de Bou-Farik*.

Cette sévère leçon donna à réfléchir aux Arabes, et Ben-Zamoum, dégoûté du métier d'agitateur, se retira dans son haouch des Fliça, où il resta plusieurs années sans donner signe de vie.

L'Agha des Arabes, Sid El-Hadj-Mohy-ed-Din, qui avait pactisé avec l'insurrection en suivant Ben-Zamoum et Sid Es-Sâdi à la réunion de Soukaly, se réfugia chez les Beni-Menad, d'où il protesta, mais vainement, de son innocence. Sa fuite amena tout naturellement sa destitution, et il ne fut pas remplacé.

Le kaïd des Beni-Khelil, El-Arby-ben-Mouça, qui avait été nommé par l'ex-Agha El-Hadj-Mohy-ed-Din, eut le sort de son protecteur. Le duc de Rovigo nomma à sa place Hamoud-ben-El-Hadj-Ahmed-el-Guerouaoui.

Dans le courant de juillet, le Sahel se hérissait de camps et de blockhaus.

Une reconnaissance sur Blida, dirigée par le général de Faudoas, passait le 21 novembre sur le puits de Bou-Farik, point qu'elle traversait de nouveau le 23, après avoir razé le douar des marabouths des Oulad-Sidi-Ahmed-el-Kebir.

L'ancien kaïd des Beni-Khelil, El-Arby-ben-Mouça, qui avait été entraîné dans la chute de l'Agha El-Hadj-Mohy-ed-Din, était signalé depuis longtemps au général en chef comme l'ennemi acharné des Français, et comme toujours prêt à soulever les Arabes contre eux. On l'arrêta à Alger dans le courant d'octobre. Il fut jugé, condamné et exécuté dans le mois de février 1833.

Le duc de Rovigo quittait l'Afrique le 3 mars, et le maréchal-de-camp Avizard prenait le commandement intérimaire de la Division d'Occupation.

Le 26 avril, le lieutenant-général Voirol arrivait à Alger comme commandant supérieur des troupes. Il était chargé de l'intérim jusqu'à ce qu'il fût pourvu au remplacement du duc de Rovigo, qui mourut dans les premiers jours de juin.

III

Expédition contre les gens du haouch Bou-Ogab et de Guerouaou. — Le général Voirol commence les belles routes du Sahel et de la Metidja. — Travaux du défilé de Bou-Farik. — Le capitaine de La Moricière est chargé de la direction des Affaires arabes. — Attaques par les Arabes des travailleurs indigènes employés aux ponts de Bou-Farik. — Les Hadjouth. — Abandon des travaux des ponts de Bou-Farik. — Le kaïd de l'outhan des Beni-Khelil, Bou-Zid-ben-Châoua. — Il est assassiné sur le Marché de Bou-Farik. — La Commission d'Enquête se rend à Blida sous l'escorte d'une colonne expéditionnaire. — Assassinat, près de Bou-Farik, d'un cantinier et de sa femme. — Expédition chez les Hadjouth. — Le fils de Bou-Zid le remplace dans ses fonctions de kaïd des Beni-Khelil. — Le sergent-major Vergé est placé auprès de lui. — Premiers travaux de desséchement dans la Metidja.

Une expédition fut dirigée, dans le courant du mois de mai, contre les gens de Bou-Ogab et de Guerouaou, de l'outhan des Beni-Khelil, qui refusaient de reconnaître pour leur kaïd Bou-Zid-ben-Châoua, nommé à cet emploi en remplacement de Hamoud-El-Guerouaoui, qui avait abandonné ses fonctions.

On reprochait, en outre, aux gens de Bou-Ogab et de Guerouaou plusieurs actes de brigandage commis par eux au détriment des Arabes soumis. Le général Trezel eut le commandement de cette expédition. Quelques coups de sabre et de fusil suffirent pour les faire rentrer dans l'obéissance.

Ils furent razés à fond, et le bétail qu'on leur enleva fut partagé entre les Arabes qui avaient eu à souffrir de leurs déprédations.

Cette expédition ayant prouvé au kaïd Bou-Zid-ben-Châoua que nous étions bien décidés à le soutenir, il n'hésita pas à se dire franchement et ouvertement notre serviteur et notre ami, et il mit dès lors à notre service sa rare énergie et son indomptable courage. Ses administrés ne tardèrent pas, d'ailleurs, à en sentir les effets.

Le premier soin du général Voirol, en entrant en fonctions, avait été de pousser activement les travaux des routes du Sahel et de la Metidja : c'est ainsi qu'il fit prolonger jusqu'au douar des Oulad-Mendil, au pied du versant sud du Sahel, la route de Blida par Dely-Ibrahim et le Camp de Douéra, et qu'il ouvrit celle de la plaine, dont le tracé passait par Mosthafa-Bacha, Bir-Khadem et l'ouad El-Kerma.

Ces routes allaient bientôt nous donner de faciles débouchés sur la Metidja ; elles étaient aussi un premier pas sur l'affreux défilé embroussaillé et marécageux de Bou-Farik (1), passage obligé,

----

(1) Ce défilé était situé aux environs du Rond-Point, à un kilomètre au nord du Bou-Farik actuel.

et dont il était important de s'assurer pour agir sur Blida, et sur la partie méridionale du territoire des Beni-Khelil.

Dans le courant du mois d'août, la main-d'œuvre indigène entamait les travaux préparatoires qui devaient nous ouvrir ce défilé en abattant les taillis, en consolidant les ponts, qui étaient généralement en branchages, et en saignant les marais.

Une garde indigène, commandée par Sid-El-Khodja-ben-Omar, était chargée de la protection de ces travailleurs.

M. de La Moricière, capitaine au bataillon de Zouaves, était alors à la tête de la Direction des Affaires arabes, dont il fut le premier chef de bureau.

Nous étions à cette époque de l'année — entre moisson et semailles — où les Arabes de la Metidja n'ayant plus d'intérêts en terre, ouvraient volontiers les portes du temple de Janus, et s'en allaient faire de la razia sur ceux de leurs voisins qui nous avaient juré — même plusieurs fois — fidélité. C'est ainsi que, dans la dernière quinzaine d'août, ils dispersèrent les travailleurs indigènes des ponts de Bou-Farik, ceux dont nous venons de parler.

On attribua cet acte d'hostilité aux gens des haouch Bou-Ogab et Ben-Khelil, qui étaient, d'ailleurs, les plus voisins de ces travaux. Les populations accusées s'en défendirent et rejetèrent cette agression sur les Hadjouth, qui, déjà, posaient les bases de cette belle réputation de pillards et d'écumeurs de la Metidja que leur firent, plus tard, leur amour effréné du bien d'autrui, leur goût pour les aventures de poudre, cette sorte d'ubiquité dont les dota notre imagination, et surtout nos romances, qui vantaient leurs prétendus exploits, notre infériorité par rapport à eux, et la sainteté de leur cause. Avons-nous chanté, mon Dieu! la tendresse du Hadjouth pour son coursier! Avons-nous, pleuré, Seigneur! sur le sac et l'incendie du gourbi de ses pères! Les poètes exaltateurs des Hadjouth plaçaient bien quelquefois leurs gourbis dans la région des aigles; mais, en poésie, que ne se permet-on pas? La musique faisait, d'ailleurs, passer la chose, et tout le monde était satisfait.

Mais revenons aux conséquences de l'attaque dont on accusait ces candides cavaliers.

Une reconnaissance fut faite par le 4e de ligne sur le lieu où s'était passée l'action : on rechercha les coupables. Comme, à cette époque, il était extrêmement difficile de faire le jour dans ces sortes d'affaires, la reconnaissance resta tout naturellement sans résultat. Quelques Arabes furent bien signalés comme ayant pris part à l'attaque des travailleurs; mais les présomptions, les preuves étaient par trop vagues, et, dans la crainte de frapper à côté des coupables, il ne fut pas donné suite à cette affaire. Le général Voirol décida, de plus, en raison, sans doute, de l'insalubrité de la position, l'abandon des travaux commencés. Nous pensons que ce fut une faute; car, aux yeux des Arabes, c'était une reculade; nous cédions; c'était de la faiblesse. Nos ennemis en prirent de l'audace, tandis que ceux qui avaient la ferme intention de nous servir se découragèrent et devinrent timides.

Les conséquences de l'acte que nous blâmons ne devaient pas tarder, malheureusement, à se faire sentir.

Nous avons vu plus haut que le kaïd du district des Beni-Khelil, Bou-Zid-ben-Châoua, pourvu de cette charge dans le courant du mois de mai, avait eu besoin de notre appui et de toute son énergie pour se faire accepter par quelques fractions récalcitrantes de son outhan, Bou-Ogab et Guerouaou entre autres. Franchement dévoué à notre cause, doué d'une remarquable fermeté, courbant toutes les résistances sous sa vigoureuse main, Bou-Zid-ben-Châoua ne pouvait manquer de s'attirer bien des haines, et de se faire de nombreux ennemis parmi ses administrés. C'est, en effet, ce qui arriva. Il était, d'ailleurs, facile à prévoir que le malheureux kaïd, seul contre tous et trop loin de notre secours, sortirait vaincu de cette situation qu'il avait espéré pouvoir toujours dominer.

Mais nous voulons raconter la fin héroïque de cet homme de fer (1), et rappeler les péripéties du drame dont le dernier acte fut la mort d'un des plus vigoureux serviteurs que nous ayons jamais eus. Il n'est peut-être pas inutile de faire remarquer que la scène se passe en 1833, c'est-à-dire trois ans seulement après la conquête.

C'était le 9 septembre, un lundi, jour de marché

---

1) Nous tenons les faits que nous allons raconter de la bouche d'un vieil Arabe de Guerouaou, qui nous a semblé avoir été un peu acteur dans le drame émouvant qui se termina par la mort du kaïd Bou-Zid-ben-Châoua.

à Bou-Farik. Bien que prévenu du danger qui le menaçait, le kaïd Bou-Zid-ben-Châoua, qui n'avait jamais pris la peur pour conseillère, résista aux prières de sa famille en larmes, qui le suppliait de ne pas s'exposer aux tentatives de ses ennemis; il monta à cheval et partit pour le Marché. Les Oulad-Ben-Châoua, dont le kaïd Bou-Zid était le chef, avaient alors leurs gourbis à trois kilomètres au nord-ouest de Bir-Touta, auprès du tombeau de leur saint ancêtre, Sidi Ben-Châoua.

A l'arrivée du kaïd Bou-Zid sur le Marché, vers les huit heures du matin, des groupes nombreux, dans lesquels on gesticulait et on discutait avec beaucoup d'animation, formaient des îlots vivants dont le ton terreux se confondait avec la nuance jaune sale du sol.

Le kaïd comprit de suite qu'il s'agissait dans ces groupes de tout autre chose que de transactions. Dès qu'elles l'aperçurent, les agglomérations devinrent silencieuses et s'ouvrirent lentement. Bou-Zid passa au milieu de la foule en la parcourant fièrement de son regard, qui sembla la fouiller jusqu'aux entrailles. Cette masse, qui suintait, qui infectait la haine, se courba pourtant devant lui comme sous l'influence d'une force irrésistible, et tous, la main sur le cœur et les yeux baissés, lui donnèrent le salut; plusieurs même se précipitèrent vers lui pour lui baiser le genou. Quelques cavaliers de l'outhan — des grands et des plus haineux — qui, il n'y a qu'un instant, formaient le centre des groupes, affectèrent de tourner la tête de leur cheval dans une direction opposée à celle par où venait le kaïd.

Bou-Zid ne sembla pas y prendre garde ; un sourire dans lequel on sentait le mépris, et un imperceptible mouvement d'épaules prouvèrent pourtant que ce détail ne lui avait pas échappé.

Le kaïd se dirigea vers sa tente, laquelle était dressée sous le tremble qui s'élevait près du puits. Quand il y fut arrivé, un de ses chaouchs vint peser sur son étrier de droite pour empêcher que la selle ne tournât ; le kaïd mit pied à terre et alla s'asseoir, les jambes croisées, sur une *zeurbïa* d'El-Kalàa qui tapissait le sol de la tente.

Le chaouch qui avait tenu l'étrier débrida la jument du kaïd, une bête gris-pommelé superbe, et vida devant elle un tellis de paille courte, dans laquelle elle se mit immédiatement en devoir de creuser.

Le kahouadji du kaïd se hâta de venir lui présenter, sur un plateau de cuivre émaillé de rouge et de bleu, une tasse microscopique supportée par un *zeurf* (porte-tasse) d'argent. Le kaïd attendit, avant de porter la tasse à ses lèvres, que le café se fût bien assis sur son marc.

Les groupes se reformèrent de nouveau, mais à une certaine distance de la tente du kaïd ; le vide paraissait, au contraire, se faire autour de lui. Ses courtisans habituels étaient en retard, et ce fut presque furtivement qu'ils vinrent — pas tous — lui baiser la tête ou l'épaule.

Quelques transactions s'entamèrent sur le bœuf et sur le mouton ; mais elles furent molles, vagues, peu sérieuses ; les préoccupations étaient ailleurs. Acheteurs et vendeurs tournaient fréquemment la tête du côté de la tente du kaïd. Les groupes se désagrégèrent peu à peu. Quelques hommes décrivaient, pareils à des oiseaux de proie, des spirales qui, à chaque tour, les rapprochaient insensiblement de Bou-Zid-ben-Châoua. Tous les signes de la haine, mais de la haine hésitante encore, se lisaient sur ces visages hideux de fanatisme.

Les cavaliers dont nous avons parlé plus haut traversaient la courbe de temps à autre, et jetaient à voix basse, et sans les regarder, aux hommes qui la composaient des paroles qui semblaient être des excitations.

Il y avait là, parmi ces gens à figure sinistre que, chez tous les peuples, on rencontre dans les mauvais jours, des grands de l'outhan et des tribus voisines : on y remarquait surtout le marabouth Sid Allal-ben-Sidi-Ali-ben-Mbarek, cousin de l'ex-Agha El-Hadj-Mohy-ed-Din, chef de la célèbre famille des Mbarek de Koléa. Sid Allal, que nous avions arrêté lors de la défection de son parent, et qui sortait des prisons d'Alger depuis quelques mois seulement, devait naturellement être mal disposé envers un homme qui nous servait aussi loyalement que le faisait Bou-Zid.

Un groupe de ces gens à mauvaise mine se forma peu à peu devant la tente du kaïd, et devint bientôt assez compact; il n'y avait là, d'ailleurs, rien d'extraordinaire ; car, par la nature de ses fonctions, le kaïd est appelé, les jours de marché, à entendre ces mille réclamations qu'adressent si volontiers les Arabes aux puissants, réclamations auxquelles, le plus souvent, ils n'attachent pas la moindre importance, et qui n'ont d'autre but que celui d'obliger l'autorité à s'occuper d'eux.

Le kaïd s'aperçut bien que cette foule qui se groupait sur le seuil de sa tente ne se composait pas exclusivement de sa clientèle ordinaire; il y vit mêlés aux gens de son outhan quelques étrangers de réputation équivoque; mais il ne s'en préoccupa point. Il se sentait, d'ailleurs, tellement supérieur à cette foule qu'il avait vue si souvent à ses pieds; il avait tellement la conscience de sa force, qu'il aurait cru manquer à sa dignité en ayant l'air de s'apercevoir de ce qu'il pouvait y avoir d'insolite et de menaçant dans cette situation.

La tente du kaïd était entièrement entourée; un groupe épais en encombrait les abords : il se composait de gens armés de fusils, ou munis de longs bâtons dont ils coiffaient la tête de leurs deux mains croisées l'une sur l'autre, lesquelles servaient d'appui à leur menton. On remarquait dans le groupe quelques marabouths et *thoiba* fanatiques des Zaouya de Sidi Aaïd-Ech-Cherif, de Sidi Medjebeur, et de Sidi El-Habchi; il y avait aussi des gens de Guerouaou et de Bou-Ogab.

La foule augmentait toujours devant la tente, et, contrairement à ce qui se passait habituellement, personne, depuis une demi-heure que le kaïd était arrivé, n'avait encore formulé la moindre réclamation. Il était évident qu'il y avait un grelot à attacher, et que chacun n'osait en prendre l'initiative. Après avoir aspiré son café à petites gorgées jusqu'à la rencontre du marc, le kaïd rompit le premier le silence.

« Est-ce là, ô gens! tout ce qu'aujourd'hui vous avez à me dire? Auriez-vous, depuis le dernier marché, perdu l'usage de la parole, ou le goût de la chicane ?... Par la vérité de Dieu! je ne vous reconnais plus! » ajouta-t-il avec ironie.

— « Tu nous reconnaîtras bien moins encore, ô kaïd! répondit un marabouth de la Zaouya de Sidi-Medjebeur, quand tu sauras ce qui nous amène vers toi. »

— « Hé! quoi donc? ô Sidi Ali! Ce doit être chose d'importance considérable; car un homme de ta piété n'aurait point quitté sa Zaouya, et dérobé du temps à la prière pour un intérêt mesquin, » reprit le kaïd en arpentant dédaigneusement des pieds à la tête son interlocuteur.

— « Tu l'as dit, par Dieu! tu l'as dit, ô kaïd Bou-Zid!... Nous venons te demander des nouvelles de tes amis les Chrétiens... Que je témoigne avec mes pieds! si, pour mon compte, je ne brûle du désir de les savoir dans Alger avec la paix et avec le bien ! »

— « Rassure-toi, ô excellent Sidi Ali! répondit Bou-Zid; mes amis les Chrétiens sont avec le bien et avec la paix dans Alger la bien gardée, et je puis même l'attester qu'ils ne paraissent point se préoccuper outre mesure des efforts que toi et tes pareils pourriez tenter pour troubler leur tranquillité. On est toujours fort, d'ailleurs, quand, comme eux, on s'appuie sur la justice et sur la raison. »

— « Qu'appelles-tu, ô kaïd! la justice et la raison? s'écria avec véhémence et l'œil phosphorescent un déguenillé de la Zaouya de Sidi El-Habchi; serait-ce, selon toi, la tuerie des gens de la tribu des Aoufia, qui ont été massacrés traîtreusement pendant la nuit dans leurs campements de Bordj El-Harrach (1)?

— « Ils étaient coupables, eux et leur cheikh Er-Rabià : ils avaient dépouillé, vous le savez tous comme moi, les gens que Ferhat-ben-Saïd avait envoyés de Constantine au général Roufikou (Rovigo).

— « Par ma tête! ils étaient innocents! et il en est ici quelques-uns qui en savent quelque chose, » reprit l'homme de Sidi El-Habchi en se retournant vers des individus de mauvaise mine qui étaient derrière lui.

— « Le sang des Aoufia a été payé, sur le lieu même où il avait été versé, par celui de trente fantassins des Chrétiens qu'ont tués des gens des Icer et des Amraoua, » murmura d'une voix sinistre un des hommes du groupe.

— « Et la mort d'El-Arby-ben-Mouça, notre ancien kaïd des Beni-Khelil, glapit un homme de Guerouaou, et celle de Meçaoud-ben-Abd-el-Ouahad-Bach-Saïs, le kaïd d'Es-Sebt, qui tous deux étaient venus à Alger avec un sauf-conduit du chef des Chrétiens? Est-ce là ce que tu appelles de la justice et de la raison, ô kaïd Bou-Zid? »

1) La Maison-Carrée.

— « Leurs chithaneries (1) les ont perdus, répliqua le kaïd Bou-Zid. Ennemis acharnés des Français, s'efforçant continuellement de soulever les Arabes contre eux, à qui Dieu a donné le pays, il était facile de prévoir que telle serait leur fin. Dieu hait l'intrigue et la mauvaise foi. »

— « Dieu hait encore bien plus ceux qui pactisent avec les Infidèles! reprit d'une voix chevrotante un vieux marabouth du haouch Ben-Khelil. Dieu a dit, ô kaïd Bou-Zid! puisqu'il faut qu'on te le rappelle : « O vous qui croyez! ne prenez point mes ennemis et les vôtres pour amis. »

— « Je le sais, reprit Bou-Zid, qui, bien qu'il fût homme de poudre et de chabir, n'en était pas moins, en sa qualité de marabouth, très versé dans les choses de la religion; mais, ce que tu parais avoir oublié, toi, homme de paix et de prière, c'est que le Prophète a ajouté : « Il se peut qu'un jour Dieu établisse entre vous et vos ennemis la bienveillance réciproque. Dieu peut tout; il est Indulgent et Miséricordieux, et il aime ceux qui agissent avec équité. »

— « Le jour dont parle le Prophète n'est point proche, sans doute, répliqua le marabouth; car il y a trois mois à peine que tes amis les Chrétiens — et tu marchais avec eux — pillaient les maisons de nos voisins les gens de Bou-Ogab et de Guerouaou, et qu'ils leur enlevaient leurs troupeaux.

---

(1) De *Chithan*, Satan, le diable. Le mot *Chithaneries* signifie *intrigues, actions diaboliques, tripotages, combinaisons perfides, machinations*.

Serait-ce là le signe de la bienveillance réciproque ? »

— « Les gens de Bou-Ogab et de Guerouaou méritaient ce châtiment, s'écria le kaïd qui, malgré sa nature bouillante, avait, jusque-là, réussi à se contenir, et le pillage dont tu te plains était acte de justice ; car les troupeaux qui leur ont été enlevés étaient le produit de leurs déprédations sur les gens qui aiment la paix et détestent l'intrigue. »

— « Tu mens, ô kaïd ! par Dieu ! tu mens ! » cria une voix dans la foule.

L'orage était proche. La foule avait grossi pendant cette discussion, et ne formait plus qu'un seul groupe qui enlaçait, à une certaine distance pourtant, la tente du kaïd, et lui faisait une enceinte vivante. Ce démenti lancé à la face du kaïd était le gant que, dans notre société, se jettent deux adversaires qui ont soif de leur sang.

Bou-Zid, dont le regard étincelait, se leva avec un effrayant mouvement de détente, et, mettant la main sur la poignée du pistolet qu'il portait dans un *kbour* (1), il s'écria d'une voix où il y avait pourtant plus d'indignation que de colère : « Quel est le chien fils et petit-fils de chien qui a dit que je mentais ? »

A ce mouvement, à cette interpellation du kaïd, les factieux reculèrent et se turent ; tous courbaient involontairement la tête devant l'énergique

---

(1) Espèce de fonte en maroquin brodé qui se porte en sautoir à l'aide d'une bretelle, et qui se fixe au corps au moyen d'un ceinturon, le long duquel glisse la cartouchière.

attitude de cet homme seul contre deux mille.
C'est qu'ils savaient de reste que Bou-Zid était un
maître du cœur et un *maître du bras*, une de ces
natures tout d'une pièce qu'on peut briser, mais
qu'on ne fait pas plier, surtout lorsqu'elles se sentent fortes du droit et de la raison. Ils reculèrent
donc et firent du jour autour de la tente du kaïd.

— « O chaouchs! reprit Bou-Zid, bâtonnez-moi
cette canaille qui ose insulter son kaïd!... Que Dieu
vide ma selle! si je n'en fais pendre quelques-
uns de ces fils du péché! »

Soit que les chaouchs se sentissent faibles devant la foule des factieux, soit qu'ils comprissent
que le pouvoir du kaïd était sur son déclin, et qu'il
était sage de se ménager une porte de sortie sur
le parti opposé, le fait est qu'ils ne déployèrent
point leur zèle accoutumé dans l'exécution des ordres de leur seigneur; ils avaient l'air, au contraire, d'y mettre des formes; eux, des bâtons
inintelligents, c'était par la douceur qu'ils essayaient de disperser aujourd'hui cette foule que,
sur un clin d'œil du kaïd, ils eussent rouée de
coups au précédent marché.

Cette évolution des chaouchs était trop accusée,
trop manifeste pour échapper au kaïd, et il ne put
s'empêcher de leur en faire la remarque.

— « Frappez donc, ô chaouchs!... Ils semblent
croire, par Dieu! que ces coquins sont de faïence! »
dit le kaïd d'un ton plein de mépris.

Les factieux se dispersèrent pourtant, mais non
sans murmurer dans leurs capuchons.

Le marché essaya de se relever; mais on sentait

bien que les esprits n'étaient point aux affaires. Les cavaliers dont nous avons parlé plus haut se remirent à parcourir la foule ; ils s'arrêtaient parfois comme pour prendre part à la conversation, ou bien ils jetaient sur leur passage des paroles qui semblaient être des reproches. Les groupes se reformèrent peu à peu ; mais, cette fois, fort loin de la tente du kaïd. Le palmier qui se trouvait à trois cents mètres au nord du puits du Marché était surtout le centre d'un rassemblement considérable. L'apaisement des esprits était loin d'être fait, et le calme apparent qui régnait dans le Marché n'était visiblement qu'une trève dont la rupture ne devait pas se faire attendre longtemps.

Le kaïd Bou-Zid écouta quelques réclamations insignifiantes qui lui furent faites par des gens qui, évidemment, n'étaient pas dans le complot. Deux ou trois grands de l'outhan vinrent, comme d'habitude, lui faire leur cour et s'asseoir sous sa tente ; mais ils n'y restèrent qu'un instant : des raisons majeures, qu'ils n'expliquaient pas, les empêchaient, dirent-ils, de s'attarder au Marché. Cependant, ils n'avaient point voulu manquer, s'il fallait les en croire, de venir lui donner le salut. La vérité, c'est qu'ils sentaient de l'orage dans l'air, et que, ne sachant comment allaient tourner les choses, ils avaient jugé prudent de ne pas rompre ouvertement avec une puissance ébranlée, il est vrai, mais qui était encore debout.

Bou-Zid, qui n'avait jamais beaucoup compté sur l'affection des grands de l'outhan, et qui, ordinairement, ne les ménageait pas plus que les pelits, comprit parfaitement que ces gens qui, naguère, mettaient tant d'exaltation dans leurs témoignages de respect, avaient flairé la situation, et qu'ils commençaient cette évolution particulière aux Arabes quand ils sentent l'agonie d'un pouvoir, ou quand ils s'aperçoivent qu'un bras se détend. Bou-Zid vit bien tout cela, et il ne put s'empêcher de leur faire remarquer d'un ton où perçait l'ironie que leur prompt départ était pour lui une déception, attendu qu'il avait compté sur le charme ordinaire de leur conversation pour lui faire passer le plus agréablement possible les heures mortes du Marché, c'est-à-dire celles où ses administrés n'éprouvaient pas l'irrésistible besoin de venir l'entretenir de leurs petites affaires.

Les grands firent semblant de n'avoir point entendu les choses flatteuses que venait de leur dire le kaïd, et, après être rentrés dans leurs *seubbath* (souliers arabes), ils s'éloignèrent en lui jetant le souhait habituel de : « Reste sur le bien ! »

Le kaïd entendit encore quelques affaires d'un intérêt extrêmement secondaire, bien que les gens qui les portaient devant sa juridiction cherchassent à lui persuader, en lui exposant la chose dans les hautes notes de la voix, que leur cause était digne de fixer son attention. Il avait eu, comme de coutume, toutes les peines du monde à leur faire comprendre que leur affaire n'était pas de sa compétence, et qu'elle ne pouvait recevoir de solution que par devant la juridiction civile du kadhy, dont la tente était dressée à quelques pas de la sienne.

A midi, le Marché s'était déjà sensiblement dépeuplé ; mais, en revanche, le groupe qui, ainsi que nous l'avons dit, s'était formé autour du palmier avait considérablement grossi, et s'augmentait encore d'instant en instant : il se composait de gens qui, pour la plupart, étaient armés de fusils. La conversation y paraissait pleine d'animation ; on semblait y discuter avec beaucoup de véhémence ; on sentait qu'il devait y avoir là deux partis en présence, celui de l'action et celui de la prudence. Il était hors de doute que le premier, ainsi que cela se passe habituellement, l'emporterait et entraînerait les tièdes et les faibles. Les cavaliers dont nous avons parlé plus haut rôdaient autour du rassemblement, et jetaient de temps à autre un mot qui y produisait l'effet de l'huile sur le feu ; car les bras se levaient, les vociférations augmentaient, et les fusils s'abaissaient. On n'était pas d'accord.

Il était évident qu'il s'agissait encore du kaïd dans cette foule surexcitée, et ce rassemblement était fort probablement formé des factieux que sa parole avait dispersés au commencement du marché. Bou-Zid-ben-Châoua n'en doutait pas ; mais il lui semblait si facile de venir à bout de cette canaille ; il se croyait si puissant de sa puissance dominatrice, qu'il ne prit aucune mesure pour déjouer les mauvais desseins de ses ennemis. Il eut tort.

Le Marché terminé, le kaïd fit brider son cheval et se disposa à regagner son douar.

Pendant ce temps, le groupe s'était sensiblement rapproché du chemin d'Alger, qui était celui que devait prendre le kaïd.

Bou-Zid monta à cheval, et prit la direction de la chaussée qui traversait alors la partie marécageuse de la route d'Alger. Or, le rassemblement s'était répandu, à l'approche du kaïd, aux abords de ce chemin, dans lequel il devait nécessairement s'engager. Quelques hommes armés se détachèrent de la masse, et se portèrent vers la chaussée avec l'intention apparente de l'occuper et d'en défendre l'entrée. Bou-Zid n'hésita pas à y diriger son cheval, et il passa fièrement, et au pas, au milieu des factieux en les mesurant du regard, et en leur donnant le salut d'un ton provocateur qui semblait leur dire : « Mais allons donc ! qu'attendez-vous pour agir, ô fils du péché ? »

Grisée de nouveau par la haine, la foule des factieux se reforma derrière le kaïd et parut vouloir le suivre. Elle démasquait ainsi ses projets hostiles ; car la plupart des gens qui la composaient n'étaient pas sur le chemin de leurs douars. Bou-Zid ne crut pas pour cela devoir accélérer l'allure de son cheval. Il ne doutait pas, d'ailleurs, qu'il ne fût en son pouvoir de maintenir et de dominer les factieux. Malheureusement, la foule était derrière lui, et quelle que soit sa puissance fascinatrice, l'homme qu'on suit perd toute son influence, toute sa force ; s'il ne fait tête à ses ennemis, leur audace s'en accroît considérablement et bientôt ne connaît plus de bornes (1). C'est ce qui arriva.

---

(1) Un de nos amis, poursuivi par la foule sur un des

— « O Bou-Zid! lui cria une voix, quand tu verras les amis, les Chrétiens d'Alger, dis-leur donc que le pays de l'Islam ne leur vaut rien, et qu'ils feraient bien de se hâter de repasser la mer, s'ils ne tiennent à ce que nous ne les y aidions! Par Dieu! dis-leur cela. »

Le grelot était attaché de nouveau.

— « Eh bien! essayez cela, si vous êtes des gens de cœur, leur cria Bou-Zid sans se retourner; mais, si vous tenez au succès, ne fuyez pas devant la pointe du sabre de leurs *Sersour* (1) comme vous l'avez fait à la journée de Sidi-Aaïd.

— « Oses-tu bien, reprit une autre voix, nous

---

ponts de Paris, en février 1848, pour n'avoir pas voulu crier: Vive ce qu'on criait alors, non que ce cri lui répugnât; au contraire; mais parce qu'il voyait dans cette injonction de la foule une atteinte à la liberté individuelle; cet ami, dis-je, nous a souvent répété qu'il était convaincu de n'avoir dû la vie qu'à l'excellente idée qui lui vint d'opérer sa retraite à reculons, et de faire constamment face à la foule. « Si je n'avais eu constamment l'œil dans l'œil des gens qui formaient la tête de la poursuite, assurait-il, j'étais perdu, et il me semblait, quand, instinctivement, j'amorçais un demi-tour pour me soustraire plus vite à cet horrible cauchemar, que je sentais déjà le froid d'une demi-douzaine de balles me trouant le dos. » Arrivé au bout du pont, il avait pu se jeter dans un rassemblement et s'y enfouir.

(1) Corruption de *Chasseurs*. C'est le nom que donnaient déjà et que donnent encore les Arabes aux Chasseurs d'Afrique.

parler de l'affaire de Sidi-Aaïd, où l'on dit t'avoir vu dans les rangs des Chrétiens ! »

— « Par la vérité de Dieu ! j'y étais, répondit Bou-Zid en se soulevant sur ses étriers et en faisant une demi-conversion, et que Dieu me laisse entre deux cavaleries ! si je suis capable de reconnaître parmi vous un seul de ceux qui y étaient; car, par ma tête ! je n'ai pu réussir à leur voir autre chose que le dos !... On dit même qu'ils fuient encore, ajouta-t-il en ricanant d'un air sardonique.

La colère montait du côté de la foule.

— « C'est un renégat ! » hurla l'un.

— « C'est un *bou-djeur'lafa* (1) ! » vociféra un autre.

Et l'on entendit des fusils s'armer.

Le kaïd Bou-Zid s'arrêta court et se tourna vers la foule, qui amorça soudainement un mouvement de recul très prononcé. Debout sur ses étriers, le bernous rejeté sur l'épaule droite, l'œil fulgurant, le geste plein de noblesse, Bou-Zid jeta à ces hurleurs cette injure et cette méprisante menace : « Arrière ! chiens fils de chiens, qui ne savez aboyer que lorsque vous êtes en nombre ! Arrière ! ou je livre, en vous faisant pendre comme vous le méritez, vos charognes maudites aux corbeaux ! »

La foule se tut encore, et le kaïd continua son chemin à la même allure.

Les factieux s'étaient arrêtés et paraissaient hé-

---

(1) C'est ainsi que les Arabes nomment ironiquement les incirconcis.

sitants. La majorité n'en voulait point évidemment aux jours du kaïd Bou-Zid, et il était certain qu'elle n'avait eu en vue qu'une démonstration. Elle était décidée à cesser là ses poursuites et à rejoindre ses douars; mais le parti de l'action, les ennemis personnels de Bou-Zid, qui ne voulaient pas se compromettre seuls, et qui savaient bien que le kaïd ne laisserait point cette insulte impunie, ceux-là, disons-nous, firent entendre aux tièdes que Bou-Zid n'oublierait pas la scène d'aujourd'hui, et qu'il ne pouvait manquer de revenir bientôt avec des forces françaises qui pilleraient et incendieraient leurs gourbis, qui leur enlèveraient leurs femmes et leurs troupeaux. « Il n'y a plus à hésiter, ajouta Sid Allal-Mbarek; il faut tuer cet insolent ami des Chrétiens si vous ne voulez qu'il ne vous tue! Vous avez donc le choix, ô Musulmans! »

La perspective que venait de montrer aux indécis le saint marabouth de Koléa, produisit l'effet qu'il en attendait et fit cesser toute hésitation. Les factieux reprirent leur poursuite; en accélérant le pas, ils eurent bientôt rejoint le kaïd qui, du reste, n'avait pas changé son allure.

Cette foule haineuse, courant avec une pensée de sang dans les traces de Bou-Zid, semblait une bande de chacals lancée sur la piste d'un lion blessé.

Quand les factieux rejoignirent le kaïd, il allait arriver au premier pont qu'on rencontrait alors sur la route d'Alger (1).

---

(1) Ce pont était celui sur lequel on traversait la branche

— « Vous l'avez entendu, ô Musulmans! dit une voix venant du milieu de la foule, ce Chrétien fils de Chrétien, ce *mthourni* (1) fils de *mthourni* nous menace de donner nos corps aux corbeaux!... Qu'il prenne garde que nous ne donnions pour tombeau au sien le ventre des chacals! »

Et l'on entendit de nouveau ce bruit sec que produisent des fusils qu'on arme.

Il est fort probable que cette menace ne parvint pas aux oreilles du kaïd; car il n'y répondit pas.

— « Et ce serait encore de meilleure justice que celle des Chrétiens! — Dieu maudisse leur religion! — continua une autre voix; car les kaïds El-Arby-ben-Mouça et Meçaoud-ben-Abd-el-Oua-had n'étaient pas coupables, et pourtant les Chrétiens les ont tués! »

— « Et Hamida? le khalifa de l'Agha Sidi El-Hadj-Mohy-ed-Din-Es-Sr'ir, reprit un homme des Oulad-Sidi-Ali-ben-Mbarek de Koléa, Hamida, qui s'était rendu à Alger avec un sauf-conduit, ils l'ont tué aussi! »

— « Je jure Dieu! répondit Bou-Zid en se retournant à peine, que celui-là est mort de frayeur, étouffé par son cœur qui lui est remonté à la gorge. »

— « Vous l'entendez, ô hommes! il ose railler les martyrs qui moururent pour la foi musulmane!

---

sud de l'ouad Bou-Farik. Il se trouvait à quelques pas au delà de celui qui sert aujourd'hui au passage du grand fossé d'écoulement. Ce point était situé à 1,600 mètres environ du puits du Marché.

(1) Musulman qui a abjuré le mahométisme.

Par Dieu! ce Bou-Zid est le plus effroyable impie que j'aie jamais connu! » continua El-Koliâï.

Le kaïd venait de passer le pont; il pouvait parfaitement, en mettant son cheval au galop, se débarrasser de cette canaille hurlante; mais Bou-Zid, nous l'avons dit, avait une âme de fer, et, dût-il lui en coûter la vie, qu'il n'eût point voulu fuir devant cette tourbe ignoble qu'il avait vue si souvent à ses pieds. Il sentait pourtant ce qu'il pouvait y avoir de danger dans cet acharnement inusité de la foule. Néanmoins, son indomptable nature ne lui permettait aucune concession; il semblait jouer, au contraire, avec la mort en irritant cette multitude infecte qui ne demandait qu'un prétexte pour justifier ses desseins sanguinaires; or, la mesure était comble; un mot encore, et elle débordait, et ce mot, Bou-Zid l'avait déjà sur les lèvres.

Fatigué de cette persistance des factieux, à bout de patience, le kaïd s'arrêta une seconde fois, et leur ordonna de cesser de le suivre, les menaçant, s'ils persistaient à ne pas tenir compte de son ordre, de toute la colère des Français. Et il se remit en route; mais, à peine avait-il fait quelques pas, que, sur un signe de Sid Allal, dix balles tirées presque à bout portant lui trouaient le dos et l'abattaient de son cheval.

Le malheureux kaïd expirait quelques instants après, en remettant le soin de sa vengeance à ceux qu'il avait si loyalement servis.

Après s'être partagé ses dépouilles, les assassins du kaïd, qui, pour la plupart, étaient des gens de

Bou-Ogab, se dispersèrent, et regagnèrent leurs douars.

Telle fut la fin tragique du kaïd Bou-Zid-ben-Châoua, de ce serviteur loyal et dévoué qui croyait en nous, — et cela en 1833, — et qui mourut héroïquement pour notre cause en nous chargeant de le venger.

Il y aurait plus que de l'ingratitude à laisser tomber dans l'oubli de pareils exemples de dévouement, et c'est pour n'en point mériter le reproche que nous avons essayé de retracer les émouvantes péripéties de ce drame sanglant.

Le lendemain de ce crime, 10 septembre, une partie des membres de la Commission d'Enquête (1), et son président, le lieutenant-général Bonnet, quittaient Alger avec l'intention de visiter Blida. Une colonne de 4,000 hommes, commandée par le général Voirol, leur servait d'escorte.

C'est pendant sa marche que le général en chef apprit l'assassinat du kaïd de l'outhan des Beni-Khelil; la reconnaissance n'en fut pas moins poussée jusqu'à Blida.

A son passage à Bou-Farik, la colonne n'y avait rencontré personne; tout y était rentré dans l'ordre. Leur vengeance satisfaite, les assassins de Bou-Zid s'étaient hâtés de s'abriter contre les recherches probables de l'autorité française.

Le moment n'ayant pas paru favorable pour la

---

(1) Cette Commission, composée de Membres des deux Chambres, était chargée d'étudier notre Colonie africaine sous le rapport de ses ressources agricoles et commerciales.

visite d'étude qui était le but de la Commission d'Enquête, la colonne revint sur ses pas sans être inquiétée autrement que par la tiraillerie, au départ de Blida, d'une centaine de Kabils qui vinrent brûler de la poudre avec l'arrière-garde.

A son retour le 11 septembre, la colonne trouvait, dans le défilé de Bou-Farik, le cadavre d'un cantinier et celui de sa femme; ces malheureux avaient été massacrés sur les derrières de la colonne pendant qu'elle se portait sur Blida. La fille de ces infortunés, une enfant de dix ans, avait réussi à se sauver dans les makis pendant qu'on égorgeait ses parents; elle fut recueillie par des femmes arabes qui la ramenèrent au haouch Goreïth quelques jours après.

On retrouvait également les cadavres de deux soldats du 4° de ligne qui avaient été décapités.

La colonne alla coucher à Douéra.

On s'occupa, mais infructueusement, de la recherche des assassins de Bou-Zid-ben-Châoua. On dirigea néanmoins sur les Hadjouth, qui passaient pour avoir pris une certaine part à ce crime, une expédition dont le commandement fut confié au général de Trobriand. La colonne pénétra dans leur pays en traversant le Mazàfran à Mokthà-Kheira. Après avoir livré aux flammes les gourbis des Hadjouth, les troupes rentrèrent dans leurs camps.

Le fils de Bou-Zid-ben-Châoua, Allal, fut nommé, dans le courant de novembre, au kaïdat de l'outhan des Beni-Khelil resté vacant depuis le mois de septembre. Allal n'avait point la vigueur de son père; mais il ne lui cédait en rien sous le rapport de la loyauté et du dévouement. Pour l'aider à se maintenir dans ce poste difficile, on mit auprès de lui le sergent-major Vergé (1), du bataillon de Zouaves, jeune homme qui, à une grande valeur personnelle, joignait la connaissance parfaite de la langue et des mœurs des Arabes. Ainsi soutenu et guidé, le fils de Bou-Zid put présider le Marché de Bou-Farik, et contraindre l'outhan des Beni-Khelil à lui rembourser la valeur des objets enlevés à son infortuné père lors de son assassinat, et à lui payer le prix de son généreux sang.

Après un court séjour auprès du kaïd Allal-ould-Bou-Zid, le sergent-major Vergé avait pu se convaincre que ce jeune homme n'avait point les qualités propres au commandement. Le général Voirol eut un instant l'idée de nommer le sergent-major de Zouaves au kaïdat de l'outhan des Beni-Khelil; mais, comme cette mesure inaugurait un système qui avait encore besoin d'être étudié, il n'y fut pas donné suite. On se borna à récompenser les brillants et utiles services du sergent-major Vergé par le grade de sous-lieutenant.

On s'occupa, dans le courant de l'année 1833, des premiers travaux de desséchement dans la Metidja : c'est sur les bords de l'ouad El-Harrach que commença l'œuvre de géants qui devait rendre à cette plaine sa richesse et sa salubrité.

---

1) Le nom du sergent-major Vergé, devenu plus tard général de division, est légendaire dans la Metidja. Les Arabes y ont conservé précieusement le souvenir de celui qu'ils nommaient le *ma-Ijor Bordji*.

IV

Les déprédations des Hadjouth. — Invasion infructueuse de leur pays par une colonne expéditionnaire. — Division de l'outhan des Beni-Khelil en cantons, à la tête desquels on met des cheikh. — Ce qu'on entendait par Hadjouth. — Mœurs et manière de combattre de ces cavaliers. — — Nouvelle expédition contre les Hadjouth. — Les Beni-Khelil et les Beni-Mouça marchent avec nous comme auxiliaires. — Ils font un butin considérable sur les Hadjouth, qui demandent la paix. — Nos conditions n'ayant pas été acceptées, les hostilités recommencent. — Nos auxiliaires font encore du butin. — Les Hadjouth font leur soumission. — Les Beni-Khelil et les Hadjouth se jurent solennellement une paix éternelle. — Un Commissaire extraordinaire est établi dans l'outhan des Beni-Khelil. — La Metidja est ouverte aux Européens. — On essaye de les faire admettre sur les marchés arabes. — Machinations du Commissaire indigène pour contrecarrer ce dessein. — Reconnaissance des biens du Beylik dans la Metidja. — El-Arby-ben-Brahim remplace Allal-ould-Bou-Zid dans le kaïdat des Beni-Khelil. — Les Européens sont expulsés du Marché de Bou-Farik. — Sur le rapport d'une Commission d'Enquête, la conservation d'Alger est décidée. — Nouvelle organisation administrative. — Le lieutenant-général comte d'Erlon est nommé Gouverneur général. — Départ du général Voirol.

Les infortunés Beni-Khelil, qui, malheureusement, avaient pour voisins les turbulents et indélicats Hadjouth, étaient sans cesse en butte aux attaques de ces désagréables et incommodes cavaliers ; chaque jour, ils étaient pillés, volés par ces écumeurs de la Metidja. Saisissables seulement par leurs gourbis, qu'ils abandonnaient, d'ailleurs, sans la moindre difficulté à nos colonnes, les Hadjouth n'avaient rien à redouter de nos incursions sur leur pays ; ils pouvaient dès lors se livrer presque impunément à leur honorable profession de coupeurs de routes, et razer avec la plus grande facilité les Beni-Khelil, et, avec bonheur, les gens du Sahel, que leur proximité d'Alger et de sa banlieue faisait tout naturellement et forcément nos alliés. Les Hadjouth trouvaient donc un double charme à dépouiller de leurs troupeaux des gens chez qui il y avait à prendre, et qui, de plus, étaient les amis des Chrétiens.

L'hiver de 1833 à 1834 fut particulièrement productif aux Hadjouth. On lança bien sur leur pays, le 20 janvier 1834, une petite colonne commandée par M. de La Moricière ; mais, comme toujours, on ne parvint pas à les atteindre. Ils firent pourtant semblant de demander la paix ; seulement, la condition que nous y mettions, celle de la restitution du bétail enlevé aux Beni-Khelil, fit avorter les négociations. Si les Hadjouth avaient un penchant, ce n'était pas celui de la restitution. En effet, rendre ce qu'ils avaient pris, c'était faire eux-mêmes la critique de leurs opérations habituelles ; c'était en avouer l'illégalité. Ils ne le pouvaient raisonnablement pas.

Les Beni-Khelil durent donc renoncer à rentrer

dans leur bien. En présence de cette situation insupportable, on leur fit facilement entendre que le seul remède à y apporter gisait dans le rétablissement de la hiérarchie administrative, qui, depuis quatre ans, ne fonctionnait plus. L'outhan fut donc divisé en cantons qui eurent chacun leur cheikh ; de cette façon, l'autorité du kaïd fut mieux assise, et l'exécution de ses ordres put être surveillée sur tous les points de l'outhan à la fois. On solidifia encore cette combinaison en donnant un traitement à ces divers fonctionnaires.

Dans le courant du mois de mai, les éternels Hadjouth se remirent en campagne pour faire la guerre sainte au butin. A bout de patience, le général en chef résolut d'en finir avec eux. Malheureusement, la fin de ces pillards était plus facile à décider qu'à obtenir. Évidemment, si l'on n'eût eu affaire qu'à cette tribu transcheffëenne, qui ne pouvait guère mettre sur pied plus de 400 cavaliers, avec du temps et de la constance, on en fût, sans doute, venu à bout ; mais la cavalerie tracassière et agaçante qu'alors nous rencontrions sans cesse devant nous dans la Metidja, c'est-à-dire dans l'étendue de nos possessions de la province d'Alger, cette cavalerie, disons-nous, que nous pensions être exclusivement fournie par la tribu des Hadjouth, se composait de cavaliers appartenant à toutes les tribus à cheval de l'ouest de la Metidja et d'ailleurs : c'était un ramassis hétérogène que réunissait une même cause, celle de faire du butin. On trouvait, sans doute, aussi parmi eux des chercheurs d'aventures, des gens qui aimaient de la guerre le côté pittoresque, chevaleresque, entraînant, des artistes pour qui la suprême félicité dans ce monde était de se sentir un bon cheval entre les jambes, et un bon fusil entre les mains, des gens qui mettaient leur gloire à piquer droit sur une ligne de tirailleurs français, et à lui enlever au vol un fantassin tout équipé et tout armé. S'ils coupaient une tête de temps à autre, ce n'était point par goût : c'était tout simplement pour montrer leur grâce, et prouver qu'ils n'étaient pas plus maladroits que les autres dans l'art de la décollation, et qu'ils savaient trouver le joint. D'abord, ils ne descendaient jamais de cheval pour cette opération ; ils la pratiquaient toujours sur le pommeau de leur selle, lentement, en causant de choses et d'autres avec un compagnon d'aventures, et en s'interrompant quand le besoin de la conversation exigeait un geste pour appuyer la démonstration. Lorsque c'était fini, le corps du décapité s'affaissait et tombait lourdement à terre, et le Hadjouth enfouissait la tête dans sa musette ; puis le chabir faisait tinter l'étrier, et, en trois bonds, le cavalier avait rejoint, radieux et bouffi de sa bonne œuvre, le gros de sa volée de guerriers, dont il recevait modestement les compliments.

Mais là ne se bornaient pas les chatouillements d'amour-propre du Hadjouth amateur : c'est à la rentrée au douar, c'est là que l'attendaient les femmes pour l'acclamer de leurs plus joyeux *you! you!* Le fait est qu'il était magnifique ! la lèvre noircie de poudre ; le fusil haut sur son cheval qui s'enlève dans les airs par des câbrers gracieusement énergiques ; cette musette qui se balance au pommeau de la selle en bavant du sang de Chrétien ! Tout cela était vraiment irrésistible. Aussi, n'était-il point un cœur, un corps, voulons-nous dire, de Musulmane qui ne tressaillit d'aise et d'amour devant un pareil spectacle !

Il y avait aussi parmi les Hadjouth des ivrognes de poudre, des gens que son odeur grise, allume, incandescende ; partout où se fait sentir cette parfumerie de la guerre, le flair les y conduit ; ils marchent à la poudre comme le chien au gibier. Nous ne voulons pas dire pourtant que cette affection soit spéciale aux Hadjouth seulement.

En résumé, les Hadjouth n'étaient que le noyau de cette cavalerie irrégulière qu'à cette époque, nous désignions — et nos bulletins aussi — sous cette dénomination. Ceci donne la raison de la célébrité et de la durée prolongée des guerriers de cette tribu, dont nous aurions tué trois ou quatre fois au moins toute la population. Alimentée par tous les coquins à cheval de la Metidja et d'au-delà, cette fraction dut, en effet, nous paraître inépuisable, d'autant plus qu'alors nous n'avions encore que des connaissances extrêmement limitées en matière d'Affaires arabes.

Cette explication a l'avantage de mettre nos bulletins d'accord avec la vérité.

Mais si, par l'effet de leur insaisissabilité, nous ne détruisions pas autant de cavaliers hadjouth que nous l'eussions désiré, nous avions, en revanche, beau jeu avec la canaille, avec les gens de pied : là les lances et les sabres de nos Chasseurs faisaient *dhifa* de sang ; c'était fête pour les lames, et elles s'en mettaient jusqu'à la garde ; elles en grinçaient de joie en rentrant dans leurs fourreaux. C'était une compensation.

Nous disions donc que le général en chef voulait en finir avec ces Hadjouth ; il crut un instant en avoir trouvé le moyen : les Beni-Khelil et les Beni-Mouça, qui avaient énormément à se plaindre d'eux, et qui brûlaient du désir, on ne peut plus légitime d'ailleurs, de rentrer dans leur bien, vinrent lui offrir de marcher avec nous et de concourir à la destruction de leurs ennemis. Le général s'étant empressé d'accepter leur aide, les kaïds de ces deux outhan reçurent l'ordre de se trouver, le 17 mai, dans la nuit, et avec le plus de monde possible, aux ponts de Bou-Farik. Le général Bro devait se diriger sur le même point avec 2,000 hommes d'infanterie et de cavalerie, et deux pièces de canon.

Nos nouveaux auxiliaires furent exacts au rendez-vous : 600 Mtatidj (1), plus ou moins bien armés, nous attendaient pelotonnés par kaïdat sur le point désigné. On leur fit prendre la tête de la colonne expéditionnaire, et on leur donna pour point de direction le bois de Kherraza où les Hadjouth — on le savait par des espions — avaient caché leurs troupeaux. Nos alliés traversaient l'ouad Bou-Roumi au coucher du soleil, et pénétraient dans

---

(1) Les gens de la Metidja.

le bois avec beaucoup d'enthousiasme. Ils y firent un butin considérable, qu'on leur abandonna pour les dédommager des pertes qu'ils avaient éprouvées depuis quelques mois. En résumé, ils rentraient en partie dans leur bien.

Quant aux Hadjouth, ils n'avaient point essayé la moindre résistance; ils savaient bien que ce bétail ne tarderait pas à retomber entre leurs mains, et ils ne voyaient pas d'inconvénient à ce que leurs vainqueurs se chargeassent jusque-là du soin de le nourrir.

Mohammed-ben-Allal, le même qui, plus tard, fut khalifa de l'Émir à Miliana, et qui s'illustra sous le nom de Sidi Mbarek, se présenta, au nom des Hadjouth, pour traiter de la paix; mais il ne put s'entendre sur les conditions avec le général Bro, et les hostilités continuèrent. Le lendemain 19, un parlementaire vint faire des propositions qui n'eurent pas plus de succès que celles de la veille. Le bois de Kherraza fut alors fouillé à fond, et nos auxiliaires y firent un butin qui, cette fois, les indemnisa largement de toutes leurs pertes. On brûla quelques douars de gourbis, et l'on mit le feu aux récoltes; mais elles étaient encore trop vertes pour que l'incendie y causât de grands dégâts.

Le 20, un nouveau parlementaire vint apporter au général Bro la soumission des Hadjouth. C'était magnifique! Ils acceptaient d'avance toutes nos conditions, c'est-à-dire qu'ils reconnaissaient le kaïd que nous leur donnions, Kouïder-ben-Rebha, et nous ouvraient les routes de l'Ouest. De plus, il fut convenu que le passé serait oublié, et qu'on chercherait à se chérir le plus possible et le plus longtemps qu'on le pourrait.

Sa mission étant accomplie, la colonne expéditionnaire reprit la route d'Alger le 21 mai pour rentrer dans ses cantonnements.

Quelques jours après, les Hadjouth et les Beni-Khelil se rendirent à Blida pour se jurer solennellement sur le Livre une paix éternelle. Ce fut une touchante cérémonie.

Le général Voirol rendit en même temps la liberté au marabouth Sid Mohammed, — ce cousin de l'ex-Agha des Arabes, Sid El-Hadj-Mohy-ed-Din-Es-Sr'ir, — qui avait été arrêté à Koléa par le général de Brossard lors de l'affaire de Sidi-Aaïd.

La paix paraissait donc assurée pour longtemps, puisqu'on s'était attaché à écarter les causes irritantes qui auraient pu la troubler. Dans le but de la consolider encore davantage et de prévenir les petites perturbations, ou de leur donner, si elles se produisaient, une prompte solution, le général en chef établit temporairement, dans l'outhan des Beni-Khelil, un Commissaire extraordinaire, lequel fut investi de pouvoirs supérieurs à ceux du kaïd, qui était toujours Allal-ould-Bou-Zid-ben-Châoua. Le général fixa son choix sur Mosthafa-ben-El-Hadj-Omar, ce More que le général Clauzel avait nommé Bey de Tithri, et qui n'avait pu se maintenir à Médéa. Mosthafa s'établit au haouch El-Kalendji, à l'ouest de Douéra.

Mais il ne suffisait pas, et le général Voirol l'avait bien compris, de ramener la paix parmi les Arabes ; nous avions à poursuivre un autre but : il fallait les habituer à nous, nous montrer souvent au milieu d'eux par nos officiers des Affaires arabes, les amener à nous prendre pour juges dans leurs contestations, dans leurs différends ; il fallait écouter leurs plaintes, étudier leurs besoins ; il était important, enfin, qu'ils sentissent notre main, et qu'ils tournassent leurs regards vers nous. C'est le résultat qu'on chercha à atteindre : des officiers attachés aux Affaires arabes furent envoyés fréquemment sur divers points de la plaine ; le chef du Bureau arabe lui-même, M. Pellissier (1), accompagné de M. Allegro, jeune Tunisien de beaucoup de valeur personnelle, se rendit au Marché de Bou-Farik la première fois qu'y parut le marabouth de Koléa, Sid Mohammed, depuis sa mise en liberté. Le kaïd des Hadjouth, Kouïder-ben-Rebha, y vint aussi accompagné d'un grand nombre de ses administrés ; ce fonctionnaire se décida même à se rendre à Alger,

---

(1) M. Pellissier de Reynaud est l'auteur d'un excellent ouvrage sur l'Algérie, qu'il a intitulé *Annales algériennes* : il y juge peut-être un peu sévèrement les actes et les gens de l'époque dont il écrit l'histoire ; mais, en résumé, son travail est une œuvre exacte, consciencieuse, d'une valeur incontestable, et qu'il faudra toujours consulter quand on voudra écrire sérieusement l'histoire des dix-sept premières années de notre Colonie algérienne. Nous y avons eu recours souvent, particulièrement pour la classification et l'ordre chronologique des faits.

où il n'avait pas paru depuis trois ans. Pour lui enlever toute crainte, M. Allegro s'offrit à rester au milieu des Hadjouth jusqu'à son retour. Cette proposition ayant été acceptée, Kouïder-ben-Rebha alla faire sa visite au général en chef, qui le reçut parfaitement. Après être resté quelques jours à Alger, le kaïd des Hadjouth fut ramené par le chef du Bureau arabe jusqu'à Mokthà-Kheira, où l'attendaient une cinquantaine de Hadjouth et M. Allegro, qui, du reste, avait été traité le mieux qu'il le leur avait été possible par ces *féroces* cavaliers.

La confiance étant rétablie sur toute la ligne, les Européens furent avisés officiellement, dans les derniers jours de mai, que la plaine de la Metidja était ouverte à tous ceux qui désireraient la visiter ou l'explorer : une lettre du Bureau arabe pour les cheikh des cantons où ils voudraient se rendre suffisait aux voyageurs pour obtenir de ces fonctionnaires des guides armés; car, enfin, on ne pouvait les garantir contre les coupeurs de routes, contre les gens travaillant pour leur compte. Un grand nombre d'Européens profitèrent de cette facilité pour parcourir la plaine d'un bout à l'autre.

Puisque tout allait à merveille, on résolut de ne pas s'arrêter dans cette voie, et d'essayer d'introduire des Européens sur les marchés arabes. Cet essai devait être tenté d'abord sur le Marché de Bou-Farik. Le chef du Bureau arabe alla coucher le 22 juin à Douéra, dans l'intention de se présenter le lendemain 23 au Marché de Bou-Farik, avec plusieurs personnes de la classe civile qui l'avaient accompagné. Mais le Commissaire extraordinaire, Mosthafa-ben-El-Hadj-Omar, qui aspirait aux fonctions d'Agha, et qui redoutait de voir les Français agir directement sur les Arabes, s'empressa de faire avorter la démarche du chef du Bureau arabe, en écrivant au général en chef qu'il tenait de source certaine que les Européens qui se rendraient au Marché y courraient de grands dangers. Trompé par ce faux renseignement, le général Voirol envoya contre-ordre au chef des Affaires arabes, qui, bien qu'informé déjà de la situation des esprits et des manœuvres de Ben-El-Hadj-Omar, dut cependant obéir à l'ordre du général. Les Arabes, qui n'étaient pas dans le secret de l'intrigue, attendaient toujours le chef du Bureau arabe sur le Marché ; ce n'est qu'à l'arrivée du Commissaire extraordinaire qu'ils apprirent de sa bouche que cet officier ne viendrait pas, et que c'était à son adresse qu'ils le devaient. Cette confidence ne fut pas accueillie avec l'enthousiasme qu'en attendait Ben-El-Hadj-Omar ; on lui donna à entendre, au contraire, qu'il avait eu tort d'opérer ainsi, puisque les Musulmans pouvaient fréquenter en toute sécurité les marchés des Chrétiens.

Cette machination du Commissaire extraordinaire porta néanmoins ses fruits, en ce sens que les grands des tribus, qui ne nous voyaient qu'avec peine nous immiscer dans ce qu'ils appelaient leurs affaires, profitèrent habilement de notre hésitation, et des dispositions malveillantes de nos principaux agents indigènes, pour intriguer et chercher à nous faire renoncer à cette tentative de fusion.

Le chef du Bureau arabe, M. le capitaine Pellissier, qui n'ignorait pas que, pour nous, les Arabes ne sont accessibles que par l'intérêt ou la vanité, n'avait pas voulu laisser passer l'occasion de créer des relations commerciales avec des gens qui, jusqu'à présent, nous avaient glissé dans la main; puis, voir entraver notre œuvre, être joués par un fonctionnaire que nous rétribuions, lui paraissait d'ailleurs exorbitamment ridicule et absolument inacceptable.

La situation était évidemment compromise; les manœuvres de Mosthafa-ben-El-Hadj-Omar et les intrigues des grands avaient jeté la défiance dans les esprits, et l'influence des marabouths était redevenue, dans la Metidja, plus puissante que celle du *douro*. Malgré cela, le capitaine Pellissier ne désespérait pas de rétablir les affaires. Il décida donc qu'il se rendrait au Marché du lundi 30 juin.

Cinq Français sollicitèrent l'autorisation d'accompagner le chef du Bureau arabe dans ce voyage qui, en définitive, pouvait avoir ses dangers.

Il n'est point inutile de citer ici les noms de ces hardis colons qui, sans autre mobile qu'un intérêt français, n'hésitaient point pourtant à se lancer dans de périlleuses aventures, et cela sans autre garantie que cette foi punique dont, déjà, nous avions été trop souvent la dupe. Parmi ces cinq Français, on comptait, d'ailleurs, deux hommes dont les noms, chers à la France algérienne, devaient devenir célèbres à plus d'un titre dans l'histoire de notre Colonie africaine, deux noms rappelant la civilisation militante des époques héroïques, deux beaux caractères dont la bienfaisance était proverbiale aussi bien en pays arabe que chez les Européens, deux noms bénis aussi bien sous le gourbi que dans la mansarde : on a déjà compris que nous voulons parler de MM. de Vialar et de Tonnac de Villeneuve.

Ainsi qu'il l'avait résolu, le capitaine Pellissier se mettait en route le 29 juin, accompagné, outre MM. de Vialar et de Tonnac, de MM. Grillet, Montagnac et Cordonnier. Une escorte de huit spahis composait toutes les forces de cette mission, qui, d'ailleurs, avait un caractère essentiellement pacifique. Cette petite caravane couchait à Douéra, et se remettait en marche le lundi 30 de grand matin pour arriver de bonne heure au Marché de Bou-Farik.

Mais les manœuvres de notre Commissaire extraordinaire avaient pleinement réussi; car l'arrivée en vue de Bou-Farik de la petite caravane déterminait subitement sur le Marché une certaine fermentation dont il pouvait être imprudent de braver les effets. Les principaux des Beni-Khelil viennent au-devant des visiteurs et les engagent à ne pas aller plus loin : « Les Hadjouth sont nombreux et en armes au Marché, disent-ils, et la présence des Français produirait indubitablement parmi eux une surexcitation dont on ne pouvait prévoir les conséquences. » On leur amènera ou on leur apportera en dehors du Marché les bestiaux ou denrées dont ils désireraient faire l'acquisition.

Accepter cette proposition, c'est manquer le but que se sont proposé MM. de Vialar et de Tonnac, celui de nouer des relations commerciales entre Européens et indigènes; c'est reculer devant des Arabes; c'est leur donner à croire qu'on les redoute; c'est montrer de la pusillanimité, et s'exposer à ne plus être à leurs yeux que des Juifs fils de Juifs. Il y avait réellement trop à perdre pour tenir compte des dangers de l'entreprise; aussi, nos cinq explorateurs continuent-ils de s'avancer dans la direction du Marché. Mais les spahis de l'escorte eux-mêmes viennent les engager à rétrograder en attendant que la question, qui se traitait par des parlementaires, soit définitivement résolue.

Les pourparlers duraient déjà depuis un long quart d'heure, et nos cinq Français trouvaient que le rôle ridicule qu'on leur faisait jouer avait assez duré; ils insistèrent donc énergiquement auprès du chef des Affaires arabes pour qu'il les laissât tout au moins paraître sur le Marché. Devant un désir si nettement formulé, le capitaine Pellissier céda, bien que pourtant il ne se dissimulât pas le danger que pouvait amener la détermination de ces intrépides Colons.

Ils saluèrent en arrivant au Marché, et personne ne leur rendit le salut; tous les Arabes étaient armés soit d'un fusil, d'un tromblon, d'un pistolet, soit d'un sabre ou d'un yathaghan, et la physionomie de ce Marché n'était rien moins que rassurante ; on ne comprenait pas bien la nécessité d'un tel luxe d'armes pour transactionner sur le bœuf ou sur le mouton. La foule s'ouvrit toutefois devant nos cinq Colons ; mais elle était morne et silencieuse, et pourtant il y avait là en assez grand nombre des Arabes qui, à Alger, se montraient polis à leur égard comme le sont quelquefois les indigènes, c'est-à-dire jusqu'à l'obséquiosité ; aujourd'hui, ceux-ci leur tournaient le dos, ou évitaient de rencontrer leurs regards. Ils craignaient évidemment de se compromettre vis-à-vis des Hadjouth, et de leur laisser voir qu'ils étaient en relations avec les Français.

La petite caravane mit pied à terre devant la tente d'un kahouadji ; elle en obtint du café sans trop de difficultés ; mais elle ne put rien acheter : tout, pour elle, était vendu, ou n'était pas à vendre. M. de Vialar réussit pourtant à faire l'acquisition d'un chien, et ce fut là tout ce que nos modernes Argonautes purent rapporter de cette toison d'or dont ils étaient venus tenter la conquête.

Au bout de trois quarts d'heure environ, ordre fut intimé aux spahis d'avoir à quitter le Marché avec les Chrétiens qu'ils escortaient. Le départ de la caravane ne fut signalé par aucun incident.

L'auteur croirait manquer au principe de stricte exactitude qu'il s'est imposé, en refusant l'hospitalité de son livre à une lettre qu'a adressée au regretté M. d'Houdetot, il y a quelques années (1879), l'honorable M. *Vallier*, lettre dans laquelle il revendique l'honneur d'avoir fait partie de *la première expédition* sur le Marché de Bou-Farik.

« J'ai lu avec beaucoup d'intérêt, écrit M. Vallier, l'*Histoire de Bou-Farik*, par M. C. T. de Falon, ouvrage publié en 1869. Il est difficile d'écrire avec plus d'entrain et de verve, et de mieux peindre avec la couleur locale ces faits déjà anciens de notre épopée algérienne.

« L'auteur m'a rappelé des événements qui sont bien loin de nous; les dates précises m'étaient échappées, et je suis heureux d'avoir trouvé un historien qui me les ait remémorées.

« C'est bien en mai 1834 que le commandant Marey, nommé Agha de la Plaine, invita les personnes qui voudraient *visiter leurs propriétés* de la Mitidja à s'adresser à lui, promettant de leur donner des guides pour les y conduire. Je profitai de cette offre pour visiter le haouch Remili-el-Kebir, sis à Rovigo. Un Arbi, spahi, m'accompagna jusqu'à ma ferme, que je pus visiter en détail, où je passai la nuit, et d'où je repartis le lendemain, enchanté d'avoir retrouvé là un échantillon du jardin des Hespérides. Mais je ne revins pas seul; car je trouvai dans les plis de mon manteau une escorte qui ne m'aurait guère défendu contre les coupeurs de route.

« C'est là un détail.

« Quelques jours plus tard, ainsi qu'il est relaté dans l'ouvrage de M. de Falon, on voulut essayer d'introduire des Européens sur les marchés arabes; cet essai devait être tenté d'abord sur le Marché de Bou-Farik.

« Qu'il me soit permis de donner au récit de cette première tentative une version autre que celle de M. de Falon, qui n'y a pas assisté comme moi. La voici :

« En juin 1834, les Européens furent prévenus que ceux d'entre eux qui voudraient se rendre au Marché de Bou-Farik pourraient se diriger, le dimanche suivant, sur Douéra, où ils trouveraient l'ancien Bey du Tithri, Mosthafa-ben-El-Hadj-Omar, lequel les conduirait, le lendemain lundi, à ce Marché.

« Sur la foi de cet avis, je me rendis le jour dit, à Douéra, avec M. Belloir, qui habite aujourd'hui la province de Constantine. Nous dûmes nous rendre, le soir, au haouch Kalaïdji pour nous entendre avec Mosthafa-ben-El-Hadj-Omar. Ce dernier nous dit que, le lendemain, il y aurait à Bou-Farik des élections de kaïds, que la poudre pouvait parler, et qu'il ne répondait pas de nous. Il nous engageait à revenir le dimanche suivant. Mais, ce jour-là, il y eut encore des obstacles opposés par Mosthafa, et, finalement, refus de nous conduire à Bou-Farik. Nous nous retirâmes convaincus que cet homme avait plus peur pour lui que pour nous, ce qui nous fut confirmé par les habitants de Douéra.

« Je ne me tins pas pour battu, et, en rentrant à Alger, je fus droit au capitaine Pellissier, et lui rapportai ce qui s'était passé, sans lui dissimuler mon opinion sur le susdit Mosthafa.

« Le capitaine Pellissier me dit alors : « *Trouvez-vous dimanche prochain à Douéra, et, le lundi, moi, je vous conduirai à Bou-Farik.* » C'est ce qui fut fait.

« Le lundi suivant, 30 juin 1834, après avoir passé la nuit couchés sur la table du restaurant Belcourt, nous partions de grand matin pour Bou-Farik. Notre caravane était composée comme suit : le capitaine Pellissier, accompagné de M. Allegro et de cinq spahis indigènes, dont l'un, Si Saïd, est devenu plus tard kaïd des Arib, à la Rassauta ;

« Un colonel polonais et un officier réfugiés ;

« M. Ginestre, employé de la maison Lafond-Rilliet ;

« Et votre serviteur, Vallier.

« Je ne me rappelle pas si Belloir put venir avec nous.

« En route, le capitaine Pellissier nous prévint que deux escadrons de Chasseurs étaient partis, le matin, du quartier de Ben-Siam, à Bir-Khadem, pour nous rejoindre à Bou-Farik.

« Nous traversâmes la plaine, rencontrant à chaque instant des Arabes qui se rendaient au Marché, et paraissant surpris de nous voir si peu nombreux.

« Quant à nous, nos regards plongeaient dans la partie Est de la plaine, cherchant à découvrir les Chasseurs de Ben-Siam. Le capitaine paraissait soucieux de leur retard. Ce fut seulement à proximité du Marché que Si Saïd, dont la vue était plus perçante que la nôtre, nous les signala.

« Des Arabes étaient venus au-devant de nous, et faisaient des objections à notre entrée sur le Marché. Mais les Chasseurs étant en vue, le capitaine Pellissier dit : « Marchons en avant ! »

et nous pénétrâmes sur le champ de foire.

« C'était alors une plaine extrêmement nue, au milieu de laquelle il y avait quatre trembles et un vieux puits arabe.

« Nous nous mêlâmes aux Arabes, qui manifestaient un certain étonnement en nous voyant au milieu d'eux. Tous étaient armés, quelques-uns jusqu'aux dents, et, bien certainement, il y en avait plus de 3000. Nous nous arrêtâmes devant un café maure, et, mettant pied à terre, nous donnâmes nos chevaux à garder à des *yaouleds*.

« Pendant ce temps, les deux escadrons de Chasseurs se rangeaient en bataille devant le champ où se tenait le Marché. Cela donna plus d'assurance aux Arabes amis et en imposa aux autres. Tout se passa bien.

« Après le temps consacré aux affaires que le capitaine avait à traiter, ce qui permit à nos montures de se reposer, nous payâmes largement cafetier et gardiens, et nous partîmes pour Alger par la plaine. A Bir-Khadem, les Chasseurs qui nous avaient escortés se séparèrent de nous pour rentrer à leur quartier de Ben-Siam, dont l'entrée est encore décorée aujourd'hui par ce pin à la tête magnifique qui se voit de loin sur la route d'Alger.

« Je puis affirmer qu'aucune autre personne que celles indiquées par moi dans cette lettre, n'a fait partie de cette première visite d'Européens au Marché de Bou-Farik.

« La visite de MM. de Vialar et de Tonnac, que relate l'ouvrage de M. de Falon a effectivement eu lieu, mais quelque temps après. Elle fut accidentée, peut-être environnée de plus de dangers, car ils n'avaient pas, comme nous, deux escadrons de Chasseurs en bataille sur le Marché.

« *Suum cuique.* »

Nous acceptons très volontiers la version de l'honorable M. *Vallier*, malgré quelques petites erreurs de détail qui n'enlèvent rien à la hardiesse de son entreprise. Ainsi, par exemple, le lieutenant-colonel Marey n'a été nommé Agha des Arabes qu'après l'arrivée à Alger (28 septembre 1834) du général comte d'Erlon, et ce n'est que plus tard, c'est-à-dire après l'expédition du 30 juin, que des troupes d'escorte ont été envoyées au Marché de Bou-Farik.

M. le capitaine Pellissier — l'auteur des *Annales algériennes* — se borne à dire, à propos de la visite du 30 juin, après avoir raconté la tentative infructueuse du 23 du même mois : « Cependant, le lundi suivant, le général en chef ayant été convaincu de la fausseté des rapports de Ben-Omar, le chef du Bureau arabe (capitaine Pellissier) se rendit au Marché de Bou-Farik *avec quelques Européens, et fut bien reçu. Cela continua ainsi pendant quelque temps.* Il y a donc eu plusieurs visites de cette nature au Marché de Bou-Farik.

Nous avions d'autant plus lieu de croire à l'exactitude de la version que nous avons donnée, que nous tenions nos renseignements de la bouche du regretté et vénéré M. de Tonnac, qui faisait partie — sauf erreur, bien entendu, — de l'expédition du 30 juin 1834.

A présent que la paix — la trêve plutôt — le permettait, il y avait lieu de profiter de cette situation pour procéder à la reconnaissance des fermes du Beylik dans les outhan de la Metidja. On s'occupa de ce travail dans le courant du mois de juillet.

Cette opération permit de constater l'existence et de déterminer la position, dans l'outhan des Beni-Khelil, de sept beaux domaines appartenant à l'État. Comme il importait surtout de faire acte de possession, le Gouvernement loua la plupart de ces fermes à bas prix, et pour un an seulement, aux Arabes qui, déjà, les occupaient sans titres. Ces sept haouch, qui tenaient une ligne de près de cinq lieues de longueur au milieu de la Metidja, s'étendaient à l'est et à l'ouest du Marché de Bou-Farik, entre l'ouad El-Harrach et l'ouad Cheffa. C'étaient, en partant de l'ouest, les haouch Ben-Salah, Ben-Khelil, Bou-Ogab, Ech-Chaouch, Soukaly, Memmouch et Bou-ladjoura.

Toutes ces fermes, assises sur un terrain fertile, étaient boisées, bien irriguées, et complantées d'arbres fruitiers, parmi lesquels on remarquait de magnifiques orangers.

Bien que l'accueil qu'avaient reçu au Marché de Bou-Farik du 30 juin les cinq Français qui y accompagnèrent le capitaine Pellissier n'eût eu rien d'extraordinairement encourageant, M. de Vialar n'avait pourtant pas renoncé à créer des relations commerciales avec les Arabes qui fréquentaient ce Marché ; il avait même résolu d'entamer les affaires le plus tôt possible. Mais de nouveaux obstacles dont nous allons dire quelques mots vinrent l'obliger à renoncer momentanément à son dessein, et à retarder un genre d'entreprise qui, d'ailleurs, ne peut réussir qu'avec la paix et la liberté.

Pendant que le chef du Bureau arabe était occupé à cette opération de reconnaissance dont nous parlons plus haut, Mosthafa-ben-El-Hadj-Omar n'était pas resté inactif : il avait réussi à faire destituer le kaïd des Beni-Khelil, Allal-ould-Bou-Zid-ben-Châoua, qui, du reste, était incapable, mais que la mort héroïque de son père devait nous rendre intéressant. Mosthafa avait fait nommer à sa place ce cheikh des Beni-Salah, El-Arby-ben-Brahim, que le chef d'escadron-agha Mendiri avait fait appeler déjà en 1831 à la tête du kaïdat des Beni-Khelil, et que l'Agha El-Hadj-Mohy-ed-Din-Es-Sr'ir, son successeur, avait destitué quelques jours après son entrée en fonctions.

El-Arby-ben-Brahim était, disait-on, un homme d'un certain mérite; mais il affectait une indépendance qui n'était pas de nature à avancer nos affaires dans le pays : c'était donc l'homme qu'il fallait à Ben-El-Hadj-Omar. Aussi, le premier acte de l'administration de notre nouveau kaïd avait-il été de déclarer aux Européens qui, malgré le mauvais accueil qui avait été fait aux Français le 30 juin, s'étaient rendus au Marché de Bou-Farik du 14 juillet, que leur présence ne pouvait plus y être considérée désormais que comme une déclaration de guerre, et qu'ils n'y seraient plus reçus qu'en ennemis. Une centaine de cavaliers qui, évidemment, étaient dans le secret de la comédie, firent des démonstrations d'un caractère plus ou moins hostile qui semblèrent appuyer les paroles du kaïd.

Deux jours après, El-Arby-ben-Brahim écrivait au Général en chef pour lui expliquer ce que sa conduite pouvait présenter d'équivoque : il prétendait que c'était pour sauver les Français, et prévenir d'irréparables malheurs, qu'il avait paru faire cause commune avec nos ennemis.

Il est certain, et nous l'avons déjà dit, que ceux que les Arabes appellent *el-akabeur*, les grands, nous voyaient de fort mauvais œil nous mêler des affaires du pays ; ils n'avaient rien à y gagner ; aussi, prenaient-ils soin d'entretenir chez les Arabes un esprit de méfiance qui, nécessairement, devait avoir pour résultat d'empêcher tout rapprochement entre eux et nous.

Au reste, on sentait parfaitement la main du More Ben-El-Hadj-Omar dans ces petites intrigues, et il est plus que probable qu'il était d'accord avec sa créature, le kaïd El-Arby-ben-Brahim, pour mener à bonne fin son œuvre souterraine. Il avait, d'ailleurs, été prouvé que, le jour où le kaïd signifia aux Français leur expulsion du Marché, il avait eu, dans la matinée, un entretien secret avec le Commissaire Mosthafa au premier pont de Bou-Farik.

Dans sa lettre au général Voirol, le kaïd El-Arby-ben-Brahim ajoutait que, si nous voulions continuer à fréquenter le Marché de Bou-Farik, il était de toute nécessité d'y envoyer des troupes pour en assurer la sécurité.

En présence de cette opposition ou de ce mauvais vouloir, le Général en chef crut devoir interdire d'une façon absolue, l'accès du Marché de Bou-Farik aux Européens : un détachement de Chasseurs d'Afrique y fut envoyé chaque lundi, avec mission de former un cordon qu'il ne devait laisser franchir par aucun Européen. On leva plus tard cette interdiction, et l'on rendit aux commerçants la faculté de fréquenter le Marché; mais cette autorisation fut entravée par des restrictions et des précautions gênantes complètement contraires au but que s'était proposé M. de Vialar, en ce sens qu'elles enlevaient aux transactions la liberté et les facilités qui, ainsi que nous le disions plus haut, en sont l'âme et la condition.

Pourtant, il en coûtait à M. de Vialar de renoncer à une idée dans l'application de laquelle il voyait un intérêt capital; il continua donc de diriger ses généreux efforts de ce côté : dans le courant de juillet, il proposait à la Société coloniale de fonder deux prix, l'un de 200 francs, pour le premier Européen qui conduirait au Marché de Bou-Farik une charrette chargée de marchandises, l'autre de 100 francs, pour celui qui y mènerait trois fois de suite un cheval ou un mulet également chargé de produits marchands. Mais ces prix, dont M. de Vialar fit les frais, ne devaient être gagnés que bien plus tard, c'est-à-dire en février 1835.

Il est clair que ces entraves, jointes à nos hésitations, à nos tâtonnements, n'avançaient pas nos affaires dans la Metidja; les Arabes ne nous sentaient pas franchement déterminés, tranchons le mot, assez forts, et c'était vraiment tentant, pour eux, de profiter de cette situation pour recommencer la guerre. Les Hadjouth surtout brûlaient de l'envie de couper de nouveau les routes de l'Ouest, et de faire la course sur les tribus grasses du Sahel et de la Metidja. Leur kaïd, Kouïder-ben-Rebba, qui n'était pas éloigné de partager l'opinion de ses administrés, ne paraissait plus à Alger; enfin, le maintien de la paix ne tenait qu'à un fil, et ce ne fut que sous la menace de les maudire et de se retirer à Alger, que le vieux marabouth de Koléa, Sid Mohammed, parvint à empêcher, momentanément du moins, les Hadjouth de recommencer leurs déprédations. Comme conséquence de cet état, la plaine perdit de sa sécurité, et les Européens n'osèrent plus s'y hasarder.

Il est incontestable que nous avions perdu beaucoup de terrain dans la direction que nous cherchions, et nous pouvions nous convaincre déjà qu'avec les Arabes, le pouvoir doit toujours se montrer fort et résolu. C'était une école, et nous devions en faire bien d'autres. Il est juste de reconnaître pourtant que souvent nous fûmes pardonnables.

Quant à Mosthafa-ben-El-Hadj-Omar, il rentra de nouveau dans l'obscurité; le Général en chef avait enfin compris que c'était aux machinations de ce More intrigant que nous devions notre situation précaire dans la Metidja, et, particulièrement, dans l'outhan des Beni-Khelil.

Les choses traînèrent ainsi pendant les mois d'août et de septembre sans que la position se modifiât sensiblement.

Nous avons dit plus haut qu'une Commission

d'Enquête, composée de Pairs et de Députés, et présidée par le lieutenant-général Bonnet, avait été envoyée en Afrique par le Gouvernement avec mission d'examiner le pays, de l'étudier, et d'éclairer la France sur les avantages et les inconvénients de sa conquête. Cette Commission, on se le rappelle, était partie d'Alger, sous la protection d'une colonne expéditionnaire, le jour même de l'assassinat du kaïd Bou-Zid-ben-Châoua au Marché de Bou-Farik. Son but, qui était de visiter Blida, n'avait pu être rempli que très imparfaitement, puisque la population de cette ville lui en avait refusé les portes. Pour s'éviter dorénavant les désagréments d'un semblable accueil, elle résolut de borner ses études aux places que nous occupions et dont nous tenions les clefs. Après deux mois de séjour en Afrique, cette Commission, de retour à Paris, put soumettre son travail d'enquête à une seconde Commission composée de dix-neuf membres, et présidée par le duc Decazes, laquelle conclut, à la majorité de dix-sept voix contre deux, à la conservation d'Alger.

Le Gouvernement s'étant décidé, après ce vote, à donner un caractère de permanence à l'occupation de l'ancienne Régence, une ordonnance royale du 22 juillet 1834 en reconstitua l'Administration sur des bases nouvelles; ainsi, la haute direction fut confiée à un Gouverneur général agissant, sous les ordres du Ministre de la Guerre, avec le titre de *Gouverneur général des Possessions françaises dans le Nord de l'Afrique.*

Ce fut sur le vieux lieutenant-général comte

Drouet d'Erlon qu'à la surprise de tous, tomba le choix du Roi, et le nouveau Gouverneur général, dont la nomination datait du 27 juillet, arrivait à Alger le 28 septembre.

Le général Voirol, qui avait refusé le commandement des troupes, emploi inférieur qu'admettait la nouvelle organisation, le remit au lieutenant-général Rapatel, et partit d'Alger dans le mois de décembre.

Le départ du général Voirol, qui, pendant son intérim, avait su faire aimer son administration, fut pour lui un véritable triomphe : Français et indigènes se pressèrent en foule sur le port pour lui faire leurs adieux et lui exprimer leurs regrets de le voir s'éloigner.

V

Le Gouverneur général décide que des troupes seront envoyées tous les lundis au Marché de Bou-Farik. — Formation d'un poste au haouch Ech-Chaouch. — L'occupation permanente de Bou-Farik est décidée. — Le Ministre de la Guerre y autorise l'établissement d'un camp. — La situation s'améliore dans la Metidja. — Le lieutenant-colonel Marey est nommé Agha des Arabes. — Les Hadjouth recommencent leurs incursions dans le Sahel. — Les réclamations de l'Autorité française ne sont point accueillies. — Arrestation de deux Hadjouth au Marché de Bou-Farik. — Expédition contre les Hadjouth et pointe sur les Mouzaïa. — Reprise des hostilités. — Assassinats entre Dely-Ibrahim et Douéra. — Reconnaissance du général Rapatel sur les bords du Mazafran. — Établissement d'un camp à Maelma. — Défection des cavaliers du canton d'El-Merdjia et des fonctionnaires indigènes. — Ali-Bou-Dehicha est nommé kaïd des Beni-Khelil en remplacement d'El-Arby-ben-Brahim, passé aux Hadjouth. — On exécute les travaux d'enceinte du Camp permanent de Bou-Farik. — La colonie du Bazar. — Premières misères. — Attaque du Camp de Bou-Farik par les Hadjouth, et razia sur les Beni-Khelil. — Le général Rapatel détruit le camp des Hadjouth sur les bords de la Cheffa. — L'Ambulance du docteur Pouzin et M. le baron Vialar. — Les sœurs de Saint-Joseph à l'Ambulance Pouzin. — Le nouveau Camp de Bou-Farik prend le nom de Camp-d'Erlon. — Blida n'accepte point le Hakem que nous voulons lui donner. — Les Hadjouth fondent sur le Camp de Douéra, et y surprennent un détachement de Chasseurs d'Afrique, qui les repousse.

Le général comte d'Erlon qui s'était fait rendre compte des causes qui nous avaient fermé le Marché de Bou-Farik, comprit la nécessité de faire respecter l'autorité française sur ce point important, et décida, en conséquence, qu'il y serait envoyé, tous les lundis, ce qu'il faudrait de troupes pour faciliter aux Européens la fréquentation de ce centre commercial.

Le Gouverneur général avait eu un instant le projet d'établir un poste militaire à Blida; mais il avait dû, par suite du manque de fonds, se borner à former un poste intermédiaire au haouch Ech-Chaouch, ferme importante située à six cents mètres du Marché de Bou-Farik. Ce poste ayant été bientôt reconnu insuffisant pour remplir le but qu'il se proposait, le Gouverneur général se détermina à faire occuper Bou-Farik d'une manière permanente. Ce ne fut point sans peine que le comte d'Erlon réussit à obtenir le consentement du Ministre de la Guerre à l'exécution de cette importante mesure, qui rencontrait, d'ailleurs, de nombreux opposants. La principale objection du Ministre reposait sur les dépenses qu'allait entraîner cette création; quelques personnes la regardaient comme destructive du Marché, et, par suite, de tout le commerce des Beni-Khelil; enfin, tous nos soldats devaient y mourir de la fièvre. On passa outre à cette opposition : des troupes furent portées sur le point choisi, qui fut l'emplacement même du Marché, et les travaux du Camp furent commencés en mars 1835. Nous en reparlerons plus loin.

Les premiers actes de l'administration du comte d'Erlon donnèrent à penser aux Arabes ; ils y virent l'intention arrêtée d'asseoir solidement notre influence sur le pays, et de couper court au mauvais vouloir qu'avaient montré *les grands* sous l'administration précédente. La sécurité pour les Européens se refit de nouveau dans la plaine, et la situation redevint assez satisfaisante.

Le Gouverneur général crut consolider cet état de choses en ressuscitant la charge d'Agha des Arabes, qui avait été supprimée après la défection de Sid El-Hadj-Mohy-ed-Din-Es-Sr'ir. Le comte d'Erlon fit choix, pour remplir cette fonction, du lieutenant-colonel Marey, à qui venait d'être donné le commandement des Spahis réguliers qui étaient en voie d'organisation. La conséquence de cette nomination, datée du 8 novembre, fut la dissolution du Bureau arabe, qui cessa d'exister le 20 de ce même mois.

Or, à cette époque, l'amour absorbait tellement le kaïd des Hadjouth, Kouïder-ben-Rebha, qu'il n'avait plus d'yeux et d'oreilles que pour la ravissante Yamina. Les voleurs le surent, et ils résolurent de profiter d'une situation qui leur assurait l'impunité : ils organisèrent une petite bande et s'en allèrent en razia dans le Sahel. Quelques bœufs furent le fruit de cette expédition. Retenu aux bras de sa bien-aimée, qui était peut-être un peu complice des voleurs du troupeau de bœufs, le kaïd ne s'était pas occupé de les faire poursuivre, et personne, dans la tribu, n'avait eu une autorité suffisante pour faire arrêter les malfaiteurs, qu'on connaissait parfaitement.

Malgré les réclamations de l'Autorité française, cette affaire ne se terminait pas, et les voleurs étaient libres dans la tribu. Croyant voir dans l'impunité de ces coupeurs de routes un parti pris de ne point tenir compte de ses plaintes, le Gouvernement général résolut de se faire lui-même la justice qu'on semblait lui dénier.

Le 5 janvier 1835, une colonne expéditionnaire, forte de quatre bataillons d'infanterie, des Zouaves, des Chasseurs d'Afrique, des Spahis réguliers, de quatre obusiers de montagne et de deux pièces de campagne, se rassembla aux Oulad-Mendil, au sud-est de Douéra. Ces troupes étaient sous les ordres du général Rapatel.

Le même jour, qui était un lundi, le lieutenant colonel Marey se rendit au Marché de Bou-Farik avec un détachement, et y fit arrêter deux Hadjouth qui lui avaient été signalés comme ayant coopéré à la razia du troupeau de bœufs.

Cet acte de vigueur fut un avertissement pour les Hadjouth de se tenir sur leurs gardes ; aussi, quand, le 6 janvier au matin, la colonne expéditionnaire se présenta sur leur territoire, avaient-ils mis en sûreté leurs femmes, leurs biens et leurs troupeaux.

Le général Rapatel divisa alors ses forces en

deux colonnes, et battit le pays dans tous les sens pendant les journées des 6 et 7 janvier, brûlant les douars et faisant à l'ennemi le plus de mal possible.

Après une pointe sur les Mouzaïa, les deux colonnes, dont l'une était aux ordres du général Bro, revinrent coucher sur les bords de la Cheffa, suivies à distance par les Hadjouth et les Mouzaïa. Les troupes rentraient à Bou-Farik le 9, et reprenaient, le lendemain, la route de leurs cantonnements.

La guerre va de nouveau traîner ses torches et ses canons dans la plaine. Les Hadjouth et leurs auxiliaires, les mécontents et les pillards des tribus, ont ressaisi avec volupté leurs armes rouillées affamées de poudre et de plomb. La guerre au butin, la guerre aux troupeaux est commencée. Avant d'être fixés sur les estomacs qui leur serviront de tombeaux, les bœufs et les moutons passeront plus d'une fois d'un camp dans l'autre, subissant ainsi les fluctuations et les inégalités d'humeur de la capricieuse déesse des combats.

Les Hadjouth ne devaient pas tarder à prendre leur revanche ; dans le courant de février, 150 de leurs cavaliers envahissent soudainement le Sahel, où ils font un butin considérable, et, se rabattant par la route de Dely-Ibrahim à Douéra, ils massacrent tout ce qu'ils y rencontrent de voyageurs et de militaires isolés. Ils ne se retirent qu'après avoir échangé des coups de fusil avec les troupes du camp de travailleurs de Baba-Hacen.

Ce jour-là, le hasard servit les Hadjouth : ils faillirent se rencontrer avec une forte reconnaissance aux ordres du général Rapatel, qui était partie de Bou-Farik le matin pour aller à la recherche, sur les bords du Mazàfran, d'un point favorable à l'établissement d'un poste. Les Hadjouth passèrent, heureusement pour eux, ce cours d'eau à Mokthâ-Kheira une heure avant l'arrivée des Français sur ce gué.

Cette irruption inattendue des Hadjouth dans le Sahel, leurs actes de brigandage jetèrent la terreur chez les colons. Cet effroi était, d'ailleurs, en quelque sorte justifié : nous avions été surpris, et nous n'avions pas songé à parer aux actes d'hostilité que l'invasion du pays des Hadjouth par le général Rapatel ne pouvait manquer de nous attirer. Ce ne sera pas, au reste, la dernière fois que nous verrons cela ; car, il faut bien l'avouer, nous sommes la nation le plus bonassement confiante du monde ; nous nous laissons prendre avec une ineffable candeur à toutes les manifestations, à tous les semblants, à tous les sourires et les bouches-en-cœur de nos ennemis, et, pour nous, le danger n'existe pas tant qu'il n'est point apparent, palpable, tant que le mal ne nous a pas frappés. Nous n'avons, certes, pas la prétention de modifier une des particularités le plus anciennement invétérées de notre caractère national. Nous nous bornons à le constater.

Cette course des Hadjouth eut pour effet de démontrer que la route de Dely-Ibrahim à Douéra n'était pas suffisamment défendue. On y pourvut, dans le courant de mars, en établissant à Màelma un camp pour un bataillon.

La guerre est contagieuse, particulièrement parmi les Arabes : la levée de boucliers des Hadjouth entraîna la défection de presque tous les cavaliers du canton d'El-Merdjia ; plusieurs fonctionnaires indigènes prirent également parti contre nous, et, dès l'expédition de janvier, que dirigea le général Rapatel, le kaïd des Beni-Khelil, El-Arby-ben-Brahim, combattait dans les rangs de nos ennemis. On le remplaça par le cheikh des Oulad-Chebel, Ali-Bou-Dehicha.

Le général comte d'Erlon ayant fait décider, ainsi que nous l'avons dit plus haut, l'occupation permanente du point de Bou-Farik, le moment était venu de réaliser cette mesure qui devait asseoir notre autorité au cœur de la plaine, et prouver aux Arabes notre intention sérieuse de nous établir dans le pays et d'y rester.

Le 5 mars, sous la direction du colonel Lemercier, le capitaine du génie Grand (1), ayant sous ses ordres les lieutenants Renoux (2) et Genet (3), du même corps, commençait le tracé de l'enceinte du Camp. La forme adoptée était celle d'un ouvrage à cornes, avec de très longues branches, sur chacune desquelles s'ajoutaient deux autres ouvra-

---

(1) Officier du plus grand mérite tué devant Constantine le 23 novembre 1836.

(2) Est devenu, plus tard, colonel commandant la place d'Alger.

(3) Devenu général de brigade.

ges du même genre ; cette disposition donnait à l'ensemble la forme d'une croix.

Cet ouvrage devait renfermer un baraquement en maçonnerie ou en planches pouvant contenir 1,500 hommes, des écuries pour 600 chevaux, et tous les services que comporte un camp permanent.

Une colonne, composée du 10e léger, du 63e de ligne, de la Légion étrangère, et de la 9e batterie du 10e d'artillerie, avait été dirigée de Douéra sur Bou-Farik, dans les derniers jours de février, pour être employée à la protection des travailleurs et aux travaux du nouveau Camp. Ces troupes avaient dressé leurs tentes sur l'emplacement même où il devait s'élever. Mais le mauvais temps ayant interrompu les travaux, cette colonne reprenait, le 18 mars, la route de Douéra. Elle revenait sur Bou-Farik quelques jours après, et la construction du Camp était dès lors poussée avec une très grande activité. Le 63e de ligne (colonel Hecquet) et la Légion étrangère (colonel Bernelle), de la brigade Bro, prirent une large part à ces travaux.

Par ce Camp de Bou-Farik, dont l'importance militaire et politique était considérable, nous commandions la partie de la plaine comprise entre l'ouad El-Harrach et l'ouad Cheffa ; c'était notre premier poste dans la Metidja ; c'était notre première étape dans cette merveilleuse marche qui, du lieutenant-général comte d'Erlon au maréchal comte Randon, nous portait, moins de vingt ans après, — en 1854, — sous les murs de l'oasis d'Ouargla, c'est-à-dire à 800 kilomètres d'Alger.

Mais, à la suite et sous la protection de l'armée, trente-cinq petits marchands, cantiniers ou ouvriers d'art étaient venus se grouper, à proximité des troupes, sous des gourbis faits de branchages, de roseaux et de paille de marais, habitations primitives dont la réunion, bien que n'ayant rien d'extraordinairement oriental, prenait pourtant le nom pompeux de *Bazar*. Elevées sur deux lignes perpendiculairement à la face Est du Camp, ces modestes habitations étaient cependant les assises du Bou-Farik futur, et ces marchands, ces cantiniers, ces ouvriers ne devaient être rien moins que les fondateurs de la luxuriante oasis que nous admirons aujourd'hui.

Parmi ces précurseurs de la Colonisation, on redit encore à Bou-Farik les noms de Pocheman, de Girard, d'Alphaisan, de Moreau, de Saulnier, des frères Canet, des frères Dupuis, de Bailly, de Gallimard, de Némoz, de Ducourt, de Chauveton, de Savoye, de Gallien, de Collet. Que sont devenus la plupart de ces aventureux expansionnistes?..... Demandons à la mort ce qu'elle en a fait.

Dans l'impossibilité de se faire construire des abris plus solides, la population du Bazar dut se contenter de ses incommodes gourbis, demeures inhabitables aussi bien par les pluies de l'hiver que par les chaleurs de l'été ; il ne fallait pas songer à se bâtir des maisons quand les soldats eux-mêmes ne pouvaient aller chercher des pierres dans l'ouad Bou-Chemâla, à dix minutes du Camp, sans être attaqués par des Arabes embusqués dans les broussailles. Chaque corvée de pierres ou de gravier exigeait, en effet, une escorte pour la protéger.

Les troupes étaient constamment tenues en éveil; il ne se passait pas de jour sans que les postes avancés du Camp ne fussent l'objet de quelque attaque, soit de la part des fantassins kabils des montagnes qui bornent la Metidja au sud, soit de celle des Hadjouth. Ces derniers osèrent même tenter sur le Camp une entreprise qui, bien qu'elle ne fût qu'une diversion, n'en témoignait pas moins d'une certaine habileté dans les opérations de petite guerre. Cette affaire se passa de la manière suivante : deux ou trois cents cavaliers djouth vinrent, le 27 mars, faire une démonstration sur le Camp de Bou-Farik. Pendant qu'une partie de ces cavaliers tiraillait avec les troupes, l'autre enlevait du bétail aux Beni-Khelil. Après avoir écumé pendant toute la journée le territoire de nos alliés, les Hadjouth s'enfuirent à tire-d'aile sur les bords de la Cheffa, où ils avaient un petit camp.

Le lendemain 28, le général Rapatel se porta, pendant la nuit, sur le camp de l'ennemi, et le détruisit après en avoir dispersé les cavaliers. Les Chasseurs d'Afrique et les Spahis réguliers leur donnèrent la chasse, et, après une poursuite d'une heure, ils rejoignirent la colonne, qui reprit le chemin de Bou-Farik. Quelques cavaliers hadjouth vinrent, selon leur habitude, tirailler avec l'arrière-garde ; mais ce fut sans résultat.

Ces escarmouches, ces alertes continuelles ralentissaient nécessairement les travaux du Camp ;

mais, grâce au zèle et à l'activité des troupes qui y étaient employées, ainsi qu'à l'habile direction qui leur était donnée, l'œuvre n'en marchait pas moins d'une manière très sensible, eu égard surtout aux difficultés particulières au terrain servant d'assiette à cet établissement militaire.

En même temps que se construisait le Camp, on voyait s'élever, à 50 mètres au sud-ouest de la koubba de Sidi Abd-el-Kader-El-Djilani, une grande baraque en planches dans laquelle devait être installée une ambulance spécialement destinée au traitement des indigènes. La direction de cet établissement hospitalier, dont la création était due à la généreuse initiative de M. le baron Vialar, était confiée au dévouement éclairé de M. le docteur Pouzin.

Cependant, cette œuvre de charité et de haute politique, qui avait été entreprise en dehors de toute convention officielle, était menacée, faute de fonds, de ne pouvoir être menée à bonne fin ; mais, avec ce zèle ardent qu'il apportait dans toutes les questions de bienfaisance et d'humanité, M. de Vialar faisait le voyage de Paris pour y recueillir des souscriptions qui permissent de continuer les travaux commencés.

Nous voulons laisser dire à M. le docteur Pouzin, dans une lettre qu'il adresse de Bou-Farik, à la date du 3 avril, à M. le baron Vialar, ses difficultés et ses espoirs. Ce précieux document, qui respire une philanthropie enthousiaste et pleine de bonhomie, affirme chez les hommes de cette époque des vertus et des croyances qui vont se perdant de jour en jour; car, enfin, si l'on n'a pas la foi en son œuvre et l'amour de l'humanité, on n'ira pas, de son propre mouvement et de sa seule volonté, s'établir dans un poste avancé des plus malsains, avec les inquiétudes et les dangers d'attaques incessantes, et cela pour donner des soins ignorés aux malades de l'ennemi.

« Ces escarmouches, écrit le docteur Pouzin,
« sans arrêter personne, ôtent cependant un peu
« de sécurité; pour mon compte, elles ont suspendu
« mon installation (celle de l'Ambulance) depuis
« quinze jours; car le Camp ayant été attaqué, il
« m'a été impossible de continuer les travaux com-
« mencés.

« Cependant, la fête de Pâques (1) a fait rentrer
« chez eux les Arabes, et, aujourd'hui même, j'ai
« recouvré la permission de continuer.

« Bou-Farik a tout à fait changé d'aspect : à
« droite des arbres, se trouve le Camp, qui est vrai-
« ment très beau. Il se développe sur un espace
« de 360 mètres à peu près, et est entouré d'un
« fossé de 12 à 15 pieds de largeur et de 6 de
« profondeur. A gauche du marabout (2), se
« trouve mon Ambulance, qui s'élève sur un carré
« de 100 mètres; et, tout le long du chemin, de-
« puis le ruisseau près du dernier pont, se trou-

---

(1) Le docteur Pouzin veut, évidemment, parler de l'*Aïd el-kebir*, qui, en effet, tombait le 27 mars en 1835.

(2) La koubba commémorative de Sidi Abd-el-Kader-El-Djilani, laquelle est située derrière le jardin de l'ancien presbytère.

« vent des baraques de toute espèce comme à
« Douéra.

« Je pousse à la roue en ce moment pour qu'un
« jardin d'essai soit installé à la ferme de Haouch-
« Chaouch, afin de rendre ce quartier vivant.

« Un blockhaus est placé en avant du Camp, à
« portée de canon, et un autre s'établit entre le
« pont du Chevalet et les Neuf-Ponts.

« Si mon affaire marche, je veux tâcher d'or-
« ganiser ici un village comme celui de Dely-
« Ibrahim. Pour cela, je compte m'entendre avec
« tous ceux qui ont acheté des terrains par là.

« Je ne puis qu'applaudir aux moyens de pro-
« pagation que vous proposez; je sais que le feu
« sacré vous anime; aussi, je suis tranquille.

« Comme vous, je pense que des sœurs seraient
« préférables (pour l'Ambulance) sous mille rap-
« ports, et si nos moyens pécuniaires nous per-
« mettent de leur disposer un logement et une
« petite chapelle, je crois que nous pourrions bien
« en appeler quelques-unes. Elles seraient res-
« pectées, je n'en doute pas.

« Je viens d'établir une vaccination gratuite à
« la mairie de Douéra. Bientôt, j'aurai un jour
« affecté à cette opération. Cela n'empêchera pas
« mon Ambulance; j'ai un bon cheval. »

Les travaux de l'Ambulance étaient terminés le
15 mai. Par un arrêté en date du 4 avril, le Gouverneur général avait pris cet établissement sous
sa haute protection.

C'est dans les termes suivants que M. le baron
Vialar faisait, en France, appel aux souscripteurs:

« Au milieu de la Mitidja, à douze lieues d'Al-
« ger, au delà de notre poste le plus avancé,
« s'élève une construction récente, ouvrage de
« quelques Français : c'est une Ambulance, ou
« Hôpital provisoire destiné spécialement aux
« Arabes malades des tribus de la plaine et des
« montagnes de l'Atlas.

« Les travaux étaient à peine terminés, que,
« déjà, le 19 mai dernier, 17 hommes, 3 femmes
« et 3 enfants, ous gravement malades, se trou-
« vaient réunis dans cet établissement, et y rece-
« vaient des soins, des médicaments, de la nourri-
« ture comme dans nos hôpitaux de France.

« Un infirmier, une infirmière, un interprète,
« deux petits Arabes de treize à quatorze ans,
« faisaient le service, dirigé par le docteur Pouzin,
« qui, sous les auspices du Roi et de la Reine, et
« sous la protection du Gouverneur général, a
« créé cet établissement, et lui donne ses soins
« désintéressés.

« D'autres demandes d'admission avaient été
« faites, et un grand nombre d'Arabes, privés,
« dans leurs tribus, des secours de la médecine,
« accouraient réclamer des consultations et des
« médicaments.

« A la fondation de cette Ambulance se lie un
« plus grand projet, celui de faire précéder tous
« les pas importants de notre armée en Afrique
« par des établissements semblables, afin de ne
« pas maintenir seulement les populations indi-
« gènes par la force des armes, mais de nous les
« attacher par les bienfaits de la civilisation.

« Une telle entreprise doit trouver en France
« de la sympathie et des encouragements. Nous
« avons, il est vrai, bien des pauvres près de
« nous, et Alger est bien éloigné; mais la bien-
« faisance sait compatir à tous les maux, et il sera
« glorieux pour elle de les soulager jusque sur les
« terres d'Afrique.

» Ce sera, sans doute, avec une émotion pro-
« fonde que des Arabes et des Kabyles appren-
« dront qu'à tant de distance, des Français, des
« Chrétiens ne sont pas indifférents à leurs souf-
« frances, et leur envoient des secours comme à
« des frères. Ainsi, un acte de la plus noble poli-
« tique est uni à cette œuvre d'humanité.

« Déjà de pieuses filles, dévouées au service des
« pauvres et des malades, ont demandé le passage
« au Ministre de la Guerre pour offrir leurs se-
« cours aux Français malades à Alger, et, si elles
« n'y sont pas retenues, elles veulent aller jus-
« qu'aux Ambulances des avant-postes donner
« l'exemple des vertus et d'un zèle inconnus à ces
« contrées.

« D'autres personnes désireront aussi concourir
« à cette œuvre : une souscription est, à cet effet,
« ouverte à Paris, etc.

« *Signé* : Baron VIALAR. »

Quel qu'ait été, jusqu'à présent, le sort de cette
généreuse pensée de nous attacher les Arabes par
les bienfaits, il était difficile de faire appel à la
charité, à la fraternité dans un langage plus émi-
nemment français : faire la conquête des indigènes

par l'humanité, donner pour avant-garde à notre armée nos incomparables et savants médecins, et ces admirables et vaillantes filles qui ne semblent placées sur la terre que pour y remplir une mission d'abnégation et de dévouement, tout cela avait, en effet, quelque chose de séduisant pour une âme d'élite ; mais ce n'était là qu'une illusion, et le temps et l'expérience ne devaient pas tarder à le démontrer.

L'appel de M. de Vialar aux souscripteurs fut entendu en France : le Roi se faisait inscrire pour une somme de 1,000 francs, et la Reine pour 500 francs.

« De pieuses filles dévouées au service des
« pauvres et des malades, disait M. de Vialar dans
« la lettre que nous avons citée plus haut, ont
« demandé le passage au Ministre de la Guerre
« pour offrir leurs secours aux Français malades
« à Alger. » Mais ce que M. de Vialar aurait pu ajouter, c'est qu'ayant engagé sa sœur, supérieure générale des Sœurs de Saint-Joseph, à envoyer, pour le service de l'Ambulance de Bou-Farik, quelques religieuses de son ordre, cette digne et sainte femme était accourue elle-même, accompagnée de trois sœurs, pour concourir à l'œuvre d'humanité dont son frère avait eu l'initiative. Mais, lors du débarquement de ces sœurs à Alger, le choléra venait de s'y déclarer avec une certaine intensité ; elles y furent retenues pour le service des hôpitaux jusqu'à ce que la décroissance du fléau permit de les diriger sur l'Ambulance de Bou-Farik.

Au 17 juin, le nombre des indigènes en traitement à l'Ambulance était de : 35 hommes, 9 femmes, 4 enfants.

Les travaux du Camp de Bou-Farik, qui avaient été poussés aussi activement que le permettaient les attaques des Mouzaïa, des Soumata, des Beni-Menad et des Hadjouth, lesquels, à plusieurs reprises, vinrent se ruer sur nos grand'gardes, ces travaux, disons-nous, furent achevés dans le courant du mois de mai. Cet établissement militaire prit, dès lors, le nom de *Camp-d'Erlon*.

Des inscriptions gravées sur ardoise et enchâssées dans les murs des bâtiments du Camp-d'Erlon rappellent la date de sa création, et les numéros des régiments qui ont été employés à sa construction. On lit sur ces plaques, qui sont au nombre de quatre :

Sur le mur du corps de bâtiment qui s'élève à droite en entrant dans le Camp : *Réduit. — Brigade Bro. — 63ᵉ de ligne. — Colonel Hecquet. — Avril 1835.*

Sur le mur de l'aile sud, près du puits : *Division Rapatel. — Brigade Bro. — Colonel Bernelle. — Légion étrangère. — 1ᵉʳ et 2ᵐᵉ bataillons. — Mai 1835.*

Cette dernière inscription est répétée deux fois sur les murs des bâtiments qui sont au delà de l'ancien pavillon des officiers.

La nature marécageuse des environs de Bou-Farik rendait ce point extrêmement abondant en foins ; c'était une précieuse ressource dont on se hâta de tirer parti dès la première année de la création du Camp. Vers la fin de mai, nos soldats, transformés en faucheurs, furent employés à des travaux de fenaison qui se prolongèrent jusqu'à la mi-juin.

Le général comte d'Erlon, qui avait toujours eu des vues sur Blida, songea à y placer un homme qui fût à nous. Il fit choix, à cet effet, de Mosthafa-ben-El-Hadj-Omar, ce More intrigant qui nous avait créé tant de difficultés lorsqu'il était, en qualité de Commissaire extraordinaire, à la tête de l'outhan des Beni-Khelil.

Le lieutenant-colonel Marey, suivi d'une forte colonne, le conduisit à Blida dans les premiers jours de juillet ; mais les habitants de cette ville ne voulurent point recevoir un chef qu'ils n'avaient pas demandé. Or, ses instructions ne portant point qu'il dût le leur imposer par la force, le lieutenant-colonel Marey le ramena à Alger.

Quelques jours après, un parti de Hadjouth fit une nouvelle incursion dans le Sahel : il fondit avec la rapidité de l'aigle sur le Camp de Douéra, et y surprit à l'abreuvoir un détachement de Chasseurs d'Afrique qui, bien que dans une situation fort désavantageuse, fit pourtant bonne contenance.

VI

Ali-ben-El-Khaznadji est mis à la tête du kaïdat de l'outhan des Beni-Khelil. — Razia des Hadjouth sur le haouch Mered. — Entrevue du kaïd Ali et des Hadjouth. — Assassinat d'Ali-ben-El-Khaznadji. — Razia sur les Hadjouth. — Le kaïd Ali-ben-El-Khaznadji est remplacé par Ahmed-Ech-Chahma. — Le maréchal Clauzel est nommé Gouverneur général en remplacement du lieutenant-général comte d'Erlon. — Invasion du Becera. — L'Emir Abd-el-Kader passe le Chelif et donne des khalifas à Médéa et à Miliana. — Le maréchal Clauzel répond à cette provocation en donnant des beys à ces deux villes. — Mosthafa-ben-El-Hadj-Omar est nommé bey de Miliana et de Cherchel, et Mohammed-ben-Hoçaïn est placé à la tête du Beylik de Tithri. — Une colonne expéditionnaire conduit le Bey de Tithri jusqu'à la frontière de son gouvernement. — Les Mouzaïa lui refusent le passage de leurs montagnes, et le nouveau Bey est ramené à Bou-Farik. — Razia du lieutenant-colonel Marey sur les haouch Ben-Salah et Ben-Bernou. — Expédition sur la Zaouya de Sidi El-Habchi. — Le bey Mohammed-ben-Hoçaïn entreprend seul, mais sans succès, la conquête de son Beylik. — Le khalifa de Miliana envahit la Metidja. — Le maréchal Clauzel marche à lui et le défait sur l'ouad Bou-Roumi. — Nouvelle invasion du khalifa de Miliana dans la Metidja. — Il est rejeté dans les montagnes. — Le colon Pic est enlevé par les Arabes. — Razia sur les Hadjouth.

Les kaïds de l'outhan des Beni-Khelil se succédaient rapidement : dans le courant de juillet, Ali-ben-El-Khaznadji remplaçait Ali-Bou-Dchicha à la tête de ce district. Ali-ben-El-Khaznadji, qui avait administré pendant deux ans le kaïdat des Beni-Mouça, était un homme résolu et capable; il avait été d'abord franchement notre ennemi; mais, depuis sa nomination, il nous servait avec une rare fidélité et un dévouement sans bornes. Il ne pouvait manquer de nous être d'un grand secours à la tête de l'outhan des Beni-Khelil, le plus exposé, à cause de son voisinage avec celui du Sebt, aux incursions et aux déprédations des Hadjouth.

Ali-ben-El-Khaznadji était à peine en fonctions, qu'un parti de cavaliers hadjouth venait enlever un troupeau au haouch Mered. Dans le but de faire rentrer ses administrés dans leur bien, le kaïd demanda aux Hadjouth une entrevue à laquelle ils consentirent; il en profita pour chercher à négocier la paix avec eux. Ils ne furent pas éloignés de s'entendre, et ils convinrent d'une seconde entrevue pour terminer cette affaire. Malheureusement, en revenant de ce premier rendez-vous, le kaïd Ali eut l'imprudence d'annoncer, à tort ou à raison, qu'on avait le projet d'établir au haouch Bou-Ogab un fort détachement d'Arib pour surveiller les Hadjouth et les tenir en respect. Ayant eu connaissance de ce propos, ceux-ci ne doutèrent pas qu'Ali-ben-El-Khaznadji ne voulût les tromper et les faire tomber dans quelque piège. Aussi, à leur seconde entrevue, qui eut lieu dans les premiers jours d'août, les Hadjouth enlevèrent-ils le malheureux kaïd, et le laissèrent-ils atrocement assassiner sous leurs yeux, aux Aïoun-Ech-Chàr, au sud-ouest du haouch Ben-Khelil, par un de ses anciens serviteurs qui prétendait avoir à se plaindre de ses mauvais traitements.

Le général Rapatel, qui venait de prendre l'intérim du Gouvernement général qu'avait laissé, le 8 août, le général comte d'Erlon, lança contre les Hadjouth quelques troupes dont le colonel Schauenbourg, du 1er de Chasseurs d'Afrique, prit le commandement; mais la colonne trouva le pays vide : la population du Sebt, qui avait bien compris que nous ne laisserions pas impuni le meurtre du kaïd Ali, s'était enfuie en emportant ses biens. La colonne expéditionnaire put cependant faire sur le pays des Hadjouth un butin assez considérable, et ramener des chevaux, des chameaux, des bœufs et des moutons.

Le kaïd Ali-ben-El-Khaznadji était remplacé à la tête de l'outhan des Beni-Khelil par Ahmed-Ech-Chahma.

Un arrêté du Gouverneur général, en date du 4 août, concédait à l'Ambulance Pouzin la jouissance d'une partie des terrains de la ferme domaniale dite Haouch Ech-Chaouch, située au sud-est du Camp-d'Erlon.

Le maréchal comte Clauzel, nommé le 8 juillet Gouverneur général des Possessions françaises dans le Nord de l'Afrique, arrivait à Alger le 10 août.

Quelques jours après, le choléra éclatait à Alger et se répandait dans la plaine. Le fléau sévit sur les Arabes avec beaucoup d'intensité, et, par une sorte de trêve tacite, les hostilités furent suspendues entre nous et eux pendant près de deux mois.

Grandi par le traité du 26 février 1834, l'Émir Abd-el-Kader, à qui nous ne donnions encore que le titre de Bey de Màskara, n'avait pas tardé à comprendre le rôle important qu'il pouvait être appelé à jouer en pays arabe ; aussi, s'était-il débarrassé au plus tôt des liens dans lesquels le retenait ce traité : il passa le Chelif, limite de son territoire, et poussa l'audace jusqu'à donner, en son nom, des khalifas (lieutenants) aux villes de Médéa et de Miliana.

Pour combattre l'influence de l'Émir dans ces deux villes, le maréchal Clauzel résolut, à son tour, de leur donner des beys : l'éternel Mosthafa-ben-El-Hadj-Omar, l'ancien Commissaire de l'outhan des Beni-Khelil, le gouverneur repoussé de Blida, fut élevé, le 9 septembre, à la dignité de Bey de Miliana et de Cherchel. Un vieux Turk, qu'on avait oublié de proscrire en 1830, Mohammed-ben-Hoçaïn, fut nommé, le 15 du même mois, Bey de la province de Tithri. Mais la difficulté n'était pas de créer des beys ; c'était de les faire accepter par les populations qu'on en gratifiait.

Le général Rapatel partit du camp de Bou-Farik le 3 octobre, à la tête d'une colonne de 2,000 hommes, pour escorter le nouveau Bey de Médéa jusqu'au point où l'on supposait devoir rencontrer ses partisans ; mais, au lieu des adhérents attendus, la colonne trouva les Mouzaïa en armes, et disposés à lui fermer le passage de leurs montagnes.

Après quelques pourparlers sans résultat, le général Rapatel, qui n'était point en mesure de forcer le passage, opération qui, d'ailleurs, eût été sans raison, puisque le Tithri ne paraissait point devoir se prononcer en faveur du nouveau Bey, le général Rapatel, disons-nous, reconnut qu'il n'y avait pas lieu de poursuivre cette affaire, et il donna l'ordre de la retraite. La colonne bivouaqua, le 4 octobre, auprès du haouch El-Agha, au pied des montagnes des Mouzaïa, et reprit, le lendemain 5, la route de Bou-Farik. Ces Kabils ne purent résister à l'envie de brûler un peu de poudre avec l'arrière-garde.

Le général Rapatel laissa à Bou-Farik le Bey *in partibus* Mohammed-ben-Hoçaïn, et retourna à Alger.

Le lieutenant-colonel Marey stationnait à Bou-Farik avec les Zouaves et les Spahis réguliers. Ayant appris que plusieurs familles des Beni-Khelil, qui étaient passées aux Hadjouth, se trouvaient réunies dans les haouch Ben-Bernou et Ben-Salah, du canton d'El-Merdjia, cet officier supérieur fondit sur elles dans la nuit du 7 au 8 octobre, et leur enleva des femmes, des enfants et du bétail.

Deux jours après, le lieutenant-colonel Marey tenta, toujours avec les Zouaves et les Spahis, une autre entreprise sur la Zaouya de Sidi El-

Habchi, habitée par des marabouths qu'on accusait d'être en relations avec les Hadjouth et de les recevoir chez eux. Dans la nuit du 9 au 10 octobre, la petite colonne se dirigea vers cet établissement religieux, qui est assis sur les dernières pentes du Petit-Atlas, à dix kilomètres au sud de Bou-Farik : les troupes saccagèrent l'habitation de Sid Yahïa, le chef de la communauté, et le beau-frère de notre ancien Agha des Arabes, Sid El-Hadj-Mohy-ed-Din-Es-Sr'ir, qui, alors, était khalifa de Miliana pour l'Emir. Sid Yahïa lui-même fut pris, ainsi que sa femme, et conduit à Alger. Les Zouaves eurent deux hommes tués en revenant sur Bou-Farik.

Notre Bey de Tithri, le vieux Mohammed-ben-Hoçaïn, que nous avions ramené à Bou-Farik après la tentative infructueuse qu'avait faite le général Rapatel pour le mettre sur le chemin de son Beylik, résolut de tenter la fortune avec quelques cavaliers qu'il avait auprès de lui, et d'aller conquérir lui-même le gouvernement que nous lui avions donné. Il quitta Bou-Farik pendant la nuit, et réussit à atteindre la tribu des Hacen-ben-Ali, où il comptait déterminer un mouvement en sa faveur. Malheureusement, les gens de cette tribu ne montrèrent qu'un enthousiasme tout à fait insuffisant devant les difficultés qui fermaient au vieux Turk la route de la capitale de son gouvernement; ses quelques partisans finirent même par l'abandonner jusqu'au dernier, et, plus d'une fois, l'infortuné Bey dut s'estimer heureux de trouver un silo pour s'y enfouir, et se dérober ainsi aux recherches de ses ennemis.

Mosthafa-ben-El-Hadj-Omar ne réussit pas mieux que Mohammed-ben-Hoçaïn ; les gens de Cherchel ne voulurent point en entendre parler.

Cette tentative de *détrônement* du khalifa de Médéa et de celui de Miliana avait eu pour résultat de provoquer une attaque de la part de ce dernier : El-Hadj-Mohy-ed-Din-Es-Sr'ir déboucha tout à coup dans la plaine avec des forces qu'on n'estimait pas à moins de 6,000 combattants. Le 16 octobre, il vint insulter, mais sans résultat, le Camp de Bou-Farik, où le maréchal Clauzel, qui s'était mis immédiatement en mouvement pour marcher à lui, arrivait le lendemain 17.

Il y réunissait aussitôt 5,000 hommes, dont il faisait une division (général Rapatel) de trois petites brigades, qu'il plaçait sous les ordres du général Rewbel, et des colonels Marthe et Hecquet. Le maréchal prenait le commandement supérieur de la colonne expéditionnaire.

Ce petit corps d'armée, qui avait pris sa direction dans l'ouest, marchait, le 18 octobre, sur le pays des Hadjouth. Quelques cavaliers ennemis se montrèrent bientôt et vinrent voltiger en avant de la tête de la colonne : une poignée de tirailleurs et quatre ou cinq coups de canon suffirent pour les éloigner. Ils se retirèrent dans la direction d'El-Afroun, où Sid El-Hadj-Mohy-ed-Din avait posé son camp. Après quelques instants de repos sur la Cheffa, la colonne reprenait sa marche à l'ennemi.

A l'approche de nos troupes, le khalifa de Miliana avait établi son infanterie sur la rive gauche de l'ouad Bou-Roumi, au point où ce cours d'eau sort des montagnes. Trois ou quatre cents cavaliers s'étaient formés en ligne sur sa rive droite. Deux escadrons de Chasseurs d'Afrique, et un peloton de la Garde nationale à cheval d'Alger, qui avait suivi le maréchal, fondirent avec une remarquable impétuosité sur la ligne ennemie et la mirent en déroute. La difficulté du terrain empêcha notre brave cavalerie de pousser la charge aussi loin qu'elle l'eût désiré. L'infanterie d'El-Hadj-Mohy-ed-Din eut le sort de sa cavalerie : le général Rapatel la culbuta sur la route de Miliana, par laquelle elle s'était mise en retraite.

Le corps d'armée revint bivouaquer sur la rive droite du Bou-Roumi.

Le maréchal Gouverneur sortit des montagnes, et rentra dans la Metidja le lendemain 19 octobre.

Son intention étant de traverser le pays des Hadjouth dans toute son étendue, le maréchal Clauzel se dirigea sur le lac Halloula, brûlant les habitations et les meules de paille de l'ennemi sur son passage. La colonne bivouaqua sur les bords du lac, où elle prit quelques têtes de bétail. Le 20, elle vint coucher sur les bords de la Cheffa; le 21, elle se présenta devant Blida, qui lui fournit des vivres, et rentra à Bou-Farik le même jour.

Cette expédition avait eu pour résultat de refouler El-Hadj-Mohy-ed-Din dans ses montagnes, et de nous donner une sorte de revanche de notre insuccès dans l'affaire des beys que nous voulions imposer à Médéa et à Miliana.

Plus que jamais, les Hadjouth poussaient leurs incursions dans l'intérieur de nos lignes et inquiétaient nos communications. Dans la nuit du 27 au 28 novembre, le lieutenant-colonel Marey partit de Bou-Farik avec une petite colonne composée d'infanterie et de cavalerie, surprit les villages arabes de Chaïba et de Douaouda, et y fit un butin considérable.

Le 30 novembre, le khalifa de Miliana fondait sur le Sahel avec 600 cavaliers; il jetait la moitié de son monde sur Douéra et y enlevait quelques troupeaux. Un escadron de Chasseurs d'Afrique et quelques Spahis montent à cheval et donnent la chasse à l'ennemi, qui leur abandonne son butin après s'être fait sabrer une vingtaine d'hommes. El-Hadj-Mohy-ed-Din s'était hâté de reprendre la route de Miliana avec les débris de sa troupe.

Deux Compagnies de Discipline, campées aux Oulad-Mendil pour les travaux de route, repoussèrent avec le même succès un second détachement de cavaliers ennemis qui était venu les attaquer.

C'est dans cette circonstance que le malheureux Pic fut enlevé par les Arabes sur la route de Douéra : il commençait la trop longue liste des colons de Bou-Farik qui tombèrent au pouvoir de l'ennemi.

Le 31 décembre, le général Desmichels, à la tête d'une colonne composée de toute la cavalerie, d'une partie du 10e régiment d'infanterie légère, du 3e Bataillon léger d'Afrique, des compagnies de Zouaves restées à Alger, et de quelques Compagnies de Discipline, partait de Bou-Farik à huit heures du soir; il arrivait au point du jour sur le bois de Kherraza, repaire ordinaire des Hadjouth, les surprenait et s'emparait d'une grande quantité de bétail.

Cette colonne expéditionnaire rentrait à Bou-Farik le 2 janvier 1836.

VII

La guerre et les Hadjouth. — Echange de prisonniers. — Razia sur le bois de Kherraza. — Expédition sur Médéa. — Le maréchal Clauzel est appelé à Paris. — Le général Rapatel est chargé de l'intérim. — Enlèvement de trois Européens par les Hadjouth. — Les Hadjouth poussent leurs incursions jusqu'au Djebel Bou-Zarriâa. — Etablissement de postes retranchés à Sidi-Khalifa et sur l'ouad El-Allaïg. — Affaire sur la Cheffa. — Rentrée du maréchal Clauzel. — Construction d'un camp retranché sur la Cheffa, et d'une redoute avec blockhaus aux Oulad-Yaïch. — Pointe dans les montagnes des R'ellaï et des Beni-Salah. — Le kaïd Ahmed-Ech-Chahma est remplacé par Tarzi-Ali. — Arrêté de création de la ville de Bou-Farik. — Attaque du poste des Oulad-Yaïch par Mohammed-ben-Allal. — Combat de Guerouaou entre les Spahis réguliers et la cavalerie de Ben-Allal. — Incendie de plusieurs fermes en avant de Bou-Farik. — Le général Rapatel fait canonner Blida. — Travaux de défense de la Metidja. — Le nouveau centre de population créé à Bou-Farik prend le nom de Medina-Clauzel. — Le kaïd Tarzi-Ali est remplacé par Ali-Bou-Dchicha. — Application à Medina-Clauzel de l'arrêté relatif à la milice africaine. — Travaux de routes et de desséchement.

Les Hadjouth avait trop intérêt à l'état de

guerre, qui leur permettait le pillage et la razia, pour ne pas chercher à l'entretenir et à le perpétuer.

En effet, pour eux, la paix c'était la ruine, la misère ; avec la paix, plus de poudre, plus de chevaux, plus d'aventures de sang ! La guerre, pour ces hardis cavaliers, n'avait que des profits ; car, que pouvions-nous contre eux ? Absolument rien. Ainsi, quand l'envie nous prenait de pénétrer sur leur territoire, ils en étaient informés aussitôt que nos troupes : ils mettaient alors tout uniment leurs familles et leurs biens en sûreté, et ils faisaient le vide devant nos soldats, à qui il ne restait d'autre satisfaction que celle d'incendier des gourbis qui ne brûlaient même pas. Puis, quand nous nous mettions en retraite, ils revenaient comme un essaim d'abeilles, suivaient, harcelaient les colonnes, et rendaient parfois la vie très dure à nos arrière-gardes, et d'autant plus dure, que nos soldats recevaient des balles sans pouvoir en renvoyer avec quelque succès.

Il faut avoir passé par là pour comprendre ce que ce genre de guerre avait de pénible, d'agaçant, de froissant même : sentir qu'on fait partie de la première armée du monde, être instruit dans les choses de la guerre, être bien armé, bien administré, et pourtant être obligé de reconnaître qu'on est dans une situation bien évidente d'infériorité vis-à-vis de ces insaisissables ennemis armés de fusils à canon de fer-blanc, *s'administrant* individuellement, et n'ayant pour tous magasins — c'est en cela surtout que gît leur supériorité —

que le *mezoued* (1) qui se balance au *guerbous* (pommeau) de leur selle. Nous le répétons, il n'était rien d'irritant comme cette sorte d'impuissance — celle de ne pouvoir rendre le mal pour le mal — dans laquelle se trouvaient nos soldats vis-à-vis des Arabes; car, on a beau dire, pour ne pas être évangélique, la maxime : « Fais aux autres ce qu'ils te font, » n'en est pas moins dans la nature.

Les Hadjouth continuèrent donc de plus belle leurs fructueuses razias ; mais, à partir de l'époque à laquelle nous sommes arrivés, ils parurent entrer dans une voie d'humanité que, dans nos démêlés avec eux, ils avaient jusque-là méconnue : ils firent des prisonniers. Le principe étant admis, on put dès lors faire des échanges. Le marabout Sid Yahïa, de la Zaouya de Sidi-El-Habchi, qui avait été pris dans la nuit du 9 au 10 octobre de l'année précédente par le lieutenant-colonel Marey, fut le premier qui profita du bienfait de cette nouvelle mesure : il fut échangé, lui et sa famille, contre quelques soldats français qui avaient été faits prisonniers pendant l'expédition du général Desmichels.

Dans les premiers jours de mars, le général Rapatel partait de Bou-Farik, avec une petite colonne, pour aller faire une excursion dans le pays des Hadjouth, lesquels ne cessaient d'inquiéter nos tribus soumises du Sahel et les Beni-Khelil.

---

(1) Sac à provisions fait ordinairement de la peau d'un chevreau.

Nos troupes ramenèrent quelques têtes de bétail qu'elles trouvèrent dans le bois de Kherraza.

Un arrêté du Gouverneur général, en date du 22 mars, appelait au service de la Garde nationale tous les Européens âgés de vingt à cinquante ans domiciliés en Afrique, patentés ou propriétaires.

Des familles nouvelles viennent peu à peu renforcer la petite colonie du Bazar à Bou-Farik.

Après son expédition de Tlemcen, le maréchal Clauzel songea à marcher sur Médéa. Son but était d'aider le vieux Mohammed-ben-Hoçaïn, le Bey qu'il avait nommé, et qui, jusqu'à présent, avait été forcé de se tenir caché, à prendre enfin possession de la capitale de son Beylik.

Une division, forte d'environ 7,000 hommes, et composée de 5,000 fantassins, 1,200 cavaliers, deux batteries d'artillerie, et cinq compagnies du Génie, fut réunie à Bou-Farik le 29 mars. Cette division, commandée par le général Rapatel, était formée en quatre petites brigades qui furent mises sous les ordres des généraux Desmichels et Bro, et des colonels Kœnigsegg et Hecquet.

Le maréchal Clauzel s'était réservé le commandement supérieur de ce corps d'armée.

La colonne expéditionnaire se mit en mouvement le 30 au matin, se dirigea sur le haouch El-Agha, et alla coucher à une lieue en deçà. Elle eut, au passage de la Cheffa, à repousser un parti de Hadjouth. Au delà de cette rivière, et sur la gauche de la colonne, les Spahis furent engagés assez vivement avec les Beni-Salah et les Mouzaïa. Le 31, l'armée pénétrait dans les montagnes des Mouzaïa; le 1ᵉʳ avril, elle s'emparait du *Col du Tenia* (1), selon les termes du bulletin officiel; du 2 au 6 avril, le Génie, sous la protection des troupes, traçait une route de 15,000 mètres de développement, praticable pour l'artillerie de campagne. Le général Desmichels rejoignait, le 7, au col, après sa mission sur Médéa, le corps expéditionnaire, qui retournait bivouaquer, le même jour, au haouch El-Agha, et qui se dirigeait, le lendemain 8, sur Bou-Farik, où il arrivait dans la soirée. L'armée fut suivie, pendant cette dernière journée, par 250 ou 300 Hadjouth, qui ne cessèrent de tirailler avec l'arrière-garde.

Les Hadjouth perdirent ce jour-là un de leurs plus braves cavaliers, le kaïd que leur avait donné l'Emir, Mohammed-bel-Hadj-Oulid-Rebha.

Cette expédition de dix jours nous avait coûté 200 hommes tués ou blessés.

Le maréchal Clauzel, appelé à Paris pour siéger à la Chambre des Députés, s'embarque le 14 avril; le lieutenant-général Rapatel est, pour la seconde fois, chargé de l'intérim.

---

(1) *Tenia* signifiant *col*, passage dans une montagne, *Col du Tenia* nous donne nécessairement *Col du Col*. Les bizarreries de cette espèce ne se rencontrent que trop fréquemment dans les Bulletins officiels. Le pire inconvénient, c'est qu'elles passent dans l'usage, et deviennent indéracinables sous le spécieux et stupide prétexte qu'elles sont officielles.

Ce point se nomme, en réalité, *Tniyet el-Mouzaïa*, Col des Mouzaïa.

A la date du 19 avril, le maréchal Clauzel, Gouverneur général, prenait une décision qu'il formulait ainsi qu'il suit :

« Considérant que les entreprises agricoles qui
« se sont formées à Bou-Farik, et que la popula-
« tion toujours croissante qui s'agglomère sur
« cette partie du territoire, font sentir le besoin
« d'y établir une autorité qui veille aux inté-
« rêts de tous les habitants, une Commission
« est instituée pour proposer les bases de la cir-
« conscription de la commune de Bou-Farik, et
« pour désigner le point où devra en être fixé le
« chef-lieu. »

Le haouch Ech-Chaouch était concédé à cette même date du 19 avril.

Vers la fin d'avril, les Hadjouth enlevèrent deux Européens et une femme entre Douéra et Bou-Farik. Un de ces Européens, M. Meurice, fut envoyé à l'Emir ; l'autre, qui était blessé, fut gardé par un Hadjouth dont le frère était notre prisonnier, et échangé quelque temps après. Quant à la femme, une dispute s'étant élevée à son sujet entre son capteur et un autre indigène, le premier la tua pour mettre fin à l'altercation dont elle était l'objet.

Dans le courant du mois de juin, les Hadjouth, dont l'audace ne faisait que s'accroître, livrèrent plusieurs petits combats dans les environs de Bou-Farik et de Mered, dont nous avions fait un poste avancé. Le 10, ils attaquaient les colons de Dely-Ibrahim ; le 16, ils enlevaient le troupeau de l'Administration à Douéra ; quelques jours après ils pénétraient jusqu'au Djebel Bou-Zarriâa (1), et se montraient à la Pointe-Pescade.

D'après un nouveau plan du maréchal Clauzel, tous les centres de population, tous les points stratégiques devaient être occupés militairement ; conformément à cette mesure, il avait prescrit l'établissement immédiat, sur la Cheffa, d'un camp devant servir de base d'opérations dans une expédition qu'il avait l'intention d'entreprendre sur le Tithri.

Le général marquis de Brossard partit de Bou-Farik le 17 août avec une colonne de 2,000 hommes environ, formée en partie du 63ᵉ de ligne, pour aller construire le camp de la Cheffa. Mais on avait senti l'utilité de relier d'abord ce point à Bou-Farik par des postes intermédiaires. La position de Sidi-Khalifa, située à deux lieues à l'ouest de Bou-Farik, fut choisie pour y recevoir un camp retranché. Les troupes y arrivèrent le même jour, et se mirent à l'œuvre le lendemain 18 ; elles furent attaquées le 21 par plusieurs centaines d'Arabes que le canon dispersa facilement. Les travaux du camp terminés, le général de Brossard y laissa garnison, et reprit, le 25, sa marche sur la Cheffa. La colonne s'arrêta ensuite sur l'ouad El-Allaïg (2), à une

---

(1) Que nous appelons « *La Boudjaréa, La boudzaria, La Bouzaréa,* etc. »

(2) Point que nous avons appelé improprement Oued El-Alleg, El-Alleug, Lallègue, Alleg, Halleg, et qui, en résumé, est nommé par les Arabes *Ouad El-Allaïg*, la rivière des Houces. Il n'y aurait peut-être pas d'inconvénient à ce qu'on désignât, enfin, ce point par son véritable nom. Malheu-

lieue et demie de Sidi-Khalifa, et y construisit une redoute destinée à recevoir un blockhaus. L'avant-garde de la colonne eut ce jour-là un engagement sans importance avec les Arabes.

Le général de Brossard arriva sur la Cheffa le 6 septembre; il y eut une petite affaire avec les Hadjouth.

Le maréchal Clauzel était rentré à Alger le 28 août, après une absence de plus de quatre mois.

Le Ministère n'ayant point donné son adhésion au projet de conquête générale que lui avait soumis le maréchal Clauzel, force fut au Gouverneur d'abandonner la réalisation de ses plans. C'est ainsi que contre-ordre fut donné au sujet de la continuation des travaux d'occupation de la Cheffa. Mais, avant d'effectuer ce mouvement rétrograde, qui eût été d'un fort mauvais effet aux yeux des Arabes, il fut décidé qu'on ferait une course dans le pays des Hadjouth. Cette marche s'exécuta le 12 septembre. Le général quitta la Cheffa le 15, et revint sur l'ouad El-Allaïg le 18, après s'être présenté devant Blida, et avoir fait une reconnaissance dans les montagnes des Beni-Salah, où il avait été mal reçu.

Mais un nouvel ordre ramenait, le 22 septembre, le général de Brossard sur la Cheffa : la construction du camp retranché, à laquelle on avait renoncé, venait d'être définitivement décidée. Les

---

reusement, cet estropiement est consacré par le *Bulletin officiel des Actes du Gouvernement*, et lo mal est dès lors sans remède.

troupes se mirent à la besogne immédiatement. Ce travail fut terminé le 15 octobre, et la colonne rentra à Bou-Farik.

Peu de jours après, la colonne de Brossard allait établir un blockhaus sur le pays des Oulad-Yâïch, en avant de celui de Mered. Les travailleurs ne cessèrent d'être harcelés par les R'ellaï et les Beni-Salah. Le 24, le général envoya dans leurs montagnes quelques troupes qui brûlèrent leurs habitations; le 25, la colonne alla retirer le poste et le blockhaus de l'ouad El-Allaïg. Après avoir poussé une reconnaissance sur le camp abandonné de la Cheffa, les troupes rentrèrent à Bou-Farik. Il ne restait dès lors que deux de ces petits postes, celui de Sidi-Khalifa et celui des Oulad-Yâïch, lesquels, il faut bien le dire, ne gênèrent pas énormément les Arabes qui avaient envie de piller.

Le kaïd Ahmed-Ech-Chahama est destitué dans le courant d'octobre, et remplacé, à la tête de l'outhan des Beni-Khelil, par le maréchal-des-logis de Spahis Tarzi-Ali.

Le maréchal Clauzel rendait, à la date du 27 septembre, un arrêté dont nous donnons ci-après un extrait :

« Considérant que les terres domaniales voi-
« sines de Bou-Farik, entre les haouch Ech-
« Chaouch et Bou-Ogab, sur la route d'Alger à
« Blida, sont à proximité d'un fort qui assure
« une protection suffisante aux colons, qu'elles
« sont propres à l'agriculture et bien disposées
« pour l'emplacement d'un centre de population,
« des lots de terre seront distribués aux colons sur

« ce point; le terrain le plus voisin du Camp sera
« affecté à l'emplacement des maisons, et entouré
« d'un fossé avec parapet en terre. »

La ville de Bou-Farik était créée.

Suivant l'arrêté de création, ce centre de population devait être divisé en lots de 4 hectares, et nul ne pouvait être mis en possession de plus de trois lots, à moins d'être imposé à des conditions extraordinaires. Les concessions ne devaient être faites, d'ailleurs, qu'en proportion des moyens d'action et des ressources des demandeurs. La redevance annuelle à laquelle ils étaient soumis était fixée à 2 francs par hectare. Les concessionnaires furent, en outre, affranchis éventuellement de tout impôt foncier pendant cinq ans.

Le Génie avait fait creuser de nombreux fossés dans les environs du Camp-d'Erlon pour donner de l'écoulement aux eaux, lesquelles surgissaient en abondance à la surface du terrain marécageux dont il était entouré, particulièrement à l'est, sur l'emplacement projeté du nouveau centre de population, qui ne fut tracé, d'ailleurs, que dans le courant de l'année 1837.

Mais reprenons la suite des évènements.

Profitant de l'affaiblissement de nos forces dans la province d'Alger, par suite du départ d'une grande partie de nos troupes pour l'expédition de Constantine, le khalifa de Miliana, El-Hadj-Mohy-ed-Din-Es-Sr'ir lança son neveu Mohammed-ben-Allal sur la Metidja : il arrivait chez les Hadjouth le 8 novembre avec des fantassins des contingents et deux pièces de canon mal servies, et commençait ses opérations par l'attaque du blockhaus des Oulad-Yaïch. Les effets de son artillerie n'ayant pas répondu à ce qu'il en attendait, Mohamed-ben-Allal la renvoya, sous l'escorte de son infanterie, dans les arsenaux de son oncle. Il pensa que sa cavalerie remplirait bien mieux le but qu'il se proposait, celui de ravager les terres des Arabes qui, sous notre canon, devaient nécessairement être nos alliés.

Mohammed-ben-Allal se rencontra le lendemain, aux environs de Guerouaou, avec une centaine de Spahis réguliers que le général de Brossard avait envoyés de Bou-Farik en reconnaissance dans la plaine. Bien qu'ayant affaire à un ennemi qui leur était cinq ou six fois supérieur en nombre, nos Spahis n'hésitèrent pas à le charger ; mais le résultat de la lutte était facile à prévoir : après avoir combattu bravement pendant quelque temps, les Spahis se mirent en retraite. Leur bonne contenance empêchait l'ennemi de les poursuivre au-delà du blockhaus de Mered.

Les Spahis réguliers perdirent, dans cette affaire du 9 novembre, dix-sept hommes, dont trois officiers.

C'est à la suite de ce combat, qu'un déserteur français, du corps des Spahis, Monsel (1), qui

---

(1) Le spahi Monsel (François-Alexandre), né à Nimègue le 18 mars 1812, était entré au service le 6 octobre 1830, en qualité d'engagé volontaire, au régiment des Lanciers d'Orléans ; après être resté une année à l'École royale de Cavalerie de Saumur, il était passé, le 6 janvier 1832,

combattait dans les rangs des Hadjouth, signa sa haine sauvage contre un de ses anciens chefs,

———

au 1ᵉʳ régiment de Chasseurs d'Afrique. Envoyé dans une Compagnie de Discipline le 26 novembre 1833, et au 3ᵉ Bataillon d'Infanterie légère d'Afrique le 24 juillet 1834, Monsel passait au Bataillon de Zouaves le 16 mars 1835, et aux Spahis réguliers d'Alger le 26 novembre de la même année. Le 27 juin 1836, à deux heures du matin, c'est-à-dire quelques instants avant que son escadron quittât Ben-Siam, point situé à 600 mètres environ de Bir-Khadem, pour aller relever celui qui tenait le détachement de Bou-Farik, Monsel passa à l'ennemi, en compagnie du spahi indigène Mouloud-ben-Chaouch, avec armes et bagages, et en emmenant son cheval.

Arrêté le 19 septembre 1837, chez les Beni-Mouça, par des Arabes alliés, Monsel, qui était d'ailleurs noté dans son corps comme un mauvais sujet et un mauvais soldat, Monsel, qui avait déjà été fortement soupçonné d'avoir volé des armes aux cavaliers de son escadron et de les avoir vendues aux Arabes, Monsel, disons-nous, prétendit, pour atténuer l'énormité de son crime, que ce furent les mauvais traitements auxquels il était en butte de la part de ses chefs, et particulièrement de celle d'un adjudant-sous-officier, M. de Goers, qui l'avaient déterminé à déserter.

Monsel avouait avoir tiré sur les Français, pendant les quinze mois qu'il était resté à l'ennemi, aux affaires qui eurent lieu autour de Tlemcen et d'Oran, et dans la Metidja; il avait été enfin de toutes les expéditions du Bey de Miliana, El-Hadj-Mohy-ed-Din-Es-S'rir, et de celles dirigées par son neveu, Mohammed-ben-Allal, qu'il était, disait-il, obligé de suivre.

S'il faut l'en croire, Monsel — qui, du reste, avait été étu-

M. de Goers, en écrivant son nom avec la pointe d'un poignard sur son cadavre.

Le 10 novembre, le général Rapatel, parti d'Alger avec le 11ᵉ de ligne, ravitaillait les blockhaus en avant de Bou-Farik. Le même jour, Mohammed-ben-Allal avait incendié plusieurs fermes entre ces blockhaus. Le général bivouaqua au petit camp de Sidi-Khalifa. Il rentrait le 12 à Bou-Farik après être allé faire reposer ses troupes auprès de Blida, qu'il avait fait canonner pour annoncer sa présence au hakem de cette ville, lequel, malgré les usages reçus, ne s'était pas présenté à lui. Les gens de Blida et les Beni-Salah suivirent l'arrière-garde quand la colonne se remit en marche, et tiraillèrent avec elle jusqu'au delà des orangeries.

---

diant en droit — aurait été chargé par le Bey de Miliana de plusieurs missions diplomatiques, dont une, entre autres, auprès de l'empereur du Marok.

Dans l'affaire du 9 novembre 1836, qui eut lieu sur la châbet El-Azara, tout près du blockhaus de Beni-Mered, Monsel se trouva en présence de son ancien adjudant devenu sous-lieutenant, M. de Goers : cet officier est blessé grièvement dans le combat, et va rouler sanglant dans le ravin des Azara. Monsel, qui l'a reconnu, se précipite sur lui et le décapite ; le cadavre est aussitôt dépouillé, outrageusement mutilé, et, pour qu'on n'ignore pas qu'il est l'auteur de ces cruautés inutiles, Monsel trace sur le dos de son ancien chef, avec la pointe d'un poignard, les mots « *Monsel* — 1836. »

Traduit devant le 1ᵉʳ Conseil de guerre de la division d'Alger, Monsel est jugé et condamné à mort le 30 septembre 1837, et il est passé par les armes le 3 octobre suivant.

Le 17, le général de Brossard sortit de Bou-Farik avec une petite colonne pour s'opposer aux déprédations que commettait dans la plaine notre ancien prisonnier, Sid Yahïa-El-Habchi, le beau-frère du khalifa de Miliana. Après avoir cherché vainement à le joindre, le général de Brossard rentra à Bou-Farik le 20.

En présence de ces déprédations continuelles des Arabes, de ces incursions de tous les jours contre lesquelles nous étions impuissants, on ne fut pas sans chercher les moyens d'y remédier. Aussi, plusieurs projets de défense du terrain d'occupation furent-ils élaborés et présentés à l'approbation de l'autorité supérieure compétente. On s'arrêta, tout en le modifiant, au projet du capitaine du Génie Grand, officier de beaucoup de mérite, le constructeur du Camp-d'Erlon. M. Grand proposait de couvrir par des lignes matérielles et continues le terrain que nous occupions ; il prenait le Mazàfran et l'ouad Bou-Farik, qu'il faisait canaliser, pour ligne de défense. Mais nous étions à l'époque de l'occupation restreinte, et l'on trouva qu'il y avait de l'exagération à s'étendre jusqu'au Mazàfran ; on se souvenait du proverbe : « Qui trop embrasse mal étreint. » On adopta donc la ligne de l'ouad Tharfa, prolongée par une suite de petits ravins ou cours d'eau dont on escarpa les berges, et dont on détruisit les gués. Cette ligne se reliait dans la plaine à l'ouad Bou-Farik. Les travaux furent commencés dans le courant du mois de novembre.

Cette ligne de défense gêna un peu les Hadjouth ;

mais ils s'en consolèrent en pensant qu'il leur restait encore assez de pays découvert dans la Metidja pour pouvoir y exercer fructueusement leur honorable industrie.

Le système de concessions en grands lots, adopté sous l'administration du Gouverneur général comte d'Erlon, fut continué sous celle du maréchal Clauzel. C'est ainsi que, dans l'outhan des Beni-Khelil, furent concédés les haouch Bou-Ogab, Soukaly et Memmouch; mais n'ayant rempli aucune des conditions qui leur étaient imposées, les premiers concessionnaires furent successivement évincés sous les administrations du général de Damrémont et du maréchal Valée.

Nous avons vu plus haut qu'à la suite de l'arrêté de création de Bou-Farik, une partie du territoire du haouch Bou-Ogab et du haouch Ech-Chaouch devait être concédée en parcelles aux colons par le maréchal Clauzel. Cette mesure avait reçu peu à peu son effet, particulièrement pour les lots ruraux.

Le nouveau centre de population créé à Bou-Farik porta d'abord le nom de *Medina-Clauzel* (1). Nous ajouterons qu'il est très regrettable que cette dénomination n'ait pas prévalu, et qu'on ait trouvé plus convenable de respecter un nom qui ne rap-

---

(1. *Medina* signifie *ville* en arabe. Il existe encore entre les mains de M. Pouzault (François), le premier colon concessionnaire de Bou-Farik, un titre de concession où cette future ville est désignée sous l'appellation de *Medina-Clauzel*

pelle absolument rien, que de donner à une localité, française de toutes pièces, et dont on était loin de prévoir l'avenir, celui du maréchal Gouverneur général Clauzel, nom qui, selon nous, était pourtant suffisamment illustre, même dans nos Possessions du Nord de l'Afrique.

Depuis le 25 octobre, date de la nomination de M. Lemaitre aux fonctions de maire à Douéra, et jusqu'à la création des Commissariats civils le 17 février 1840, les actes de l'état-civil de la ville naissante de Bou-Farik furent reçus à Douéra, commune dont elle dépendait administrativement.

Le kaïd Tarzi-Ali est destitué dans le courant de décembre, et remplacé par Ali-Bou-Dchicha, qui, déjà, a exercé cette fonction dans l'outhan des Beni-Khelil.

Dès que le centre de Bou-Farik fut constitué, on y appliqua l'arrêté du 22 mars, qui appelait au service de la Garde nationale tous les Européens de vingt à cinquante ans domiciliés en Afrique, patentés ou propriétaires. Le 24 du même mois, les Gardes nationales des communes rurales avaient été réunies en un bataillon.

Bou-Farik pouvait déjà fournir une compagnie, et le commandement en était donné à M. Eymin, qui avait été nommé capitaine.

Un arrêté du 28 octobre, modifié par un autre du 1ᵉʳ décembre, constitua la Garde nationale sur de nouvelles bases, et sous la dénomination de *Milice africaine*.

A dater de sa création et jusqu'en 1842, cette brave Milice de Bou-Farik trouvera plus d'une fois l'occasion de prouver sa valeur; nous verrons ces vigoureux colons luttant courageusement contre deux fléaux, avec le fusil contre les attaques incessantes des Arabes, avec la pioche contre un sol empoisonné, combats terribles dont le but est noble, il est vrai, mais dont le résultat sera trop souvent la mort.

La route d'Alger à Blida, qui avait été poussée jusqu'aux Oulad-Mendil par le général Voirol, et jusqu'à 3 kilomètres de Bou-Farik par le Gouverneur général comte d'Erlon, atteignit cette dernière localité vers la fin de 1836.

On commençait aussi, dans le courant de cette même année, les travaux de desséchement du territoire de Bou-Farik.

VIII

Le maréchal Clauzel est remplacé par le lieutenant-général comte de Damrémont. — Arrivée à Oran du lieutenant-général Bugeaud. — L'Emir Abd-el-Kader à Médéa. — Suppression de la charge d'Agha des Arabes, et création de la Direction des Affaires arabes. — Mohammed-ben-Halima remplace le kaïd Ali-Bou-Dchicha. — On trace la nouvelle ville de Medina-Clauzel, et on fait l'allotissement de son territoire. — L'ennemi et la fièvre. — Les troupes sont décimées par les maladies. — Colonne d'observation dans l'Est. — Reconnaissance des abords et de la ville de Blida. — L'Emir quitte Médéa et retourne dans l'Ouest. — Attaque de la ferme de Reghaïa par les Iser et les Amraoua. — La guerre est allumée dans l'Est. — Construction d'une redoute sur l'ouad Bou-Douaou. — Attaque du blockhaus des Oulad-Yaïch par les Hadjouth. — Attaque et massacre de faucheurs européens entre Bou-Farik et Bou-Ogab. — Le Gouverneur général transporte son quartier-général à Bou-Farik. — Le khalifa de Miliana est battu au sud de Mered. — Le Gouverneur se porte sur le camp de la Cheffa. — Attaque combinée sur le bois de Kherraza. — Suspension des hostilités. — Traité de la Thafna. — Sid Mohammed-ben-Allal remplace son oncle à la tête du khalifalik de Miliana. — Une ligne télégraphique aérienne est créée entre Alger et Bou-Farik. — Travaux de routes et de desséchement.

À la suite de sa malheureuse expédition de Constantine, le maréchal comte Clauzel était parti pour

Paris; il avait quitté Alger dans le courant de janvier 1837 avec l'espoir, disait-on, d'y revenir bientôt; mais il était remplacé, le 12 février, par le lieutenant-général comte Denys de Damrémont, qui débarquait à Alger le 3 avril.

Le général Bugeaud arrivait en même temps à Oran. Sa mission était ou de combattre l'Émir à outrance, ou de faire avec lui une paix définitive. Le général entama immédiatement des négociations avec Abd-el-Kader par l'intermédiaire de l'Israélite Yahouda-ben-Dran, que nous avons appelé Ben-Durand; pendant qu'elles suivaient leur cours, l'Émir visitait les tribus de l'Est de la province d'Oran et celles du Tithri. Son arrivée à Médéa mit en émoi jusqu'aux tribus que leur situation topographique rangeait sous notre dépendance. Ce fut à qui lui enverrait des députations. Les villages arabes placés sous le canon même de Bou-Farik, voulant se garantir contre les attaques des Hadjouth, achetèrent par des présents la protection du khalifa de Miliana. Il y avait là un danger qu'il importait de conjurer si nous voulions prévenir la révolte de toutes les tribus de la Metidja.

Le général de Damrémont ne voyait de remède à cette situation que dans l'occupation de Blida; il détruisait évidemment, par cette mesure, l'effet produit sur les Arabes par la présence d'Abd-el-Kader à Médéa, et il prévenait une défection générale en séparant les tribus de l'Est de celles de l'Ouest.

Le 28 avril, le Gouverneur général réunissait à

Bou-Farik tout ce qu'il avait de forces disponibles, et il envoyait une petite colonne observer les gorges de l'ouad El-Akhra et du Khamis, par lesquelles l'ennemi pouvait déboucher dans la plaine du côté de l'Est.

Le Gouverneur alla de sa personne reconnaître, avec quelques troupes, les abords de Blida. Il y fut bien reçu par le hakem, le kadhy et les notables de la ville, qui l'assurèrent de leur soumission; mais un parti de Beni-Salah et de Hadjouth vint tirer quelques coups de fusil sur nos troupes.

Après avoir reconnu sommairement le terrain sur lequel il voulait opérer, le Gouverneur général rentra à Bou-Farik. Trompés par cette retraite, les Beni-Salah et les Hadjouth retournèrent aussi chez eux. Mais le lendemain, avant le jour, le Gouverneur général se remettait en route. Ses troupes, divisées en trois colonnes aux ordres des généraux Bro et Négrier, et du colonel Schauenbourg, du 1er de Chasseurs d'Afrique, se dirigèrent sur Blida de façon à la cerner et à mettre les Beni-Salah dans l'impossibilité d'agir contre elle. Ces mouvements s'exécutèrent parfaitement, et il n'y eut que quelques coups de fusil tirés sur la colonne de droite.

Le général de Damrémont put reconnaître tout à son aise la ville et ses abords; mais cet examen ayant eu pour résultat de lui démontrer que l'occupation de Blida présentait trop de difficultés pour être tentée immédiatement, le Gouverneur renonça à son projet et revint le même jour sur Bou-Farik.

Le général de Damrémont allait visiter Koléa le 30 avril. Il donnait l'ordre, en même temps, d'établir un fort détachement de cavalerie à Mered, où il n'existait encore qu'un blockhaus.

La charge d'Agha des Arabes, que remplissait le lieutenant-colonel Marey, ayant été supprimée le 15 avril, les Affaires arabes furent dès lors centralisées auprès du Gouverneur général, et formèrent une direction spéciale sous le titre de *Direction des Affaires arabes*. Le capitaine d'État-Major Pellissier de Reynaud fut mis à la tête de ce service.

Ali-Bou-Dchicha était destitué, dans le courant d'avril, de ses fonctions de kaïd des Beni-Khelil, et remplacé par Mohammed-ben-Halima, plus connu sous le nom de Ben-Rebha, qui était celui de l'ancien kaïd du Sebt, dont il avait été le serviteur.

Bien que l'arrêté de création de Medina-Clauzel datât du 27 septembre 1836, le Génie militaire ne préparait l'emplacement et ne commençait le tracé de ce centre de population qu'au printemps de 1837. La ville future fut établie dans des proportions grandioses : sa forme fut un rectangle de 750 mètres sur 1100, ce qui donnait à son aire une étendue superficielle de 82 hectares 50 ares. On avait taillé en plein drap. L'emplacement des établissements publics et des hôtels fut indiqué sur le plan, et les colons furent tenus de bâtir selon les alignements déterminés. Il était pourtant facile de prévoir qu'eu égard à l'insalubrité reconnue de ce point de la plaine, où la mortalité était d'un cinquième, les cases de ce vaste damier n'étaient pas près d'être remplies. En effet, tel ou tel colon, logé sur un des petits côtés du rectangle, était obligé de monter à cheval pour aller chez son boulanger ou son boucher établi sur le côté opposé; les relations étaient tout un voyage, et l'on courait plus d'un danger en allant voisiner, particulièrement, celui de tomber entre les mains des Arabes, ou de s'envaser dans quelque marécage ou fondrière.

On procéda aussitôt à l'allotissement du terrain compris dans le périmètre de colonisation. L'intérieur de l'enceinte, le terrain affecté à la ville proprement dite, fut divisé en 162 parcelles d'un tiers d'hectare environ; les lots ruraux s'élevèrent à 173; leur contenance, nous l'avons dit, était à peu près de quatre hectares. Les conditions imposées aux colons concessionnaires furent, indépendamment de celle de bâtir dans les alignements fixés, de borner, de mettre en culture et de planter d'arbres leurs lots ruraux dans un délai de trois ans.

La population de la petite colonie de Bou-Farik augmentait de jour en jour; elle était plus que quadruplée depuis la création du Camp-d'Erlon : au printemps de 1837, elle atteignait le chiffre de 150 individus logés dans 58 baraques. Les travaux de fenaison amenaient, en outre, une population flottante qui donnait à ce point beaucoup d'animation et de mouvement.

Bien qu'il eût été procédé à l'allotissement urbain, la difficulté de se procurer les matériaux devant entrer dans les constructions avait maintenu, jusqu'alors, les colons dans leurs baraques du Bazar; quelques-uns avaient pourtant bâti des abris sur leurs lots de jardins, et ils y faisaient un peu de maraîchage. Ce ne sera que l'année suivante que les concessionnaires s'établiront définitivement sur leurs lots urbains et qu'ils y bâtiront.

Les colons de Bou-Farik sont entrés dans la période héroïque, la période militante : chaque jour, la générale les appellera aux armes; chaque jour verra son combat; chaque nuit aura ses tueries, ses vols, ses incendies. Des jours sans repos, des nuits sans sommeil, telle sera, pendant cinq années, l'existence réservée aux colons de Bou-Farik.

Nous ne parlerons ni de la fièvre, ni de la dyssenterie, qui viendront achever l'œuvre du fusil et du couteau de l'Arabe.

La maladie sévit cruellement sur les troupes du Camp de Bou-Farik ; les effectifs se fondent sous ses coups et se réduisent avec une rapidité effrayante ; les régiments nouveaux surtout payent un large tribut au climat, à l'insalubrité de la Metidja, et aux misères de la guerre d'Afrique : nos jeunes soldats encombrent les ambulances et les hôpitaux, et ils y meurent sans gloire tués par la fièvre, par la dyssenterie et par la nostalgie.

Le 11e de ligne, employé aux travaux de Bou-Farik depuis un an, a été fortement éprouvé. Son colonel, M. Lévêque de Vilmorin, veut, un jour, passer la revue de son régiment; des ordres sont donnés pour qu'il ne soit accordé d'exemptions à personne. Le régiment s'assemble, sa droite au pont de l'Ouest, devant le Camp-d'Erlon. Mais, de ce corps, si beau, si fièrement militaire il y a deux ans, lors de son arrivée en Afrique, il ne reste plus que des tronçons, des débris ; les compagnies n'ont plus que des lambeaux de cadres, quelques hommes seulement, les forts, et encore sont-ils minés par la fièvre et par la dyssenterie. De la compagnie qui tenait le poste de Haouch Ech-Chaouch, il ne se présente que le fourrier, un caporal et un tambour. « Pauvre régiment ! » s'écrie tristement son colonel en se frappant le front. Et l'on put voir une larme rouler dans les yeux de ce vieux chef, qui semblait redemander, désespéré, ses soldats à la mort, comme Auguste redemandait à Varus ses légions détruites dans les défilés de Teutberg.

L'apparition de l'Emir à Médéa avait mis en émoi, disions-nous plus haut, jusqu'aux tribus placées sous notre canon ; mais son voyage dans le Tithri cachait un but bien autrement élevé que celui de raviver le vieil esprit arabe des gens de cette province : Abd-el-Kader convoitait la Kabilie, qu'il considérait comme un admirable foyer d'entreprises contre la Metidja, en ce sens qu'elle lui présentait le triple avantage de la proximité d'Alger, de la rapidité de l'offensive et de la sécurité de la retraite. Cependant, sa présence étant devenue indispensable dans la province d'Oran, que menaçait le général Bugeaud, il avait été obligé d'ajourner l'exécution de ses projets sur l'Est, et de quitter Médéa pour reprendre la route de l'Ouest. Son frère El-Hadj-Mosthafa remplaçait El-Berkani à la tête du khalifalik de Tithri.

Abd-el-Kader n'était point, d'ailleurs, resté

inactif pendant son séjour à Médéa : il avait pu s'y mettre en relation avec les tribus de l'Est de la province d'Alger, et les décider à prendre les armes contre nous. Aussi, la guerre ne tarda-t-elle pas à éclater de ce côté : le 9 mai, un fort parti d'Amraoua et de gens des Icer s'abattit sur la ferme de Reghaïa, qu'il surprit. Il y tua deux hommes, et enleva beaucoup de bétail.

Cette attaque, qui devait nous attirer dans l'Est, et nous obliger à forcer la première porte de la Kabilie, le col des Beni-Aaïcha, fut promptement et sévèrement punie : une colonne, composée de deux bataillons du 48e de ligne, de 200 Chasseurs d'Afrique ou Spahis réguliers, d'une centaine de Spahis auxiliaires, et de deux pièces de montagne, fut mise aux ordres du colonel Schauenbourg, du 1er de Chasseurs d'Afrique, et se porta de Bou-Farik, le 11 mai, sur le territoire du haouch Reghaïa ; cette colonne poussa ensuite jusqu'à l'embouchure de l'ouad Icer en culbutant successivement, et en les chassant de toutes leurs positions, les Arabes et les Kabils que Ben-Zamoum lui opposait, et à l'aide desquels il voulait nous fermer la plaine des Icer.

La guerre étant ainsi allumée dans l'Est, le Gouverneur général décida l'occupation permanente de la position du Bou-Douaou, et y ordonna la construction d'une redoute.

Bien qu'il n'eût pas sensiblement diminué leur audace, le poste de cavalerie établi à Mered gênait pourtant les courses des Hadjouth dans cette partie de la Metidja. D'un autre côté, la ligne de défense du nord-ouest de Bou-Farik ayant été reconnue insuffisante pour empêcher les pointes des Hadjouth sur les tribus qui nous étaient soumises, une colonne légère fut chargée, dans le courant du mois de mai, d'observer la vallée du Mazàfran et de couvrir le Sahel.

Le pays étant gardé au nord et à l'ouest, les Hadjouth, qui ne renonçaient pas à leurs entreprises, cherchèrent à nous tourner par le sud. Le 24 mai, ils se présentèrent, au nombre de 300 environ, en vue du blockhaus des Oulad-Yàïch (1), dont le feu donna l'éveil au brave capitaine de Spahis Bouscaren (2), qui commandait à Mered. Cet intrépide officier n'hésita pas, malgré la faiblesse numérique de sa troupe, à marcher à l'ennemi. Le général Négrier, qui était à Bou-Farik, se mettait aussi en mouvement avec quelques forces. Se voyant découverts, les Hadjouth prirent la fuite. Chargés vigoureusement et menés battant par le capitaine Bouscaren, ils furent atteints et sabrés près de Blida, où ils nous laissèrent quelques têtes.

Le 2 juin, un affreux événement venait ensanglanter les environs de Bou-Farik : vingt et un ouvriers européens, étrangers à la localité, étaient occupés à des travaux de fenaison sur le territoire

---

(1) Le blockhaus était situé sur un des points de l'emplacement où, plus tard, fut bâti le village de Dalmatie.

(2) Devenu général de brigade, et mort le 19 décembre 1852, à Laghouath, des suites d'une blessure reçue le 3 au siège de cette ville.

du haouch Bou-Ogab, à moins d'un kilomètre du Camp-d'Erlon ; ces malheureux, qui se gardaient mal, et qui avaient eu l'imprudence de mettre leurs armes en faisceaux à une trop grande distance de leur point de travail, furent subitement cernés et attaqués par une nuée de cavaliers hadjouth qui, à la faveur des hautes herbes et des broussailles, avaient pu arriver sur eux sans en être aperçus. La lutte fut courte : sans autres armes pour se défendre que leurs instruments de travail, vingt de ces infortunés faucheurs furent tués à coups de fusil. Un seul parvint à sauver sa tête en cherchant un refuge dans une mare où il avait de l'eau jusqu'aux épaules ; le feuillage d'un figuier le déroba aux recherches des assaillants.

Le bruit de la fusillade ayant donné l'éveil au Camp, un détachement se porta en toute hâte sur le lieu de l'attaque ; mais il n'y trouvait plus que vingt cadavres, dont un seul, qui fut reconnu pour être celui du sieur Rouqueyrol, n'avait pas été décapité.

Quant aux sauvages cavaliers hadjouth, ils étaient déjà loin, fuyant avec les têtes de nos malheureux compatriotes enfouies dans des musettes suspendues au pommeau de leurs selles.

Ce malheur était d'autant plus regrettable qu'il eût pu être évité si les colons, qui avaient été avertis par le général Négrier de ne point laisser sortir leurs ouvriers ce jour-là, eussent tenu compte de cette recommandation.

Le lendemain, 3 juin, plusieurs points de notre territoire furent attaqués simultanément. Une reconnaissance de cavalerie, conduite par le chef d'escadron d'Erlon, se rencontra avec l'ennemi en avant de Bou-Farik, et y soutint très brillamment un combat extrêmement vif.

Le général Négrier sentait bien l'urgence de prendre l'offensive; mais l'obligation dans laquelle il eût été de disséminer ses forces sur une ligne de défense très étendue l'eût rendu faible partout. La résolution que prit le Gouverneur de porter son quartier-général à Bou-Farik vint mettre un terme à la situation embarrassée du général Négrier.

Le général de Damrémont réunit promptement à Bou-Farik tout ce qu'il avait de troupes disponibles, et prit des mesures pour pouvoir se porter, de là, soit sur Médéa, soit dans la vallée du Chelef, selon les circonstances ou les nouvelles qu'il recevrait du général Bugeaud.

Le khalifa de Miliana, El-Hadj-Mohy-ed-Din-Es-Sr'ir, qui avait pris position à El-Afroun, envoya, le 6 juin, une forte reconnaissance de cavalerie dans la direction de Bou-Farik : rencontrée par nos troupes entre Mered et le blockhaus des Oulad-Yaïch, cette reconnaissance fut battue très sérieusement, et rejetée dans l'Ouest en nous abandonnant des cadavres.

Le 7 juin, le Gouverneur général se porta, avec la plus grande partie de ses forces, sur le camp de la Cheffa qu'avait construit le général de Brossard l'année précédente. Ne voulant point laisser derrière lui le bois de Kherraza, repaire ordinaire des bandes qui infestaient le Sahel, le général de Damrémont résolut, avant de se porter plus à l'ouest, de fouiller le bois et de le nettoyer des pillards qui pouvaient l'occuper. Une colonne partant de Màelma devait y pénétrer par le chemin de Koléa, c'est-à-dire par l'est, tandis que la colonne aux ordres du Gouverneur y arriverait par l'ouest.

Le général de Damrémont partit du camp de la Cheffa dans la nuit du 7 au 8 juin ; il arrivait sur les bords du lac Halloula à la pointe du jour. Après avoir fait faire une courte halte à ses troupes, le général les dirigea sur le bois, où elles pénétrèrent en poussant devant elles quelques partis de Hadjouth qui s'y étaient réfugiés, et qui essayèrent de tenir. A midi, la colonne de Màelma faisait sa jonction avec le corps principal. Mais, au même moment, des cavaliers du khalifa de Miliana, qui était resté à El-Afroun, apportèrent au Gouverneur général des dépêches du général Bugeaud, et le traité de paix qu'il avait conclu, le 30 mai, avec Abd-el-Kader sur l'ouad Thafna.

Le khalifa de Miliana annonçait en même temps au Gouverneur général qu'en exécution de ce traité, il était disposé à retirer ses troupes s'il consentait à en faire autant. Le général de Damrémont accepta cet arrangement, qu'il considérait comme une trêve, en attendant que le Gouvernement se fût prononcé et eût fait connaître sa volonté.

Les troupes retournèrent au camp de la Cheffa, où elles passèrent la nuit ; le lendemain, 9 juin, elles reprirent le chemin de leurs cantonnements.

Avant d'aller plus loin, nous voulons donner un extrait, pour ce qui concerne la province d'Alger, de ce fameux traité de la Thafna, qui fit tant de bruit et dont la durée fut si courte.

« Article 1er. — L'Émir Abd-el-Kader reconnait la souveraineté de la France en Afrique.

« Article 2. — La France se réserve :

« Dans la province d'Alger :

« Alger, le Sahel, la plaine de la Metidja, bor-
« née à l'est jusqu'à l'oued Keddara (1), et *au delà*;
« au sud, par la première crête de la première
« chaîne du Petit-Atlas jusqu'à la Cheffa, en y
« comprenant Blida et son territoire ; à l'ouest,
« par la Cheffa jusqu'au coude du Mazàfran, et,
« de là, par une ligne droite, jusqu'à la mer, ren-
« fermant Koléa et son territoire, de manière que
« tout le terrain compris dans ce périmètre soit
« territoire français. »

Le mot *au delà* était aussi vague que gros d'orages ; il renfermait en germe le dissentiment qui ne tarda pas à s'élever entre nous et l'Émir au sujet de l'exécution de l'article 2, dans lequel il était inséré. C'était surtout dans le texte arabe que les termes de ce traité étaient obscurs et prêtaient à l'équivoque ; aussi, ne fut-on pas longtemps à s'apercevoir que l'Émir ne l'entendait pas de la même manière que nous.

La paix fut pourtant aussi bien accueillie par les Arabes que par les Européens ; les populations étaient généralement fatiguées de l'état de guerre, et elles aspiraient au repos, à l'exception toutefois

---

(1) Affluent de droite de l'ouad Bou-Douaou, dans le pays des Khachna.

des Hadjouth, dont la paix ruinait l'industrie ; aussi, recommencèrent-ils bientôt, malgré le khalifa de Miliana, Sid El-Hadj-Mohy-ed-Din, sous les ordres duquel ils étaient placés, la guerre individuelle au butin, pour laquelle ils avaient tant d'inclination. Mais, après la mort de ce fonctionnaire, emporté subitement le 9 juillet, les Hadjouth, n'ayant plus à craindre les reproches du puissant marabouth, qu'ils redoutaient et vénéraient en même temps, se mirent à razer assez sérieusement les gens du Sahel et ceux des Beni-Khelil ; seulement, ils opéraient par petits paquets et comme pour s'entretenir la main. Ce n'était pas encore la guerre ; pourtant, ce n'en valait guère mieux pour les gens sur qui s'abattaient ces pillards.

Sid Mohammed-ben-Allal, de la sainte et illustre maison des Mbarek de Koléa, remplaça son oncle Sid El-Hadj-Mohy-ed-Din-Es-Sr'ir à la tête du khalifalik de Miliana.

Nous aurons plus d'une fois l'occasion de parler de ce khalifa de l'Émir, qui devint célèbre sous le nom de Sidi Mbarek.

Par un arrêté du 8 juillet, la juridiction des tribunaux d'Alger, en matière criminelle, était étendue jusqu'à Bou-Farik, en y comprenant les terrains limités par Sidi-Aaïd, Er-Roumily, Bou-Kandoura, Amrouça et le haouch Ech-Cheurfa.

Dans le courant de juillet, le Génie militaire improvisait une ligne télégraphique aérienne entre Alger et le Camp de Bou-Farik.

La grande route d'Alger à Blida par Douéra,

artère importante au double point de vue stratégique et commercial, avait été poussée, à la fin de 1836, jusqu'à Bou-Farik. Cette voie de communication, ouverte sur une largeur de deux mètres, avec fossés latéraux pour l'écoulement des eaux, fut empierrée et terminée dans le courant de 1837.

De jour en jour le Camp-d'Erlon prenait une importance plus considérable par la construction d'ouvrages de fortification qui en complétaient la défense, et de bâtiments destinés à recevoir les officiers et la troupe, le personnel des divers services et les magasins.

On s'occupait, en même temps, de travaux d'assainissement en multipliant les fossés de dessèchement autour du Camp et de l'emplacement de la ville. Malheureusement, un grand nombre de nos soldats laissaient, à cette besogne malsaine, soit leur santé, soit trop souvent la vie.

IX

Violation par les agents de l'Emir du traité de la Thafna. — Le khalifa de l'Emir à Médéa lève une contribution sur les gens de Blida. — Les Hadjouth recommencent leurs incursions sur notre territoire. — Mauvais vouloir du khalifa de Miliana. — L'autorité française s'en plaint vainement à l'Emir. — Abd-el-Kader donne des kaïds aux Khachna et aux Beni-Mouça. — Arrivée de l'Emir dans le Tithri. — Assassinat d'un officier indigène par les Hadjouth. — Le maréchal Valée est nommé Gouverneur général de l'Algérie. — L'Emir attaque les Zouetna et fait tuer leur kaïd, Beïram-ben-Thathar. — Abd-el-Kader viole notre territoire dans l'Est. — Ses prétentions au sujet de nos limites. — Les troupes françaises prennent possession de Koléa. — Les colons de Bou-Farik transportent leurs baraques du Bazar sur leurs lots urbains et bâtissent. — Occupation de Blida. — Les chefs des Hadjouth El-Bachir-ben-Khouïled et Brahim-ben-Khouïled. — La redoute du Pont-de-Chevalets et le voiturier Gromulu. — Affaire entre les Chasseurs d'Afrique et les Hadjouth sur le haouch Ben-Koula. — Enlèvement de cinq colons par les Hadjouth. — Travaux intérieurs du Camp-d'Erlon. — Travaux autour de Bou-Farik. — Insalubrité de son territoire. — Brigandages des Hadjouth. — Le colon Pasquier est enlevé, Miquel est assassiné, les habitations de Némoz et de Delpech sont incendiées. — Les colons de Bou-Farik demandent une enceinte. — On en commence la construction. — Tentative d'émigration des Beni-Mouça. — Occupation du camp de l'ouad El-Allaïg. — Les gens du haouch Ben-Bernou. — Établissement de camps près du marché d'El-Arbâa et sur l'ouad El-Harrach.

Le 23 juillet, le Gouverneur général comte de Damrémont s'embarquait pour Bône avec la résolution de terminer la grande affaire de Constantine. Il devait y trouver une mort glorieuse.

Pendant l'absence du Gouverneur général, le commandement fut exercé à Alger d'abord par le général Bro, puis ensuite par le général Négrier. Les forces dont pouvaient disposer ces officiers généraux étaient d'ailleurs tellement réduites, tant par suite du départ des troupes pour l'Est de nos possessions que par l'effet des maladies, qu'il leur eût été impossible de mettre plus de 1500 hommes en campagne.

Comme il était facile de le prévoir, l'Émir et ses agents ne se croyaient pas liés le moins du monde par le traité du 30 mai, et ils profitaient largement et fort habilement de l'obscurité et de l'ambiguïté de sa rédaction, pour marcher à pieds joints sur les articles qu'il ne leur convenait pas d'observer. Il est clair que ce traité, qui l'avait amené au centre de l'Algérie, devait permettre à l'Émir de faire sentir son influence sur l'Est et d'y agir contre nous, et, sans ambition exagérée, il pouvait très bien, des crêtes du Petit-Atlas, sa frontière méridionale, d'où il découvrait la Metidja et Alger, il pouvait parfaitement, disons-nous, en voyant la bande étroite que nous nous étions réservée, espérer qu'un jour ou l'autre nous finirions par la lui abandonner définitivement.

Le frère de l'Émir, El-Hadj-Mosthafa, dont il avait fait son khalifa de Médéa, et qui, vraisemblablement, devait connaître ses aspirations, se fit de bonne heure l'agent actif de ces usurpations et de ces envahissements par lesquels il comptait, sans doute, nous lasser; ainsi, il alla même jusqu'à faire acte d'autorité sur Blida, qui pourtant nous était très clairement garantie par l'article 2, et à lever des contributions sur les gens de cette ville. D'un autre côté, les Hadjouth, et les émigrés des Beni-Khelil et des Beni-Mouça, qui faisaient cause commune avec eux, recommencèrent leurs incursions et leurs razias sur notre territoire. L'autorité française s'en plaignit bien au khalifa de Miliana; mais celui-ci répondit fort logiquement que tout cela était un peu notre faute, que nous nous étions créé là des embarras que nous eussions pu très facilement nous éviter, en laissant le soin de la police du pays à son maître, et en restant tranquillement dans les murs d'Alger. On ne pouvait mieux dire.

Ce facétieux khalifa ne se bornait pas à nous donner des leçons; il entravait encore, par tous les moyens, le commerce que les tribus voulaient faire avec nous. Il alla même, un jour, jusqu'à envoyer des cavaliers sur notre territoire pour faire rétrograder des bœufs que des Arabes conduisaient au Marché de Bou-Farik, et cela dans le but de favoriser l'écoulement sur nos marchés de 200 bœufs achetés par la maison Ben-Dran à l'Émir Abd-el-Kader.

Ces violations manifestes du traité, les incursions des Hadjouth et les prétentions de son khalifa de Médéa furent dénoncées à l'Émir, qui répondit, mais en termes très vagues, qu'il s'occuperait des questions qui faisaient l'objet de nos plaintes à son prochain voyage dans le Tithri. Son frère fut cependant rappelé et remplacé par Mohammed-ben-Aïça-El-Berkani, qui déjà avait été khalifa de Médéa ; mais nos réclamations n'étaient pour rien dans cette révocation ; elle se rattachait à des griefs particuliers qui n'avaient rien de commun avec l'objet de nos récriminations. Ce qui tendrait à le prouver, c'est que le nouveau khalifa continua exactement la politique d'El-Hadj-Mosthafa, et qu'il ne cessa d'élever des prétentions sur Blida. L'Émir alla plus loin encore en donnant des kaïds aux Khachna et aux Beni-Mouça. Il est vrai que des démonstrations faites à propos quelque temps après obligèrent ces agents d'Abd-el-Kader à abandonner leurs fonctions et à quitter le pays.

Quant à nous, nous observions toutes les clauses du traité avec une honnêteté et une candeur qui, véritablement, eussent mérité d'être payées de retour.

Le but des incursions des Hadjouth sur notre territoire n'était pas exclusivement le pillage ; ce qu'ils voulaient aussi, c'était contraindre à l'émigration les Arabes de nos tribus soumises. On arrêta et on exécuta quelques-uns de ces brigands, et les populations reprirent un peu de confiance.

L'arrivée de l'Émir dans le Tithri fit craindre des difficultés contre lesquelles nous n'étions pas préparés. A propos d'une plainte que lui avaient adressée les gens de Blida contre l'autorité française, Abd-el-Kader avait écrit à Alger une lettre menaçante, qu'il terminait en engageant le général qui y commandait à cesser de s'occuper de gens qui, évidemment, ne voulaient pas des Chrétiens. Les choses finirent cependant par s'arranger, et les agents de l'Émir eurent comme des velléités de vouloir respecter le traité du 30 mai. C'était heureux; car nous n'étions pas, nous le répétons, en mesure de soutenir avantageusement une reprise générale des hostilités. Cette situation ne dura d'ailleurs que le temps tout juste qu'Abd-el-Kader eut intérêt à la maintenir; car, dès le 15 novembre, les Hadjouth signalèrent leur reprise de la campagne par l'assassinat, entre Mâelma et Douéra, d'un officier indigène du corps des Zouaves. Craignant d'être inquiétés pour ce crime, les Arabes d'un douar voisin du lieu où il avait été commis émigrèrent en masse quelque temps après, et un fort détachement de Hadjouth vint protéger leur fuite.

Le général Valée, qui avait pris, le 12 octobre, à la mort du général de Damrémont, le commandement de l'armée expéditionnaire opérant devant Constantine, arrivait à Alger le 20 novembre. Le lendemain 21, un aide-de-camp du Roi venait lui annoncer qu'il était élevé à la dignité de maréchal de France. Une ordonnance du 1ᵉʳ décembre le nommait Gouverneur général des Possessions françaises du Nord de l'Afrique. Le lieutenant-général Rullière prenait le commandement de la division d'Alger ; les maréchaux-de-camp Bro et Bernelle étaient placés sous ses ordres.

Nous étions arrivés à ce moment où l'Émir allait essayer de se fixer sur ce que nous entendions par le fameux *au delà* de l'article 2 du traité qu'il avait conclu avec le général Bugeaud. Or, le moyen à employer était d'une simplicité extrême : il n'avait qu'à s'établir sur la rive droite de l'ouad El-Khadhra, la frontière que, d'après les termes de ce traité, nous paraissions nous être donnée dans l'Est. C'est l'opération qu'il tenta dans les premiers jours de janvier 1838.

Il tâta le terrain en demandant leur soumission aux Kouloughlis de l'ouad Ez-Zitoun, tribu campée sur le territoire contesté, et dont le kaïd, Beïram-ben-Thathar (1), était d'investiture française. Turke par ses pères, et redoutant surtout la domination arabe, cette tribu rejeta la sommation que lui faisait l'Émir de reconnaître son autorité, et s'apprêta à le combattre.

Malheureusement, la partie était loin d'être égale, et, malgré leur audacieuse intrépidité, les Kouloughlis furent défaits et traités sans pitié par le vainqueur.

Le kaïd Beïram, blessé de deux coups de feu

---

(1) Le fils du kaïd Beïram-ben-Thathar, M. Mosthafa-ben-Beïram, a servi longtemps, en qualité d'officier indigène, au 1ᵉʳ régiment de Tirailleurs algériens.

pendant la lutte, fut fait prisonnier et traîné devant l'Emir. Courroucé de la résistance opiniâtre opposée à ses troupes par les Zouetna, Abd-el-Kader reprocha durement à Beïram-ben-Thathar, qui était un homme d'une rare énergie et d'un grand caractère, l'accueil qu'il avait fait à ses soldats sur le territoire de sa tribu.

« Pourquoi as-tu reçu mes troupes avec de la poudre? » lui demanda sévèrement l'Emir.

— « C'était mon devoir : je défendais mon pays, mes gens et ma famille, » répondit fièrement Beïram.

— « Pourquoi, reprit Abd-el-Kader, m'as-tu refusé ta soumission? Dieu donne la terre et la puissance à qui il veut, et cette terre et cette puissance il me les a données. Ton devoir, si tu eusses été un bon Musulman, était de te soumettre à la volonté de Dieu. »

— « Nous préférons le gouvernement des Français à celui d'un Arabe comme toi, et moi et les miens nous n'accepterons jamais ta domination, » répondit plus audacieusement que prudemment le kaïd Beïram.

— « Ce sera ton dernier blasphème, ô fils de chien !... O chaouch! fends-lui la bouche jusqu'aux oreilles, » s'écria l'Emir irrité.

— « Tu ne feras pas au delà de ce qu'aura voulu Dieu, ô Arabe fils d'Arabe! » continua tranquillement le courageux kaïd.

— « Allons, ô chaouch! s'écria l'Emir dominé par la colère, exécute donc les ordres de ton seigneur. »

Le chaouch tira son couteau de sa gaine, et incisa les joues du kaïd Beïram de la commissure des lèvres aux oreilles.

Abd-el-Kader lui fit coudre ensuite son brevet de kaïd sur le dos, et, après avoir été promené dans le camp du vainqueur pendant une heure, l'énergique Beïram-Ben-Thathar fut décapité.

Cette expédition terminée, l'Emir alla s'établir à la Zaouya de Bou-Derbala, à trois lieues de la position du Fondouk. Sa cavalerie franchit l'ouad El-Khadhra, et vint mettre à contribution plusieurs villages des Khachna, entre autres, celui de Tala-Khalifa. Non content de cette violation de notre territoire, l'Emir écrivit au kaïd de cet outhan pour le sommer de venir prendre ses ordres; il prétendait publiquement, d'ailleurs, que le territoire réservé à la France ne s'étendait pas jusqu'à l'*ouad El-Khadhra*, mais seulement jusqu'au *haouch El-Khadhra* (1), lequel est situé à huit kilomètres environ à l'est du méridien de la Maison-Carrée.

C'est ainsi que l'Émir devançait par des actes que le moment n'était pas venu de réprimer, l'interprétation contestée du traité de la Thafna. Nous ne pouvions prendre, de quelque temps du moins, que des mesures défensives.

---

(1) Nous avons vu plus haut que l'article 2 du traité de la Thafna désigne sous le nom d'*ouad Keddara* le cours d'eau qui marque notre frontière à l'est. Il est évident que ce nom est estropié, et qu'il faut lire *ouad El-Khadhra*; autrement, l'équivoque que soulève l'Emir n'a plus de sens.

Une colonne expéditionnaire, commandée par le général Bernelle, se porta sur le Fondouk avec la mission de défendre la ligne de l'ouad El-Khadhra et la crête des montagnes. Deux jours après l'envoi de cette colonne, l'Émir se retirait et se dirigeait sur Médéa en se maintenant sur le versant méridional du Petit-Atlas. Les troupes françaises suivirent pendant quelque temps, dans la Metidja, une direction parallèle à la sienne, et rentrèrent ensuite dans leurs cantonnements.

Voulant en finir avec l'ambiguïté, le maréchal Valée entreprit de discuter avec l'Émir, par la voie diplomatique, cette grosse question des limites; mais ce dernier avait trop d'intérêt à maintenir le litige pour faciliter la recherche de la solution, et les choses en restèrent là.

D'après le traité de la Thafna, l'Émir était maître de la partie située au sud des crêtes du Petit-Atlas; il avait donné, en conséquence, des kaïds aux populations des Khachna, des Beni-Mouça et des Beni-Salah placées dans ces conditions. Il était facile de prévoir que ces fonctionnaires de l'Émir ne borneraient pas leur action au versant méridional, et qu'ils chercheraient à empiéter sur le chétif territoire que nous nous étions réservé. C'est, en effet, ce qui arriva, et il en résulta, entre ces kaïds et les nôtres, pendant les mois de février et de mars, des conflits assez sérieux.

Le 24 mars, le 63ᵉ de ligne et les Zouaves allèrent prendre possession de Koléa, mais sans s'installer dans la ville. Les troupes construisirent un camp au sud sur un petit plateau qui la domine. Par cette position, les Hadjouth étaient menacés à revers.

Le 25, le 2ᵉ léger occupe les deux camps retranchés nouvellement construits au Fondouk et à Kara-Mosthafa. Un blockhaus élevé dans la redoute du Bou-Douaou reçoit une garnison de Kouloughlis de l'ouad Ez-Zitoun.

Nous avons dit plus haut que, bien qu'ils fussent en possession de leurs lots urbains depuis longtemps déjà, les colons concessionnaires de Bou-Farik n'y avaient pourtant pas encore commencé leurs constructions; ils étaient restés, pour la plupart, dans leurs baraques ou gourbis du Bazar, et les cases du vaste damier qui avait été donné pour assiette à la ville restaient vides de maisons. Le Commandant supérieur du Camp-d'Erlon crut devoir modifier une situation qui menaçait de s'éterniser : des ordres furent donnés pour que chacun des colons concessionnaires fît transporter sa baraque du Bazar sur le lot urbain qui lui avait été attribué, et se mît ainsi en mesure de remplir les clauses conditionnelles de son acte de concession. Mais, comme, en fait de matériaux de construction, les colons ne pouvaient rien trouver sur place, qu'ils étaient obligés de tirer d'Alger les bois, la chaux, etc., qu'il fallait aller chercher la pierre au loin, et que cette besogne n'était pas sans danger, l'ordre du Commandant supérieur ne put recevoir son exécution que très lentement. Cependant, quelques colons se mirent à l'œuvre; les établissements indispensables, les hôtels, les cafarets, les fours, s'élevèrent assez rapidement : l'*Hôtel de Paris*, le *Mont-Atlas* furent les premières constructions de la ville future. De nouveaux colons arrivaient d'ailleurs tous les jours ; la population stable se faisait.

Le 3 mai, le maréchal Valée se porta sur Blida avec le 24°, le 47° et le 48° de ligne, et en prit possession, mais sans l'occuper. Elle fut gardée par deux camps, dont l'un, établi au nord-ouest de la ville, reçut la dénomination de Camp-Supérieur (1), et l'autre, situé au nord, celle de Camp-Inférieur (2). Ces camps furent mis sous les ordres du maréchal-de-camp de Galbois.

L'entrée des villes de Koléa et de Blida fut provisoirement interdite aux Européens ; elles continuèrent à être administrées par des *hakem* indigènes.

Ces occupations eurent lieu sans qu'on rencontrât la moindre résistance.

Le 12 juin, l'Émir Abd-el-Kader partait de Takdimt pour aller faire le siège d'Aïn-Madhy, opération qui le retint sous les murs de ce ksar jusqu'en janvier 1839.

Mais les affaires se traînaient péniblement dans la province d'Alger, et les outhan des Beni-Mouça et des Beni-Khelil étaient sans cesse inquiétés par les Hadjouth, qui semblaient avoir reçu la mis-

---

(1) Le Camp-Supérieur était établi sur le point où, plus tard, s'éleva le village de Joinville.

(2) Le Camp-Inférieur était situé sur l'emplacement occupé aujourd'hui par le village de Montpensier.

sion de les rendre inhabitables aussi bien pour les indigènes que pour les Européens.

Les Hadjouth s'étaient alors donné pour chefs quelques audacieux cavaliers merveilleusement organisés pour les aventures de poudre et de sang, de vigoureux entraîneurs de goums doués de cœur et de flair, et qui, chaque jour, jouaient leur vie contre une paire de bœufs étiques ou une tête de Chrétien. Jeunes, énergiques, toujours admirablement montés, ils employaient tour à tour et la force et la ruse, et le succès, malheureusement pour nous, couronnait trop souvent leurs entreprises. El-Bachir-ben-Khouîled était, sans contredit, le plus complet de ces preux de la razia, de ces hardis écumeurs de la Metidja : quand il s'abattait avec son ouragan de cavaliers sur quelque point de notre mince territoire, il y faisait table rase; tant pis pour ce qui était rencontré sur le passage de la tempête. El-Bachir était surtout l'homme de la petite guerre, et qu'il se fît lion ou chat, il n'en était pas moins un ennemi des plus redoutables.

Brahim-ben-Khouîled, son cousin, était aussi un rude cavalier (1) : si El-Bachir était l'homme des entreprises franchement audacieuses et de plein soleil, Brahim était spécialement celui des opérations félines; c'était l'homme de la ruse et du stratagème : toujours là où on ne le soupçonnait pas, passant des journées, des nuits au milieu de nos camps, allumant sa cigarette à la pipe d'un soldat

---

(1) Brahim-ben-Khouîled est mort en 1863.

dont il convoite la tête, mangeant à la gamelle de nos troupiers, prenant tous les déguisements : tantôt dans le bernous rapetassé d'un mendiant arabe ou dans la blouse d'un cantinier, tantôt dans la capote d'un fantassin ou dans la veste d'un Chasseur d'Afrique, réussissant même quelquefois à se faire employer auprès de nous en qualité d'espion, puis disparaissant tout à coup, et toujours la veille de quelque entreprise des Hadjouth. Tel était ce singulier et dangereux aventurier.

Brahim-ben-Khouïled opérait de préférence entre la Cheffa et la route d'Alger à Blida; aussi, les environs de Bou-Farik furent-ils souvent le théâtre de ses exploits. Nous aurons plus d'une fois l'occasion de nous occuper de ce hardi coupeur de routes.

Quand, vingt-cinq ans plus tard, Brahim-ben-Khouïled nous racontait ses prouesses, il était encore vraiment magnifique.

Le féroce Djilali-ben-Dououad, un autre de ces sacripants, aimait le sang pour le sang : il excellait dans l'art de couper une tête, et il s'était fait dans cette partie une sorte de célébrité; on vantait fort loin, en pays arabe, sa dextérité à décapiter un Chrétien, et cette gloire ne lui était pas sans profit, puisqu'une tête ordinaire lui était payée trois douros par les khalifas de Médéa et de Miliana, et que celle du commandant Raphel, du 24ᵉ de ligne, lui rapporta, en 1839, quarante douros que lui fit compter l'Émir.

Il y avait encore, mais en sous-ordre, Ali-ben-Aouda, Reumdhan-bel-Hadj, Ali-ben-Hamida, El-

Hadj-Sliman et Kouïder-ben-Dhiaf. C'étaient d'intrépides cavaliers!

La route d'Alger à Bou-Farik était hérissée de redoutes et de blockhaus qui la défendaient. L'ouad Tlata, qu'on passait sur un pont de chevalets, était couvert par un de ces ouvrages que gardaient un sergent et quelques hommes. La redoute du Pont-de-Chevalets (1) était armée de deux pièces de canon ; mais il n'entrait pas d'artilleurs dans la composition du poste.

Depuis quelque temps, nous l'avons dit plus haut, les Hadjouth avaient recommencé leurs incursions sur notre territoire, et les routes avaient perdu toute sécurité ; aussi, les chefs des divers postes avaient-ils été invités à exercer la plus active surveillance autour des points dont la garde leur était confiée ; des ordres formels leur avaient été donnés pour s'opposer au passage de tout voyageur ou soldat isolé quand cette mesure leur paraîtrait nécessaire.

Un jour du mois de mai, le voiturier Gromulu, conduisant une charrette chargée de Douéra à Bou-Farik, était arrivé au Pont-de-Chevalets sans encombre, et il s'apprêtait à poursuivre sa route: mais le chef du poste, le sergent Fauvé, du 10e léger, qui avait aperçu quelques rôdeurs dans la plaine, et qui savait par expérience que ces cavaliers isolés n'étaient le plus souvent que les éclai-

---

(1) Le Pont-de-Chevalets était sur l'ouad Tlata, cours d'eau coupant aujourd'hui la route d'Alger à Blida à 1,200 mètres environ au sud du hameau des Quatre-Chemins.

reurs d'un goum, avait obligé le voiturier à s'arrêter et à entrer dans la redoute.

Ce sous-officier ne s'était pas trompé : au bout de quelques minutes, un goum de 200 cavaliers environ, qui, à la faveur des broussailles, avait pu, sans être aperçu, s'approcher à 7 ou 800 mètres de la redoute de l'ouad Tlata, se montrait soudainement dans le nord-ouest. Le poste, avons-nous dit, avait deux pièces de canon sans canonniers; mais, par fortune, Gromulu avait servi dans l'artillerie. Il prie donc le chef du poste de lui laisser le commandement de ses pièces, le temps d'envoyer deux ou trois projectiles dans cette volée de pillards; les soldats du 10° léger seront les servants. Le sergent donne son autorisation. Deux coups de canon habilement dirigés par Gromulu font merveille, et suffisent pour disperser le goum, qui s'enfuit à tire-d'aile dans le sud-ouest.

Un peloton de Chasseurs d'Afrique, parti le matin du Camp-d'Erlon pour faire une reconnaissance dans l'ouest, rencontre ces cavaliers hadjouth sur le haouch Ben-Koula, et, malgré sa faiblesse numérique, notre poignée de Chasseurs n'hésite pas à les charger; mais, à hauteur d'Aïn-el-Hammam, s'apercevant qu'ils n'ont affaire qu'à une quarantaine de Français, les Hadjouth font volte-face et prennent l'offensive. Cependant, craignant de trop s'approcher du Camp-d'Erlon, les cavaliers ennemis font de nouveau demi-tour et plongent dans l'ouest. Les Chasseurs d'Afrique regagnent le Camp avec une perte de deux hommes tués.

Dans les premiers jours de juin, un goum, conduit par Brahim-ben-Khouïled, surprend, à la faveur d'un brouillard épais, et enlève cinq colons de Bou-Farik, les nommés Dupont, Saulnier, Domingo, Delbecque et Olivier, qui étaient occupés à faucher dans les marécages de Sidi-Abd-er-Rahman, à 1500 mètres sur la droite de la redoute du Pont-de-Chevalets.

L'établissement militaire de Bou-Farik se complète de jour en jour : la construction d'un pavillon pour les officiers, de plusieurs bâtiments nouveaux pour la troupe, d'un hôpital, d'une manutention, de magasins de tous genres et de spacieuses écuries, a fait du Camp-d'Erlon un poste extrèmement important. Dès aujourd'hui on peut y caserner 1500 hommes, dont les deux tiers dans des constructions en maçonnerie, et le reste dans des baraques en planches ; il y a aussi place pour 600 chevaux dans des écuries également en planches pour la plupart.

La population civile de Bou-Farik augmente sensiblement : au mois d'octobre, elle est de 500 individus, dont la moitié appartient à la portion flottante, celle qui n'est pas concessionnaire. La ville compte déjà, à cette date, 60 maisons ou baraques, sans y comprendre les habitations composant l'ancien Bazar, lequel n'a pas encore été complètement évacué.

On a placé au haouch Soukaly 28 familles formant un total de 131 individus. Ces nouveaux colons ont été logés dans la ferme, dont les murs ont été crénelés.

Une route a été tracée sur un développement de 1700 mètres pour relier ce haouch à Bou-Farik.

Un grand fossé d'écoulement a été creusé au nord de Bou-Farik, et ce travail a déjà eu pour résultat l'assèchement, et, par suite, l'assainissement d'une portion de terrain considérable. Ce fossé, qui court de l'est à l'ouest, jette dans l'ouad Bou-Farik les eaux qui inondaient l'espace compris entre l'emplacement de la ville et le haouch Bou-Ogab.

Malgré l'énergie et l'activité avec lesquelles les troupes poussent ces travaux de desséchement, ces travaux *funéraires*, selon l'expression du général Duvivier (1), Bou-Farik n'en subit pas moins cruellement, surtout dans la saison des chaleurs, l'influence pernicieuse des marais au milieu desquels il semble noyé. On sent qu'il faudra encore bien des années pour mener à terme cette œuvre de géants, et jeter à la mer, ou mieux, les utiliser pour l'agriculture, ces eaux qui, versées dans la Metidja par le Petit-Atlas et le Sahel, se répandent aujourd'hui sur le sol, séjournent au fond de cette vaste cuve, et y forment des marécages qui, pendant l'été, se dessèchent par évaporation. C'est alors que l'exhalaison des miasmes pestilentiels amène ces fièvres putrides qui nous tuent tant de ces héroïques travailleurs, et qui rendent les parties basses de la plaine inhabitables pendant cinq mois de l'année.

Nous sommes en octobre; l'audace des Hadjouth

---

1) *Quatorze Observations sur le Mémoire du général Bugeaud*, par le général Duvivier (Novembre 1842).

et de tous les pillards qui exploitent la Metidja est arrivée à ses dernières limites : le vol, l'incendie, l'assassinat couvrent la plaine de misère, de ruines et de sang : Pasquier est enlevé par les Arabes dans l'ouad Bou-Chemâla, et meurt six mois après, victime de leurs mauvais traitements.

Miquel est assassiné sur la route de Douéra, à un kilomètre de Bou-Farik, près du deuxième pont. L'habitation de Némoz, sur le boulevard du Nord, est réduite en cendres.

Par une soirée obscure, vers huit heures, l'incendie vient éclairer le boulevard Saint-Louis de ses sinistres lueurs : c'est la maison du colon Delpech qui est en feu. En un clin d'œil, son habitation est enveloppée par les flammes. Delpech parvient pourtant à s'échapper de cet enfer; mais son fils aîné est atteint d'une balle qui lui fracasse l'épaule. Le malheureux colon est ruiné par cet incendie, qui n'a été allumé, d'ailleurs, que pour favoriser le vol de ses bestiaux.

Chaque jour voit se renouveler ces scènes hideusement sauvages; chaque nuit est troublée par les détonations et les éclairs des armes à feu, et le péril est d'autant plus grand et la défense plus difficile, que la distance considérable qui sépare chaque maison ne permet pas aux colons de se prêter mutuellement un prompt et efficace secours. Les troupes font bien des patrouilles; mais l'étendue du périmètre où doit s'exercer leur surveillance est trop vaste pour amener des résultats satisfaisants. La ville est d'ailleurs complètement ouverte, et l'enceinte qui lui avait été promise par l'arrêté de création du 27 septembre 1836 est encore à construire.

Mais nous voulons donner ici le texte de la pétition qu'adressèrent au Gouverneur général les colons de Bou-Farik au sujet de cette enceinte. Ce document exposera la situation bien mieux que nous ne pourrions le faire nous-même.

« Monsieur le Gouverneur général,

« Nous, colons de Bou-Farik, avons l'honneur
« de vous exposer notre fâcheuse position, afin que
« vous jetiez un regard favorable sur ce point de la
« plaine.

« Par l'effet de l'établissement de la ville de
« Bou-Farik sur un emplacement très vaste, nos
« habitations se trouvent isolées et fort éloignées
« les unes des autres. Aussi, cette situation offre-
« t-elle aux malfaiteurs hardis la facilité de con-
« sommer leurs coupables desseins.

« Toutes nos nuits, Monsieur le Gouverneur,
« sont troublées soit par des détonations d'armes à
« feu, soit par des incendies, ou par les cris de
« désespoir de quelque victime. Tous les matins,
« l'on se demande : « Dans la nuit dernière, qui
« a-t-on volé? qui a-t-on assassiné? »

« Les patrouilles de la garnison et de la Gen-
« darmerie sont insuffisantes pour préserver nos
« bestiaux, et même notre vie des mains des bri-
« gands qui nous entourent.

« Les traces des pieds nus, les vêtements, et
« certains outils que les malfaiteurs ont laissés

« dans les maisons qu'ils ont dévalisées, nous don-
« nent la certitude que les voleurs et les assassins
« qui exploitent notre ville sont des indigènes.

« Ces brigands opèrent en grandes bandes, et
« nous sommes tentés de croire que tous les Arabes
« des tribus voisines font partie de cette associa-
« tion de malfaiteurs. Lorsqu'ils veulent exécuter
« quelque coupable entreprise, ils procèdent de la
« manière suivante : ils ont choisi d'avance leur
« victime ; tandis que les uns surveillent le passage
« des patrouilles, les autres gardent à main armée
« les portes et les croisées des maisons voisines
« pour empêcher de porter tout secours ; les plus
« hardis s'introduisent alors par escalade ou effrac-
« tion dans les cours, dans les écuries, dans les
« maisons ; ils enlèvent les bestiaux, et tuent toute
« personne qui tenterait de leur faire obstacle, ou
« même qu'ils trouveraient endormie.

« Il est urgent de faire cesser un pareil état de
« choses. Depuis longtemps, on nous berce de cet
« espoir que notre ville va être entourée de fossés :
« si cela doit être, pourquoi ne pas se mettre à
« l'œuvre? Veut-on attendre que nous soyons en-
« tièrement ruinés, et que les mains de nos impla-
« cables ennemis soient rougies de notre sang?

« L'expérience et la connaissance de la localité
« nous donnent la conviction que les fossés sont le
« seul moyen d'empêcher les vols et les assassinats,
« et, pour compléter cette mesure, nous vous
« prierons, Monsieur le Gouverneur, de faire in-
« terdire aux indigènes le droit d'ouvrir des éta-
« blissements publics dans l'intérieur de la ville; car

« personne ne doute que lesdits établissements ne
« soient des repaires où les malfaiteurs combinent
« et préparent leurs coupables entreprises. »
(Suivent les signatures.)

La demande des colons de Bou-Farik fut entendue : le Génie traça l'enceinte, et les troupes se mirent à l'œuvre : les côtés sud, est et nord de la ville furent successivement couverts par un retranchement bastionné, avec fossé de 2 mètres de profondeur sur 4 de largeur. Le Camp-d'Erlon, en saillie sur la face ouest, formait réduit ; il logeait, nous l'avons dit, la garnison, et renfermait les bâtiments militaires.

La ville avait quatre portes qui se fermaient au moyen de barrières de bois.

Dans le courant d'octobre, et pendant que le maréchal Valée était en tournée sur Constantine, les Hadjouth envoyèrent une centaine de leurs cavaliers sur le territoire des Beni-Mouça dans le but de faire émigrer, de gré ou de force, les gens de cette tribu ; ils avaient réussi à décider les habitants de plusieurs haouch à passer sur les terres de l'Émir, et ils étaient déjà en marche dans la direction de la Cheffa, quand le commandant du Camp de Bou-Farik, qui avait été informé de cette défection par un officier de la Direction des Affaires arabes, fit monter immédiatement à cheval un escadron de Chasseurs d'Afrique, qui se mit à la recherche des Hadjouth. Nos cavaliers ne tardèrent pas à les rencontrer : ils fondirent sur eux, en tuèrent quelques-uns, mirent les autres en fuite, et obligèrent l'émigration à retourner sur ses pas.

Mais le moment approchait où l'on allait agir sérieusement contre ces turbulents et incommodes Hadjouth : on commença par occuper le camp construit à l'ouad El-Allaïg sous le maréchal Clauzel ; des blockhaus relièrent cette position d'un côté à Blida, et de l'autre à Koléa. Mais ces mesures eussent été plus efficaces si l'on n'eût pas autorisé les gens du haouch Ben-Bernou à rester en dehors de notre administration, et à décliner l'autorité de notre kaïd des Beni-Khelil pour reconnaître celle du kaïd des Hadjouth. Le manque de surveillance résultant de cette bizarre autorisation favorisa singulièrement les expéditions des maraudeurs et des pillards de cette dernière tribu. En effet, le haouch Ben-Bernou était leur base d'opérations ; ils s'y rendaient un à un quand ils avaient quelque projet de vol sur notre territoire, et ils repassaient ensuite nos lignes tous ensemble soit la nuit, soit même en plein jour à la vue des garnisons de nos blockhaus, qui ne comprenaient pas comment ils avaient pu y pénétrer. Ils eurent un jour l'audace de passer au galop, après le lever du soleil, sous le canon du camp d'ouad El-Allaïg, avec un troupeau qu'ils avaient enlevé près de Bou-Farik ; mais l'officier commandant le détachement de cavalerie établi dans ce camp s'était mis à leur poursuite, et leur avait fait lâcher prise.

Au 31 décembre 1838, la population de Bou-Farik, qui n'avait cessé de s'accroître, était de 282 habitants à résidence fixe. Cette population occupait 102 habitations, dont 41 étaient en maçonnerie, 40 en pisé et 21 en planches.

Les cultures prenaient déjà un certain développement; mais c'était dans les foins que les colons trouvaient leur principale ressource.

Notre situation dans la Metidja resta absolument la même pendant toute l'année 1838 et la première moitié de 1839; les courses des Hadjouth sur notre territoire étaient incessantes; c'était surtout la guerre aux troupeaux. Aussi, continuellement sur le qui-vive, soldats et colons traînaient-ils une existence fiévreuse, pleine de surexcitations, de surprises, d'embûches, d'alertes, de tueries et de sulfate de quinine; il y avait épidémie dans tous les camps. Ah! ceux-là étaient fortement trempés qui restèrent vainqueurs dans cette lutte formidable contre la mort sous toutes ses formes!

Une ordonnance royale datée du 21 octobre 1838 avait modifié l'Administration de l'Algérie. L'article 3 établissait en principe que, dans toutes les parties du territoire de l'Algérie administrées par l'autorité française, il pourrait être institué des Commissaires civils, ou des Commandants dont les pouvoirs et le traitement seraient déterminés par le Ministre de la Guerre sur la proposition du Gouverneur général.

Le 5 avril 1839, le 4e et le 5e bataillon de la Milice africaine d'Alger furent augmentés chacun d'une compagnie, qui fut composée des habitants des établissements européens de la Metidja, à l'est de la route d'Alger à Blida.

Deux camps nouveaux furent établis dans le

courant de juillet, l'un sur le territoire des Beni-Mouça, près de l'emplacement du marché d'El-Arbà, et le second, à l'entrée de la gorge d'où sort l'ouad El-Akhra, lequel, en ce point, prend le nom d'ouad El-Harrach.

Le 31 août, une ordonnance royale constitue la Gendarmerie d'Afrique en légion de quatre compagnies, dont les chefs-lieux sont Alger, Bou-Farik, Constantine et Oran.

Dans le courant d'octobre, M. Retrouvey est nommé capitaine de la Milice de Bou-Farik en remplacement de M. Eymin, démissionnaire.

X

Rupture du traité de la Thafna par l'expédition des Biban. — Mauvaises conditions de défense des établissements agricoles dans la Metidja. — Situation de l'agriculture. — Les Arabes sont prêts pour la guerre. — Incendie de deux habitations appartenant à des colons de Bou-Farik. — Violation de notre territoire par les Hadjouth. — Les Hadjouth portent leurs campements au delà du Bou-Roumi. — Incursions incessantes. — Mort du commandant Raphel attiré dans une embuscade par les Hadjouth. — Émigration des Arabes de notre territoire. — Envahissement général de la Metidja. — Massacre d'un convoi à Mokthâ-Mekhlouf. — Le colon Laurans et sa femme. — Combat désastreux d'ouad El-Allaïg. — Sac et destruction des établissements agricoles de la Metidja, et massacre des colons. — Belle défense de quelques haouch. — Déclaration de guerre de l'Émir. — Évacuation de plusieurs postes retranchés et concentration des troupes. — Incendie de la ferme Mauger et des habitations des colons Nierengarden et Simon. — Assassinat de ce dernier. — Lettre du Directeur de l'Intérieur. — Les gens de Guerouaou se réfugient à Bou-Farik, et font défection un mois après. — Tentative de l'ennemi pour s'emparer du troupeau de l'Administration. — Le bataillon de Réguliers d'El-Berkani vient prendre position dans les montagnes des Beni-Salah. — Des partis nombreux de cavaliers ennemis interceptent les routes d'Alger et de

Blida. — Les Réguliers sont battus au sud de Mered. — — Situation critique de la garnison du Camp-Supérieur de Blida. — Dévouement du caporal Bourdis, du 24ᵉ de ligne. — Beau combat du haouch El-Mebdouà, entre l'ouad El-Allaïg et Blida. — Incendie de meules de fourrages à Bou-Farik. — Travaux divers et statistique.

Mais, par l'expédition des Biban effectuée dans la seconde quinzaine d'octobre 1839, nous venions de rompre définitivement le traité boiteux de la Thafna ; car il était manifeste que la violation de ce territoire que l'Émir regardait comme sien, ne pouvait manquer d'amener la rupture ouverte qu'il recherchait. Dans tous les cas, il lui était facile d'en faire un prétexte, et il n'y manqua pas, ainsi que nous le verrons plus loin.

La situation politique n'était pas extrêmement favorable au développement de la Colonisation ; elle se trouvait, d'ailleurs, dans de mauvaises conditions par suite de son éparpillement excessif dans l'étendue du territoire que nous nous étions réservé par le traité de la Thafna. En effet, au lieu de ces exploitations isolées, excentriques, difficiles à défendre, il eût incontestablement mieux valu des établissements agglomérés, ramassés, groupés de façon à pouvoir, en s'appuyant les uns sur les autres, se prêter un mutuel secours. L'imminence de la reprise générale des hostilités fit sentir ce que ce système de dissémination avait de vicieux et de dangereux, surtout pour les malheureux colons qui, sur la foi des traités, et avec cette imprévoyante témérité qui nous est particulière, et qui nous sera plus d'une fois fatale, s'étaient établis au delà de la protection de notre canon.

Au moment de la rupture du traité de la Thafna, c'est-à-dire vers la fin d'octobre, les établissements agricoles européens de la Mitidja étaient déjà nombreux, bien qu'ils n'eussent été autorisés que dans deux outhan, celui des Beni-Khelil et celui des Beni-Mouça. Ils se décomposaient en établissements du Gouvernement et en exploitations particulières. Dans les Beni-Khelil, le Beylik en comptait trois : Bou-Farik, qui avait 142 familles, Soukaly, fort de 40, et Bou-Ogab, qui n'en avait que 6. Les haouch Memmouch et Bou-Iadjoura, bien que situés sur la rive gauche du Harrach, appartenaient à l'outhan des Beni-Mouça. Ces deux établissements avaient, le premier, 15 familles, le second, 11.

Une ferme de construction nouvelle avait été bâtie à une lieue au nord de Bou-Farik, près de la Zaouya de Sidi-Aaïd-Ech-Cherif.

L'agriculture n'était réellement en progrès que dans le Sahel et dans le Fahs. Les continuelles incursions des Hadjouth, la permanence de l'état de guerre dans la Mitidja ne pouvaient, en effet, permettre d'y faire de la culture sérieuse ; de plus, l'extrême sécheresse de l'année 1838 avait rendu la récolte des céréales insignifiante, et à ce point, que, partout, l'Administration avait été obligée de faire aux Arabes des avances de grain pour leurs semailles.

Mais reprenons la suite des événements.

Depuis longtemps déjà, les Arabes se préparaient

à la guerre, et attendaient impatiemment le signal de recommencer les hostilités. Ce furent tout naturellement les Hadjouth qui portèrent les premiers coups.

Dans la prévision d'une attaque qui serait dirigée contre le Sahel, attaque qui, au dire de nos espions, devait avoir lieu sur plusieurs points à la fois dans la nuit du 9 au 10 octobre, le 2e léger et le 1er de Chasseurs d'Afrique, qui étaient campés en dehors du Camp-d'Erlon, sont portés sur Douéra. Il ne reste, après le départ de ces troupes, que 500 hommes, qui sont consignés dans le Camp.

Les malades en traitement à l'Ambulance (1) étaient en même temps évacués sur l'hôpital du Camp-d'Erlon. Cette Ambulance cessait dès lors d'être affectée au service hospitalier.

Pendant cette même nuit, deux habitations appartenant aux colons Bravaix et Barthemann, et situées, l'une en dehors du fossé d'enceinte, près du *mekam* (2) de Sidi Mimoun, et l'autre sur le bou-

---

(1) Depuis cette époque, cette Ambulance, qui n'était autre que l'ancienne Ambulance du docteur Pouzin, a été affectée à l'exercice du culte catholique. Elle a conservé cette destination jusqu'à l'achèvement de la nouvelle église, c'est-à-dire jusqu'en septembre 1846. Cette chapelle provisoire avait été consacrée sous le vocable de Saint Ferdinand, de l'un des prénoms du duc d'Orléans.

(2) Le *mekam* marque la place où, suivant la croyance populaire, s'est arrêté quelque saint marabouth. Le *mekam* est souvent un arbre au pied duquel les fidèles ont fait des

levard de l'Est, sont incendiées par les Arabes.

Le 10 octobre, un fort parti de Hadjouth, conduit par El-Bachir-ben-Khouïled, que nous connaissons déjà, passe la Cheffa en armes, sous le prétexte de courir après des bœufs qui leur auraient été volés pendant la nuit. Le chef de bataillon Raphel, du 24ᵉ de ligne, Commandant supérieur du camp de l'ouad El-Allaïg, marche aussitôt à eux et les oblige à repasser la rivière.

Quelques jours après, les Hadjouth abandonnèrent en masse la rive gauche de la Cheffa, et transportèrent leurs campements au delà de l'ouad Bou-Roumi, dont ils se couvrirent contre les éventualités d'un coup de main de notre part.

A partir de ce moment, leurs courses furent incessantes; chaque jour, c'étaient de nouvelles déprédations dont nos alliés avaient à se plaindre. Le 12 octobre, le commandant Raphel leur reprend un troupeau qu'ils venaient de voler, et les met en fuite.

Vers la fin d'octobre, les Beni-Salah s'établissent sur les contreforts qui dominent Blida, et inquiètent la ville par un feu continuel.

Le 1ᵉʳ novembre, les contingents des tribus kabi-

---

amas de pierres qu'ils ont pavoisés de loques en guise d'*ex-voto*.

Le *mekam* dédié à Sidi Mimoun était un vieux frêne dont le pied était empierré par les serviteurs religieux du saint. Il s'élevait à peu de distance de la face orientale du fossé d'enceinte, à gauche de la route de Soukaly.

les du Petit-Atlas se réunissent dans la montagne des Beni-Salah.

Le 3 novembre, nous réoccupons le blockhaus de Bou-R'lal, situé au nord du camp de l'ouad El-Allaïg.

Le 10 novembre, quelques cavaliers des Hadjouth, poussant devant eux des bœufs qu'ils ont feint de voler à leurs complices les gens de Ben-Bernou, attiraient l'intrépide chef de bataillon Raphel dans une embuscade que lui tendait Brahim-ben-Khouïled. Subitement entouré par plus de 200 cavaliers, l'héroïque commandant, qui n'avait avec lui que 30 Chasseurs d'Afrique, succombait dans cette partie inégale. Le lieutenant Wittersheim, du 1er de Chasseurs d'Afrique, et quelques-uns de ses hommes partageaient le sort de leur chef. Des deux officiers et des 30 Chasseurs présents à cette affaire, 7 seulement revenaient sans blessures.

Le vaillant et malheureux Raphel fut décapité par Djilali-ben-Dououad, et Brahim-ben-Khouïled s'empara de son cheval noir, une bête magnifique, dont le chef hadjouth fit son cheval de combat.

Le 11 novembre, les Hadjouth surprennent le troupeau du Camp-Supérieur de Blida; le colonel Gentil, du 24e de ligne, le leur reprend.

L'émigration, excitée par les agents d'Abd-el-Kader, devient plus active que jamais chez les Arabes de notre territoire.

Mais l'invasion générale de la plaine par les bandes de l'Émir se prépare activement ; la Metidja va être cernée, étranglée par les forces de trois des khalifas d'Abd-el-Kader : Mohammed-ben-Allal débouchera de Miliana, Mohammed-ben-Aïça-El-Berkani, de Médéa, Ahmed-ben-Eth-Thaiyeb-ben-Salem, de l'Est ; ce dernier a promis à ses Kabils le sac de la Metidja. Nous allons voir envahir de toutes parts le lopin de territoire que nous nous sommes réservé par le traité de la Thafna : nos tribus soumises seront pillées, balayées, ou poussées comme des troupeaux devant les goums ennemis ; tout ce qui vit sous notre protection ou notre domination sera traité par le fer ou par le feu ; la Metidja ne sera plus bientôt qu'un désert tigré de cadavres, de taches de sang et de décombres fumants.

Le kaïd de l'outhan des Beni-Khelil, Mohammed-ben-Halima, se retire à Alger le 18 décembre.

Le 20, la plaine est envahie par 2000 cavaliers ; les uns, ceux de Ben-Salem, arrivent par l'Est et attaquent plusieurs fermes des Khachna ; d'autres débouchent des montagnes par les gorges de l'ouad El-Harrach ; ils sont contenus par nos troupes des camps des Beni-Mouça.

Les Hadjouth ont passé la Cheffa : un goum, fort de 300 cavaliers, que conduit Brahim-ben-Khouïled, pique droit dans l'est et fond inopinément, à Mokthà-Mekhlouf, point situé à 1500 mètres de la redoute de Sidi-Khalifa et à 4 kilomètres de Bou-Farik, sur un détachement composé de 39 hommes du 23ᵉ de ligne et du Train des Équipages escortant, sous les ordres d'un lieutenant, deux prolonges de vivres destinés à la garnison du camp de l'ouad El-Allaïg. Deux charretiers, dont l'un de Bou-Farik, le sieur Elvin, avaient été autorisés à suivre le convoi avec des voitures chargées de marchandises.

Le lieutenant commandant le détachement prend rapidement quelques dispositions de défense; mais il a compris que la partie est trop inégale, et qu'il n'a point de chances de salut. Néanmoins, il a gardé sa tête et son cœur, et par quelques paroles énergiques, il fait passer dans l'âme des hommes de son détachement le feu dont déborde la sienne : « Mes enfants! leur dit-il, ces « b......-là sont beaucoup; mais, si nous devons « mourir, qu'ils sachent ce que cela leur coû- « tera..... Ne nous pressons pas, et visons juste. »

Mais la nuée de cavaliers les a bientôt enveloppés; elle tourbillonne à donner le vertige aux plus braves autour de ce petit groupe perdu dans l'espace. Chaque cavalier vient à son tour vider son fusil dans le tas, et fait ensuite volte-face pour aller le remplir plus loin. Nos soldats visent juste, comme le leur a recommandé le lieutenant, et pas une de leurs balles n'est perdue : c'est à chaque instant ou un cavalier qui va rouler sanglant sous le ventre de son cheval, ou un cheval qui s'abat et se débat dans les convulsions de la mort. Mais, à tout instant aussi, c'est un de nos héroïques fantassins qui s'affaisse, et s'étend sur la terre qui sera son linceul.

Le détachement diminue à vue d'œil; c'est comme une muraille qui s'effondre; les munitions s'épuisent aussi. Pas d'espoir de secours! ils succomberont jusqu'au dernier. En effet, après un quart d'heure de cette lutte désespérée, il ne restait plus debout un seul de nos braves soldats. Les cavaliers de Brahim-ben-Khouïled mettaient alors pied à terre et se précipitaient à la curée; le yathaghan et le couteau vont achever l'œuvre du fusil : trente-neuf de ces malheureux soldats et les deux charretiers sont décapités; un seul, un grenadier du 23° de ligne, haché de vingt-trois coups de yathaghan, ne conserve sa tête que parce que Brahim-ben-Khouïled — il l'avoua plus tard — ne sait par où le prendre pour consommer son horrible opération. Ce malheureux fantassin survécut pourtant à ses affreuses mutilations; nous allons dire par quel miracle il échappa à la mort.

Aux premiers coups de feu, la garnison du Camp-d'Erlon avait pourtant, malgré sa faiblesse numérique, tenté une sortie pour se porter au secours du détachement du 23° de ligne; mais, à son arrivée sur le théâtre de la lutte, elle n'y avait trouvé que les cadavres de nos soldats dépouillés de leurs vêtements, les prolonges et les charrettes pillées; les chevaux et les mulets avaient été enlevés. Quant au goum des Hadjouth, qui, d'ailleurs, avait essuyé des pertes très sensibles, on pouvait le voir encore, pareil à une trombe de nuance terreuse, fuyant dans la direction de la Cheffa.

Les cadavres furent chargés sur des prolonges, et le hasard voulut que le grenadier mutilé fût placé par-dessus les autres; à l'arrivée au cimetière, on reconnut, en le déposant à terre, qu'il respirait encore. Quarante jours de traitement à l'hôpital du Camp-d'Erlon suffirent pour le remettre sur pied. L'infortuné troupier sortait de cette terrible aventure le visage tailladé comme celui d'un nègre du Soudan, les mains hachées et sans doigts, et la langue paralysée.

Dans leur précipitation, les Hadjouth avaient laissé sur le terrain des montres ayant appartenu aux victimes, et quelques pièces de monnaie dont le montant s'élevait à la somme de 55 francs.

Le même jour, un convoi plus considérable, escorté par un détachement du 23e de ligne, est attaqué entre Bou-Farik et Blida; mais, grâce aux bonnes dispositions que prend l'officier qui le commande, ce détachement peut tenir en attendant les renforts que Bou-Farik, mis en éveil par la fusillade, envoie à son secours. Le convoi est sauvé; mais son commandant est tué à la fin de l'action.

C'est dans cette même journée que le colon Laurans et le sieur Hermann, ce dernier ex-sous-officier de la Légion Étrangère, occupés à charger des pierres dans l'ouad Bou-Chemàla, sont surpris, garrottés, et, malgré l'escorte chargée de les protéger, enlevés par un parti arabe assez nombreux qui les emmène au delà de la Cheffa.

Ce Laurans et sa femme, fermiers de M. Mercier au haouch Bou-Ogab, sont des types déjà légendaires dans la Mitidja centrale : toujours sur la brèche de 1836 à 1839, ayant sans cesse à repousser les maraudeurs en temps de paix, et les cavaliers hadjouth pendant la guerre, volés ordinairement, pour tout remerciement, par ceux qui viennent solliciter leur hospitalité, ils n'ont point un instant de trêve ou de tranquillité : c'est la lutte à l'état permanent de deux héros seuls contre tous les Arabes de la Mitidja, ou les Kabils du Petit-Atlas. Quand Laurans repose, c'est à sa femme que sont confiées la garde et la défense de la ferme, et, le fusil à la main, la voilà guettant avec une patience féline, l'œil au créneau, les gourmands de son bien. Gare alors à celui qui serait assez mal avisé pour s'approcher avec des allures suspectes dans la portée de l'arme de cette vigilante et vigoureuse sentinelle : une balle habilement dirigée ne manquerait pas de donner au malfaiteur quelque regret de s'être trop facilement laissé aller à ses indélicates inspirations.

Laurans et sa femme, qui n'étaient venus habiter Bou-Farik que depuis peu de temps, n'avaient voulu se décider à abandonner leur ferme de Bou-Ogab qu'après avoir reconnu le caractère sérieux des hostilités, et l'impossibilité de tenir plus longtemps la position.

Nous aurons encore l'occasion de reparler de ces intrépides époux.

Le 21 novembre, dans la matinée, plus de 1500 cavaliers arabes passent la Cheffa, et se dirigent sur Bou-Farik en tournant le camp de l'ouad El-Allaïg. Par fatalité, le contre-ordre de suspendre le départ des quatre escortes journalières n'étant pas parvenu au camp de l'ouad El-Allaïg, le chef de bataillon Gallemant, du 24e de ligne, qui commandait ce poste depuis la mort du commandant Raphel, ne crut pas devoir prendre sur lui de retarder le départ de la correspondance ;

il se borna à porter à 40 hommes le piquet d'escorte, qui, habituellement, n'était que de 15, et il le mit sous les ordres du sous-lieutenant Bardet, de son bataillon. Il était dix heures trois quarts du matin.

Cet officier était à peine à un kilomètre du camp, que les 1500 cavaliers dont nous avons parlé plus haut revenaient sur leurs pas. Voyant son piquet compromis, le commandant Gallemant se hâta de sortir, pour protéger sa retraite, avec tout ce qu'il avait de monde disponible, c'est-à-dire 132 hommes du 24ᵉ de ligne, et 23 Chasseurs d'Afrique du 1ᵉʳ régiment.

Cette sortie donna lieu à une fatale méprise ; car, au lieu de se replier sur le camp, le sous-lieutenant Bardet, qui crut qu'il s'agissait d'un mouvement offensif, continua de marcher en avant, et força ainsi le commandant Gallemant à s'avancer au delà de 1500 mètres du camp, c'est-à-dire beaucoup plus loin qu'il ne devait et ne pouvait le faire. A la vue de cette proie si peu redoutable par son nombre, les cavaliers fondirent d'abord sur le piquet, qu'ils taillèrent en pièces. M. Bardet fut tué un des premiers. L'ennemi se rabattit ensuite sur le détachement du commandant Gallemant, qu'il enveloppa et fusilla à bout portant. Son feu n'ayant pas arrêté les Arabes un seul instant, le commandant essaya de se former en carré ; mais il n'en eut pas le temps : une balle le traversait de part en part, et son cheval le ramenait presque mourant au camp.

Le détachement se mit en retraite ; mais, chargé

à chaque pas, ses cartouches épuisées, il fit, dans le parcours des quelques centaines de mètres qui le séparaient du camp, des pertes extrêmement cruelles : il laissait 108 hommes tués, dont 2 officiers, sur le terrain.

Une sortie effectuée par le capitaine Carbuccia, à la tête de 40 hommes, permit de recueillir 13 blessés que les Arabes n'avaient pas eu le temps de décapiter.

Après cette affaire, dans laquelle nous avions éprouvé des pertes si sensibles, l'ennemi allait attaquer le blockhaus d'Aïn-el-Amara, situé à l'ouest du camp de l'ouad El-Allaïg. Vigoureusement accueillis par les 20 hommes du 24ᵉ de ligne chargés, sous les ordres du lieutenant Pailhé, de la défense de ce poste, les Arabes se retirèrent, et repassèrent la Cheffa en emportant les têtes, les armes et les dépouilles de nos morts.

Le même jour, un parti de maraudeurs s'abattait, entre le Camp-d'Erlon et Bou-Ogab, sur un troupeau de la valeur de 20 à 25,000 francs, et l'enlevait sous les yeux de son propriétaire, le sieur Darbou (Jean), boucher, que ce vol ruinait et laissait sans ressources.

Ce fut la veille de cette sanglante et désastreuse journée, le 20 novembre, que commença le sac et la destruction des établissements agricoles de la Metidja. Nous voudrions que notre cadre nous permît de raconter la belle défense des colons du haouch Ben-Nouar-el-Louz, du haouch El-Kateb, du haouch El-Kidar, du haouch El-Khaznadji, du haouch El-Khadhra, et du haouch Baba-Ali. Là, dans cette lutte sans merci, éloignés de tous secours, hommes, femmes, enfants même, atteignirent jusqu'à l'héroïsme; tous avaient fait le sacrifice de leur vie; mais, s'ils devaient succomber, ils voulaient le faire en gens de cœur.

Il serait injuste de ne point rappeler qu'un assez grand nombre d'indigènes firent cause commune avec les Européens : c'est ainsi que ceux des haouch El-Kateb, Baba-Ali et El-Khadnra défendirent contre les Arabes les fermes où ils étaient employés. Les Oulad-Chebel, qui s'étaient réfugiés sous la Ferme-Modèle, résistèrent tant qu'ils le purent; mais, n'en obtenant aucun secours, ils suivirent le torrent et abandonnèrent notre territoire.

Tous les établissements des Khachna, des Beni-Mouça et des Beni-Khelil furent successivement abandonnés par les colons, ou forcés par les Arabes, et il ne resta plus dans ces outhan une seule ferme qui fût habitée.

Ce même jour, 20 novembre, le maréchal Valée recevait une dépêche datée du 18 par laquelle l'Émir lui envoyait sa déclaration de guerre. Cette lettre était conçue en ces termes : « Je vous ai déjà
« écrit que tous les Arabes, depuis Oulaça jus-
« qu'au Kaf, sont d'accord pour faire la guerre
« sainte. J'ai fait ce que j'ai pu pour combattre
« leur dessein; mais ils y ont persisté. Personne ne
« veut plus la paix; chacun se dispose à la guerre.
« Il faut que je me range à l'opinion générale
« pour obéir à notre sainte loi. Je me conduis
« loyalement avec vous, et vous avertis de ce qui

« se passe. Tenez-vous prêt. Tous les Musulmans
« déclarent la guerre sainte. Vous ne pouvez,
« quoi qu'il arrive, m'accuser de trahison. Mon
« cœur est pur, et je ne ferai rien de contraire à
« la justice. ... Je choisis la guerre, ainsi que tous
« les Musulmans. Tenez-vous pour averti..... »

Puisque l'Émir voulait bien nous prévenir, un peu tard, il est vrai, d'avoir à nous tenir prêts pour la guerre, il y avait lieu de prendre sans délai des dispositions pour répondre à son cartel. Or, nous avions alors, dans l'arrondissement d'Alger, près de 20,000 hommes; mais ces troupes étaient disséminées dans un grand nombre de petits postes qui les immobilisaient. Le maréchal Valée s'occupa immédiatement de modifier ce dangereux état de choses.

Il fut décidé, en principe, que toutes les troupes seraient concentrées sur Bou-Farik et sur le Camp-Supérieur de Blida. En conséquence, on évacua, le 28, le 29 et le 30 novembre, les postes de Sidi-Khalifa et des Oulad-Yaïch, et le Camp-Inférieur de Blida. Les blockhaus d'Aïn-el-Amara et de Bou-R'lal furent enlevés le 1er décembre. Le camp de l'ouad El-Allaïg fut abandonné le 4, et celui de l'ouad El-Harrach fut évacué le 7; les 400 hommes composant la garnison de ce dernier camp rentrèrent à Bou-Farik le lendemain.

Il ne resta plus, de tous les nouveaux postes militaires, que les deux camps du Fondouk et de Kara-Mosthafa, celui d'El-Arbà, et le Camp-Supérieur de Blida.

A la suite de ces diverses évacuations, un peu

plus de 2 000 hommes se trouvèrent réunis, tant à Blida qu'au Camp-Supérieur, sous les ordres du général Duvivier.

Le poste qui avait été établi à la ferme Mauger, tenue alors par le sieur Grouzelles, pour assurer la sécurité dans cette partie de la route d'Alger, avait été également évacué le 28 novembre. Nos soldats l'avaient à peine quitté, que les Arabes y faisaient des amas de foin et le livraient aux flammes.

La maison qu'habitait le colon Nierengarden sur la route de Soukaly, à 100 mètres du fossé d'enceinte, était incendiée le même jour.

Le lendemain 29, vers onze heures du soir, les Arabes mettaient le feu au gourbi qu'occupait, au nord de la ville, le sieur Simon (François). Ce malheureux colon était tué d'une balle en pleine poitrine sur le seuil de son habitation.

L'ex-artilleur Chalancon (père), qu'on rencontrait toujours là où il y avait un secours à porter ou un danger à braver, cet intrépide colon, disons-nous, à qui la lueur de l'incendie et le coup de feu ont donné l'éveil, se portait en toute hâte vers le gourbi de son voisin; mais il n'y trouvait plus qu'un cadavre que les flammes avaient déjà atteint.

L'ordre de concentration des troupes sur les points de Bou-Farik, de Blida et du Camp-Supérieur avait nécessairement laissé sans défense quelques exploitations isolées, et cette mesure avait donné lieu à des réclamations de la part de plusieurs colons qui pensaient pouvoir, avec l'aide d'un détachement, se maintenir sur leurs propriétés. Le comte Guyot, Directeur de l'Intérieur, répondait à ces plaintes par la circulaire suivante :

« Monsieur,

« La reprise des hostilités a fait aux colons de
« la plaine une situation dont le Gouvernement
« comprend la gravité. Il usera de tous les moyens
« en son pouvoir pour en diminuer maintenant
« et en faire cesser plus tard les dangers; mais ces
« moyens ne sont pas, en ce moment, assez con-
« sidérables pour permettre la défense partielle
« des propriétés. Les troupes ont dû être concen-
« trées de manière à protéger le terrain que leur
« nombre permet de couvrir, et il serait impossi-
« ble de les disséminer dans les fermes, ainsi que
« plusieurs colons l'ont demandé, sans nuire à la
« défense générale du pays.

« Dans ces circonstances, qu'un avenir pro-
« chain améliorera sans doute, il importe que
« MM. les colons prennent toutes les précautions
« que la prudence rend indispensables. Des armes
« et des munitions ont été et seront mises à leur
« disposition; des ordres sont donnés pour qu'ils
« trouvent toujours dans les camps et postes for-
« tifiés un asile pour mettre en sûreté leur famille,
« leur matériel et leurs troupeaux, et l'Adminis-
« tration s'empressera de leur accorder les secours
« de subsistance dont ils pourront avoir besoin.

« Veuillez bien donner connaissance de la pré-
« sente aux colons de votre voisinage qui ne l'au-
« raient pas reçue.

« Recevez, monsieur, l'assurance de ma consi-
« dération.

« *Le Directeur de l'Intérieur,*
« Comte GUYOT. »

A la suite de cette circulaire du Directeur de l'Intérieur, les habitants de Bou-Farik avaient été prévenus qu'ils pourraient jouir de la faveur accordée par l'Administration aux colons des exploitations isolées, et qu'ils trouveraient dans le Camp-d'Erlon, au cas où ils croiraient leur sécurité compromise et la défense impossible, un asile pour les abriter eux et leurs biens.

Nous devons dire que les colons de Bou-Farik firent preuve, dans cette circonstance, d'une incontestable virilité, en préférant défendre leurs foyers sans cesse menacés que de les abandonner aux dévastations des Arabes.

C'est vers cette époque que s'agita, pour la première fois, la question de l'abandon de Bou-Farik. Ce qu'il y a de certain, c'est que l'ordre avait déjà été donné d'estimer les constructions appartenant aux colons, afin de les indemniser dans le cas où cette mesure deviendrait définitive. Les partisans de l'abandon se fondaient sur la difficulté de garder et de défendre un périmètre de cette étendue, sur l'insalubrité de ce point, et sur ce que coûteraient en hommes et en argent les travaux que nécessiterait son assainissement.

Le 1ᵉʳ décembre, les Hadjouth font une pointe sur les troupeaux des gens de Guerouaou, auxquels ils tuent deux hommes. Se sentant trop faibles pour s'opposer toujours avec succès aux entreprises de leurs voisins, les gens de Guerouaou viennent demander à la garnison de Bou-Farik, réduite alors à 5 ou 600 hommes, des secours qu'elle ne peut leur donner. On les engage à mettre en sûreté, dans l'intérieur de Bou-Farik, eux leurs familles, leurs biens et leurs troupeaux. Le lendemain, ils se réfugiaient dans la place, qu'ils quittaient d'ailleurs furtivement, par une nuit obscure, un mois plus tard, après avoir vendu peu à peu aux habitants de Bou-Farik ce qu'ils ne pouvaient emporter. Le même jour, ils rejoignaient l'ennemi.

Le 3 décembre, près de 2 000 cavaliers ennemis se présentèrent devant le Camp de Bou-Farik, et cherchèrent à enlever le troupeau de l'Administration.

Le colonel Changarnier, du 2ᵉ léger, prit aussitôt l'offensive, et les poussa de position en position, et sans qu'ils pussent tenir nulle part, jusqu'à la Cheffa, qu'il leur fit repasser. L'ennemi, qui, ce jour-là, fit des pertes sérieuses, laissa 15 cadavres entre nos mains.

Le 4, le général Rullière amenait d'Alger à Bou-Farik un renfort de 2 000 hommes.

Le général Dampierre fut chargé du ravitaillement des camps de l'Est; la garde du Sahel fut confiée au général Rostolan; le général Rullière commanda directement les troupes qui communiquaient avec Blida et Koléa. Il était formé, à cet effet, une colonne mobile forte de 1 500 baïonnettes, de 400 sabres et de deux pièces d'artillerie;

sa mission était surtout le ravitaillement de ces places et de leurs camps.

Le 7 décembre, un bataillon des Réguliers de l'Émir vient prendre position chez les Beni-Salah; il est sous les ordres du khalifa de Médéa, Mohammed-ben-Aïça-El-Berkani.

Un goum de 500 cavaliers ennemis prend position, le 10 décembre, à la koubba de Sidi Ben-Aïça, près de Guerouaou, et, de là, coupe la route de Bou-Farik à Blida, et intercepte toute communication entre ces deux points.

Des partis assez nombreux tenaient également la route de Bou-Farik à Douéra.

Par suite de ces dispositions de l'ennemi, toute correspondance est interrompue, et Bou-Farik reste, du 10 au 31 décembre, c'est-à-dire pendant vingt et un jours, sans nouvelles ni d'Alger ni de Blida. Cet isolement, qui n'est rien moins que rassurant, n'abat point pourtant le courage de nos énergiques colons, et ils se tiennent prêts à repousser, avec l'aide de la garnison, toute attaque de l'ennemi. Sept postes de la ville et des abords sont confiés à leur garde, et leur vigilance active fait souvent échouer les tentatives des coupeurs de routes qui les tiennent cernés.

Le 14, le général Rulliére partait de Bou-Farik avec un grand convoi destiné au ravitaillement du Camp-Supérieur et de Blida. Instruit de sa marche, El-Berkani vient prendre position entre cette ville et Mered avec son bataillon régulier, 500 fantassins des Beni-Salah et des tribus voisines, et environ 400 cavaliers. Il y eut là un engagement très vif dans lequel l'ennemi fut culbuté et mis en pleine déroute. Le 1er de Chasseurs d'Afrique fit merveille dans cette affaire : chargeant vigoureusement les fantassins d'El-Berkani, et avec cette valeur qui est restée dans les traditions de ce beau régiment, les Réguliers ne formaient plus, au bout de quelques instants, qu'une masse confuse roulant éperdue sur elle-même, tourbe que les Chasseurs hachèrent à coups de sabre. Les baïonnettes du 2e léger firent le reste. Le terrain de la lutte était jonché des cadavres de l'ennemi.

Ce beau combat ne nous avait coûté que 5 tués et 20 blessés, parmi lesquels nous comptions, malheureusement, le capitaine Ferquin, du 1er de Chasseurs d'Afrique, qui mourut de ses blessures.

Le lendemain 15, le général Rullière combattit encore pour rendre au Camp-Supérieur l'eau que les Kabils en détournaient chaque jour. A midi, cette opération étant terminée, la colonne du général Rullière se remit en marche sur Bou-Farik, où elle arriva après un petit combat d'arrière-garde. Nous eûmes, dans cette journée du 5, 5 hommes tués et 60 blessés.

Le général Rullière fut remplacé, sur sa demande, quelque temps après, par le général Schramm.

Pendant que ces événements se passaient dans les environs de Bou-Farik et de Blida, Ben-Salem ravageait l'Est de la plaine, et, particulièrement, l'outhan des Khachna, que ses habitants indigènes, faute d'être secourus, furent obligés d'abandonner. Leur kaïd, El-Arby-El-Kaïa, se réfugia à Alger.

Le 21 décembre, le général Dampierre conduisit un convoi considérable au camp du Fondouk. Le lendemain 22, un détachement de 200 hommes du 48ᵉ de ligne, qui avait renforcé l'escorte de ce convoi, regagnant à vide la Maison-Carrée, fut attaqué, à son retour, par Ben-Salem, qui était descendu dans la plaine avec 7 ou 800 hommes de troupes régulières ; mais, grâce au sang-froid du commandant Marchesan, et aux bonnes dispositions qu'il sut prendre, son détachement put rentrer au camp sans s'être laissé entamer.

Le 29 décembre, le Camp-Supérieur de Blida, toujours bloqué par les Beni-Salah, manqua complètement d'eau ; on y était, en outre, absolument sans nouvelles de la colonne mobile de Bou-Farik chargée des ravitaillements. La position devenait d'instant en instant plus critique, et il était urgent de prendre une détermination. Le colonel Gentil, du 24ᵉ de ligne, résolut de faire connaître sa situation au général commandant les troupes à Bou-Farik ; il demanda un homme de bonne volonté qui consentît à se charger de la dangereuse mission de lui porter une lettre ; huit se présentèrent ; le colonel fixa son choix sur le caporal Bourdis. Il ne s'agissait de rien moins que de parcourir trois lieues d'un pays occupé par l'ennemi, de traverser ses postes, d'échapper à la vigilance de ses sentinelles et de ses coureurs ; c'était, en un mot, jouer sa tête pour le salut de tous. Bourdis n'hésita pas : il partit à minuit sans déguisement, s'abandonnant à sa fortune, et ne se préoccupant que d'atteindre son but et d'accomplir sa mission.

Après avoir failli vingt fois tomber entre les mains des Arabes, qui sillonnaient sans cesse la route du Camp-Supérieur à Bou-Farik, le brave caporal Bourdis arrivait sain et sauf à sa destination. Les galons de sergent suffirent pour récompenser cet admirable trait de dévouement.

Au reçu de la dépêche du colonel Gentil, le maréchal Valée quitta Alger, et alla se mettre à la tête des troupes réunies à Douéra sous le commandement du général Rostolan, puis il se porta, avec un convoi considérable, sur Bou-Farik, où il coucha le 30 décembre. Le lendemain 31, laissant son convoi dans cette place, le Maréchal se dirigea sur le Camp-Supérieur de Blida en passant par Sidi-Khalifa et l'ouad El-Allaïg, et en manœuvrant de façon à engager l'ennemi à combattre.

La colonne du Maréchal se composait de deux bataillons du 2ᵉ léger, d'un du 17ᵉ léger, de deux du 23ᵉ de ligne, de 300 Chasseurs d'Afrique du 1ᵉʳ régiment, et de 4 pièces d'artillerie. Nos troupes se trouvèrent en présence de la cavalerie de Mohammed-ben-Allal un peu au delà de la redoute de Sidi-Khalifa; mais celle-ci se borna à tirailler et à caracoler sur leurs flancs, évitant avec soin de se laisser aborder. Toutes les tentatives du Maréchal pour l'amener à un engagement sérieux restèrent infructueuses. Il y avait renoncé, et il n'était plus qu'à deux kilomètres du Camp-Supérieur, au sud de la Zaouya de Sidi-Medje beur, quand le colonel Changarnier, du 2ᵉ léger, le fit prévenir qu'un corps assez considérable d'infanterie se montrait sur la droite, à peu de distance de la colonne. Il y avait là, en effet, deux bataillons réguliers et un millier d'hommes des contingents des tribus. Ayant reçu l'ordre d'attaquer, le colonel Changarnier se précipita, à la tête de son régiment, sur l'infanterie ennemie. Le maréchal Valée chargea également de sa personne avec la cavalerie, que commandait le colonel de Bourjolly. Les Chasseurs d'Afrique fondirent avec la rapidité de l'éclair sur les deux bataillons réguliers, qui avaient osé attendre la charge, et pénétrèrent dans cette masse qu'ils brisèrent à coups de sabre. Le 2° léger arrivait presque en même temps, au pas de course, sur cette ligne rompue et en désarroi, et l'achevait à coups de baïonnette. Les fantassins des contingents avaient pris la fuite en voyant notre cavalerie s'ébranler. Laissant les Réguliers aux mains du 2° léger, les Chasseurs reprirent la chasse des Irréguliers, et les menèrent battant, le sabre aux reins, jusqu'au delà de l'ouad Sidi-Ahmed-el-Kebir.

Quant à la cavalerie ennemie, elle s'était enfuie épouvantée dès le commencement de l'attaque, et sans même avoir essayé de secourir l'infanterie.

Les Arabes laissèrent près de 400 morts sur le champ du combat. On leur prit deux drapeaux, une pièce de canon, des armes et des tambours, que les Réguliers avaient abandonnés pour pouvoir fuir plus vite.

Cette belle victoire, que les bulletins officiels ont baptisée du nom de *Combat de l'ouad Lalleyg*, est désignée par les Arabes, qui en ont gardé le souvenir, sous celui de *journée d'El-Mebdouâ* (1), du nom du haouch auquel les Réguliers avaient appuyé leur aile gauche.

Après ce succès, qui remit nos troupes du mois de désastres et de privations dont elles avaient si cruellement souffert, et dont le résultat fut la levée du blocus de Blida et le rétablissement des communications, le maréchal Valée se rendit au Camp-Supérieur, où il fut reçu avec enthousiasme.

Cette affaire dut, évidemment, renverser les projets de l'Émir, qui comptait saccager le Sahel, et qui avait, dit-on, solennellement fixé le jour où son cheval s'abreuverait, à Alger, à la fontaine de Bab-el-Oued.

Il est vrai qu'il avait compté, pour l'exécution de ce grand dessein, sur le concours des fantassins de la Kabilie, et que cette coopération lui fit absolument défaut.

Le lendemain, 1er janvier 1840, le maréchal envoya chercher le convoi qu'il avait laissé à Bou-Farik, et l'on s'occupa, sans délai, de rétablir les conduites d'eau entre Blida et le Camp-Supérieur.

Quant aux débris des troupes régulières de l'Émir, ils avaient repassé, disait-on, le col des Mouzaïa. Les contingents des tribus étaient rentrés dans leurs foyers, qu'ils craignaient de nous voir menacer.

---

(1) Le haouch El-Mebdouâ est la ferme ruinée que nous appelons les *Cinq-Cyprès*. Elle est située à 8 kilomètres environ dans l'ouest de Mered.

Mais revenons un peu sur nos pas.

Malgré la vigilance de la Milice, l'étendue de Bou-Farik était trop considérable et ses maisons trop dispersées pour qu'il fût possible aux divers postes d'exercer, pendant la nuit, une surveillance efficace dans toutes les parties de ce vaste établissement. Rien n'est donc plus facile aux maraudeurs arabes que de franchir inaperçus le fossé de l'enceinte, et de venir allumer l'incendie dans l'intérieur de la ville. C'est, en effet, ce qui arriva dans la nuit du 30 au 31 décembre.

Vers dix heures et demie du soir, des détonations d'armes à feu se faisaient entendre dans la direction de la face est du fossé d'enceinte ; tout aussitôt les flammes s'élançaient ardentes et crépitantes, et perçaient les ténèbres de leurs langues de feu. L'intensité de l'incendie, la note aiguë du pétillement produit par les matières qui lui servaient d'aliment, l'épaisseur de la gerbe d'étincelles qui s'allongeait dans les ténèbres confuse comme la voie lactée, ces marques indiquaient assez que la proie de ces flammes était encore une des nombreuses meules de foin dressées dans l'intérieur de la ville, et en dehors de son enceinte terrassée. Une meule appartenant au colon Magnan flambait, en effet, et, au bout de quelques instants, les 200 quintaux métriques qu'elle comptait étaient réduits en cendres.

Il y avait certainement complot ; car le sieur Gillet avait pu voir de sa fenêtre, à la lueur des flammes, deux Arabes se diriger en courant vers la meule du colon Chalancon avec l'intention évidente de l'incendier, dessein que Gillet avait fait avorter en tirant sur ces malfaiteurs un coup de feu qui les mettait en fuite, et leur faisait repasser le fossé d'enceinte.

Le poste de la porte de Douéra, tenu par la Milice, avait pris les armes aux premiers coups de feu, et s'était porté dans la direction de la propriété de Magnan. Trois balles tirées de l'extérieur, et qui vinrent siffler aux oreilles des miliciens, leur ayant appris qu'ils étaient en présence des Arabes, ils firent feu à tout hasard dans la direction où, d'après les éclairs de la poudre, ils les présumaient embusqués.

Une seconde meule de 200 q. m. appartenant au jardinier Nierengarden, et établie à quelque distance de la face orientale de l'enceinte, était également livrée aux flammes quelques instants après celle de Magnan.

Mais là ne s'arrêta pas la rage des incendiaires : deux meules de foin dressées sur le boulevard Charlemagne, et appartenant au colon Martin (Magloire), l'une de 6 à 700 q. m., et l'autre de la contenance de 1536 q. m., devenaient aussi la proie des flammes.

Une cinquième meule, contenant 150 q. m., et appartenant au sieur Artaud, s'allumait, en même temps, sur la route de Douéra, à un kilomètre environ du fossé d'enceinte de Bou-Farik.

Des baraques en planches avoisinant les meules de Martin étaient démolies par ordre de l'autorité militaire pour empêcher la propagation de l'incendie.

Les pertes subies, pendant cette affreuse nuit, par le malheureux Martin (Magloire) ne s'élevaient pas à moins de 46,000 francs. Quelques instants avaient suffi à l'incendie pour dévorer tout ce que possédait ce colon si éprouvé.

C'était bien là la guerre avec ses exterminations et ses ruines, la guerre à l'homme et à ses biens. N'ayant pu réussir à chasser les colons par les armes, les Arabes le tentaient par l'incendie. Ce genre de désastre, qui se reproduisait fréquemment, s'accompagnait toujours de scènes infernales : c'était au milieu des rires et des chants que ces fanatiques ennemis consommaient leur œuvre de destruction ; c'est en raillant leurs victimes qu'ils les ruinaient. Ces nuits, éclairées soudainement par des clartés sinistres, avaient quelque chose de diaboliquement horrible : ces démons, la touffe de cheveux flottante, demi-nus, rampant comme des reptiles dans les broussailles, et se laissant glisser dans le fossé d'enceinte pour y attendre le moment d'exécuter leurs farouches desseins, ces flammes s'élançant furieuses dans les ténèbres, et noyant dans les vagues tremblottantes d'une mer de cuivre en fusion les agents de l'esprit du mal, lesquels, la torche à la main, grimacent, en tournoyant, des rires sataniques et hurlent des chants injurieux ; puis la voix de la poudre et le sifflement de la balle venant se mêler aux crépitations de l'incendie, et se confondant avec les plaintes ou les râles des victimes, tout cela, disons-nous, compose un spectacle plein de sauvages horreurs.

Et ce sont là les émotions de tous les jours : la mort par le fusil ou le couteau, le vol des troupeaux, l'incendie des maisons ou des meules.

A la fin de l'année 1839, les travaux intérieurs du Camp-d'Erlon sont terminés : cet établissement militaire est pourvu d'un casernement suffisant pour y recevoir sa garnison normale en infanterie et en cavalerie.

Les quatre faces de l'enceinte bastionnée de la ville sont achevées.

On a déterminé la contenance des haouch avoisinant Bou-Farik ; ce travail a donné les résultats suivants :

Haouch Ech-Chaouch et haouch Bou-Ogab.	884ʰ80ᵃ77ᶜ
Haouch Gorcïth.	313.38.00
Haouch Soukaly.	103.00.00

Les travaux qui avaient été entrepris, au printemps, pour le desséchement des marais de Soukaly et de R'ilan, ont été interrompus par suite des circonstances de guerre.

A la fin de l'année, Bou-Farik renferme 142 familles de colons concessionnaires.

Malgré son insalubrité et les misères de sa population, Bou-Farik s'amuse : chaque soir, on y danse, on y chante, on y joue. Le temps y est d'autant plus précieux que la durée moyenne de la vie y est plus courte. En effet, la joie d'aujourd'hui peut demain se changer en deuil ; il faut donc qu'ils se hâtent de vivre, ces malheureux que l'aile de la mort va bientôt frapper ; car ils sont condamnés, et déjà leur visage est marqué de cette teinte jaunâtre, terreuse qui annonce les ravages de la fièvre; ils ont, en un mot, *une figure de Bou-Farik* (1).

---

(1) Pendant longtemps, on a dit d'un visage rendu livide par la fièvre: « *C'est une figure de Bou-Farik.* » Ce point avait une telle réputation d'insalubrité, que les militaires ou les voyageurs qui étaient obligés de le traverser, le faisaient le plus rapidement possible, et en se voilant le visage, ou en se bouchant le nez dans la crainte d'aspirer son air pestilentiel.

XI

Combat du Bois des Oliviers, près Blida. — Création de Commissariats civils. — M. Bertier de Sauvigny est nommé Commissaire civil à Bou-Farik. — Les Hadjouth recommencent leurs incursions. — Prise et occupation de Cherchel. — Expédition dans l'Est. — Concentration à Blida des troupes destinées à l'expédition de Médéa. — Nettoyage préalable de la Metidja. — L'armée pénètre dans les montagnes des Mouzaïa. — Occupation définitive de Médéa. — Rentrée des troupes dans leurs cantonnements. — Les coureurs d'Ahmed-ben-Eth-Thaiyeb-ben-Salem s'avancent jusqu'au quartier du Hamma. — Tentative d'enlèvement d'une jeune jardinière européenne par un cavalier arabe. — Enlèvement de dix-sept faucheurs de Bou-Farik aux environs du haouch Bou-Amrous. — Ahmed-ben-Kaddour est nommé kaïd des Beni-Khelil. — Expédition et occupation de Miliana. — Affaires dans la vallée du Chelef. — Ravitaillements de Médéa et de Miliana. — Création d'un poste permanent à Tala-Yezid, dans les montagnes des Beni-Salah. — Évacuation du Camp-Supérieur. — Pointe de Brahim-ben-Khouïed aux Figuiers de Sidi-Sliman. — Attaque des faucheurs sur l'ouad Flata. — Mort des frères Mirabet, et beau combat livré par la Milice de Bou-Farik aux cavaliers de l'ennemi entre les Deux-Ponts. — Attaque de huit colons par vingt-cinq cavaliers ennemis sur l'ancien communal. — Massacre d'un détachement français entre Koléa et le camp de Maelma. — Assassinat des frères Lambry par les Arabes. — Les environs de Bou-Farik tenus par trois goums ennemis. — Attaque du Camp de Bou-Farik. — Mise sous le séquestre des biens des émigrés. — Travaux divers et statistique. — Le fossé-obstacle. — Le général Bugeaud remplace le maréchal Valée dans le Gouvernement général de l'Algérie. — Effectif de l'armée d'Afrique au commencement de 1841.

Le désastre du 31 décembre semblait avoir abasourdi les Arabes ; ils furent un mois à s'en relever ; enfin, voyant que nous tardions à prendre l'offensive, ils reparurent le 29 janvier : un corps assez considérable d'infanterie régulière et de fantassins des contingents s'embusqua dans le Bois des Oliviers, qui est à 200 mètres à l'ouest de Blida, et y attaqua les travailleurs qui, depuis quelques semaines, étaient employés à ouvrir des tranchées dans les orangeries pour dégager les abords de la place. Un millier de cavaliers ennemis attendaient, sur la route de Médéa, et dans le lit de l'ouad Sidi-El-Kebir, le moment de charger. Après un combat opiniâtre dans les jardins, où le 24ᵉ de ligne se conduisit valeureusement, l'ennemi fut rejeté dans les montagnes après avoir laissé sur le lieu du combat 200 tués ou blessés.

L'arrivée du colonel Changarnier acheva la déroute de l'ennemi, et détermina la fuite de sa cavalerie.

Cette journée coûta au 24ᵉ de ligne 2 hommes tués et 25 blessés.

L'arrêté ministériel relatif aux Commissariats

civils de la province d'Alger paraissait le 7 février.

Cet arrêté modifiait essentiellement, en y introduisant l'élément civil, l'organisation administrative de cette province, qu'il divisait en cinq districts, savoir : Koubba, Douéra, Bou-Farik, Hamiz et Atlas.

Le district de Bou-Farik fut formé de toute la partie centrale de l'ancien outhan des Beni-Khelil.

Des Commissaires civils furent nommés pour les quatre premiers districts; celui de l'Atlas eut un commandant militaire assisté d'un adjoint civil.

Les Commissariats civils du Hamiz et de l'Atlas furent une superfétation; en effet, il ne manquait guère que des administrés aux agents qui furent mis à la tête de ces administrations.

Quant au Commissaire civil de Bou-Farik, il n'eut, pendant longtemps, à exercer son action administrative que sur 5 ou 600 Européens groupés avec lui autour du Camp-d'Erlon.

Les attributions de ces nouveaux fonctionnaires étaient administratives, judiciaires et financières. Ils eurent sous leurs ordres les kaïds et les cheikhs.

M. Bertier de Sauvigny, qui avait été nommé Commissaire civil à Philippeville, était appelé aux mêmes fonctions à Bou-Farik. L'arrêté ministériel du 17 février lui donnait pour Secrétaire M. de Lamothe-Langon.

Quelques jours après la promulgation de cet arrêté à Alger, le 9 mars, les districts du Hamiz et de Bou-Farik étaient déclarés en état de guerre, mesure qui mettait les Commissaires civils de ces districts sous la dépendance de l'autorité militaire.

Décidé à prendre une vigoureuse offensive, le Maréchal avait demandé des renforts qu'on s'empressa de lui envoyer : le 3ᵉ léger, le 58ᵉ de ligne, et le bataillon de Tirailleurs de Vincennes, nouvellement organisé, débarquaient à Alger dans le courant de février ; douze escadrons de Chasseurs et Hussards, formés en deux régiments de marche, les suivirent de près. Au moyen de ces renforts, la division d'Alger présentait, au 1ᵉʳ mars, un effectif de 33,044 hommes.

Le combat du 29 janvier donna encore un mois de tranquillité à la Metidja ; mais, dans les premiers jours de mars, les incorrigibles maraudeurs des Hadjouth recommencèrent à se montrer autour de nos camps ; ils poussèrent même leurs courses jusque dans la banlieue d'Alger. Il est vrai qu'ils n'avaient point d'autre profession, et qu'en résumé, il fallait bien qu'ils vécussent.

Mais nous allons prendre l'offensive, et le théâtre de la guerre va bientôt être déplacé et porté plus au sud.

La prise de Cherchel devant être sa première opération, le maréchal Valée part de Blida le 11 mars, arrive devant Cherchel, et y entre le 15 ; il y laisse le 17ᵉ léger et le 2ᵉ Bataillon d'infanterie légère d'Afrique, et rentre à Blida le 21.

Dans les premiers jours d'avril, l'armée expéditionnaire est formée en deux divisions : la première, qui se réunit à Bou-Farik, est commandée par le duc d'Orléans (1), et la seconde par le

---

(1) Avant l'arrivée du duc d'Orléans, le commandement

général de Rumigny. Le Maréchal prend le commandement de la réserve.

Avant d'entrer en campagne, le Maréchal se porte dans l'Est pour disperser un rassemblement considérable d'Arabes et de Kabils qui s'est formé sous les ordres de Ben-Salem ; il part du Fondouk le 19 avril, se met à la poursuite de l'ennemi, qui ne l'attendait pas, brûle ses gourbis et ses meules, et rentre au Fondouk avec un troupeau de 400 bœufs.

Le 23, le Maréchal fait évacuer le camp d'El-Arba.

Le 25, il part pour Blida, où se concentrent les troupes destinées à l'expédition de Médéa, qu'il va entreprendre.

La première division quitte Bou-Farik le 27 avril (1) ; toute l'armée passe la Cheffa le même jour.

Avant d'entrer dans les montagnes, le Maréchal veut nettoyer la plaine des ennemis qui pourraient s'y trouver, afin de ne pas risquer d'être inquiété sur ses derrières. La 1re division va pren-

---

intérimaire de la 1re division avait été exercé par le général d'Houdetot.

(1) La veille du départ de la 1re division, que commandait le duc d'Orléans, une messe militaire avait été célébrée sur l'emplacement où depuis fut bâtie l'église. Le duc d'Orléans avait décidé, ce jour-là, que ce serait sur ce point même que s'élèverait l'église de Bou-Farik, et il avait donné une somme de 5,000 francs pour sa part dans cette fondation dont il avait eu l'initiative.

dre position auprès du lac Halloula, à l'ouest du bois de Kherraza, que les autres troupes doivent fouiller. Le colonel de La Moricière, avec ses Zouaves, y pénètre par Koléa. Mais les Hadjouth ont évacué le pays depuis longtemps. Vers les quatre heures du soir, une colonne de 2 à 3,000 cavaliers, conduite par le khalifa Sid Mohammed-ben-Allal, débouche subitement dans la plaine par la gorge de l'ouad Ouadjer. Le maréchal Valée marche à elle; mais elle rentre dans les montagnes après avoir échangé avec nous quelques coups de fusil.

Le 28, le Maréchal reste en position dans son camp d'El-Afroun.

Le 29, au moment où l'armée allait passer l'ouad Bou-Rkika, on aperçut, dans la direction que suivaient nos troupes, un corps de cavalerie arabe qui se replia à leur approche. A midi, l'armée se trouvait en face de 7 à 8,000 cavaliers commandés par l'Emir en personne. Mais, au lieu de combattre, Abd-el-Kader faisait un à-gauche, et passait rapidement entre notre droite et le lac Halloula. Nous dûmes dès lors faire face en arrière pour surveiller l'Emir, qui disparut dans la direction de la Cheffa. Nos troupes se massèrent à hauteur de la gorge de l'Ouadjer et y prirent leurs bivouacs.

Le 30, l'armée alla camper sur l'ouad Bou-Roumi. Le 1er mai, elle continua sa marche pour se rapprocher de la Cheffa, où elle arriva à midi, suivie par quelques centaines d'Arabes qui tiraillèrent avec l'arrière-garde; elle aperçut au loin une masse de cavalerie ennemie au milieu de laquelle se trouvait l'Emir, et qui s'éloigna sans combattre. Décidément, Abd-el-Kader n'avait point su ou voulu tirer parti de son audacieuse manœuvre du 29 avril, laquelle lui ouvrait la route d'Alger.

Le 2, l'armée alla bivouaquer au haouch El-Agha (ferme des Mouzaïa) et y construisit un camp; les travaux continuèrent pendant la journée du 3. Le 4, l'armée se porta sur la Cheffa pour y recevoir un convoi venant de Blida; le 5, elle retourna au haouch El-Agha, où elle séjourna le 6. Le 7, elle se mit en marche sur Cherchel, et alla camper à Bordj El-Arbà. Le 8, elle bivouaqua sur l'ouad El-Hachem; elle arrivait le 9 sur l'ouad Belal, à une demi-lieue de Cherchel, et y prenait position. Après s'être renforcé de 2,000 hommes venus d'Oran, le Maréchal quittait sa position de l'ouad Belal le 10, et revenait à son bivouac de Bordj El-Arbà. Le lendemain 11, il était de retour au haouch El-Agha.

Le 12 mai, l'armée s'ébranlait à six heures du matin et pénétrait dans les montagnes; elle se dirigeait sur la fameuse Teniyet-Mouzaïa (1), que l'Emir avait défendue par des retranchements, et où il nous attendait avec son infanterie régulière et de nombreux contingents des tribus montagnardes.

Nous nous bornerons à dire que le 12 mai fut une journée glorieuse pour nos armes, mais qu'elle nous coûta 300 tués ou blessés.

L'armée arrivait devant Médéa le 17. L'occupa-

---

(1) Col des Mouzaïa.

tion définitive de la ville étant résolue, on y laissa le général Duvivier avec 2,400 hommes de troupes, y compris l'artillerie et le génie.

Le 20, l'armée, moins les troupes devant former la garnison de Médéa, reprit le chemin du Col, où elle bivouaqua après une journée de combats qui nous avait coûté 40 tués et 212 blessés.

Le lendemain 21, les troupes arrivaient à Blida, d'où elles reprenaient le chemin de leurs cantonnements.

A la date du 7 avril, le chef du service du Cadastre et des Concessions rurales faisait connaître aux colons concessionnaires de Bou-Farik que l'Inspecteur général, Directeur des Finances, ayant égard aux pertes que les derniers événements leur ont occasionnées, venait de décider que tous ceux des concessionnaires qui avaient rempli, en tout ou en partie, les conditions imposées par l'arrêté du 27 septembre 1836, recevraient l'acte définitif de propriété des lots sur lesquels ils avaient exécuté des travaux.

Nous devons dire pourtant que cette mesure ne fut généralisée que plus tard.

Les maraudeurs n'avaient pas manqué, pendant que l'armée était en campagne, de pratiquer leur honnête industrie. Le 28 avril, les coureurs du khalifa de l'Est, Ahmed-ben-Eth-Thaiyeb-ben-Salem, s'étaient avancés jusqu'à Bir-Khadem ; le 15 mai, ils pénétraient même dans le quartier du Hamma (1), et poussaient jusqu'au Café des Pla-

---

(1) Le quartier du *Jardin d'Essai*. Cette pépinière du Gou-

tanes, où ils se livraient à toutes les déprédations, pillage, massacre, enlèvements. Ces brigands se retirèrent par le gué de l'embouchure du Harrach, où quelques compagnies de la garnison de la Maison-Carrée, mises en éveil, leur tuèrent une dizaine d'hommes. Le fils de Ben-Zamoum, El-Hoçaïn-ben-Zamoum, qui commandait ce parti de maraudeurs, perdit la vie dans cette affaire.

C'est dans une de ces incursions qu'une jeune jardinière européenne d'une beauté remarquable faillit être enlevée à l'affection de son mari par un de ces coupeurs de route : le ravisseur l'avait déjà, malgré ses cris, jetée en travers de sa selle, et fuyait aussi rapidement que le lui permettait son précieux fardeau, lorsque le mari, qui avait entendu l'appel déchirant de sa femme, s'élance sur son fusil et fait feu sur le fuyard, qu'il a la fortune d'atteindre mortellement.

Dans l'intérêt de la sécurité des colons qui travaillaient en dehors de l'enceinte, il avait été organisé, au moyen de drapeaux de diverses couleurs qu'on hissait sur le Camp-d'Erlon et sur le haouch Ech-Chaouch, un système de signaux destinés à tenir ces colons au courant de la situation calme, menaçante ou périlleuse des environs de ces postes : le drapeau blanc indiquait l'absence de tout danger, le rouge un danger peu sérieux, l'apparition de quelques maraudeurs ; le noir marquait l'approche ou la présence d'un goum important.

---

vernement, qui n'eut, dans le principe, qu'une contenance de 5 hectares, a été créée en 1832.

Dans les derniers jours de mai, un goum de près de 200 cavaliers, conduit par Brahim-ben-Khouïled, s'approche, à la faveur des broussailles, d'un groupe de colons de Bou-Farik occupés à des travaux de fenaison dans les environs du haouch Bou-Amrous; ces faucheurs sont cernés, mis dans l'impossibilité de se défendre, et emmenés, au nombre de quatorze, prisonniers chez les Hadjouth.

Le lendemain, trois colons, qui se sont rendus sur le lieu de l'enlèvement des faucheurs dans l'espoir d'y retrouver quelques outils ou effets, ont le sort de leurs camarades : un parti de Hadjouth les emmène prisonniers.

Nous avons dit plus haut que le kaïd de l'outhan des Beni-Khelil, Mohammed-ben-Halima, s'était réfugié à Alger le 18 novembre 1839, lors de la reprise des hostilités. Vide de sa population arabe, cet outhan, dont la circonscription venait d'être modifiée par l'arrêté du 17 février 1840, ne souffrait pourtant pas énormément de l'absence de ce fonctionnaire.

Il était néanmoins indispensable que les populations turbulentes de la portion méridionale du district, particulièrement celles des tribus montagnardes, fussent placées sous la main d'un chef indigène énergique qui sût leur imposer le respect de notre autorité, et, au besoin, les atteindre et les dégoûter de l'état de guerre. Or, le général Duvivier, qui commandait à Blida, avait dans sa khiala (1) un brave et vigoureux cavalier qui pa-

---

(1) *Khiala*, cavalerie indigène à notre solde.

raissait convenir à merveille aux exigences de cette mission : c'était Ahmed-ben-Kaddour-El-Guerouaouï. Le général le fit nommer, dans les premiers jours de juin, au kaïdat des Beni-Khelil. L'action de ce nouvel agent ne s'étendit d'abord qu'à la tribu des Oulad-Yaïch (1) ; mais elle finit par rayonner dans toutes les parties de l'ancien outhan des Beni-Khelil.

Le choix du général Duvivier fut parfaitement justifié : toujours à cheval à la tête de ses intrépides cavaliers, le kaïd Ahmed-ben-Kaddour ne laisse ni repos ni trêve aux tribus kabiles du versant septentrional du Petit-Atlas : tous les deux ou trois jours, il s'abattait soudainement sur l'une ou sur l'autre de ces tribus, et semait la ruine et la misère sur son chemin. C'est ainsi qu'il lassa des razias les Beni-Salah, les R'ellaï, les Ferroukha, les Beni-Misra, les Beni-Mouça ; il faillit même prendre, un jour, dans les Tefaha, le khalifa de Médéa, Mohammed-ben-Aïça-el-Berkani, qui ne se sauva que de sa selle.

L'occupation de Miliana ayant été décidée, un corps expéditionnaire, fort de 10,000 hommes, fut réuni à Blida, d'où il partit le 4 juin. Le 8, nos troupes entraient à Miliana. L'Emir s'était mis en retraite par la route de Cherchel.

Le 12 juin, le Maréchal quitta Miliana, où il avait laissé 1,100 hommes de garnison, et descendit dans la vallée du Chelef ; il se dirigea sur El-

---

(1) Cette tribu avait ses gourbis sur le territoire où fut établi le village de Dalmatie.

Arbà du Djendel, où il coucha ; il en repartit le 13 pour aller bivouaquer sur le plateau des Ouamri, et arriva le 14 aux Zenboudj-el-Azara, où il prit position. Le général Changarnier partit de ce point à minuit avec cinq bataillons pour aller chercher au haouch El-Agha, un ravitaillement destiné à Médéa, et prit position au Col. Le 15, l'armée se mit en mouvement pour monter vers la Teniya, où elle arriva à quatre heures. Les approvisionnements y furent amenés par le général Blanquefort. Le 20, l'armée se trouvait réunie à Médéa.

Pendant cette longue et pénible marche, l'armée avait eu chaque jour un combat à soutenir ou à livrer ; partout elle avait rencontré la cavalerie de l'Emir ou les contingents des tribus. Dans ces divers combats, elle n'eut pas moins de 50 tués et de 450 blessés ; il est vrai qu'elle avait fait subir à l'ennemi des pertes considérables, surtout dans la vallée du Chélef et dans les montagnes des Mouzaïa.

La campagne du printemps se termina par le ravitaillement de Miliana, opération dont fut chargé le général Changarnier. Parti de Médéa le 22 juin, il accomplissait sa mission, et faisait ensuite sa jonction avec le maréchal Valée le 26 à la Teniyet-Mouzaïa.

Après avoir razé les Mouzaïa le 2 juillet, l'armée reprenait le chemin de Blida, où elle arrivait le même jour.

Le 4 juillet, le corps expéditionnaire pénétrait dans les montagnes des Beni-Salah, au sud de Blida ; on y décidait l'établissement d'un poste permanent à Tala-Yezid. Le Camp-Supérieur de Blida était évacué le même jour, et toutes les troupes destinées à tenir la garnison de cette ville furent définitivement établies à l'intérieur. Le 5, celles qui avaient fait partie du corps expéditionnaire reprenaient le chemin de leurs cantonnements.

Bien qu'il n'y eût plus pour eux un bien grand intérêt à faire des incursions dans la Metidja, les Hadjouth et les coureurs de Ben-Salem n'avaient pourtant pas cessé de battre la plaine dans tous les sens, en quête d'aventures de sang ou de pillage. Les environs de Bou-Farik avaient surtout le privilège de les attirer : ah! c'est que là ils trouvaient toujours quelque imprudent chasseur de gibier, ou un groupe de téméraires faucheurs de foin à enlever ou à décapiter. Or, les têtes de Chrétiens se payaient encore un assez bon prix, et les coupeurs de routes mettaient tous leurs efforts à ne pas rentrer à leurs douars la musette ou les mains vides.

Le 8 juin, Oustri (père) s'était rendu, avec ses trois garçons de ferme, Muratet, Falga et un ex-Chasseur d'Afrique, aux Figuiers de Sidi-Sliman pour rentrer sa récolte d'orge. Ils revenaient sur Bou-Farik, quand ils furent tout à coup assaillis par un goum de 18 cavaliers que conduisait l'éternel Brahim-ben-Khouïled. Oustri et son monde se retirèrent lentement et en tenant à distance ces opiniâtres cavaliers, qui les suivirent jusque sous les retranchements du Camp-d'Erlon.

Dans la nuit du 8 au 9 juin, un goum fort de 100 cavaliers environ, et commandé par l'agha

Ben-Yahia-el-Attafi, s'était embusqué près de la koubba de Sidi Ben-Abd-er-Rahman, à l'est du Pont-de-Chevalets. Un second goum, de la force du premier, s'était posté à l'ouest en un point nommé Hadd-Yakoub, sur la rive droite de l'ouad Tlata. Le but de ces dispositions de l'ennemi était de surprendre les faucheurs qui, venus de Bou-Farik et de Douéra depuis quelques jours, faisaient les foins dans les marécages situés entre Sidi Ben-Abd-er-Rahman et le Pont-de-Chevalets. A un signal donné, ces deux goums devaient combiner leur action de telle sorte que ces faucheurs ne pussent ni s'échapper, ni se retirer sous la redoute de l'ouad Tlata. Un brouillard épais favorisait d'ailleurs cette opération.

A six heures du matin, les faucheurs, auxquels s'étaient joints vingt-deux soldats disciplinaires qui avaient été autorisés à travailler avec eux, quittèrent la redoute et se rendirent sur leurs ateliers de fenaison; ils y étaient à peine arrivés, que les deux goums se mettaient en mouvement marchant à la rencontre l'un de l'autre. Assaillis soudainement, enfermés dans un cercle de feu sans issue, soldats et faucheurs se groupèrent résolùment, décidés à vendre chèrement leur vie. Aux premiers coups de feu, la garnison de la redoute du Pont-de-Chevalets, qui se composait de Fusiliers de Discipline, n'hésita pas, malgré sa faiblesse numérique, à tenter une sortie pour favoriser la retraite des faucheurs. L'arrivée de ce secours mit fin à cette lutte disproportionnée qui, malgré la vigueur de la défense, nous coûta pourtant 12 Disciplinaires, 8 Européens et 2 Kabils tués ou morts de leurs blessures (1).

Les goums avaient fait des pertes assez sérieuses; ils s'étaient retirés, en emportant leurs morts et leurs blessés, dans la direction de la koubba de Sidi Mohammed-Eth-Thahar, chez les Oulad-Chebel.

Le 13 juin, une affaire bien plus importante encore était tentée par un goum nombreux, sur la route de Douéra, à deux kilomètres nord de Bou-Farik. Vers sept heures et demie du matin, quelques colons de Bou-Farik, occupés à des travaux de fenaison entre les Deux-Ponts (2), sont subitement assaillis par une nuée de cavaliers arabes qui les poussent vigoureusement devant eux. Deux de ces faucheurs, les frères Mirabet, qui s'étaient mis en retraite sur Bou-Farik, sont atteints au Rond-Point par l'ennemi et tués sur place. Au bruit des coups de feu, les pavillons rouges sont aussitôt hissés sur le Camp-d'Erlon et sur le haouch Ech-Chaouch. A ce signal, les Miliciens, sans attendre

---

(1) On voyait encore en 1850, sur la rive gauche de l'ouad Tlata, au milieu du marais, et à quelques pas de la route de Bou-Farik à Douéra, une croix portant sur son socle l'inscription suivante : « 9 juin 1840. — 22 contre 200 cavaliers arabes. — 12 morts. — 3ᵉ Compagnie de Discipline. »

(2) Ces deux ponts, qui n'étaient séparés que par une distance de 300 mètres environ, avaient été construits sur les branches de l'ouad Bou-Farik qui coupent la route de Douéra.

qu'on batte la générale, se précipitent sur leurs armes, franchissent le fossé d'enceinte, et se portent dans la direction où s'est fait entendre la fusillade. En un clin d'œil, la Milice, entièrement réunie, est en présence des Arabes ; elle prend aussitôt position en arrière du pont jeté sur la branche sud de l'ouad Bou-Farik, à hauteur du grand fossé d'écoulement, et s'apprête à agir offensivement. Au signal du capitaine commandant la Milice, M. Retrouvey, et dirigés par le lieutenant Girard et le sous-lieutenant Lacourreye, nos braves colons repoussent avec une grande vigueur les cavaliers ennemis au delà du premier pont, et se maintiennent dans la position qu'ils ont conquise.

Le Camp-d'Erlon, dont la garnison était très faible, faisait, en même temps, soutenir les Miliciens par un détachement de 35 hommes des 23e et 24e de ligne commandé par un lieutenant.

Le Commissaire civil, M. Bertier de Sauvigny, suivi de tout ce que la population de Bou-Farik renfermait d'hommes valides, ne tardait pas à paraître sur le point de l'attaque. Mais, pendant que les Miliciens et la troupe tiraillent au nord avec les cavaliers ennemis, des coups de fusil se font entendre du côté sud de la ville. M. Bertier de Sauvigny, qui craint qu'une attaque sur cette face ne la trouve dégarnie et ouverte aux assaillants, entraîne à sa défense une partie des colons qui l'ont suivi. Croyant qu'il s'agit d'une retraite, le lieutenant commandant le détachement demande qui l'a ordonnée : « Je suis envoyé vers vous, ajoutait-il, pour vous aider à repousser l'ennemi; ne craignez donc rien, et suivez-moi! » Et pensant n'avoir affaire qu'à des forces à peu près égales à celles dont il dispose, il entraîne, pleins d'ardeur, colons et militaires à sa suite.

Le capitaine commandant la Milice veut, de son côté, rallier ses hommes, qui se sont jetés en tirailleurs à droite et à gauche de la route, et qui, engagés dans les broussailles et les hautes herbes, font sur le goum un feu assez vif; ils parviennent à se grouper sur la chaussée.

Quelques cavaliers ennemis, atteints par les balles des Miliciens, vont rouler sanglants dans les canaux. Justement fiers de ce succès, nos colons s'élancent à la poursuite d'une dizaine de Hadjouth qui, après être venus les fusiller audacieusement presque à bout portant, avaient brusquement fait volte-face et s'étaient enfuis. Mais les Miliciens, qui se sont laissés entraîner trop loin à la suite de ces rusés cavaliers, se trouvent soudainement en face d'un goum de 500 chevaux qui, à la faveur des broussailles, avait pu dissimuler sa présence. Il n'y a pas à reculer : Miliciens, Colons et Soldats réunissent leurs efforts, et, malgré leur infériorité numérique (1), ils se préparent à combattre ce nouvel ennemi.

La lutte s'engage ardente, acharnée des deux côtés; jamais les cavaliers arabes ne s'étaient montrés si opiniâtrement téméraires, si intrépidement audacieux. Malgré la plus brillante valeur,

---

(1) L'effectif des Miliciens, Colons et Soldats présents à cette affaire était de 225 hommes.

les défenseurs de Bou-Farik perdaient pourtant du terrain, et leurs morts et leurs blessés étaient déjà nombreux.

Le Commissaire civil, nous l'avons dit plus haut, s'était porté, avec une trentaine de colons, à la défense du front sud de la ville, qu'il croyait menacé; mais l'intensité des hurlements des Arabes qu'il entendait derrière lui le ramena sur ses pas; il arrivait fort heureusement au premier pont au moment où un détachement de l'ennemi, qui avait tourné les Miliciens, allait, en s'emparant de ce pont, leur couper leur ligne de retraite. Trois coups de canon que leur envoya le Camp-d'Erlon firent lâcher prise à ces tenaces cavaliers; ils se retirèrent, et Miliciens, Colons et Soldats purent repasser l'enceinte.

L'ennemi se mit en retraite par l'est et par l'ouest, en incendiant tous les fourrages coupés ou emmeulés qu'il trouvait sur son passage.

Cette affaire nous coûtait 19 tués — 8 Miliciens et 11 Soldats — et 25 blessés. Tous s'y étaient conduits vaillamment; quelques Miliciens s'y distinguèrent, Chalancon (père) (1), entre autres, dont la bravoure n'était point d'ailleurs contestée.

---

(1) A Bou-Farik depuis le commencement de 1837, Chalancon, qui avait servi dans l'artillerie, et qui s'était distingué en 1836 au combat du Col des Mouzaïa, sut encore se faire remarquer dans toutes les affaires de poudre qui eurent pour théâtre les abords de Bou-Farik. Énergique et dévoué, Chalancon ne marchanda jamais son aide, pendant cette rude période, à ceux qui en eurent besoin. A la

A dix heures et demie, le Commandant du Camp-d'Erlon rassemblait les Miliciens et les complimentait sur la vigueur qu'ils venaient de déployer; il ajoutait : « Nous venons, camarades, d'avoir une rude matinée, et mes renseignements me font croire à une nouvelle attaque pour la nuit prochaine. Il importe donc de prendre des mesures pour la déjouer : tous les postes seront doublés et composés, en proportion égale, de Miliciens et de militaires. Le commandement du poste appartiendra à la Milice jusqu'au premier coup de feu. J'espère que vous seconderez vos camarades de l'armée comme vous l'avez toujours fait jusqu'à présent. Inutile de vous dire que je compte sur vous; de votre côté, vous pouvez compter sur moi. » Et ces braves Miliciens se retiraient pleins d'enthousiasme, décidés à défendre vigoureusement leurs foyers et leurs biens toutes les fois qu'ils seraient menacés, et ce ne fut pas l'occasion qui leur manqua.

Deux jours après, le 15 juin, les colons Bertrand, Fortin, Guigon, Rossin, Berthelot, Magnan, Michel et Laurent étaient occupés à charger trois voitures de fourrages sur l'ancien communal, du côté de Soukaly, à deux kilomètres environ de Bou-Farik ; vers neuf heures du matin, ils furent tout à coup

---

paix, il devint colon aussi actif, aussi intelligent qu'il avait été soldat vigoureux et plein d'élan pendant la guerre.

Malgré son jeune âge, Chalancon fils suivait son père partout où il y avait soit un coup de fusil à tirer, soit un secours à porter.

attaqués par un petit goum de 25 cavaliers que commandait le fameux Brahim-ben-Khouïled. Le but de ces cavaliers, qui se maintinrent à une certaine distance des colons, était de leur faire abandonner leurs bœufs qui, déjà, étaient attelés; mais ce calcul fut déjoué : se préoccupant médiocrement du feu de l'ennemi, pendant que les uns dételent, les autres lui envoient quelques coups de fusil, dont l'un abat le cheval noir (1) que montait le chef hadjouth. Le manque de munitions empêche le goum de pousser davantage son attaque. Les colons purent dès lors se mettre en retraite sur Bou-Farik, où ils arrivèrent sains et saufs.

Les cavaliers hadjouth ne voulurent point se retirer sans se venger de leur échec : ils mirent le feu aux foins chargés sur les voitures, et le tout fut la proie des flammes.

Peu de temps après cette affaire, les Arabes incendiaient un hangar qu'avait construit le colon Chanut non loin du haouch Ech-Chaouch.

Pour témoigner aux Miliciens toute sa satisfaction du zèle qu'ils apportent dans le service de garde et de guerre dont ils sont chargés, le Commandant du Camp-d'Erlon leur fait la faveur de supprimer deux des sept postes qui leur étaient confiés. Cette récompense, qui ne paraissait pas de nature à compromettre sérieusement les finances

---

(1) C'était le cheval qui avait appartenu au commandant Raphel, du 24e de ligne, tué le 10 novembre 1839 par le goum de Brahim-ben-Khouïled.

de l'État, était pourtant très bien accueillie par ces courageux colons, qui, minés par la fièvre, n'en passaient pas moins la plupart de leurs nuits au poste.

Le 12 août fut encore une journée néfaste pour nos soldats : une bande de 6 à 700 cavaliers arabes s'étaient jetés entre le camp de Mâelma et la ville de Koléa; le colonel qui commandait dans cette place envoya reconnaître cette troupe par quelques fractions de compagnies d'infanterie et un petit détachement de Chasseurs d'Afrique du 1er régiment, présentant ensemble un effectif de 200 hommes au plus. Enveloppée par les Arabes avant d'avoir pu prendre ses dispositions de défense, cette malheureuse troupe eut 80 hommes massacrés et 49 faits prisonniers. Le commandant de ce détachement, le capitaine Morizot, qui avait été blessé au commencement de l'action, fut au nombre de ces derniers. Le reste de cette troupe put se réfugier dans la redoute de Mokthâ-Kheira.

Les troupes de la division d'Alger restèrent dans leurs cantonnements jusqu'à la fin d'août. Du 26 de ce mois au 22 novembre, ces forces furent employées au ravitaillement des places de Médéa et de Miliana.

Les derniers jours de novembre furent encore marqués par une affaire de sang.

Le 25, vers huit heures du matin, les deux frères Lambry, dont l'un avait seize ans à peine, étaient occupés à labourer un champ situé à 300 mètres de la face sud de l'enceinte fortifiée. Un brouillard très épais, comme il en faisait à cette époque autour du marécageux Bou-Farik, ne permettait pas à la surveillance de s'exercer au delà de quelques mètres autour de soi.

Or, les environs de Bou-Farik étaient alors observés par trois goums, forts chacun de 500 cavaliers environ, qui tenaient les positions suivantes : celui de Mohammed-ben-Allal était campé à Bou-Ogab, celui de Bou-Alem-ben-Ech-Cherifa (1) à Halouïa, et celui de Chaouch-ben-Rabah au haouch El-R'eraba (2). Ces goums détachaient chaque jour des coureurs dans la campagne pour grapiller des aventures, couper quelques têtes, enlever quelques bœufs.

Le 25 novembre, disons-nous, les coureurs de Chaouch-ben-Rabah rôdaient dans le sud de Bou-Farik ; le hasard les jette précisément sur le point où labouraient les frères Lambry. L'occasion est excellente : des bœufs à razer et des Chrétiens à décapiter ; ils ne la laisseront pas échapper. Les deux infortunés colons, qui n'ont pas eu le temps de faire usage de leurs armes, sont criblés de coups

---

(1) Plus tard, bach-agha du Djendel et Commandeur de la Légion d'Honneur.

(2) Du temps des Turks, on trouvait dans la Metidja des agglomérations composées de gens de l'Est ou de l'Ouest qui, sous la dénomination d'Ech-Cheraga et d'El-R'eraba, formaient des espèces de colonies agricoles. Quand, à l'époque du *denouch*, les Beys venaient à Alger pour y payer au Pacha l'impôt triennal, le kaïd de ces groupes, qui restaient à la main du Bey de leur province, était tenu, lors du passage de ce haut fonctionnaire dans la Metidja, de venir lui faire hommage dans son camp.

de fusil, hachés de coup de sabre, et leurs bœufs sont enlevés.

La compagnie d'infanterie qui tient le poste du haouch Ech-Chaouch, et quelques colons se dirigent à la hâte dans la direction où se sont fait entendre les coups de feu : ils trouvent à grand'peine les corps des deux malheureux frères, dont l'un, qui respirait encore, eut la force de se relever, mais pour retomber mort aussitôt.

Quant aux cavaliers ennemis, ils avaient disparu dans le brouillard.

Deux heures après, les trois goums réunis s'étaient approchés de Bou-Farik dans le but de faire une démonstration, et de prouver qu'ils n'avaient point renoncé à nous disputer la possession de la Metidja. Six cavaliers, superbement montés, au nombre desquels se trouve tout naturellement Brahim-ben-Khouïled, se sont détachés de leurs goums, et se sont avancés jusqu'au Marché en faisant caracoler leurs chevaux. A l'instar des héros d'Homère, Brahim-ben-Khouïled vient injurier et défier la garnison ; il épuise dans cette mission tout son répertoire de *sabir*. Nos soldats n'ayant répondu à cette bravade que par le dédain, Brahim se retire vers son goum en les maudissant.

L'attaque commençait aussitôt sur toute la ligne ; mais une sortie de la garnison, appuyée de deux pièces de montagne qui envoyèrent 42 boulets au milieu des goums, décida, après une heure de combat, la retraite de l'ennemi, que précipitaient encore cinq coups de canon tirés du Camp-d'Erlon.

Nous n'avions, de notre côté, que quelques blessés; le grand nombre de chevaux errants sans cavaliers sur les flancs des goums attestait, au contraire, des pertes sérieuses du côté de l'ennemi.

Mais, avant de poursuivre le récit des opérations militaires, qui, d'ailleurs, vont être portées dans la vallée du Chélef, nous allons revenir sur nos pas, et rappeler les divers actes administratifs concernant Bou-Farik et sa circonscription.

Si, par l'effet de la reprise des hostilités, les Européens échappés au couteau arabe avaient été obligés, en octobre et en novembre 1839, d'abanner leurs établissements saccagés ou détruits, en revanche, à la fin de 1840, il ne restait plus d'Arabes dans la Metidja. La mort et l'émigration surtout y avaient fait le vide. Un grand nombre de propriétés étaient restées ainsi sans propriétaires. Un arrêté du Gouverneur général, en date du 1ᵉʳ novembre 1840, appliquait à tous les émigrés en général le principe de la confiscation des biens : les immeubles appartenant à des indigènes reconnus coupables d'avoir porté les armes contre la France, ou simplement d'avoir, depuis la reprise des hostilités, abandonné, pour passer à l'ennemi, le territoire qu'ils occupaient, furent frappés de séquestre et provisoirement réunis au Domaine.

Ces dispositions relatives aux biens des indigènes émigrés mirent à la disposition du Gouvernement une quantité considérable d'immeubles; les listes en furent publiées; mais peu d'Européens se présentèrent sur les points qu'on avait désignés pour recevoir des colonies.

Les travaux exécutés, pendant l'année 1840, pour compléter l'établissement militaire du Camp-d'Erlon se bornent à un baraquement pour 200 hommes, et à quelques constructions qui ont été affectées au service des subsistances. L'hôpital a été agrandi et son aménagement intérieur a été terminé. Au 31 décembre, le Camp-d'Erlon peut loger 35 officiers, 1,207 hommes de troupe, et 254 malades. Le nombre de lits que contient l'hôpital suffit largement aux besoins du poste, tous les fiévreux étant dirigés sur Douéra.

Le chiffre de la population de Bou-Farik reste stationnaire : à la fin de l'année, elle est de 400 individus. Il est vrai de dire que le seul mois d'octobre lui a emporté 48 fiévreux ; mais rien ne peut abattre le moral de cette population si vigoureusement trempée.

Les constructions de la ville se sont augmentées, pendant l'année, de 45 maisons ou baraques ; quelques habitations ont été élevées d'un étage. On le pressent déjà, Bou-Farik est destiné à devenir le point central d'une vaste exploitation agricole.

On a exécuté divers travaux de desséchement pour détourner les eaux qui passaient entre la ville et le Camp ; c'est ainsi qu'on a entrepris de jeter l'ouad Bou-Chemâla dans l'ouad Bou-Farik.

Les travaux d'assainissement de l'intérieur de ce nouveau centre de population ont été repris par le service des Ponts-et-Chaussées. Les eaux, qui inondaient plus de 20 hectares dans l'enceinte même de Bou-Farik, ont été réunies dans quatre rigoles parallèles qui traversent la ville, disposition qui permet d'arroser très aisément les jardins. Les fossés ont été approfondis et divisés en plusieurs biefs.

Les fossés d'enceinte renfermant Bou-Farik ayant enfin définitivement délimité le terrain réservé pour les boulevards et les rues, on a commencé la traverse de la ville, et sa jonction avec la route au point d'où part l'embranchement qui mène au Camp. Cette traverse, de 1000 mètres de longueur, n'a encore été qu'ébauchée.

On a continué les travaux de desséchement du territoire de Soukaly. Nous dirons que ce haouch occupait la partie la plus élevée du grand bassin marécageux : son marais, d'une superficie de 200 hectares, était totalement infranchissable, si ce n'est au plus fort des chaleurs de l'été, et, dans cette saison, il n'était pas sans danger de le traverser.

A présent que notre limite d'occupation a été portée sur le Chelef, et que la Metidja a été à peu près purgée, par l'effet du refoulement, des pillards qui, jusqu'alors, y ont entravé la marche de nos affaires, on songe à s'y occuper sérieusement d'agriculture ; mais, dans le but de favoriser le développement de la Colonisation, et dans la crainte qu'elle ne soit encore tourmentée par les Hadjouth, on a l'idée d'enceindre d'un retranchement toute la portion de territoire, entre l'ouad El-Harrach et l'ouad Cheffa, que nous nous sommes réservée par le traité de la Thafna, retranchement qu'on hérissera de blockhaus et de redoutes, surtout sur sa face ouest, laquelle a toujours été la plus menacée par les pillards. On observera à la Colonisation l'aire d'un triangle dont Blida sera le sommet, et la base une ligne tirée de Fouka à l'embouchure de l'ouad El-Harrach. Le territoire de Blida fut d'abord traité par cette méthode de fossés d'enceinte; mais, plus tard, quand il fut bien décidé que l'obstacle que nous comptions opposer aux Hadjouth ne serait ni une muraille crénelée, ni une grille en fer, on adopta l'enceinte continue. Les côtés du triangle, moins la base, qui s'appuyait au Sahel et à la mer, devaient être fortifiés au moyen d'un large fossé avec parapet garni de blockhaus de distance en distance. Quelque temps après cette première résolution, le général Bugeaud décida qu'il n'y aurait plus de blockhaus qu'aux extrémités des deux lignes, et que la surveillance du reste de l'enceinte serait confiée à de fortes patrouilles de cavalerie. C'était, on le voit, un commencement d'abandon d'un système de défense dont on s'est beaucoup moqué plus tard.

Après avoir exécuté les travaux du fossé d'enceinte de Blida, les troupes, qui avaient été mises sur les chantiers dans les premiers jours de 1841, entamèrent, vers la fin de juin, les travaux de l'enceinte continue. L'obstacle du côté ouest fut terminé au commencement de l'année 1842; le côté est ne fut poussé que jusqu'à Mered, se confondant en ce point avec le fossé d'enceinte de Blida; il fut interrompu jusqu'à Bir-Touta, reprit de ce puits, traversa l'ouad El-Harrach, et alla joindre une batterie non loin de l'embouchure de cette rivière.

Cette opération gigantesque, suspendue en 1842, n'a pas été reprise.

On s'était promis des merveilles de cet obstacle continu : il devait assurer aux Européens la libre disposition du Sahel d'Alger, d'une partie de la Metidja, et des territoires de Blida et de Koléa. Ce système de défense devait être complété par la création, sur les flancs de l'enceinte, d'un certain nombre de villages fortifiés, centres qui seraient peuplés par des colons militaires ou, du moins, organisés militairement.

Deux de ces villages, sont, en effet, commencés par le Génie d'après ce principe, l'un à Fouka, l'autre à Mered, à l'extrémité nord de l'enceinte continue de Blida, sur le territoire d'une tribu émigrée. Ils devaient être entourés l'un et l'autre d'une enceinte en maçonnerie de 3 mètres d'élévation.

L'obstacle continu devait aussi donner de la sécurité au territoire de Bou-Farik. Sa situation au centre de la partie de la Metidja qu'allait renfermer l'enceinte devait en faire tout naturellement, disait-on, le poste où serait établie la réserve de la cavalerie destinée à agir contre les Arabes qui tenteraient de franchir l'obstacle. La facilité d'y récolter abondamment les fourrages nécessaires à cette cavalerie, et d'y réunir les vivres frais produits par le district lui-même, augmentait encore la valeur de cette position.

Mais une courte pratique ne tardera pas à révéler le vice de ce genre de clôture, de ce parc de Colonisation, et on l'abandonnera d'autant plus aisément que nos succès nous mettront en possession de la province de l'Ouest, et pousseront fatalement vers le sud notre limite d'occupation.

L'extension donnée à la Gendarmerie maure de la province d'Alger permettait de récompenser quelques dévouements, et quelques fidélités que le torrent de la guerre n'avait pas entraînées. Les trois kaïds des Khachna, des Beni-Mouça et des Beni-Khelil, qui s'étaient réfugiés à Alger, furent nommés sous-lieutenants dans ce corps.

M. Orssaud (1), nommé capitaine en remplacement de M. Retrouvey, prend, le 11 février 1841, le commandement de la Milice de Bou-Farik.

Le lieutenant-général Bugeaud, désigné, le 29 décembre 1840, pour succéder au maréchal

---

(1) M. Orssaud (Fuleran) est l'un de ces énergiques et vaillants colons qui fondèrent Bou-Farik : il a traversé sans broncher ces phases d'héroïsme et de misère qui marquèrent les premières années de l'occupation de ce marécage pestilentiel, dont nous avons fait une si merveilleuse oasis. Arrivé à Bou-Farik en 1836, M. Orssaud faisait immédiatement partie de la Milice de ce centre naissant, et il en devenait le capitaine — après avoir donné maintes preuves de sa valeur personnelle devant l'ennemi — au commencement de l'année 1841, en passant par les grades de fourrier et de sergent-major. Il restait à la tête de sa compagnie jusqu'en 1844.

M. Orssaud a été Adjoint au Maire de la Commune de Bou-Farik depuis le 19 mars 1862 jusqu'en 1867.

Valée, arrivait à Alger le 22 février 1841. Un court intérim avait été fait par le général Schramm, qui, après avoir remis le commandement au nouveau Gouverneur général, était rentré en France.

L'effectif de l'armée d'Afrique était alors de 63,591 hommes répartis ainsi qu'il suit : à Alger, 30,738; à Oran, 15,260; à Constantine et à Bône, 17,593.

XII

L'Algérie est déclarée en état de guerre. — Razias sur les Hadjouth. — Les colons Falga, Nambotin et Laurans sont enlevés par les Arabes. — Vigoureuse offensive du général Bugeaud contre Abd-el-Kader. — Le Gouverneur général conseille aux colons de Bou-Farik d'abandonner ce centre de population. — Le général Bugeaud et les Miliciens. — Ravitaillements de Médéa. — Attaque de Koléa. — Destruction d'un détachement de la Légion étrangère près du poste des Oulad-Fayed. — Le général Bugeaud laisse le commandement de la province d'Alger au général Baraguay-d'Hilliers. — Échange de prisonniers sur le haouch Ben-Khelil. — Ravitaillements de Médéa et de Miliana. — Des terres à proximité des camps permanents sont mises à la disposition des troupes pour être cultivées. — Une Justice de Paix et un office de Notaire sont donnés à Bou-Farik. — M. Toussenel est nommé Commissaire civil à Bou-Farik. — Magistrat et chasseur. — Les Miliciens de Bou-Farik prennent part à une razia sur les Beni-Misra. — Le service de la Milice. — Travaux divers et statistiques. — Plantations et assainissement. — Le général de Rumigny prend le commandement de la province d'Alger, et fait quelques courses dans les montagnes des Khachna et des Beni-Salah, ainsi que chez les Hadjouth. — Projet d'abandon de Bou-Farik. — Pétition des colons au Gouverneur général. — Razias sur les Hadjouth. — Soumission de familles émigrées des

Beni-Khelil. — Affaire du sergent Blandan entre Bou-Farik et Mered. — Revanche du lieutenant-colonel Morris contre les cavaliers de Ben-Salem. — Ordre du lieutenant-colonel Morris relatif aux mesures de précaution à prendre par les faucheurs. — Expédition combinée amenant la soumission des Hadjouth, des Beni-Menad, des Bou-Alouan, des Mouzaïa et des Beni-Salah. — Fin de la guerre dans la Metijda.

Avant de s'embarquer, le 7 mars 1841, pour la province de Constantine, le général Bugeaud avait laissé l'ordre au général Baraguay-d'Hilliers de détruire le camp du Fondouk.

Rentré à Alger le 18 mars, le Gouverneur rendait, le 19, un arrêté qui déclarait en état de guerre tous les points de l'Algérie occupés par nos troupes. Cette décision, nécessitée impérieusement par l'état des choses, mettait partout la Milice africaine sous les ordres de l'autorité militaire; elle lui subordonnait en même temps l'autorité civile pour tout ce qui concernait les mesures de police.

La Milice africaine dut à ce régime une vigueur de constitution qui en fit pour l'armée un précieux auxiliaire.

Dans le courant de mars, un parti de maraudeurs fut détruit sur l'ouad El-Harrach par la Gendarmerie française de Koubba. La garnison de Koléa fit aussi une très belle razia sur les troupeaux des Hadjouth qui, comme par bravade, les avaient amenés paître jusque sous le canon de cette place.

Les Hadjouth ne furent pas plus heureux dans

une course qu'ils firent aux environs de Bou-Farik. Ces maraudeurs laissèrent plus de la moitié des leurs sur le carreau.

Quelques-uns de ces coureurs poussèrent pourtant leurs incursions jusque sous l'enceinte de Bou-Farik, toujours dirigés par l'infatigable Brahim-ben-Khouïled. C'est dans une de ces courses qu'ils enlevèrent les colons Falga et Nambotin.

Dans les derniers jours de mars, l'intrépide Laurans tombait aux mains de l'ennemi : à la recherche d'un bœuf qui, sans doute, lui avait été volé dans le but de l'attirer en dehors de l'enceinte, il s'était dirigé sur la route de l'ouad El-Allaïg. Il était déjà à deux kilomètres du Camp-d'Erlon, quand un Arabe, qu'il connaissait, l'appela par son nom en lui faisant signe de venir à lui. Laurans, qui n'avait pas de raison pour se défier de cet homme, et qui croyait son bœuf retrouvé, n'hésita pas à aller à lui; mais, tout à coup, deux autres Arabes, qui s'étaient tenus embusqués dans les broussailles, s'élancèrent sur lui et le mirent, avec l'aide du premier, hors d'état de se défendre. Kara-ben-Khamkham, de Maçouma, s'emparait de son fusil. Le malheureux Laurans fut emmené prisonnier chez les Hadjouth.

En apprenant cet enlèvement, la femme de Laurans, au lieu de s'abandonner à sa douleur, sauta sur son arme et se précipita à la recherche de son mari. Elle avait déjà dépassé le fossé d'enceinte de la ville, lorsque cinq ou six colons se mirent à sa poursuite pour l'empêcher de tenter une entreprise ne présentant pour elle que des périls.

Mais le général Bugeaud allait commencer contre Abd-el-Kader cette série d'opérations qui devaient le porter jusqu'au centre de la province d'Oran, au cœur de la puissance de l'Émir.

Le Gouverneur Général quittait Alger le 29 mars pour se rendre à Blida, où se réunissaient les troupes désignées pour composer la colonne de ravitaillement de Médéa. Le lendemain 30, une députation nombreuse des colons de Bou-Farik se portait au-devant du Gouverneur, qu'on attendait dans la matinée. La députation le rencontrait au deuxième pont, sur l'ouad Er-Roumily. Après les avoir remerciés d'être venus à sa rencontre, le général Bugeaud faisait former le cercle aux colons et leur disait dans son langage militaire : « Si j'ai un con-
« seil à vous donner, eh bien ! mes braves, c'est
« celui de rentrer à Bou-Farik, d'y faire vos pa-
« quets et de filer sur Alger. »

Quelques colons firent respectueusement observer au Gouverneur que, pour eux, l'abandon de Bou-Farik c'était la ruine, la misère ; qu'ils y avaient jeté toutes leurs ressources, et que, quitter tout cela, c'était compromettre l'avenir de leurs familles.

— « Arrangez-vous comme vous l'entendrez, reprenait le général ; mais je vous préviens que je suis obligé de vous enlever votre garnison. »

Il est inutile d'ajouter que le Gouverneur n'en fit rien.

Dans la journée, le général Bugeaud passait la revue de la Milice ; or, si les Miliciens se conduisaient en soldats devant l'ennemi, ils étaient loin de briller dans l'entretien de leurs armes. Le général, que ce détail avait frappé, s'arrêtait devant le Milicien Bertrand (Bazile) (1), dont le fusil n'était rien moins qu'éblouissant ; la batterie surtout, encrassée de rouille et de poudre, présentait une nuance roux-foncé qui attestait chez le propriétaire de l'arme le plus profond mépris pour ce luisant et ce poli que recherche avec tant de persistance le fantassin français. « Votre fusil, Milicien, lui faisait observer le Gouverneur, n'est pas d'une propreté excessive. » — « C'est possible, mon général, répondait Bertrand ; mais permettez-moi de vous faire observer qu'un chien noir mord tout aussi bien qu'un chien blanc. »

Le 1er avril, le Gouverneur partait de Blida pour conduire un premier convoi à Médéa ; l'armée revenait à son point de départ le 8, et, de là, chaque corps regagnait ses cantonnements.

---

(1) M. Bertrand (Bazile) était un des plus anciens et des plus braves colons de Bou-Farik : sans cesse sur la brèche de 1836 à 1842, c'est-à-dire pendant les rudes années de poudre qui marquèrent les commencements de cette cité, Bertrand sut se faire remarquer par son énergie et par sa valeur, même au milieu d'une population qui, en fait de vigueur et de courage, ne le cédait à aucune.

Le père de M. Bertrand, vieux et brave colon de Baba-Hacen, avait été fait prisonnier en 1835, sur la route d'Alger, par un parti de maraudeurs. Emmené chez les Hadjouth, où on lui fit subir toutes les tortures, toutes les avanies, il parvint à s'échapper après vingt jours de la plus dure captivité. Il réussit miraculeusement à gagner un poste français, qui le recueillit et le rendit à sa famille.

Le 22 avril, les troupes se mettaient de nouveau en mouvement pour un second ravitaillement de Médéa, d'où elles devaient, dans le même but, se porter sur Miliana.

Le 9 mai, l'armée rentrait à Blida, à l'exception de la cavalerie de la colonne, qui se rendait à Bou-Farik.

Pendant que l'armée opérait au delà des montagnes, Sid Mohammed-ben-Allal venait attaquer, le 1er mai, la ville de Koléa, qu'il savait réduite à une très faible garnison. Il était repoussé par le commandant Poërio, de la Légion étrangère.

Le même jour, des partis de cavalerie vinrent tirailler, mais sans succès, avec les garnisons du camp de Màelma et de la redoute de Mokthà-Kheira.

Un petit poste avait été établi aux Oulad-Fayed pour protéger le troupeau de l'Administration établi dans la plaine de Sthaouali. Le capitaine Muller, de la Légion étrangère, étant sorti de ce poste, avec 40 hommes, pour prêter appui à des Gendarmes maures qui poursuivaient quelques maraudeurs, tomba dans une embuscade et y périt avec tous ses hommes.

Le général Bugeaud s'embarquait le 14 mai pour la province d'Oran, laissant le commandement de celle d'Alger au général Baraguay-d'Hilliers.

Pendant que le Gouverneur général opérait dans la province d'Oran, le général Baraguay-d'Hilliers se disposait à manœuvrer dans celle de Tithri. Il partait de Blida le 18 mai, marchait sur Boghar et Thaza, et saccageait ces deux établissements militaires de l'Émir.

A cette même date du 18 mai, un échange de prisonniers français et de prisonniers arabes s'opérait sur le territoire du haouch Ben-Khelil, entre Sid Mohammed-ben-Allal, agissant au nom d'Abd-el-Kader, et M. l'abbé Dupuch, Évêque d'Alger, autorisé à traiter pour le Gouvernement français.

Nous voulons donner quelques détails sur cet échange.

Dès la veille, le 17 mai, le sous-intendant militaire Massot, qui avait été enlevé par des coureurs arabes entre Alger et Douéra, était amené à Bou-Farik sous l'escorte des nommés Mohammed-ben-Haïk et Mohammed-ben-Merzouk. Le lendemain, les négociations, qui avaient été entamées depuis plusieurs jours, continuèrent entre le lieutenant-colonel Morris, Commandant supérieur de Bou-Farik, et Mohammed-ben-Allal. Des parlementaires furent envoyés au colonel pour s'entendre définitivement sur les conditions et le lieu de l'échange des prisonniers; c'est ainsi que se présentèrent successivement Djilali-ben-Dououad, Eth-Thaïeb-ben-Henni, Abd-el-Kader-Bou-Teldja et Mohammed-Bibi. Le jeune Oustri (1) remplit,

---

(1) MM. Oustri père et fils appartiennent à la première époque de Bou-Farik, où ils arrivaient dès 1836. Pendant que le père, tout en faisant de la colonisation, prenait sa part des incessantes affaires de poudre qui se déroulaient autour de Bou-Farik, le fils, qui parlait la langue arabe, montrait dans les diverses missions qui, malgré son jeune âge, lui étaient confiées, une rare intelligence et une vigueur très remarquable.

dans cette circonstance, les fonctions d'interprète auprès du Commandant supérieur. Le lieu de l'échange fut discuté; mais, sur la prière de l'Évêque, on adopta enfin Mokthà-Mekhlouf, point situé sur la route de Bou-Farik au camp de l'ouad El-Allaïg, et à 1500 mètres à l'est de la redoute de Sidi-Khalifa. Le digne abbé Suchet, le représentant le plus pacifiquement militaire de l'Église d'Afrique, accompagnait M. l'abbé Dupuch dans cette mission de rachat de captifs.

Cent cinquante Européens appartenant à la classe civile et à l'armée, et portant le costume du Fahsi (1) ou l'uniforme des Réguliers de l'Émir, furent amenés sur le lieu d'échange; mais, soit que la mise en marche du général Baraguay-d'Hilliers pour l'expédition de Thaza, qui avait lieu précisément ce jour-là, eût fait craindre à Mohammed-ben-Allal une trahison de notre part, soit que les Arabes eussent médité quelque entreprise plus ou moins entachée de foi punique, il n'en est pas moins vrai que 2000 cavaliers ou fantassins s'étaient embusqués dans les marécages des haouch Ben-Khelil et Ben-Koula.

Dans la matinée du 18, deux cents prisonniers arabes arrivaient à Bou-Farik dans des omnibus et des corricolos, et étaient immédiatement dirigés sur Mokthà-Mekhlouf. Avant leur départ d'Alger, ces prisonniers, parmi lesquels on comptait des femmes et des enfants, avaient été entièrement habillés à neuf.

---

(1) Le Fahsi est l'Arabe de la banlieue d'Alger.

L'échange se fit sans difficultés. Cette mesure rendait à Bou-Farik quatorze de ses plus courageux colons : c'étaient Laurans, Joulian (Martin), Pillac, Falga, Nambotin (Balthazar), Allot, Foux père et fils, Landry, Amédée, Claude, Augis, Jean (Marie), Harendorf (Charles).

Les colons échangés furent cantonnés pendant quelques jours chez les habitants de Bou-Farik ; ce fut à qui, de cette excellente population, chercherait à faire oublier à ses hôtes, par une hospitalité pleine de cordialité, les mauvais jours de la captivité.

Un *Te Deum* d'actions de grâces fut chanté à l'ancienne Ambulance, qui, nous l'avons dit plus haut, était consacrée à l'exercice du culte depuis le mois d'octobre 1839.

Les troupes de la division d'Alger se remirent en mouvement le 6 juin pour opérer un nouveau ravitaillement de Médéa. Le général Baraguay-d'Hilliers descendit ensuite dans la vallée du Chelef, où il livra aux flammes toutes les moissons des Arabes. Il revenait sur Médéa, où il s'arrêtait les 21 et 22 juin, puis il ravageait les territoires des Soumata, des Bou-Alouan et des Beni-Menad.

Le 1er juillet, il partageait ses troupes en trois colonnes, et marchait sur le pays des Hadjouth, qu'il parcourait dans tous les sens. Nos troupes y firent quelque butin. Le 2, les trois colonnes se réunissaient sous les murs de Koléa, et, de là, les éléments dont elles se composaient regagnaient leurs cantonnements.

Le général Bugeaud se rendit de nouveau le

19 septembre dans la province d'Oran pour y poursuivre ses opérations ; il rentrait à Alger le 10 novembre.

Pendant l'absence du Gouverneur général, les opérations se bornent, dans la province d'Alger, au ravitaillement des places de Médéa et de Miliana.

Suspendons le récit des opérations militaires, qui, d'ailleurs, s'éloignent de plus en plus de la Metidja, pour relater les actes administratifs afférents à l'année 1841.

Par un arrêté en date du 3 février, le général de Schramm décidait que des terres seraient mises, à proximité des camps, et dans la proportion de deux hectares cinquante centiares par bataillon, à la disposition des troupes pour être cultivées au profit de la masse d'entretien et de l'ordinaire.

A la date du 1er avril, la population de Bou-Farik était de 429 habitants ; elle se décomposait ainsi qu'il suit :

Français.	Hommes.............	175	283	429
	Femmes.............	70		
	Enfants.............	38		
Étrangers.................................		139		
Juifs.....................................		5		
Musulmans...............................		2		

Un autre arrêté du général Bugeaud, en date du 21 avril, portait à 30 hectares par régiment la contenance des terres qui, d'après la décision du général de Schramm, devaient être cultivées par les troupes à proximité des camps.

Une ordonnance du 18 mai instituait une Justice de Paix dans le district de Bou-Farik, et M. Cassagnac était nommé à ce siège.

Un arrêté du Ministre de la Guerre, en date du 25 juin, nommait M. Daguet (Aimé-Delphin), notaire à Bou-Farik; mais cette création ne recevait pas son effet.

Par arrêté du 10 août, M. Toussenel (Alphonse) était nommé Commissaire civil à Bou-Farik, en remplacement de M. Berlier de Sauvigny.

Certes, Bou-Farik jouait de bonheur; avoir, à sa naissance, pour son premier fonctionnaire civil, le futur auteur de l'*Esprit des Bêtes* et du *Monde des Oiseaux*, était plus qu'une bonne fortune, à cette époque surtout où, dans la Metidja, on faisait plus d'administration avec le fusil qu'avec la plume; Toussenel, général dans les armées de saint Hubert, et qui était déjà désigné par la Destinée pour devenir le plus illustre des écrivains cynégétiques du siècle; Toussenel, le premier qui ait appliqué l'esprit à la chasse; Toussenel, tueur magnifique, sachant donner la mort finement, gracieusement, élégamment, sans même qu'il vienne à l'idée de la bête de se plaindre; Toussenel, le père et le protecteur du gibier : « Tuez, écrivait-il; mais, au nom du ciel! ne massacrez pas! » Toussenel ne tue même pas : il ôte la vie; il rend l'âme des bêtes à la liberté.

Il est hors de doute que ce n'est pas la salubrité du Bou-Farik de 1841 qui engagea Toussenel, l'ami du général Bugeaud, à venir faire de l'administration dans cette localité; Bou-Farik avait un bien autre mérite aux yeux de notre célèbre analogiste : Bou-Farik était tout simplement, pour un cynégète, un véritable El-Dorado. Écoutez ce qu'il en dit dans *Tristia* : « J'ai passé un an de ma « vie parmi les palmiers nains de l'Atlas, et les « friches de la Metidja, au temps des belles guer- « res de l'Émir, époque où le sanglier, la bécasse, « la perdrix et le lièvre faisaient également élec- « tion de domicile aux anciens jardins des tribus « repris par le désert..... La terre d'Algérie était « alors la terre promise du gibier et du chas- « seur. »

C'est vraiment merveilleux ce qu'en raconte Antoine Gandon dans ses *Souvenirs d'un vieux Chasseur d'Afrique!* trois lièvres, un sanglier, deux perdrix en un rien de temps, et cette prouesse n'est pas exceptionnelle; car la moyenne journalière de Toussenel, avant son déjeuner, flotte dans les dix à quinze pièces laissées sur le carreau ! Nemrod n'a jamais approché de ce chiffre, et cependant son nom est arrivé jusqu'à nous.

Les exploits cynégétiques de Toussenel se racontent et se chantent sous le gourbi des Beni-Khelil; c'est passé à l'état de légende, et nous voyons encore d'ici toute une famille des Oulad-Chebel suspendue aux lèvres du vieux kaïd Ali-Bou-Dchicha disant les incroyables prouesses du *Koumicir Toussnil*. Dans dix ans, on le confondra avec Antar-ben-Cheddad, le héros arabe par excellence.

Après la sieste, le chasseur redevenait magistrat : il se ceignait de son écharpe tricolore, mariotait ceux de ses administrés qui avaient du penchant pour cette situation sociale, et donnait quelques rares signatures.

La besogne qui prenait le plus de temps à Toussenel c'était l'acte de décès; mais là il n'y avait rien de sa faute; ce n'était pas comme pour le gibier.

Le règne de Toussenel ne dura qu'une année : victime du *régime du sabre*, il était remercié violemment dans le courant de l'année 1842, et, bien certainement, avec moins d'égards qu'on ne lui en devait. Mais que lui importait? le territoire de son Commissariat n'avait plus de gibier!

On montre encore la modeste maison qui, de son temps, servait de Commissariat civil, et qu'il habitait : elle est dans la partie méridionale de la ville, à la rencontre des boulevards Saint-Louis et Napoléon, à gauche.

Pendant l'administration de M. Toussenel, les fonctions de Secrétaire du Commissariat civil furent exercées par M. de Lamothe-Langon.

Un arrêté du 16 août rétablissait la *Direction des Affaires arabes*, et M. le chef d'escadron Daumas était placé à la tête de ce service.

Un autre arrêté, en date du 15 décembre, portait que la Commune de Bou-Farik ressortirait du Bureau de Blida pour l'enregistrement des actes.

Le 21 décembre, 52 Miliciens étaient appelés à concourir, avec une compagnie du 48ᵉ de ligne et 5 cavaliers du 1ᵉʳ de Chasseurs d'Afrique, à une expédition que dirigeait M. le lieutenant-colonel Morris, Commandant supérieur de Bou-Farik, sur la tribu des Beni-Misra : parti à dix heures du soir, ce détachement, auquel s'était joint M. le Commissaire civil Toussenel, arrivait au point du jour sur la tribu rebelle, et il exécutait son coup de main avec le succès le plus complet : la petite colonne ramenait 500 moutons, 12 bœufs, 1 cheval et 3 ânes, et les 52 Miliciens se partageaient, pour leur part de razia, une somme de 270 fr. 80 c. Ils n'étaient rentrés à Bou-Farik que le lendemain au soir.

Le service de la Milice est des plus pénibles : avec un effectif de 282 sous-officiers, caporaux et soldats, elle fournit 25 hommes de garde par jour ; cinq postes lui sont confiés, ceux des quatre portes de la ville, et un cinquième placé au centre comme réserve.

Les fatigues du service, les alertes continuelles, la fièvre surtout avaient réduit le chiffre des Miliciens valides à un effectif insignifiant. Pour compléter les postes, le sergent-major était obligé d'aller chercher ses Miliciens de gourbi en gourbi, de maison en maison ; mais, minés par la fièvre ou par la dyssenterie, couchés sur une poignée de foin ou sur la terre nue, les malheureux colons, qui, pour la plupart, ne remplissaient qu'entre deux accès leurs obligations de Miliciens, se trouvaient trop souvent dans l'impossibilité de répondre à l'appel de ce sous-officier. Le service, qui tombait dès lors tout entier sur les valides, ne leur permettait plus de s'occuper de leurs affaires particulières ; aussi, leur accorda-t-on une indemnité de dix francs pour chacune des nuits qu'ils passaient au poste.

La Milice de Bou-Farik faisait partie du 6ᵉ bataillon avec Blida et Koléa.

Sur une population de 450 habitants, Bou-Farik avait eu, pendant l'année 1841 :

    Naissances.................... 17
    Mariages..................... 4
    Décès........................ 106

Bou-Farik compte, à la fin de 1841, 146 maisons ou baraques.

Nous allons indiquer sommairement les divers travaux qui ont été exécutés, pendant l'année 1841, pour améliorer la position de Bou-Farik, la rendre progressivement habitable, et en tirer le meilleur parti possible au double point de vue militaire et agricole. Les colons y trouvent déjà des ressources fort appréciables : les pâturages, qui y sont remarquablement beaux, leur permettent d'y faire des foins qui, malgré les périls de la récolte, n'en sont pas moins exploités dans des proportions considérables. Bou-Farik a d'ailleurs le monopole presque exclusif de la production des foins dans la Mitidja, et, pendant longtemps encore, ses colons, dans l'impossibilité de faire de la culture extérieure, tireront de cette industrie le plus clair de leurs profits.

On a continué, dans l'intérieur de la ville, les travaux de desséchement qui doivent l'assainir ; on a achevé de détourner l'ouad El-Khamis, dont les eaux, torrentueuses en hiver, inondaient la grande place de Bou-Farik et un quartier de la ville. Ce travail, projeté par le Génie, a été exécuté par le service des Ponts-et-Chaussées.

Sous l'habile direction de son premier Commissaire civil, M. Bertier de Sauvigny, les rues et les places de la ville ont été plantées de mûriers. Encouragés par cet administrateur, les colons ont posé les bases de la ravissante oasis que nous admirons aujourd'hui par la création de vergers qui doivent leur donner, avec la salubrité, des fruits de toute espèce. Les légumes y sont abondants et excellents.

M. Toussenel poursuit activement l'œuvre de son prédécesseur; sous son administration qui, malheureusement, sera de trop courte durée, des plantations nouvelles viendront faire de ce terrain embroussaillé et marécageux, sur lequel s'asseoit Bou-Farik, une forêt d'arbres fruitiers et d'agrément. Les anciens colons de Bou-Farik se rappellent encore cette magnifique allée de saules — l'allée des soupirs — que M. Toussenel avait fait planter parallèlement à la face nord de l'enceinte.

On a construit un abreuvoir auprès de la koubba de Sidi Abd-el-Kader-El-Djilani. On a essayé, mais en vain, le forage d'un puits artésien; la sonde, poussée jusqu'à 100 mètres de profondeur, n'a donné aucun résultat.

Le Camp-d'Erlon s'est augmenté d'un parc aux bœufs et d'un hangar pour le bottelage du foin.

On a établi, aux environs de Bou-Farik, quelques passages à travers les marais, des canaux pour l'écoulement des eaux, ainsi que quelques ponts provisoires. On a amorcé la chaussée-digue de Soukaly.

Les haouch Ech-Chaouch, Bou-Ogab et Soukaly ont été occupés temporairement par les troupes.

Comme nous l'avons dit plus haut, on s'est occupé, pendant l'année 1841, de la construction de l'obstacle continu de la Metidja : 84 blockhaus destinés à la garde de cet obstacle, et ayant coûté 174,000 francs, étaient prêts à être posés.

On comptait toujours beaucoup sur cet obstacle; il devait, disait-on, donner une impulsion nouvelle à la prospérité de Bou-Farik, et faire jouir son territoire de la sécurité qui lui manquait.

Mais reprenons le récit des faits qui se sont produits autour de Bou-Farik dans le commencement de l'année 1842.

Le général Bugeaud s'embarqua pour la province d'Oran le 14 janvier 1842. Le général de Rumigny prit le commandement des troupes de la province d'Alger pendant l'absence du Gouverneur général.

Le général de Rumigny se borna à faire opérer quelques courses dans les montagnes des Khachna, dans celles des Beni-Salah, et chez les Hadjouth. Au retour du Gouverneur général, qui eut lieu le 24 février, il fut chargé de la conduite d'un convoi sur Médéa; il rentrait ensuite en France.

Mais le projet d'abandonner Bou-Farik était encore remis sur le tapis, et ce bruit d'abandon se reproduisait avec tant de persistance, que les colons de ce centre, redoutant qu'il ne fût fondé, crurent devoir s'adresser directement à M. le Gouverneur général, pour être définitivement fixés sur la valeur de cette irritante et agaçante menace.

Nous voulons d'ailleurs donner le texte de cette supplique dans laquelle la jeune colonie s'efforce, pour conjurer le malheur dont elle est menacée, de se parer d'avantages qui, alors, étaient encore très contestables, et de prouver, elle qui tremblait et mourait de la fièvre, qu'elle se portait à merveille. D'après nos braves colons, Bou-Farik était calomnié, et si certaines gens y trouvaient la mort, c'est ou qu'ils le voulaient bien, ou qu'ils manquaient de moral.

Les Colons de Bou-Farik à Monsieur le général Bugeaud, Gouverneur général de l'Algérie.

Bou-Farik, le 27 février 1842.

« Monsieur le Gouverneur général,

« Le bruit de l'abandon de Bou-Farik nous est
« parvenu depuis quelques jours par tant de per-
« sonnes, que nous avons la crainte qu'il n'ait
« quelque chose de fondé. On nous dit surtout que
« le Commissariat civil, la Justice de Paix et le
« siège du docteur civil vont être transportés à
« Koléa : cela nous paraît impossible. Ces bruits,
« Monsieur le Gouverneur, nuisent essentielle-
« ment au progrès de nos travaux, et comme ils
« s'accréditent de plus en plus, nous avons jugé

« urgent de nous éclairer auprès du chef du Gou-
« vernement de l'Algérie.

« Veuillez donc nous permettre, Monsieur le
« Gouverneur, de vous exposer notre situation et
« de vous faire connaître nos vœux.

« Nous avons l'espoir que vous daignerez jeter
« un regard favorable sur des cultivateurs qui
« font tous leurs efforts pour fonder un établisse-
« ment agricole au centre de la Metidja, sur la
« route directe et obligée d'Alger à Blida, à Mi-
« liana, à Médéa, etc., point où l'on pourra trou-
« ver, quand il y aura assez de sécurité pour se
« livrer à la grande culture, d'excellents fourrages
« pour la cavalerie, assez de paille pour la literie,
« de l'orge en abondance et d'autres produits
« agricoles. Le Sahel ne présente rien qui puisse
« être comparé à notre merveilleux sol.

« Le brave lieutenant-colonel Morris, que nous
« vous prions de nous conserver avec deux esca-
« drons de cavalerie, a su éloigner de nous, par
« son administration active et éclairée, les marau-
« deurs arabes qui infestaient nos environs ; aussi,
« pendant nos nuits, naguère si agitées, plus de
« vols de bestiaux, plus d'assassinats dans l'en-
« ceinte ; il existe même au dehors une quasi-sécu-
« rité ; cependant, la prudence exige toujours que
« nous ne nous écartions pas trop dans la campagne
« sans prendre de sérieuses précautions. Nous nous
« occupons du nettoyage de nos lots ruraux, et tout
« nous fait espérer que nous pourrons fournir une
« grande quantité de fourrages à l'Administration
« de la Guerre.

« Depuis deux ans et demi, nous sommes, pour
« ainsi dire, en prison ; nous n'avons jamais joui
« d'aucune sécurité dans les champs, même en
« plein midi, et, pendant la nuit, l'enceinte ne
« nous a jamais garantis ni contre les dépréda-
« tions, ni contre le couteau des maraudeurs.
« Grâce à la vigueur de l'infatigable colonel
« Morris, nous espérons pourtant voir se réta-
« blir bientôt au dehors la sécurité qu'il nous a
« donnée au dedans. Nous pourrons alors nous
« livrer à la culture en grand, et trouver dans
« ce travail une raisonnable rémunération de nos
« peines.

« Une chose nous donne surtout de l'inquié-
« tude, c'est qu'au moment où nous allons pouvoir
« prouver par nos travaux que nous sommes tout
« autre chose que des cantiniers, qualification
« qu'on nous jette assez volontiers à la face, c'est
« à ce moment, disons-nous, que l'Administration
« veut nous enlever Commissariat civil, Justice de
« Paix et médecin. Nous insistons respectueuse-
« ment pour que l'Autorité veuille bien nous con-
« server ce qu'elle nous a accordé, et si notre re-
« quête n'était pas accueillie, si, voulons-nous
« dire, le transfert de notre Commissariat civil et
« de notre Justice de Paix se faisait à Koléa, nous
« solliciterions la faveur de faire partie du ressort
« d'Alger, point avec lequel nous sommes bien
« plus en relation d'affaires qu'avec Koléa.

« Une foule d'intérêts sont en souffrance par le fait
« du manque d'un Juge de Paix dans notre loca-
« lité ; nous demandons de la bienveillance de

« l'Autorité qu'elle veuille bien remplir ce siège
« vacant.

« Mais, nous objectera-t-on, le Juge de Paix (1)
« qui vous avait été donné est mort l'été dernier
« d'une maladie qu'il a contractée à Bou-Farik. »
« Nous répondrons à cette objection, en nous ap-
« puyant sur le témoignage de toutes les person-
« nes qui ont vu arriver ce magistrat dans notre
« localité, qu'il était déjà atteint de la maladie qui
« l'a emporté ; il a, d'ailleurs, passé à Bou-Farik
« les trois plus mauvais mois de l'année, les mois
« où les fièvres sévissent avec le plus de violence
« et, de plus, il a refusé de se traiter et de sui-
« vre les ordonnances des médecins. *Nous sommes*
« *persuadés que tout autre que lui se fût tenu fer-*
« *mement sur son siège pendant plus de vingt ans*
« *peut-être.*

« Il se peut que quelque intrigant, pour faire
« valoir ses services peut-être, ait exagéré le nom-
« bre des cas de maladie ; cependant, il serait peu
« rationnel de dire, parce qu'un individu aura eu
« un accès de fièvre tous les mois, qu'il en a con-
« tracté le germe dans le pays. C'est pourtant
« ainsi que cela se passe.

« Les étrangers qui se rendent à Bou-Farik
« dans les mois de juin et juillet ont, nous ne le
« contestons pas, à redouter surtout la fin de l'été,
« particulièrement si, dans les grandes chaleurs,
« ils font des excès de boissons spiritueuses, ou
« s'ils ne vivent pas comme les habitants du pays.

---

(1) M. Cassagnac.

« Néanmoins, si ces gens-là, sans ressources au-
« cunes pour la plupart, trouvaient sur les lieux,
« dans un hôpital civil, par exemple, les soins que
« réclame leur état, nous sommes certains qu'en
« peu de jours ils seraient rétablis. Nous le répé-
« tons, un hôpital civil serait d'un secours im-
« mense pour les étrangers, surtout pour ceux qui
« viennent à Bou-Farik à l'époque des grands
« travaux.

« A quelques exceptions près, tous ceux qui,
« parmi nous, ont une habitation convenable sont
« acclimatés, et tous nous avons la ferme résolu-
« tion de rester sur nos lots, et cela parce que
« nous ne pourrions trouver nulle part en Afrique
« de localité plus favorable pour les travaux de
« culture.

« Certains d'entre nous n'ont pas encore de lots
« de campagne, bien que, pourtant, nous en ayons
« fait la demande après avoir bâti une maison sur
« notre lot de ville. Nous prions de nouveau l'Au-
« torité de vouloir bien n'être point sourde à notre
« demande.

« Tous les jours, les hommes de travail disent
« et répètent : Nous ferions tous nos efforts pour
« nous bâtir une maison, si l'Administration nous
« concédait des lots de campagne immédiatement
« après sa construction. » En procédant ainsi,
« c'est-à-dire en distribuant des lots à cultiver
« aux gens qui ont bâti, on fixerait les colons au
« sol, et Bou-Farik serait bientôt une magnifique
« colonie.

« Si vous daigniez, Monsieur le Gouverneur,

« venir nous visiter à Bou-Farik, vous pourriez
« juger de l'étendue de nos efforts par les travaux
« que nous avons exécutés; vous sauriez ce qu'il
« nous en a coûté pour nous y établir, et ce qu'il
« nous a fallu d'énergie pour y rester : selon nos
« moyens, il nous a fallu acheter à Alger bois
« et chaux, et faire transporter à grands frais
« ces matériaux à Bou-Farik ; on vous dirait en-
« core que les environs de Bou-Farik n'ont ni
« pierre ni sable, qu'il faut les aller chercher fort
« loin, et risquer sa tête pour se les procurer.
« Aussi avons-nous dépensé jusqu'à notre dernier
« sou pour la construction de nos maisons, les-
« quelles sont, à présent, couvertes en tuiles au
« lieu de l'être en paille comme elles l'étaient
« d'abord. Faut-il s'étonner si la grande culture
« laissait à désirer avant la reprise des hostilités?
« Depuis, il n'en faut pas parler; car, outre que
« les Arabes nous volaient nos bestiaux nuit et
« jour, nous n'avions pas, pour la plupart, —
« moins favorisés en cela que les colons de
« certaines localités, — nous manquions abso-
« lument, disons-nous, des moyens d'acheter des
« bœufs, des instruments aratoires, des semences,
« l'indispensable enfin pour faire de l'agricul-
« ture.

« Fermement résolus à rester à Bou-Farik, nous
« vous supplions, Monsieur le Gouverneur général,
« de nous conserver le Commissariat civil et le
« fonctionnaire qui l'occupe, M. Toussenel; car il
« a su apprécier la localité et la valeur de ses ha-
« bitants; nous ferons la même demande pour la

« Justice de Paix, à laquelle se rattachent de nom-
« breux intérêts, pour un médecin civil, lequel
« donnerait ses soins aux malades, surtout aux
« étrangers, pendant la durée des grands travaux ;
« nous vous prions enfin d'ordonner la distribu-
« tion des lots de campagne aux colons qui n'en
« ont point encore obtenu.

« Si, cédant à nos vœux, vous daignez, Monsieur
« le Gouverneur, nous accorder les faveurs que
« nous sollicitons de votre bienveillance, nous
« nous faisons forts, avec deux ans de sécurité,
« de démontrer aux ennemis de la colonisation
« ce qu'on peut dans ce pays-ci avec de bons bras
« et du cœur.

« Pleins de confiance dans votre bonté, et assu-
« rés de l'intérêt que vous portez aux colons, nous
« sommes, Monsieur le Gouverneur général, avec
« le plus profond respect, vos très humbles et très
« obéissants serviteurs,

(Suivent les signatures.)

Un arrêté de M. le Ministre de la Guerre, en date du 23 mars, transférait à Blida l'office de notaire qui avait été créé à Bou-Farik le 25 juin 1841.

Dans le courant d'avril, le général Changarnier fit une expédition dans le pays des Hadjouth ; il fouilla avec quelque succès le bois de Kherraza, y fit du butin et y tua une douzaine de ces opiniâtres pillards.

Pendant qu'il parcourait l'outhan d'Es-Sebt, plusieurs familles émigrées des Beni-Khelil vinrent se rendre au général Changarnier, qui les ramena dans nos lignes. On assigna comme terrain d'aman à ces émigrés et à ceux qui, chaque jour, venaient se remettre entre nos mains, le territoire de la Maison-Carrée et celui de Guerouaou.

Les Arabes commencèrent à reparaître sur le Marché de Bou-Farik, et plus d'un maraudeur y amena des bestiaux d'une provenance suspecte; mais cela importait peu, attendu que, s'il y avait vol, ce ne pouvait être qu'au détriment des Arabes insoumis.

Nous arrivons à ce glorieux épisode de Mered, où nous verrons, pour la centième fois, peut-être, depuis nos douze années d'occupation, nos braves soldats avoir à lutter contre des forces souvent décuples des leurs, et abreuver encore de leur sang précieux le sol de la Mitidja, cette plaine vampire, cette buveuse de sang.

Espérons pourtant que le sacrifice de Mered sera le dernier, et que l'héroïque Blandan fermera la liste des victimes immolées, dans cette plaine, sur l'autel de notre gloire, de ces sublimes martyrs de notre honneur militaire.

Pendant que le 26me d'infanterie prenait part aux opérations qui s'exécutaient dans la province d'Oran, trois compagnies du 2me bataillon de ce régiment avaient été dirigées sur Bou-Farik pour y être détachées.

Ces compagnies avaient reçu, dans le courant de janvier 1842, pour les renforcer, un contingent de jeunes soldats appartenant, pour la plupart, à la classe de 1840. Ce contingent avait donc, au moment de l'affaire de Mered, moins de six mois de service, sur lesquels il en comptait trois d'exercices en France. En effet, à cette époque, les recrues appartenant à des régiments en Algérie y étaient expédiées dès qu'elles avaient atteint l'Ecole de Bataillon, et exécuté quelques tirs à la cible plus ou moins sérieux.

Il est bien entendu que ces conscrits étaient employés, absolument comme les anciens, et les fractions des autres corps composant la garnison du Camp-d'Erlon, aux services de l'intérieur et de l'extérieur de la place.

Bien que, dans la province d'Alger, nos colonnes se fussent montrées jusqu'aux limites du Tell, la Metidja était loin pourtant de jouir d'une entière sécurité : sans cesse sillonnée par des partis de maraudeurs faisant la guerre pour leur propre compte, parcourue surtout par les gens du khalifa de l'Emir dans l'Est, Ahmed-ben-Eth-Thaiyeb-ben-Salem, auxquels se joignaient volontiers les cavaliers hadjouth, qui n'avaient point encore renoncé à la guerre au butin, cette plaine était absolument impraticable pour les isolés. Aussi, les divers postes ou places ne communiquaient-ils entre eux que par des détachements composés d'infanterie et de quelques cavaliers. C'est ainsi que se faisait habituellement le service de la correspondance depuis la reprise des hostilités.

C'est dans l'exécution d'un service de ce genre qu'eut lieu l'affaire dite de Mered. Nous voulons en rappeler les émouvants détails.

« C'était le 11 avril 1842. Le sergent Blandan (1), du 26ᵐᵉ de ligne, et seize hommes du

---

(1) Nous voulons donner ici l'état signalétique et des services de ce héros de vingt-trois ans, qui prouva une fois de plus que,

>. . . . . dans les âmes bien nées,
>La vertu n'attend pas le nombre des années.

BLANDAN (Jean-Pierre-Hippolyte), fils de Pierre-François, — et de feu Jeanne Blanchon, — domicilié à Lyon, rue Ferrandière.

Profession d'imprimeur sur étoffes.

Né le 9 février 1819 (rue de la Cage, n° 13).

Engagé volontaire à la Mairie de Lyon, pour sept ans, le 24 février 1837, au 8ᵉ de ligne, sous le n° 10,051.

Passé au 26ᵉ de ligne le 28 février 1838, sous le n° 10,981.

Caporal, le 6 août 1839.

Sergent, le 1ᵉʳ janvier 1842.

Signalement : Taille 1ᵐ,590, front couvert, yeux gris-bleu, nez court, bouche petite, menton rond, cheveux et sourcils châtain-clair, visage ovale.

CAMPAGNES. — EN AFRIQUE :

Embarqué, à Toulon, le 8 avril 1838, 1839, 1840, 1841, et 1842, jusqu'au 12 avril.

ACTIONS D'ÉCLAT.

Ce sous-officier était chef de ce détachement de 20 *hommes*, dont 16 du 26ᵉ de ligne, qui, attaqué à l'improviste, le 11 avril 1842, par 300 cavaliers arabes, n'hésita pas à les combattre, et donna ainsi le temps à la garnison de Bou-Farik de venir le dégager. Sommé de se rendre par l'un des chefs ennemis, qui s'était porté en avant de sa horde, Blandan lui répondit par un coup de fusil, qui l'étendit raide

même régiment (1), auxquels on avait adjoint un brigadier (2) et deux cavaliers du 4ᵐᵉ de Chasseurs d'Afrique, furent chargés, ce jour-là, du service d'escorte de la correspondance entre Bou-Farik et Mered. Le chirurgien-sous-aide Ducros, en retour de congé expiré, avait profité du départ de ce détachement, que commandait le sergent Blandan, pour rentrer à Blida, où il était employé.

Cette petite troupe (3) quittait Bou-Farik à six heures du matin. La plaine, fouillée soigneusement d'abord, à l'aide du télescope, par le sous-officier observateur du Camp-d'Erlon, avait été

---

mort sur le carreau. Il jura, et fit jurer à ses intrépides soldats de mourir plutôt que de déposer les armes.

Ce héros tomba ensuite criblé de blessures.

Mort à l'hôpital militaire de Bou-Farik, le 12 avril 1842, par suite de coups de feu à la cuisse, à l'abdomen et dans la région lombaire.

(1) L'inscription de l'obélisque de Mered porte le nom de 17 fusiliers du 26ᵉ de ligne; mais il n'y en avait réellement que 16 présents à ce combat. En passant l'inspection de ce détachement, le Commandant de place, M. le capitaine Durand, avait pu constater que le fusilier *Monot* n'était pas muni de ses cartouches, et il l'avait renvoyé à sa compagnie. Il en résulta que le détachement partit sans lui, et que, conséquemment, il ne put prendre part au beau fait d'armes de Mered.

(2) Le brigadier portait la correspondance. Il formait, habituellement, avec ses deux Chasseurs, l'avant-garde du détachement qu'il éclairait.

(3) Chaque fantassin était muni de vingt cartouches.

déclarée praticable. Elle semblait, en effet, absolument déserte : pas un cavalier arabe ne se montrait entre Bou-Farik et Mered.

Ce moyen d'investigation n'était peut-être pas parfait ; mais enfin il suffisait alors à la garnison du Camp-d'Erlon.

Ces vingt et un hommes cheminaient donc tranquillement, le fusil en bandoulière, et devisant entre eux avec cette ronde et franche gaieté, et cette absence de tout souci qui n'abandonnent jamais le soldat français, même en présence du danger. Il y avait une heure environ qu'ils marchaient, et ils n'étaient plus qu'à deux kilomètres de Mered (1) : la plaine était toujours aussi calme, et semblait toujours aussi vide.

« Les trois cavaliers d'avant-garde avaient atteint la Châbet-El-Mechdoufa (2), et ils s'apprêtaient à descendre dans le lit desséché de ce ravin, — aujour-

---

(1) Mered n'était alors qu'une redoute en terre avec blockhaus. On y entretenait habituellement un peloton de cavalerie pour la sûreté du poste, et celle de la correspondance entre Bou-Farik et Blida. La redoute était armée d'une pièce d'artillerie.

(2) La Châbet-El-Mechdoufa, qui vient, en courant du sud au nord, couper la route de Bou-Farik à Mered, à 2 kilomètres au nord de ce dernier point, passe à l'ouest des gourbis de Guerouaou et d'El-Mechdoufa. En 1842, la route de Bou-Farik à Mered décrivait, par rapport à la route actuelle, une courbe ne s'éloignant du nouveau tracé que de 500 mètres environ. Le point du ravin où s'étaient embusqués les cavaliers ennemis est à gauche, c'est-à-dire au nord-ouest de la nouvelle route.

d'hui presque comblé, — quand, tout à coup, le brigadier Villars et ses deux Chasseurs, qui marchaient à une centaine de mètres en avant, se repliaient sur le détachement, et signalaient à son chef la présence, dans le ravin, de nombreux cavaliers ennemis embusqués dans les lauriers roses, et ayant mis pied à terre pour mieux dérober leur embuscade.

Le brigadier Villars, vieux soldat à trois chevrons, un de ces vaillants comme les régiments de Chasseurs d'Afrique en comptaient tant alors, disait à Blandan sans s'émouvoir, et avec cet admirable sentiment du devoir qui, déjà, était dans les traditions de ces corps d'élite : « Sergent, il nous serait facile, à nous autres, avec nos chevaux, de regagner Bou-Farik ; mais, soyez tranquille, puisqu'il y a du danger, nous le partagerons avec vous. »

« *Halte!* » — « *Baïonnette au canon!* » commandait Blandan avec un calme magnifique.

Ces cavaliers ennemis, dont le nombre s'élevait bientôt de 250 à 300 — car, en pays arabe, la poudre appelle toujours la poudre, — étaient, comme nous le disons plus haut, des coureurs du khalifa du Sebaou, Ahmed-ben-Eth-Thaïyeb-ben-Salem, auxquels étaient venus se joindre quelques cavaliers des Hadjouth en quête d'aventures.

Nous retrouvons là, en effet, Brahim-ben-Khouïled, Mosthafa-ben-Smaïn, et Djilali-ben-Dououad. Ne pouvant supposer une intention de résistance à cette poignée de Français, qu'il tenait sous sa main, et préférant, d'ailleurs, les prendre vivants que de courir les chances d'un combat qui ne pouvait manquer, quelle qu'en soit l'issue, d'être fatal à un nombre plus ou moins considérable des siens, Ben-Dououd, qui commande le goum ennemi, envoie un de ses cavaliers au chef du détachement pour lui signifier d'avoir à mettre bas les armes. Ce cavalier, qui porte le bernous rouge des spahis de l'Emir El-Hadj Abd-el-Kader, s'approche en caracolant de la petite troupe, qui s'était arrêtée, et qui avait apprêté ses armes, et, s'adressant à son chef, le somme insolemment de se rendre.

Superbe de calme et de sang-froid, Blandan ajuste le cavalier, et lui répond, en pressant la détente de son arme : « C'est ainsi que se rend un Français ! » Le spahis tombait sanglant, et comme une masse inerte, entre les jambes de son cheval.

Sentant bien qu'il ne lui reste plus qu'à combattre, qu'à mourir plutôt, — car, là, au milieu de cette plaine nue, unie, ne présentant, de loin en loin, que des mouvemements de terrain absolument insignifiants, il n'y a ni position à prendre, ni abri à gagner, — le jeune sergent groupe ses conscrits en cercle et leur dit : « A présent, camarades, il ne s'agit plus que de montrer à ces gens-là comment des Français savent se défendre..... Surtout, ne nous pressons pas, et visons juste ! »

En effet, au coup de feu de Blandan, les cavaliers ennemis sont montés précipitamment à cheval, et se disposent à combattre cette téméraire poignée de braves, qui, dans leur esprit, doivent, sans aucun doute, être frappés de démence : ils se ruent aussitôt, en poussant leur cri de guerre, à l'attaque de ce groupe superbe d'audace et de fierté ; ils l'enveloppent, et se mettent, en le criblant de balles, à tournoyer autour de lui comme une volée de rapaces autour d'un cadavre.

Leur première décharge tuait deux hommes au petit détachement, et lui en blessait cinq (1). Mais cette perte du tiers de leur effectif ne trouble point ces vaillants enfants (2).

Comme le leur a recommandé leur sergent,

---

(1) Dans cette première décharge, Blandan était atteint de deux balles. « Mais, pour ne pas nous effrayer, nous autres conscrits, nous disait le fusilier *Marchand*, le dernier survivant du combat de Beni-Mered, le sergent, malgré la gravité de ses blessures, n'avait pas bronché, et ce n'est qu'en me baissant pour ramasser une cartouche, que je me suis aperçu que ses guêtres étaient ruisselantes du sang qui coulait de ses blessures. »

(2) Le brigadier Villars, qui était resté bravement à cheval, recevait de cette première décharge une balle dans le mollet; mais, ne se troublant pas pour si peu, il a encore le courage de trouver là matière à plaisanterie : « Tiens, dit-il, je crois qu'une mouche m'a piqué! » Et il s'apprêtait à mettre pied à terre, lorsque, au même instant, son cheval recevait une balle dans le sabot, et tombait en entraînant son cavalier dans sa chute.

La même décharge tuait le chasseur Ducasse, et abattait le cheval du brigadier Lemercier, qui continua à faire le coup de feu avec les fantassins. Ducasse arrivait de France, et montait un cheval arabe pour la première fois de sa vie.

nos conscrits prennent leur temps pour viser, et ne perdent pas une balle. Leur feu continue avec régularité, avec précision : à l'exemple de leurs ennemis, ils tirent dans *le tas*, et leur plomb fait trou. Aussi, un certain nombre de chevaux errent-ils déjà sans cavalier, et la selle sous le ventre.

Mais la partie est trop inégale, et si des secours n'arrivent pas bientôt à nos braves, soit de Mered, soit de Bou-Farik, il leur faudra mourir : ils en ont déjà pris leur parti ; car ils ne veulent point tomber vivants entre les mains de leurs féroces ennemis. Toutefois, l'admirable contenance de nos héros tient les cavaliers arabes en respect ; et, à l'exception de quelques fanatiques qui viennent vider leurs armes à bout portant sur notre poignée de combattants, le gros du djich (1) s'en tient à une distance pleine de prudence et de réserve. Mais le nombre des assaillants est tellement en disproportion avec celui des assaillis, que le résultat final ne semble point devoir être douteux.

« Quoi qu'il en soit, le nombre des restés debout diminue d'instant en instant ; les tombés continuent néanmoins la lutte tant qu'ils peuvent tenir leur arme et s'en servir ; la brèche s'élargit peu à peu ; mais ceux que le feu des Arabes n'a point encore touchés se serrent et rétrécissent le cercle, et cela sans autre préoccupation que celle de faire le plus de mal possible à l'ennemi, et de bien finir.

Blandan — nous l'avons dit — a déjà été frappé

---

(1) Bande de cavaliers armés.

de deux balles, et pourtant il est encore debout, brûlant impassible ses dernières cartouches ; une troisième balle, dans l'abdomen, vient le renverser, mortellement atteint, aux pieds de ceux de ses intrépides compagnons que le feu a épargnés. « Courage ! mes amis !.... défendez-vous jusqu'à la mort ! s'écrie le héros en tombant. Que ces lâches n'aient pas l'honneur de nous prendre vivants, et de nous couper la tête ! »

Ces mâles et énergiques paroles ont été entendues : le chirurgien-sous-aide Ducros a ramassé le fusil d'un blessé, et il combat vaillamment jusqu'à ce qu'une balle, qui lui brise le bras droit, vienne lui arracher son arme des mains. Tout ce qui reste debout lutte avec une énergie surhumaine, qu'exaltent encore les ardentes excitations de Blandan ; tout ce qui peut encore tenir une arme combat avec ce brillant courage qui illumine et fait resplendir les derniers moments des martyrs, qu'ils meurent pour la Patrie, ou pour tout autre généreuse croyance. Néanmoins, quand, à un certain moment, nos braves conscrits ne se comptent plus que cinq pouvant encore combattre, ils comprennent, ces enfants de vingt ans, qu'à moins d'un miracle, ils sont bien exposés à ne plus jamais revoir leurs mères.

Et le feu continuait ainsi pendant trois quarts d'heure, et la foule des assaillants se ruait sur les quelques hommes restés debout avec la furie de la vague attaquant un écueil, et avec un tourbillonnement rapide à donner le vertige à ces braves jeunes gens, lesquels combattaient bien plutôt pour la gloire, et pour faire une belle fin que dans l'espoir du salut. Tous en avaient pris leur parti, lorsque tout à coup les Arabes cessent leur feu, et semblent se rallier dans la direction de l'est. Les restes du détachement en étaient à se demander la cause de ce mouvement rétrograde de l'ennemi, quand un tourbillon, une trombe de poussière roulant comme un nuage d'ouate blancsale sur la route de Bou-Farik, vint leur en donner l'explication : c'était le secours attendu, mais presque inespéré ; car, quelques minutes plus tard, et le sacrifice était consommé.

Les Arabes venaient d'apercevoir, de pressentir plutôt les Chasseurs d'Afrique, — qu'ils redoutaient comme le feu, — et ils n'avaient pas jugé à propos de les attendre. Cette brave cavalerie, allant au plus pressé, avait piqué droit sur l'ennemi pour en débarrasser les débris du détachement de Blandan.

Voici comment les choses s'étaient passées : l'observatoire du Camp-d'Erlon avait signalé l'attaque, et le lieutenant-colonel Morris, commandant supérieur de Bou-Farik, avait immédiatement lancé l'escadron de Chasseurs d'Afrique sur la route de Blida. Ces intrépides cavaliers, qui, à ce moment, menaient leurs chevaux à l'abreuvoir, ne s'attardent pas à seller ceux qui ne le sont pas (1) : ils se précipitent à fond de train, et, la

---

(1) A cette époque, les chevaux du piquet restaient seuls sellés pendant les vingt-quatre heures.

plupart, sans autres armes que leurs sabres (1), — la terreur des Arabes, — au secours de leurs camarades. Le vaillant sous-lieutenant Joseph de Breteuil, du 1er de Chasseurs d'Afrique, est à leur tête. En moins de vingt minutes, ils ont joint les fuyards ; ils pénètrent cette cohue qu'ils taillent littéralement en pièces, jalonnant ainsi le chemin de la charge des cadavres des cavaliers de Ben-Salem. La revanche était d'autant plus complète, que ces *quinze contre un* n'avaient pu nous emporter une seule tête.

D'un autre côté, dès le commencement de l'action, le lieutenant du Génie de Jouslard, qui exécutait les travaux du poste, était sorti de Mered, à la tête d'une trentaine d'hommes, pour se porter à l'aide de cette poignée de héros. Quelques coups de l'obusier de la redoute ralentissaient, en même temps, la fougue du goum ennemi, qui craignit de se voir couper sa ligne de retraite.

Malheureusement, des vingt hommes composant le détachement de Blandan, il n'en restait, à l'arrivée des secours, que cinq qui n'eussent point été touchés : c'étaient les fusiliers Bire, Girard, Estal, Marchand (2), et le chasseur Le-

---

(1) Les Chasseurs étaient montés à cheval si précipitamment, que l'un d'eux, un brave Parisien, de service de cuisine ce jour-là, ne s'était pas donné le temps d'échanger la blouse culinaire contre la veste d'uniforme.

(2) Le fusilier Marchand est le seul survivant des vingt et un héros de Mered. Il habite aujourd'hui la ville d'Amiens (Somme), où il a occupé pendant longtemps un emploi

mercier; neuf étaient blessés, et furent presque tous amputés : c'étaient le chirurgien-sous-aide auxiliaire Ducros (1), le brigadier de Chasseurs Villars, et les fusiliers Leclair, Béald, Zanher, Kamachar, Père, Laurent et Michel; sept, enfin, étaient tués ou blessés mortellement : c'étaient les fusiliers Giraud, Elie, Leconte, Bourrier, Lharicon, le chasseur Ducasse, et le sergent Blandan.

« Bien qu'atteint de trois balles, l'héroïque sous-officier respirait encore.

« Le lieutenant-colonel Morris avait fait suivre les Chasseurs d'Afrique de tout ce qu'il avait de troupes disponibles : des prolonges, des cacolets et des litières, destinés au transport des morts et des blessés, avaient été placés sous leur escorte. Un détachement du 26ᵉ de ligne s'était porté au pas gymnastique sur le lieu du combat, et y arrivait en même temps que les moyens de transport. Plusieurs colons s'étaient joints spontanément aux troupes. Le Commandant supérieur ordonnait au

---

intime à la gare du Chemin de fer du Nord. Il est chevalier de la Légion d'Honneur depuis 1854. A cette époque, il était déjà rentré dans la vie civile, de sorte qu'il ne touche pas le traitement attaché à la décoration. Grâce au passage, avec son grade, de son vaillant Sergent dans l'immortalité, et le bruit qu'a fait ici-bas cette sublime mutation, on vient de donner à Marchand un Bureau de tabac qu'on sollicitait pour lui depuis plus de trente ans.

1) Le sous-aide Ducros (Sosthène) a survécu deux ans à peine aux suites de l'amputation du bras qu'il avait subie.

capitaine Orssaud de réunir la Milice, et il lui confiait, pendant l'absence de la garnison, la garde des barrières de la place.

Le Commandant supérieur du Camp-d'Erlon s'était porté de sa personne en toute hâte sur le lieu de l'action : il avait voulu, par de cordiales paroles et des éloges bien mérités, exprimer de vive voix aux survivants de ce glorieux drame toute sa satisfaction d'avoir sous ses ordres de pareils soldats. Le colonel Morris demande de suite où est Blandan ; ceux de son détachement qui étaient restés debout, et qui avaient formé le cercle autour de l'héroïque sous-officier et des six vaillants conscrits tombés autour de lui, ouvrent le cercle, et le montrent au colonel : il était étendu sur le sol, la tête soutenue par un de ses soldats. A la voix de son chef, Blandan essaie de se mettre sur son séant. Le Colonel s'incline vers le glorieux mourant, et loue chaleureusement son admirable conduite, tout en s'efforçant de lui démontrer que sa situation est loin d'être désespérée ; mais c'était là bien plutôt l'expression d'un désir qu'un espoir ; les blessures de Blandan présentaient trop de gravité pour laisser la moindre chance de le conserver au Pays. « Je vous propose aujourd'hui même pour officier, ajoutait le lieutenant-colonel Morris, et, en attendant que vous soyez nommé Chevalier de la Légion d'Honneur, laissez-moi placer sur votre vaillante poitrine le signe des braves que vous avez si bien mérité. Et, en même temps, le Colonel détachait sa croix, et la plaçait sur la poitrine du héros, qui, du reste, avait conservé toute sa connaissance, mais qui comprenait qu'il était perdu. Il tournait son regard vers le Colonel, et le remerciait d'un sourire plein de larmes et chargé de regrets ; car, nous le répétons, il ne s'illusionnait point sur son état. Du reste, il avait fait son devoir ; le Colonel Morris le lui avait dit, et son Commandant de Compagnie, le Capitaine *Lacarde*, l'en avait loué, et cela suffisait à ce héros de vingt-trois ans, à cet entrant dans la vie, qui semblait n'être né que pour se donner en exemple aux soldats de l'avenir.

Cette scène avait fortement ému et enthousiasmé ceux qui en étaient les témoins, et ce fut à ce point, que les cinq qui n'avaient point été touchés, demandèrent instamment au Lieutenant-Colonel Morris de prendre part au combat, que les Chasseurs menaient vigoureusement, et en jonchant de cadavres ennemis le chemin de la poursuite. Le Colonel leur fit observer qu'ils avaient largement fait leur part, et qu'il ne leur restait plus qu'à escorter leurs frères d'armes jusqu'à Bou-Farik.

Les morts furent placés sur des prolonges ; les blessés ne pouvant marcher furent ramenés en cacolets, et Blandan en litière ; l'autre côté de la charge du mulet était occupé par un cacolet, sur lequel on avait placé un blessé.

Le retour sur le Camp-d'Erlon s'effectua sans accident. Le Colonel Morris n'avait pas cessé un instant de tenir son cheval à hauteur de la litière sur laquelle était couché Blandan, et de montrer la plus vive sollicitude pour le noble blessé.

Le funèbre cortège rentrait au Camp-d'Erlon à une heure et demie de l'après-midi.

Quant aux Chasseurs, qui avaient poussé la charge très loin, c'est-à-dire jusqu'à entière disparition des cavaliers ennemis, ils rentrèrent à Bou-Farik chargés des dépouilles des Arabes, et ramenant de nombreux chevaux provenant des tués du goum.

Le jeune et intrépide héros expirait le lendemain 12 avril, vers deux heures du matin.

On fit, le 13 avril, aux glorieux morts de Mered, des funérailles dignes de leur éclatante valeur : le cimetière qui est à l'ouest du Camp-d'Erlon reçut leur dépouille mortelle. Le Colonel Morris, dont la valeur était déjà proverbiale, sut trouver dans son cœur quelques paroles marquant une foi ardente au culte de l'honneur militaire, et des croyances enthousiastes aux dogmes de la religion du Drapeau ; il eut des accents qui émurent visiblement les assistants, et il courut parmi eux comme un frisson électrique quand il s'écria, avec cette chaleureuse et communicative éloquence qui n'appartient qu'aux croyants : « J'envie ton sort, Blandan ; car je ne sais point de plus noble et de plus désirable mort que celle du champ d'honneur ! »

Une petite construction quadrangulaire, terminée en toit, et surmontée d'une croix de fer, marque la place où le corps du héros fut rendu à la terre. Quant à ses six compagnons de gloire, ils furent inhumés séparément sur plusieurs points du cimetière.

Quatre des blessés furent faits Chevaliers de la

Légion d'Honneur; ce sont les suivants : les fusiliers *Père* et *Michel*, du 26ᵉ de ligne, blessés grièvement, le brigadier *Villars*, du 4ᵉ de Chasseurs d'Afrique, blessé, et le chirurgien-sous-aide *Ducros*, des Ambulances de l'Armée, amputé du bras droit.

« Un ordre général, (1) qui est transcrit, chaque

ARMÉE D'AFRIQUE	ORDRE GÉNÉRAL
ÉTAT-MAJOR GÉNÉRAL	

Au quartier-général, à Alger, le 11 avril 1842.

Soldats !

J'ai à vous signaler un fait héroïque qui, à mes yeux, égale, au moins, celui de Mazaghran : là, quelques braves résistent à plusieurs milliers d'Arabes; mais ils sont derrière des murailles, tandis que, dans le combat du 11 avril, 21 hommes, porteurs de la correspondance, sont assaillis en plaine, entre Bou-Farik et Mered, par 250 à 300 cavaliers arabes venus de l'Est de la Metidja. Le chef des soldats français, presque tous du 26ᵉ de ligne, était un sergent nommé *Blandan*.

L'un des Arabes, croyant à l'impossibilité de la résistance d'une si faible troupe, s'avance et somme Blandan de se rendre. Celui-ci répond par un coup de fusil qui le renverse. Alors s'engage un combat acharné : Blandan est frappé de trois coups de feu. En tombant, il s'écrie : « *Courage! mes amis! défendez-vous jusqu'à la mort!* »

Sa noble voix a été entendue de tous, et tous ont été fidèles à son ordre héroïque; mais bientôt le feu supérieur des Arabes a tué ou mis hors de combat *seize* de nos braves.

année, en tête des registres d'ordres du 26ᵉ d'infanterie, — régiment qui a conservé intact,

---

Plusieurs sont morts; les autres ne peuvent plus tenir leurs armes; cinq seulement restent debout. Ce sont Bire, Girard, Estal, Marchand et Lemercier; ils défendaient encore leurs camarades, blessés ou morts, lorsque le lieutenant-colonel Morris, du 4ᵉ de Chasseurs d'Afrique, arrive de Bou-Farik avec un faible renfort. En même temps, le lieutenant du Génie de Jouslard, qui exécute les travaux de Mered, accourt avec un détachement de 30 hommes. Le nombre des nôtres est encore très inférieur à celui des Arabes; mais compte-t-on ses ennemis quand il s'agit de sauver un reste de héros?

Des deux côtés, l'on se précipite sur la horde de Ben-Salem : elle fuit, et laisse sur la place une partie de ses morts. Des Arabes alliés lui ont vu transporter un grand nombre de blessés; elle n'a pu couper une seule tête; elle n'a pu recueillir un seul trophée dans ce combat, où, pourtant, elle avait un si grand avantage numérique.

Nous avons ramené nos morts, non mutilés, et leur avons donné les honneurs de la sépulture. Nos blessés ont été transportés à l'hôpital de Bou-Farik, entourés des hommages d'admiration de leurs camarades.

Lesquels ont le plus mérité de la Patrie, ou de ceux qui ont succombé sous le plomb, ou des cinq braves qui sont restés debout, et qui, jusqu'au dernier moment, ont couvert les corps de leurs frères? S'il fallait choisir entre eux, je répondrais : « Ceux qui n'ont point été frappés; » car ils ont assisté à toutes les phases du combat, dont le danger croissait à mesure que les combattants diminuaient, et leur âme n'en a point été ébranlée.

Mais je ne veux pas établir de parallèle; tous ont mérité que l'on gardât d'eux un éternel souvenir.

jusqu'à nos jours, le culte de son héros, — fit
connaître à l'armée la conduite héroïque de Blan-

Je compte parmi eux le chirurgien-sous-aide Ducros, qui,
revenant de congé, rejoignait son poste avec la correspondance. Il a saisi le fusil d'un blessé, et a combattu jusqu'à
ce que son bras eût été brisé.

Je témoigne ma satisfaction au lieutenant-colonel Morris,
qui, en cette circonstance, a montré son courage habituel,
tout en regrettant d'avoir mis en route un aussi faible
détachement.

Je la témoigne aussi à M. le lieutenant du Génie de Jouslard, qui n'a pas craint de venir, avec 30 hommes, partager
les dangers de nos 21 héros.

Voici les noms des 21 Français porteurs de dépêches;
l'armée doit les connaître tous. La France verra que ses
enfants n'ont point dégénéré, et que, s'ils sont capables de
grandes choses par l'ordre, la discipline et la tactique qui
gouvernent les masses, ils savent aussi, quand ils sont isolés,
combattre comme les chevaliers des anciens temps.

26ᵉ DE LIGNE.

Blandan, sergent, 3 blessures, mort.
Leclair, fusilier, une blessure, amputé de la cuisse.
Giraud, fusilier, 2 blessures, mort.
Élie, fusilier, 1 blessure, mort.
Béald, fusilier, 2 blessures.
Leconte, fusilier, 2 blessures, mort.
Zanher, fusilier, 1 blessure.
Kamachar, fusilier, 1 blessure, amputé de la cuisse.
Pérf, fusilier, 1 blessure.
Laurent, fusilier, 1 blessure.
Bournier, fusilier, 1 blessure, mort.
Michel, fusilier, 2 blessures.

dan, et sa glorieuse mort dans le combat de Mered, fait d'armes que le général Bugeaud clas-

---

LAHRICON, fusilier, 1 blessure, mort.
BIRE, fusilier, non blessé.
GIRARD, fusilier, non blessé.
ESTAL, fusilier, non blessé.
MARCHAND, fusilier, non blessé.

4e DE CHASSEURS D'AFRIQUE.

VILLARS, brigadier, 1 blessure.
LEMERCIER, chasseur, non blessé.
DUCASSE, chasseur, mort.

AMBULANCES DE L'ARMÉE.

M. DUCROS, chirurgien-sous-aide auxiliaire, 1 blessure, amputé du bras droit.

Le Lieutenant-Général, Gouverneur général de l'Algérie,
Signé : BUGEAUD.

Pour ampliation :
Le Colonel Chef d'État-Major par intérim,
DELMOTTE.

ARMÉE D'AFRIQUE

ÉTAT-MAJOR GÉNÉRAL.

SUPPLÉMENT A L'ORDRE GÉNÉRAL
du 14 avril 1842.

Au quartier-général, à Alger, le 17 avril 1842.

L'enthousiasme que m'a causé le fait d'armes qui est l'objet de l'ordre général du 14 avril, ne m'a pas permis d'attendre, pour le signaler à l'armée, un rapport circons-

sait au rang des plus beaux dont eût à se glorifier

tancié. Mais ces renseignements me sont parvenus, et je dois réparer les omissions involontaires que j'ai faites.

MM. *Corey*, lieutenant au 4e de Chasseurs d'Afrique, *de Breteuil*, sous-lieutenant au 1er, *Lacarde* et *Durun*, capitaines au 26e de ligne, et *Hippolite*, maréchal-des-logis au 1er de Chasseurs, se sont précipités dans la mêlée, un à un, à mesure qu'ils arrivaient. C'est en grande partie à leur élan généreux que l'on doit d'avoir sauvé les restes des vingt et un chevaliers qui, pendant une demi-heure, avaient soutenu seuls la lutte.

Le Lieutenant-Général, Gouverneur général de l'Algérie,
Signé : BUGEAUD.

Pour ampliation :
Le Colonel Chef d'État-Major par intérim,
DELMOTTE.

ARMÉE D'AFRIQUE

ÉTAT-MAJOR GÉNÉRAL

ORDRE GÉNÉRAL

Au quartier-général, à Alger, le 6 juillet 1842.

L'armée et les citoyens conserveront longtemps le souvenir de l'action héroïque des vingt braves commandés par le sergent Blandan, qui, le 11 avril dernier, entre Mered et Bou-Farik, préférèrent mourir que capituler devant une multitude d'Arabes. L'enthousiasme que produisit cette grande et belle action de guerre est encore dans toute sa force, et bien loin d'être éteint. Je ne veux pas chercher à le raviver davantage; mais il ne suffit pas de l'admiration des

l'armée d'Afrique depuis la conquête, c'est-à-dire dans une période de douze années.

Le général Bugeaud ayant décidé, à la date du 6 juillet 1842, qu'un monument destiné à perpétuer le souvenir de ce beau fait d'armes serait élevé sur le lieu même de l'action, des souscriptions furent ouvertes dans l'armée et dans la population civile pour en faire les frais. Lyon, la ville natale de Blandan, participa à cette souscription pour une somme de deux mille francs. Le Ministre

---

contemporains ; il faut encore la faire partager aux générations futures : elle multipliera les exemples de ces hommes qui préfèrent une mort glorieuse à l'humiliation du Drapeau de la France.

Quel serait le cœur assez froid pour ne pas se sentir électrisé en passant devant un monument élevé sur le lieu du combat, et où seraient retracés l'action et les noms des héros qui en furent les acteurs!

Ce mémorable combat ayant eu lieu sur notre principale communication, toute l'armée, tous les colons défileront fréquemment devant le glorieux monument : on s'arrêtera, on s'inclinera. Qui pourrait calculer ce que le sentiment éprouvé par tous produira de gloire pour la Patrie!

Pour élever ce monument, il s'est ouvert une souscription chez M. le chef d'escadron *Beauquet*, remplissant par intérim les fonctions de Chef d'État-Major général de l'Armée : c'est à lui que les corps, les officiers sans troupe, les fonctionnaires des diverses administrations, les citoyens devront adresser leurs offrandes.

Le résultat en sera publié par les journaux d'Alger.

Le Lieutenant-Général, Gouverneur Général,
Signé : BUGEAUD.

de la Guerre souscrivit par une subvention.

Il fut décidé que ce monument commémoratif serait une fontaine monumentale surmontée d'un obélisque. Cet obélisque devait porter une inscription rappelant en français et en arabe les noms des vingt-et-un héros de Mered, et le fait d'armes qui les avait immortalisés.

Ce monument, qui, nous l'avons dit, devait primitivement s'élever sur le lieu même du combat du 11 avril, c'est-à-dire au ravin de Mechdoufa, fut construit en 1844 au centre du village de Mered.

Le 27 avril, le général Changarnier fit une incursion dans le pays des Hadjouth; il en ramena encore plusieurs familles émigrées des Beni-Khelil.

Pendant l'absence du général Changarnier, le colonel Morris eut une très belle affaire, dans les environs de Bou-Farik, contre un fort parti de rôdeurs que le khalifa Ben-Salem avait lancé dans la Mitidja. Le colonel leur fit payer cher, dans cette rencontre, la tuerie de Mered.

Le 16 mai, le général Changarnier fit, avec le concours du colonel Reveu, qui commandait à Koléa, une course très fructueuse chez les Hadjouth.

Parce que la Mitidja s'éclaircissait un peu en ennemis, les colons de Bou-Farik croyaient pouvoir se relâcher des mesures de prudence dont l'oubli leur avait déjà pourtant coûté assez cher. Ainsi, les faucheurs ne se gardaient plus avec le soin nécessaire; ils laissaient leurs armes en faisceaux loin d'eux, et se mettaient ainsi dans l'impossibilité d'en faire usage en cas de surprise de la part de l'ennemi. Le lieutenant-colonel Morris, commandant supérieur de Bou-Farik, crut devoir, en rappelant ces imprudents colons à l'exécution des mesures de précaution qu'ils paraissaient avoir oubliées, leur donner de nouvelles instructions sur les dispositions à prendre lorsqu'ils auraient à repousser une attaque.

Ces instructions étaient conçues en ces termes :

Bou-Farik, le 21 mai 1842.

« Le lieutenant-colonel Commandant supérieur
« de Bou-Farik recommande aux faucheurs de ne
« jamais rester éloignés de leurs armes ; ils doi-
« vent toujours, au contraire, avoir leurs faisceaux
« près d'eux, et les rapprocher au fur et à mesure
« qu'ils avancent. MM. les propriétaires et chefs
« d'ateliers y tiendront strictement la main. Les
« chefs d'escortes sont autorisés à rentrer au Camp
« si cette consigne n'est pas observée. Un colon
« surpris par les Arabes et courant à son arme a
« l'air de fuir ; il encourage ainsi l'ennemi à fondre
« sur lui ; au contraire, s'il engage le feu le pre-
« mier, il tient l'ennemi en respect et préserve
« ses camarades.

« Si les Arabes se présentent en petit nombre,
« de dix à vingt, par exemple, il est inutile que
« les faucheurs se dérangent ; l'escorte éloignera
« l'ennemi avec quelques coups de fusil, et fera
« de suite prévenir au Camp ; mais s'il est nom-
« breux, il faut que les faucheurs, en attendant
« les secours, se placent lestement en bataille der-
« rière l'escorte sans courir ni crier.

« Le Camp tirera alors deux coups de canon :
« à ce signal, tout le monde prendra les armes et
« se portera sur les coups de fusil en ordre et au
« pas de course ; la cavalerie partira du Camp
« avec la réserve, ainsi que tous les postes, lesquels
« seront remplacés par les Ouvriers d'Administra-
« tion pour le Camp, et par les colons pour les
« barrières.

« Les troupeaux rentreront ; leur escorte se
« joindra à la réserve.

« Les premiers engagés attendront l'arrivée du
« Commandant supérieur pour agir offensivement ;
« jusque-là, on se contentera de se défendre en se
« couvrant d'un bois, d'un ravin, ou d'un fossé.

« Aussitôt que l'ennemi aura été repoussé, les
« travaux reprendront leur cours, et la garnison
« rentrera.

« Le lieutenant-colonel Commandant supérieur,

« L. MORRIS. »

Une expédition combinée entre le général Bugeaud et le général Changarnier amena, le 6 juin,
la soumission des Mouzaïa ; les Soumata, les Bou-
Alouan et les Beni-Menad, menacés de tous côtés,
prirent le lendemain la même résolution. Les Beni-
Salah, et les turbulents Hadjouth eux-mêmes, à
l'exception de quelques cavaliers qui allèrent rejoindre Abd-el-Kader, suivirent l'exemple des tribus voisines, et demandèrent enfin l'aman le 9 juin,
après douze années de guerre et de brigandage.

Le général Changarnier, chargé de l'organisation des tribus nouvellement soumises, s'occupa spécialement des Hadjouth, à qui l'on donna pour kaïd Sid Ali-ben-El-Kahl, de l'illustre et sainte maison de Sidi Ali-Mbarek, de Koléa.

XIII

La Mitidja pacifiée. — Abandon des idées d'occupation restreinte. — Coup d'œil rétrospectif. — Les victimes de la période militante de Bou-Farik. — Ses hommes de poudre. — Les derniers maraudeurs. — Situation de Bou-Farik en 1842. — Le Commissaire civil Toussenel quitte Bou-Farik. — Organisation des tribus soumises. — Ahmed-ben-Kaddour est nommé définitivement Kaïd du district de Bou-Farik. — Les Khachna et les Beni-Mouça sont rentrés sur leur territoire. — Délimitation du ressort du Commissariat civil de Bou-Farik. — M. Ch. Du Teil est nommé Commissaire civil de Bou-Farik. — Travaux et colonisation. — Les fourrages. — Le Marché. — La Milice. — Statistique. — Le général Bugeaud est nommé maréchal de France. — Mort de Sid Mohammed-ben-Allal. — Augmentation du territoire de Bou-Farik. — Population de Bou-Farik. — Travaux d'assainissement et de dessèchement dans la Metidja. — Travaux des routes. — Les établissements agricoles reprennent de la vie. — Dessèchement du marais de Soukaly. — L'état sanitaire s'améliore. — Le Marché. — Statistique. — Les sauterelles. — Création d'un centre de population à Sounda. — Construction d'une école et d'une église à Bou-Farik. — Nouvelle organisation de l'Administration algérienne. — Les Aïçaoua à Guerouaou. — Les plantations. — Les sauterelles. — Occupation du Col des Beni-Aaïcha. — L'Émir fait sa jonction avec son khalifa Ben-Salem. — Guerre active à l'Émir Abd-el-Kader. — M. de Lamothe-Langon est nommé Commissaire civil à Bou-Farik. — Bénédiction de l'église de Bou-Farik par l'Évêque d'Alger. — On commence la construction du caravansérail. — Le duc d'Aumale remplace le maréchal Bugeaud dans le Gouvernement général de l'Algérie. — Reddition de l'Émir Abd-el-Kader. — La mortalité en Algérie.

La torche de la guerre est enfin éteinte dans la Mitidja, et particulièrement entre le Harrach et la Chefla. Les Beni-Khelil, à l'exception de ceux qui ont émigré définitivement, sont rentrés dans leur pays; les Hadjouth sont soumis ; les gens de Ben-Salem sont fatigués d'une guerre qui leur rapporte plus de coups de sabre que de butin, et nos troupes se sont montrées au delà de la ligne de ceinture du Tell. La Mitidja, déblayée par l'épée, va pouvoir recevoir la charrue; les haouch vont se relever de leurs ruines, et se repeupler de ceux de leurs habitants qui n'ont point succombé sous le couteau arabe; les dessèchements, les défrichements, les plantations vont assainir, nettoyer et embellir cette plaine si merveilleusement riche, « *oumm el-glalin,* » *la mère des pauvres, l'ennemie de la faim,* comme l'appelaient les Arabes, du temps où il y en avait dans la Mitidja.

Quant à *l'obstacle continu,* on y a renoncé ; on a compris que le meilleur obstacle est la baïonnette de nos soldats, que s'enfermer dans des retranchements n'est pas une solution, et que l'occupation restreinte est une impossibilité. *Tout ou rien!* tel sera l'inflexible dilemme dans les termes duquel il faudra se renfermer et qui devra être pris pour programme, et il appartiendra au maréchal Gouverneur général Randon de le suivre imperturbablement, de le réaliser, et d'en faire sentir la vérité. Il ne faut point se le dissimuler, il y a incontestablement solidarité entre les Arabes du Tell et ceux du Sahra; un lien puissant, la religion, rattache et Telliens et Sahriens, et si nous tenons ceux-ci par le ventre, en revanche, ils tiennent ceux-là par la croyance religieuse. Il importe donc que les partisans de l'occupation restreinte — il y en a toujours — soient bien convaincus que l'idée, qu'elle soit politique ou religieuse, ne connaît point de frontières, qu'elle se rit de ce que nous appelons obstacles naturels ou artificiels, et que, pour elle, il n'y a jamais eu de Pyrénées. Ainsi, limiter notre occupation à la ligne de ceinture du Tell, ce n'est pas autre chose que revenir au fossé-obstacle de la Metidja, avec cette différence que nous le creusons un peu plus loin; mais le résultat serait exactement le même; nous savons d'ailleurs à présent ce qu'il faut penser de cette enceinte continue hérissée de blockhaus dans laquelle nous nous étions enfermés, et nous avons vu plus haut le cas qu'en faisaient les Hadjouth. En résumé, et il n'y a pas à sortir de là: vouloir la sécurité du Tell c'est vouloir l'occupation du Sahra.

L'état de guerre n'a point été favorable, tant s'en faut, au développement de Bou-Farik: couchés par la fièvre sur la paillasse de l'Ambulance, ou journellement debout derrière l'enceinte pour repousser, avec nos troupes, les attaques incessantes de l'ennemi ; bloqués, pour ainsi dire, dans les retranchements qui défendaient leur ville naissante, les colons ne pouvaient s'occuper ni d'agriculture, ni de colonisation, lesquelles ne sauraient progresser en dehors de la paix et de la sécurité. La période de 1835 à 1841 avait été particulièrement terrible pour la population civile de Bou-Farik : 38 colons avaient été enlevés par les Arabes, et 58 étaient morts en captivité, ou avaient été tués soit par surprise, soit dans des sorties aux environs de la place. Imprudemment confiants comme l'ont toujours été les Français, un grand nombre de ces malheureux payèrent de la vie leur fatale imprévoyance. Tous les jours embusqués dans les makis, dans les joncs, et souvent favorisés par un brouillard épais, les maraudeurs attendaient avec une patience féline que quelque imprudent soldat ou colon vînt se faire prendre dans leurs rets : caché derrière un buisson, l'Arabe s'élançait subitement sur sa victime, la terrassait et lui coupait le cou. C'est inouï ce qu'en Algérie, la passion de la chasse, entre autres, a donné de têtes de Chrétiens aux Arabes ! On était cependant parvenu, à Bou-Farik, à amoindrir en quelque sorte ce danger par l'emploi d'un télescope au moyen duquel un sous-officier, établi à l'observatoire du Camp-d'Erlon, fouillait, explorait la Mitidja. Quand des partis ennemis étaient aperçus rôdant dans la plaine, ce sous-officier en donnait immédiatement avis ; la ville était alors consignée pour tout le monde, et les pavillons étaient hissés.

Nous voulons donner ici les noms, ou, tout au moins, le nombre des colons de Bou-Farik qui furent enlevés ou tués par les Arabes pendant la période 1835 — 1841.

ANNÉES.	NOMS.	PRISONNIERS		TUÉS.	OBSERVATIONS.
		Troupe.	Colons et cantiniers.		
1835	Pic...............	"	1	"	En novembre, sur la route de Douéra.
1837	Faucheurs........	"	"	20	Le 2 juin, entre Bou-Farik et Bou-Ozab.
	Pasquier (père)...	"	1	"	En octobre, dans l'ouad Bou-Chemâla.
	Miquel...........	"	"	1	Sur la route de Douéra, en octobre.
1838	Dupont...........	"	1	"	
	Saulnier..........	"	1	"	En juin, dans les marécages de Sidi Abd-er-Rahman.
	Domingo..........	"	1	"	
	Delbecque........	"	"	"	
	Olivier...........	"	"	"	
	Elvin et un autre cantinier...........	"	"	2	Le 20 novembre, affaire de Sidi-Khalifa.
1839	Hermann..........	1	"	"	Le 20 novembre, dans l'ouad Bou-Chemâla.
	Laurans...........	1	"	"	Laurans a réussi à s'échapper.
	Simon (François).	"	"	1	Le 29 novembre, dans sa maison.
	Menestrier........				
	Flad..............				
	Hechtel...........				
	Nicolas (Louis)...				
	Alphonse.........				
	Victor............				
	Decourt..........				
	Petit (Jean).......				
	Oswald...........	"	1	"	
	Patin.............	"	1	"	
1840	Divers colons.....	"	3	"	Ces colons ont été enlevés ou tués soit isolément, soit par groupes : 17 d'entre eux ont été pris, dans les premiers jours de mai, aux environs de Bou-Amrous, où ils faisaient des foins.
	Joulian (Martin)..	1	"	"	
	Pillac.............	1	"	"	
	Allot.............	1	"	"	
	Foux (père et fils).	2	"	"	
	Landry...........	1	"	"	
	Amédée...........	1	"	"	
	Claude............	1	"	"	
	Augis.............	1	"	"	
	Jean (Marie)......	1	"	"	
	Harendorf (Charles)	1	"	"	
	Mirabet (frères)...	"	"	2	Le 13 juin, au Rond-Point.
	Miliciens.........	"	"	8	Dans l'affaire du 13 juin.
	Lambry (frères)...	"	"	2	Le 25 novembre, au sud de la ville.
	Falga.............	1	"	"	En mars, aux abords de Bou-Farik.
1841	Nambotin.........	1	"	"	En mars, sur la route de l'ouad El-Allaïg.
	Laurans...........	1	"	"	Prisonnier pour la seconde fois.
	TOTAUX......	16	22	36	

A présent que nous venons de mettre sous les yeux du lecteur le long martyrologe des premiers colons de Bou-Farik, nous allons dire les noms de ceux qui, durant la période 1835 — 1842, se montrèrent braves parmi les braves soit en défendant leurs foyers menacés, soit en coopérant avec l'armée aux expéditions qui eurent lieu autour de leur cité naissante. Il ne faut point laisser tomber dans l'oubli les noms de ces intrépides pionniers des premiers âges de la Colonisation, de ces vaillants paysans toujours prêts pour le danger et pour les entreprises périlleuses, et qui, sous la blouse du colon, portaient un cœur de soldat.

Nous citerons particulièrement, parmi ceux dont la réputation de bravoure et de dévouement est restée dans les souvenirs des vieux colons de Bou-Farik :

Laurans et sa femme, de Bou-Ogab.
Chalancon père et fils,
Orssaud,
Oustri père et fils,
Darbou,
Bertrand (Bazile),
Lacourreye,
Potabès,
Bender,
Burger (Christian),
Joulian (Martin),
Rabaste,
Nambotin (Balthazar),
Delpech (Arnaud).

Bien que la paix fût faite dans la Mitidja, que

les turbulentes tribus de l'ouest et du sud de Bou-Farik nous eussent apporté leur soumission, il restait pourtant encore quelques fanatiques de butin qui avaient résolu de continuer la guerre sainte pour leur compte. En effet, en *désillégalisant* le vol et le pillage, l'état de paix ruinait leur industrie; ils ne pouvaient, en conscience, accepter une situation si désavantageuse pour leurs intérêts. Ils persévérèrent donc dans l'état de guerre, mais en ne s'attaquant toutefois qu'aux chevaux et au bétail; il leur arrivait bien, de temps en temps, de tuer un isolé qui avait mis de la mauvaise volonté à se laisser dépouiller; mais c'était là l'exception.

Les voleurs de chevaux firent longtemps d'excellentes affaires autour de Bou-Farik, et ils exerçaient leur profession avec tant d'habileté, que ce fut toujours en vain que soldats et Miliciens leur tendirent des embuscades. L'insuccès de ces derniers fit passer de mauvaises heures au Commissaire civil Toussenel, d'autant plus qu'ayant fait confier cette entreprise à des hommes déterminés, il pouvait espérer qu'ils réussiraient là où nos soldats avaient échoué.

Néanmoins, Bou-Farik va se faire; mais il aura encore à lutter; car il a seulement changé de fléau, et si ses colons n'y meurent plus par le feu ou par le fer de l'ennemi, ils y succomberont empoisonnés par les mortelles exhalaisons provenant des eaux stagnantes et des terres remuées : aux sept années de combat avec les Arabes, il faudra ajouter douze années de lutte avec le sol, et cette seconde période sera plus meurtrière encore que la première.

Voici d'ailleurs ce que dit Toussenel du pays qu'il administre : « En 1842, Bou-Farik était la localité la plus mortelle de l'Algérie : les visages des rares habitants échappés à la fièvre pernicieuse étaient verts et bouffis. La paroisse change trois fois de prêtre en un an ; l'église est fermée. Tout le personnel de l'Administration civile et militaire a dû être renouvelé. Il périt cette année-là 92 personnes de la maladie du climat sur une population de 300 habitants. »

A la suite d'un conflit avec l'Autorité militaire, M. Toussenel quitte Bou-Farik dans le courant de l'année. M. Anténor de Rosières est chargé intérimairement des fonctions de Commissaire civil.

Pendant les mois de juillet et d'août, les troupes du général Changarnier furent employées à ouvrir une route dans l'étroite vallée de la Cheffa pour établir, entre la Metidja et Médéa, une communication moins pénible que celle par le col des Mouzaïa.

On réunit en aghaliks, au mois de juillet, les tribus qui s'étaient soumises au général Changarnier.

L'aghalik des Hadjouth comprit cette tribu et celles dont elle est le centre. Abd-er-Rahman-ben-Thifour en fut nommé le chef.

La paix étant faite dans l'ancien outhan des Beni-Khelil, le Gouverneur général songea à rétablir le kaïdat de ce district, resté vacant depuis le mois de novembre 1839.

Le général Bugeaud jeta tout naturellement les yeux sur Ahmed-ben-Kaddour-El-Guerouaoui, qui, déjà, avait été nommé kaïd en 1840 par le maréchal Valée. Le Gouverneur général confirma cette nomination le 3 septembre, et Ahmed-ben-Kaddour vint s'établir à Guerouaou.

L'Est de la province d'Alger était toujours gouverné, au nom de l'Emir, par son khalifa du Sebaou, Ben-Salem. Les Beni-Mouça et les Khachna étaient rentrés en assez grand nombre sur leur territoire, et avaient accepté de nouveau notre administration. Mais tout ce qui était au-delà du pays de ces deux tribus vivait complètement en dehors de notre influence. A la suite d'une expédition que fit dans l'Est le général Bugeaud, Omar-ben-Mohy-ed-Din, qui avait abandonné Ben-Salem, dont il était l'agha, fut nommé khalifa du Sebaou.

A partir de cette époque, Bou-Farik n'a plus d'histoire, d'histoire retentissante, voulons-nous dire; à partir de ce moment, cessant de s'essouffler à l'occasion de ce point central de la lutte, la Renommée peut suspendre ses trompettes au râtelier. Les fusils se sont tus, l'incendie s'est éteint, les prédicateurs de guerre sainte sont morts, ou ils ont été rejetés par-dessus le Petit-Atlas avec les pillards, les coupeurs de route, et le reste de ces cavaliers que nous nous sommes obstinés à appeler des Hadjouth. La Metidja est balayée, déblayée; il ne reste plus qu'à la nettoyer, à relever ses haouch ruinés, à la peupler d'Européens, et à la fouiller à fond pour y trouver les richesses qu'elle renferme.

L'histoire de Bou-Farik ne sera donc plus désormais que celle de sa Colonisation, de ses luttes avec le sol. Nous verrons la cité, chenille encore, passer par toutes ses métamorphoses avant d'arriver à l'état de chrysalide et de papillon ; nous assisterons à toutes ses transformations, à son fabuleux développement.

Si ce qui va suivre n'a plus l'intérêt dramatique des sept premières années, il aura, en revanche, celui plus positif, plus consolant, de la marche progressive de la Colonisation ; nous assisterons au spectacle des luttes pacifiques de l'agriculture ; nous en couronnerons les vainqueurs ; nous verrons s'élever le niveau moral par l'extension qui sera donnée à l'instruction ; nous serons les témoins de la guérison miraculeuse de cette population enfiévrée ; nous la verrons renaître, s'accroître, et rapidement prospérer, ainsi que cela se passe habituellement chez les peuples qui n'ont plus ou point d'histoire.

Un arrêté du 21 décembre portait délimitation du ressort du Commissariat civil de Bou-Farik. Il était ainsi conçu pour ce qui concernait cette localité :

« Art. 2. Le ressort du Commissariat civil de Bou-Farik a pour limites, savoir :

« Au sud, les limites nord du ressort de la Justice de Paix de Blida.

« A l'ouest, les limites de l'arrondissement des tribunaux de première instance et de commerce d'Alger, à partir du point où vient aboutir, sur la Cheffa, le chemin de Bou-Farik à Miliana, au lieu appelé Souk Es-Sebt, jusqu'au confluent de la Cheffa avec l'Ouadjer.

« Au nord, une ligne tirée de ce dernier point au lieu dit Ben-Châban ; de Ben-Châban à Sidi-Aïd, et de Sidi-Aïd à la rive gauche de l'ouad El-Harrach, à la hauteur du haouch Mimouch.

« A l'est, et à partir de ce dernier point, la rive gauche d'El-Harrach jusqu'au Camp de ce nom exclusivement. »

Par arrêté ministériel du 25 décembre, M. le baron Ch. du Teil était nommé Commissaire civil à Bou-Farik.

Nous allons énumérer succinctement les travaux qui se sont exécutés dans l'intérieur de Bou-Farik pendant l'année 1842, et les diverses mesures dont son territoire a été l'objet pendant cette même période.

Bou-Farik a été remis, dans le courant de l'année, à la Direction de l'Intérieur par la Direction des Finances, et soumis au régime de l'arrêté du 18 juin 1841.

Son territoire s'est accru de 72 hectares, 78 ares, 70 centiares.

Les travaux d'assainissement de la ville ont été continués.

On a construit, pendant l'année, un presbytère, douze maisons, un four à chaux, trois briqueteries, une fabrique d'eau gazeuze, une baraque et un lavoir pour la buanderie. Le puits de l'Hôpital a été approfondi.

On a établi dans l'ouvrage à cornes du sud (au

Haouch Ech-Chaouch), un parc aux bœufs pour 400 têtes.

M. Nicaise (Charles), un marin qui fit le tour du monde, un savant dans les sciences naturelles qu'appréciait fort Toussenel, et qui s'est fait colon à Bou-Farik parce qu'il en pressentait l'avenir, M. Nicaise, disons-nous, crée dans cette localité un Jardin d'étude, où il acclimate les plantes exotiques les plus rares et les plus variées.

Les colons possesseurs de lots ruraux se sont constitués, le 1ᵉʳ mai, en société, sous la direction du Commissaire civil Toussenel, pour la récolte et l'exploitation des fourrages de Bou-Farik.

Les colons ont livré 35,228ᵏ 32¹ de foins à l'Administration, à raison de 10 francs le quintal métrique.

Les Arabes reparaissent sur le Marché de Bou-Farik. Les tribus qui l'ont fréquenté pendant le 2ᵉ trimestre sont, notamment, celles du Tithri, les Ouamri, les Soumata, les Beni-Sliman, les Beni-Otsman, et des gens appartenant aux districts de Douéra et de Bou-Farik. Les Beni-Sliman ont amené des bestiaux, et les Beni-Otsman ont apporté des sangsues, des fruits verts et du blé.

Les achats des indigènes portent sur les épiceries, les tissus de soie (foulards et écharpes), les étoffes de coton, en partie de fabrique française, et sur de menus objets de quincaillerie. Ces achats ne se sont pas élevés à plus de 4 à 500 francs par marché.

Pendant ce 2ᵉ trimestre, il a paru sur le marché 7,524 bœufs, 12,162 moutons ou chèvres, 1,189 volailles, 1,499 hectolitres de blé, 999 hectolitres d'orge, 23 hectolitres de fèves. Pendant la même période, le Marché avait été fréquenté par 21,545 Arabes ou Kabils.

Tout portait donc à croire que le Marché de Bou-Farik allait rapidement reprendre l'importance qu'il avait perdue depuis la reprise des hostilités.

M. Fenech est nommé Secrétaire du Commissariat civil de Bou-Farik le 25 janvier 1843.

Un arrêté du 1ᵉʳ avril crée à Bou-Farik, et indépendamment du Marché arabe, un marché destiné à la vente des légumes et de toute espèce de denrées.

Au 31 mars, la Milice se composait d'une Compagnie à l'effectif de 3 officiers, 8 sous-officiers, 12 caporaux, 213 Miliciens et un tambour. Cette Compagnie faisait partie du 5ᵉ Bataillon. Elle fournissait un poste de 1 caporal et 12 Miliciens.

Au 1ᵉʳ octobre, le nombre des concessions urbaines s'élevait à 263 : 192 lots avaient été distribués, et, sur chacun d'eux, s'élevait une maison en maçonnerie. Sur 729 lots ruraux, 663 avaient été distribués, 198 parcelles avaient été mises en culture, et 120 hectares avaient été défrichés et ensemencés.

M. Girard (1), l'un des premiers concessionnaires

---

(1) M. Girard, aujourd'hui décédé, a été longtemps le doyen des colons de Bou-Farik, où il arrivait en 1835, l'année de la fondation du Camp-d'Erlon.

M. Girard, qui a été lieutenant de la Milice pendant la période militante, appartenait à cette rude et forte race de colons qui a su se tenir ferme aussi bien devant l'ennemi, que devant les misères et les maladies des premiers temps de l'occupation de Bou-Farik.

de Bou-Farik, a fait bâtir l'hôtel Mazaghran, établissement que notre grand peintre africain, Horace Vernet, le colon du haouch Ben-Koula, rendit célèbre par les nombreux séjours qu'il y fit.

A cette même date du 1er octobre, la population se décompose de la manière suivante :

```
Hommes..........................  303 )
Femmes.........................  135 ) 504 )
Enfants........................   66 )       559
Domestiques et ouvriers........   55 )
```

Bou-Farik s'assainit, et la mortalité qui, pendant quelques années, y a été d'un cinquième, tend beaucoup à diminuer, et à tel point, que M. le Directeur de l'Intérieur s'exprime ainsi dans une dépêche datée du 5 octobre :

« L'état sanitaire a dépassé toutes les espérances ; on ne doute pas que les travaux d'assainissement et de plantations effectués dans l'intérieur de la ville, la culture des terres, l'entretien régulier des prairies et l'accroissement de la population, ne parviennent, en se combinant avec les dessèchements par l'Administration dans la plaine, à assurer de plus en plus à Bou-Farik les conditions de salubrité, dont l'absence a d'abord été si funeste à son énergique population. »

Depuis la cessation des hostilités, l'attention des Européens s'est reportée sur Bou-Farik ; de nouvelles constructions y ont été élevées, et la culture des terres y a été reprise. La récolte des foins, qui a été, en 1842, de 40,000 q. m., y a jeté 400,000 fr.

De nombreuses demandes de concessions sont faites, et le Ministre a décidé que 3 à 400 hectares à prendre au sud, vers la montagne, seraient ajoutés à l'ancien territoire, qui comprend 729 hectares, dont 663 concédés. Enfin, bien que Bou-Farik soit une création isolée, cette petite ville ne s'en développe pas moins d'elle-même, grâce surtout à sa situation, à la fertilité de son territoire, à l'amélioration de son état sanitaire et à l'énergie de sa population.

A la suite de ses vertigineuses opérations dans les provinces d'Alger et d'Oran, le lieutenant-général Bugeaud était élevé, le 31 juillet, à la dignité de maréchal de France.

Sid Mohammed-ben-Allal, cet intrépide khalifa de l'Emir que nous connaissons, et son meilleur lieutenant, était tué, le 11 novembre, à la suite d'un combat désastreux pour ses troupes, que lui avait livré le colonel Tempoure sur l'ouad El-Khacheba, dans la province d'Oran. Sid Mohammed-ben-Allal appartenait, nous le savons, à la sainte et puissante maison des Oulad Sidi-Ali-Mbarek de Koléa.

Il était créé, le 4 décembre, une seconde Compagnie de Milice à Bou-Farik. On y organisait, en même temps, une section de Sapeurs-Pompiers : M. Lapeyre en était nommé le lieutenant, et M. Bardin le sous-lieutenant.

Il était fait annexion au territoire de Bou-Farik, le 31 décembre, du haouch Goreïth et d'une partie du haouch El-R'eraba, formant ensemble une superficie de 717 hectares ; cette augmentation porte à 1525 hectares l'étendue du territoire de la Commune.

Les colons ont livré, cette année, à l'Administration 15,000 k. de foins à 7ᶠ,62 le quintal métrique, opération qui leur a rapporté 114,300 fr. Ils ont gardé en réserve 11,500 k. à 9 francs, c'est-à-dire une valeur de 103,500 francs.

Tous les arbres morts ont été remplacés: il a été fait, en outre, de nouvelles plantations sur quatre grands carrés restés vides, et le long de la route qui conduit à Alger. Il a été planté, pendant l'année, 1810 arbres nouveaux.

La paix redonne de la vie au Marché arabe; les tribus qui le fréquentent viennent principalement de la province de Tithri, quelques-unes des environs de Miliana. Les tribus qui y apportent des denrées sont celles du Djendel, des Rir'a, des Beni-Zougzoug, des Soumata, des Beni-Menad, des Beni-Mnaceur, des Kherraza, et celles des environs de Douéra et de Bou-Farik. Les achats faits par les indigènes pendant l'année ne s'élèvent guère qu'à 30,000 francs ; ils consistent principalement en étoffes de coton, tissus de soie, et menus objets de quincaillerie française. Ces ventes se font principalement par des Mores et par des Juifs de Blida.

Au 31 décembre, la population était de :

Français.................... 592
Étrangers .... 149 } 741
Indigènes (Arabes, Juifs, Nègres).. 105 } 816

Pendant l'année 1843, Bou-Farik a compté :

```
Naissances...........................  14
Décès...............................  42
```

« En 1843, dit Toussenel, la population de Bou-Farik a presque doublé, et le chiffre des décès n'atteignit que 42, c'est-à-dire 1/17e. Pour obtenir ce résultat, proclamé d'avance impossible, il a suffi de quelques saignées, qui ont converti des eaux stagnantes et emprisonnées en eaux vives et courantes. Tout le secret de l'assainissement de Bou-Farik est là, et dans la grande quantité de plantations que faisaient déjà les colons et l'Administration. »

Un plan général de desséchement de la Metidja ayant été adopté pendant l'année 1843, on en avait aussitôt entamé sérieusement les travaux.

Ce fut une besogne extrêmement pénible et surtout fort dangereuse : obligés de se frayer un chemin au travers d'un inextricable fouillis de joncs et de roseaux, assis sur des fondrières au fond desquelles disparurent plusieurs ouvriers, empoisonnés par les exhalaisons miasmatiques des marécages ; les jambes enflées par suite de leur séjour continuel dans l'eau et dans la vase, les malheureux qui furent employés à ces travaux de condamnés y laissèrent sinon la vie, du moins la santé, qu'ils ne purent jamais recouvrer complètement.

On parvint pourtant à régulariser, à élargir, à approfondir les cours d'eau servant d'exutoires à ces marais, et c'est une tâche qu'il fallut accomplir dans chacun des grands bassins qui divisent la plaine, puisque la cause de ces inondations partielles existait dans toute son étendue.

Des travaux considérables de desséchement furent entrepris dans El-Merdjia, c'est-à-dire dans les parties nord et ouest du territoire de Bou-Farik ; de nombreuses saignées jetèrent les eaux dormantes dans les cours d'eau. C'est ainsi que les ouad Bou-Farik et Tlata servirent de véhicule aux eaux stagnantes d'El-Merdjia. Un grand fossé d'écoulement versa dans l'ouad Bou-Farik les eaux qui inondaient la partie nord de la ville ; l'ouad Bou-Chemàla entraîna celles de l'est de l'enceinte.

Tous ces travaux furent très savamment conçus et fort habilement dirigés par le Génie militaire chargé de l'importante, difficile et dangereuse mission de créer Bou-Farik, et cette ville ne saurait, sans ingratitude, oublier les noms des lieutenants Renoux et Genet.

La tranquillité la plus parfaite régnait en Algérie quand s'ouvrit l'année 1844. Pendant ses trois premiers mois, les troupes ne furent employées qu'à ouvrir des routes ; elles continuèrent leurs anciens travaux et en commencèrent de nouveaux.

Bou-Farik est essentiellement en progrès ; les concessions y sont très demandées : au mois de janvier, sur 295 lots à bâtir, 272 ont été distribués. 334 lots de culture ont été concédés ; 250 hectares défrichés.

Les plantations se continuent activement. Les

mûriers croissent avec une rapidité incroyable.

La ville renferme 259 maisons ou baraques, qui se divisent de la manière suivante :

En maçonnerie.................. 219)
En pisé........................ 25 } 259
En bois........................ 15)

A la même date de janvier, il avait été fait 185 concessions définitives dans l'intérieur de l'enceinte.

Une décision ministérielle du 22 avril crée un Dépôt de 16 étalons dans une partie des bâtiments du Camp-d'Erlon. Une installation y a été faite en vue de cette nouvelle affectation.

Dans la Mitidja, quelques établissements agricoles, abandonnés par suite de la reprise des hostilités en 1839, reprennent de la vie ; le plus considérable est, sans contredit, celui de Soukaly, dont la contenance est de 403 hect. 80 a. 70 cent. Il est fait concession de ce haouch, par acte du 29 juillet 1854, à M. Borély La Sapie, à la condition d'y fonder une vaste exploitation agricole et un hameau de 20 familles.

M. Borély La Sapie s'est immédiatement occupé du desséchement du vaste marais de Soukaly. Ce travail, qui a été l'œuvre de deux mois, a consisté dans l'ouverture de deux canaux ou grands fossés, et de huit fossés secondaires ou petites saignées. Le desséchement achevé, ce marais a été aussitôt ensemencé.

On met à l'étude la création d'un village à la

redoute de Sidi-Khalifa; mais il n'est pas donné suite à ce projet.

Il est créé une pépinière de 26 hectares sur des terrains dépendant du Camp-d'Erlon. Quelques-uns des bâtiments militaires de ce Camp sont affectés aux besoins de cet utile établissement.

Un pharmacien militaire distingué, M. Claude, établit à Bou-Farik des viviers à sangsues.

Ces précieux annélides, qu'on était obligé de tirer de France, revenaient à un prix exorbitant. Cet officier de santé exploite aussi, pour l'Administration militaire, le travail des abeilles : 100 ruches lui ont donné cette année 1400 kilog. de miel.

Il est créé, à la date du 6 septembre, un débit de papier timbré à Bou-Farik.

Bou-Farik se développe surtout depuis l'occupation de Blida. C'est le rendez-vous des faucheurs de la plaine. La récolte des foins jette beaucoup d'argent dans le pays : les colons en ont livré à l'Administration, au prix de 8^f,95 le quintal métrique, pour 71,895^f,35 cent., et ils en ont gardé en réserve pour 173,400 francs. C'est une précieuse ressource en attendant que la grande culture ait pris toute son extension.

Bou-Farik se fait de jour en jour : les rues sont nivelées et empierrées en partie ; quatre canaux d'irrigation, d'un développement de 3771 mètres, traversent la ville du sud au nord ; on a jeté des ponceaux sur les ruisseaux pour rendre les rues praticables ; les eaux sont abondantes et salubres : ce serait à cette abondance même qu'il faudrait attribuer, dit-on, l'absence de fontaines. Les bas-fonds à eaux stagnantes qui existaient dans l'intérieur de l'enceinte ont été desséchés et comblés par le service des Ponts-et-Chaussées, et les anciens colons commencent déjà à regretter le *bon temps* où ils pouvaient tirer de leur fenêtre des bécasses et des canards. On a paré à l'inconvénient que présente le terrain marécageux sur lequel est assis Bou-Farik, en donnant aux fondations 25 centimètres au moins d'élévation au-dessus du sol.

Le Marché est, sans contredit, le plus fréquenté de tous ceux de la Province. Son importance commerciale tient surtout aux échanges que font les tribus entre elles. Bou-Farik n'est encore, à proprement parler, qu'un Marché indigène. Les tribus du Tithri, celles des environs de Miliana et de l'Est de la province d'Alger, s'y réunissent, comme avant l'occupation, pour échanger les divers produits qui leur sont propres. Les transactions commerciales avec les Européens ne viennent qu'en seconde ligne, et, en général, nos produits ne trouvent qu'un très faible écoulement sur ce Marché. Il s'y fait pourtant un grand commerce de bestiaux pour l'approvisionnement d'Alger et de tous les centres environnants. Le nombre des Arabes qui l'ont fréquenté pendant l'année s'élève à 104,560.

L'état sanitaire s'améliore : le mouvement de l'hôpital pendant l'année a été le suivant :

Malades
- entrés.................. 1017
- sortis................... 971
- morts.................. 46

La population de Bou-Farik qui, au 31 décembre, est de 1370 habitants, se décompose en :

Français .... 890 } 1370
Étrangers 480

Ce chiffre se divise lui-même en :

Hommes 950
Femmes .... 236 } 1370
Enfants 184

La moyenne des décès pendant l'année a été de 1/13°.

Au 31 décembre, la Milice se compose de deux compagnies de Chasseurs et d'une section de Pompiers. Son effectif est de : 8 officiers, 19 sous-officiers, 26 caporaux, 264 Miliciens, 1 tambour.

M. Pelatan a remplacé M. Orssaud dans le commandement de la Milice.

Un arrêté du Gouverneur général, en date du 1er février 1845, rend la culture obligatoire dans le territoire de Bou-Farik. Cette zone de Colonisation est limitée par une ligne générale passant, à l'ouest, en dehors des propriétés domaniales, par les haouch Ben-Khelil et Ben-Salah, englobant, au nord, les haouch Ben-Eth-Thaïba et Er-Roumily et le blockhaus de ce nom ; à l'est, Soukaly et dépendances et le haouch R'ilan ; au sud, les haouch El-R'eraba et Abziza.

Il était créé, par décision ministérielle du 12 avril, un service médical de colonisation. Le médecin chargé de ce service, lequel est rétribué par l'Administration, doit ses soins aux malades indigents de sa zone médicale.

Après la guerre, un autre fléau, amené par l'extrême sécheresse de l'hiver 1844—1845, venait s'abattre sur nos Possessions, et particulièrement sur la Mitidja. Dans les premiers jours de mars, une nuée de criquets formant un banc d'environ quatre lieues de longueur sur trois cents mètres de largeur, et d'une épaisseur considérable, pénètre dans le Tell et l'envahit du sud au nord. Le 3 mars, cet affreux défilé dure deux heures.

En juillet, une nouvelle invasion, arrivant du Sud en colonnes épaisses, vint s'abattre au pied du Petit-Atlas, et, de là, se répandit dans la Mitidja, où se manifesta plus tard une éclosion formidable. Les ravages furent considérables.

Une ordonnance du 20 septembre prescrivait la formation d'un centre de population à Soumâa, point situé à 7 kilomètres sud de Bou-Farik, au pied de l'Atlas, sur la route reliant Blida au Fondouk.

Une découverte de minerai avait été faite dans les environs de ce futur village.

Bou-Farik et Soumâa, son annexe, sont reliés, dans le courant de l'année, par une voie de communication.

On entreprend, à Bou-Farik, la construction d'une école avec logement pour un instituteur. Cet établissement s'élève près de l'ancienne Ambulance, transformée en église depuis 1839.

Le 2 novembre, l'Évêque d'Alger, M. l'abbé Dupuch, posait la première pierre de l'église de

Bou-Farik, sur l'emplacement même qui, le 26 avril 1840, avait été désigné par le duc d'Orléans pour recevoir cet édifice religieux.

Une ordonnance royale, en date du 15 décembre 1845, donne une nouvelle organisation à l'Administration générale de la Colonie. Le maréchal Bugeaud avait réussi à faire avorter le projet de l'introduction en Algérie du dualisme administratif, combinaison qui, d'ailleurs, n'était pas nouvelle, puisqu'elle n'était autre que celle qui, en 1832, avait fait placer l'Intendant civil Pichon à côté du duc de Rovigo. L'opposition du Gouverneur général à cette résurrection amena, entre le Ministère et lui, une transaction dont le résultat fut la création d'un Directeur général des Affaires civiles, intermédiaire officiel entre le Gouverneur général et les chefs des divers services. M. Blondel fut appelé à remplir cette haute fonction.

La partie de l'Algérie soumise à notre domination était, par la même ordonnance, divisée en territoires civils, mixtes et arabes.

On a rédigé le projet de construction d'un caravansérail. L'emplacement choisi pour son établissement sera le Marché arabe.

Il a été établi une voie de communication qui relie Bou-Farik à Soukaly en absorbant les marais qu'elle traverse. Des plantations de saules ont été faites par les soins du concessionnaire sur les bords des fossés de dessèchement de ce dernier établissement. Ceux du haouch R'ilan ont été également plantés d'arbres de même essence. Grâce à l'énergique activité de M. Borély La Sapie, 200 hectares sont déjà en culture sur le territoire de Soukaly. Ce terrain était encore couvert, il y a deux ans à peine, d'eaux vaseuses en hiver, de joncs et de roseaux à l'état de décomposition, et de détritus végétaux de toute espèce.

Plusieurs haouch commencent à se produire comme exploitations agricoles; ce sont le haouch Ech-Chaouch, le haouch et le moulin Er-Roumily, et la propriété Grisolles (Étienne), sur le haouch Bou-Amrous.

Ahmed-ben-Kaddour, kaïd des Beni-Khelil, donne, dans son haouch de Guerouaou, une fête qui se termine par une curieuse séance des pratiques des Aïçaoua. Théophile Gautier, et M. Bourbaki, du Bureau arabe de Blida, assistent à cet étrange spectacle, dont l'illustre écrivain fait, dans son style éclatant, une peinture extrêmement saisissante et vraie.

Le Marché devient de plus en plus important par le nombre des Arabes qui le fréquentent et par les transactions qui s'y font : 156,824 Arabes y ont paru pendant l'année, ce qui donne une moyenne de 3000 indigènes par marché. On y a amené, pendant la même période, 28,000 bœufs et 50,580 moutons.

Grâce aux nombreuses plantations qui s'y font et aux desséchements qu'y opère le service des Ponts-et-Chaussées, l'état sanitaire de Bou-Farik devient de jour en jour meilleur; la ville n'a plus cet aspect morne et désolé d'autrefois. Les particuliers y ont fait une immense quantité de plantations; on n'y compte pas moins de 150,000 pieds d'arbres.

Les plantations publiques faites par les soins de l'Administration s'élèvent, au 31 décembre, à 3820 arbres comprenant les essences suivantes :

Platanes...................	105
Mûriers...................	2460
Peupliers d'Italie............	820
Saules....................	250
Azédarachs...............	90
Peupliers blancs............	25
Ormes....................	60
Vernis du Japon, ou Aïlantes....	10

Total : 3820

Les colons ont livré à l'Administration 27,240 k. de foins.

Au 31 décembre, la population de Bou-Farik est de 1928 habitants. Elle se décompose ainsi qu'il suit :

Français.. 1100 } 1928   Hommes. 1223
Étrangers. 828 }   Femmes. 340 } 1928
                          Enfants.. 365

Au printemps de 1846, une nouvelle invasion de sauterelles, de l'espèce dite *calliptamus*, fondait sur le pays et y causait de grands ravages.

La première espèce, celle des acridiens-pèlerins, s'était attaquée au vert; la seconde complète l'œuvre de destruction en dévorant le sec.

Ces terribles visiteuses disparurent sans qu'il fût possible de savoir ce qu'elles étaient devenues. On suppose qu'elles avaient regagné d'instinct le Sahra, leur patrie.

L'insurrection de 1845—1846 ne se fit point sentir directement dans notre zone de Colonisation;

elle ralentit cependant par contre-coup la marche et le progrès de l'œuvre que nous poursuivions ; elle montrait, au reste, que la sécurité n'était pas encore faite, et que le temps n'était pas venu de remettre l'épée au fourreau. D'ailleurs, l'Emir, qui avait été rejeté dans le Sahra, cherchait à rentrer dans le Tell et à se rapprocher de Ben-Salem, son khalifa du Sebaou. On acquit même la certitude qu'il était entré en relations non seulement avec ce dernier, mais encore avec Bou-Chareb, du Djebel-Dira. Dès lors, le maréchal Bugeaud avait pensé que l'Emir pourrait essayer de faire par l'Est une pointe dans la Mitidja. Entre autres mesures, le Gouverneur général prescrivit, dans les premiers jours de 1846, au général de Bar, qui commandait à Alger pendant son absence, de faire occuper le Col des Beni-Aaïcha par le général Gentil, et de tenir deux bataillons de la Milice algérienne prêts à marcher au premier ordre.

L'Emir fit en, effet, sa jonction avec Ben-Salem ; mais ce dernier ayant été battu sur l'Iser, dans la nuit du 6 au 7 février, par le général Gentil, Abd-el-Kader, qui était dans le camp de son khalifa au moment où il fut surpris, et qui y courut le danger de tomber entre nos mains, renonça dès lors à son projet de descente dans la Mitidja et s'enfonça de nouveau dans le Sud.

Nous allions commencer sérieusement cette impitoyable chasse à l'Emir ; nous entamions cette poursuite ardente qui ne devait se terminer que par la reddition de cet homme extraordinaire. Devenues aussi mobiles que les siennes, nos troupes allaient l'atteindre dans ses lieutenants et les défaire en détail. Encore quelques mois, et ses railleries sur notre lourdeur seront sans valeur, et il ne pourra plus dire : « Les Infidèles ne font que suivre les routes comme des muletiers ; leurs lourdes armées ne campent que sur nos campements abandonnés, et elles n'y trouvent que des cendres et des puces. »

Par arrêté du 14 février 1816, M. de Lamothe-Langon remplaçait le baron Ch. du Teil dans les fonctions de Commissaire civil de Bou-Farik.

M. Verlhac était nommé, le 9 mars, Secrétaire du Commissariat civil.

Le Ministre de la Guerre prescrivait, à la date du 27 juillet, la vérification des titres de concessions délivrés aux colons de Bou-Farik.

L'État fournissait aux colons qui en avaient fait la demande des matériaux pour la construction des maisons, ainsi que des bœufs et des instruments aratoires pour l'exploitation de leurs lots ruraux.

L'école communale était terminée. La construction de cet établissement coûtait 17,939 francs. A la fin de l'année, cette école comptait déjà 28 élèves du sexe masculin.

L'église était achevée dans le courant de septembre ; le 18 de ce mois, l'Évêque d'Alger procédait à sa bénédiction, et en faisait la dédicace sous le vocable de Saint Ferdinand.

La duchesse d'Orléans participait aux frais de construction de cette église, qui se montaient à la somme de 106,461 fr., par un don de 30,000 francs.

L'ancienne Ambulance, qui servait au culte depuis 1839, et qui restait sans affectation, fut démolie dans le courant d'octobre.

M. Jeanningros (J.-S.) était attaché au Commissariat civil, en qualité d'interprète, dans le courant de septembre.

On commençait, le 25 décembre, le tracé du caravansérail sur l'un des points du Marché. M. Laforgue avait l'entreprise de cet établissement, auquel on donnait des proportions grandioses.

On comblait les fossés du réduit, ainsi que ceux à la gorge des ouvrages à cornes du Camp-d'Erlon et du Sud.

Pendant l'année 1846, le chiffre des décès avait été de 133 sur une population de 1996 individus, c'est-à-dire de 1/15°.

Une ordonnance du 23 janvier 1847 rattachait le Cercle de Bou-Farik à la circonscription de la Justice de Paix de Blida.

Il est créé, le 20 mars, un office d'huissier à Bou-Farik, et il y est pourvu le 6 avril par la nomination de M. Beaud.

Le service des Bâtiments civils a terminé la construction du caravansérail, qui a coûté 93,077 fr. 89 cent.

Il était créé, par arrêté du 6 juillet, deux nouvelles compagnies de Chasseurs, l'une urbaine, et l'autre extra-muros, qui prenaient les n°° 3 et 4. Augmentée de ces deux compagnies, la Milice de Bou-Farik cessait de faire partie du 6° Bataillon de la Légion d'Alger, et formait dès lors un bataillon distinct, qui se trouvait ainsi constitué :

3 compagnies de Chasseurs, *intra muros.*

1 compagnie de Chasseurs, *extra muros*.

1 section de Sapeurs-Pompiers.

Le maréchal Bugeaud, duc d'Isly, dont la démission est acceptée, est remplacé, le 11 septembre, dans le Gouvernement général de l'Algérie, par le duc d'Aumale, qui arrive à Alger le 5 octobre. Le général Bedeau avait exercé l'intérim depuis le départ du maréchal Bugeaud.

L'Émir Abd-el-Kader se rend, le 23 décembre, au général de La Moricière.

Bou-Farik compte, au 31 décembre 1847, 1,980 habitants.

Le nombre des décès, pendant l'année, s'était élevé au chiffre de 165, ce qui donnait une moyenne de 1/12e.

Malgré l'amélioration de l'état sanitaire de Bou-Farik, la moyenne de la mortalité, dans cette localité, était encore très supérieure à celle des autres centres de population de notre Colonie. Dans la séance de l'Assemblée législative du 19 décembre 1850, le Représentant Desjobert, cet opiniâtre partisan de l'occupation restreinte, apportait à la tribune des chiffres qui, bien que fort élevés, étaient pourtant inférieurs à ceux fournis par Bou-Farik. « En 1847, disait M. Desjobert, il y a eu, en Algérie, 3,400 naissances et 3,834 décès. La mortalité de la population civile y a été de 60 pour 1,000. En France, elle n'est que de 24. » Il ajoutait : « De 1833 à 1847, il y a eu 21,329 naissances et 28,672 décès. »

Ce Représentant constatait, dans la même séance, que la mortalité des enfants était, en Algérie, quatre fois plus forte qu'en France.

XIV

Le général Cavaignac remplace le duc d'Aumale dans le Gouvernement général de l'Algérie. — M. de Milhau est nommé Commissaire civil à Bou-Farik. — Le général Changarnier est nommé Gouverneur général de l'Algérie. — M. de Chancel remplace M. de Milhau en qualité de Commissaire civil. — Le général Charon est nommé Gouverneur général de l'Algérie. — L'Algérie est divisée en territoires civils, ou départements, et en territoires militaires. — Bou-Farik sous l'administration de M. de Chancel. — Plantations. — Mouvement de la population pendant l'année 1848. — Les concessions faites dans l'intérieur et sur le territoire de Bou-Farik sont déclarées gratuites. — Situation des cultures. — Mouvement de la population pendant l'année 1849. — Bou-Farik cesse d'avoir une garnison. — Le général d'Hautpoul est nommé Gouverneur général de l'Algérie. — Concours agricole à Bou-Farik. — L'Évêque d'Alger propose au Gouvernement d'entreprendre la conversion des Arabes. — Mouvement de la population pendant l'année 1850. — M. Desjobert et la mortalité en Algérie. — Le Camp-d'Erlon et ses dépendances sont concédés au P. Brumauld. — M. Lafaye est nommé Commissaire civil à Bou-Farik

A la suite de la Révolution de février 1848, le duc d'Aumale quittait le Gouvernement général de l'Algérie. L'intérim était fait par le général Changarnier du 3 au 9 mars, jour de l'arrivée à Alger du général Cavaignac, nommé Gouverneur général le 24 février.

Un arrêté du 24 mars de M. le Gouverneur général nomme M. de Milhau Commissaire civil provisoire à Bou-Farik, en remplacement de M. de Lamothe-Langon. La nomination définitive de M. de Milhau était datée du 2 mai.

Le général Changarnier, nommé Gouverneur général le 29 avril, succède, le 11 mai, au général Cavaignac.

M. Archin est nommé, le 14 avril, Inspecteur de police chef de service à Bou-Farik en remplacement de M. Pille.

Par arrêté du 7 juin, M. Ausone de Chancel est nommé Commissaire civil à Bou-Farik en remplacement de M. de Milhau qui, ayant obtenu un congé, n'avait pas pris possession de son poste.

Le général Changarnier est remplacé intérimairement le 22 juin par le général Marey-Monge, lequel cède la place au général Charon, qui est nommé Gouverneur général le 9 septembre.

Un arrêté du Chef du Pouvoir exécutif, en date du 9 décembre, divise l'Algérie en territoires civils ou départements, et en territoires militaires. Les territoires civils sont érigés en trois départements qui prennent les noms des trois provinces.

Le chef-lieu de la 2ᵉ compagnie de Gendarmerie est transféré de Bou-Farik à Blida le 19 décembre.

De l'administration intelligente de M. de Chan-

cel date pour Bou-Farik une ère nouvelle; se dépouillant de son suaire comme Lazare ressuscité, la jeune ville va renaître à une autre vie; elle aura encore, bien certainement, ses misères et ses peines, mais elle sentira que son cœur bat, qu'elle marche; elle découvrira son but; elle ne doutera plus que là ne soit la récompense, le prix de ses efforts. Bou-Farik ne songera plus désormais au passé que pour regretter ses morts, ses vigoureux colons tombés sous les coups de l'ennemi, ou sous les atteintes de la maladie. Et que le général Daumas savait bien leur rendre justice quand, du haut de la tribune nationale, il disait : « Certes, nous n'a-
« vons pas manqué de courageux colons qui ont
« essayé une lutte opiniâtre, acharnée, et non sans
« gloire contre tous les genres d'obstacles! Ce sont
« ordinairement d'énergiques natures que celles
« qui vont chercher le travail par-delà les mers. »
C'est de 1848 seulement que date l'ère de la Colonisation sérieuse de la Metidja, et particulièrement à Bou-Farik : en effet, de 1835 à 1842, la guerre et la fièvre; en 1842, la guerre cesse, mais la fièvre tient bon et continue ses ravages jusqu'en 1848. A partir de cette époque, les colons peuvent lutter contre le mal avec l'espoir de le vaincre; puis, à force d'énergie, ils finiront par le lasser et par en avoir définitivement raison.

Jusqu'ici, les colons de Bou-Farik n'ont guère eu d'autre industrie que celle de la fenaison, et d'autres ressources que les fourrages; ils en ont livré encore pour 30,000 francs à l'Administration pendant l'année. Ils ont pourtant fait des céréales sur une étendue de 350 hectares, et du tabac à titre d'essai.

M. de Chancel s'occupe activement de la question des voies de communication, et porte son attention sur celle des chemins d'exploitation.

Il fait rechercher les anciens sentiers arabes qui, à son arrivée à Bou-Farik, étaient envahis par les hautes herbes, et rendus introuvables ou impraticables.

L'intérêt de ces recherches est principalement au nord de la ville. Bou-Farik était bientôt doté d'un réseau de chemins permettant l'exploitation des riches terrains composant son territoire.

Les plantations se continuent avec une sorte d'enthousiasme : tous les fossés, les cours d'eau se bordent de nombreux saules et de peupliers donnant aux environs de Bou-Farik un aspect européen : c'est la France avec ses arbres et ses prairies; aussi, la nostalgie y est-elle un mal inconnu. Il n'y a pas moins de 25,000 de ces salicinées autour de Bou-Farik.

Au 31 décembre, la population de Bou-Farik, défalcation faite des étrangers, se divise ainsi qu'il suit :

```
Hommes ....................  1317 ⎫
Femmes ....................   356 ⎬ 2053
Enfants ....................   380 ⎭
```

Le mouvement de la population s'était produit de la manière suivante :

```
Naissances ...........................  32
Mariages .............................  15
Décès ................................  74
```

dont 42 ayant porté sur la population sédentaire, et 32 sur les étrangers ; sur ce nombre 74, on comptait 25 enfants.

La moyenne de la mortalité était descendue à 1/28°.

Le Dépôt d'étalons est transféré provisoirement à Koléa dans les premiers mois de 1849, en attendant qu'on le transporte à Blida. La cause de ce changement était, disait-on, l'insalubrité de Bou-Farik, laquelle aurait décimé le personnel de ce service.

Il était décidé que le Commissaire civil exercerait, en matière civile et criminelle et de simple police, les attributions judiciaires déterminées par l'ordonnance du 18 décembre 1842.

Par décret du 28 novembre, les concessions faites dans l'intérieur et sur le territoire de Bou-Farik étaient déclarées gratuites. Cette mesure s'appuyait sur les considérants suivants :

« Considérant que la ville de Bou-Farik, l'un des centres des premiers créés de la plaine de la Mitidja, aux avant-postes de notre occupation et sous le feu de l'ennemi, est aussi celui où il a été fait le plus de travaux et le plus d'efforts, où les colons ont le plus souffert de l'insalubrité qui existait alors et des événements politiques ;

« Considérant qu'il ne serait pas juste d'assujettir à des redevances les concessionnaires de Bou-Farik, qui ont eu des charges considérables à supporter et souvent des pertes à réparer, alors qu'ils se sont établis entièrement à leurs frais, et que d'autres concessionnaires, installés postérieurement dans des circonstances et des positions moins périlleuses, jouissent du bénéfice de la gratuité;

« Les concessions qui ont été faites dans l'intérieur et sur le territoire de Bou-Farik sont déclarées gratuites...... »

Cette mesure recevait immédiatement son application.

L'Administration fait aux colons qui le demandent des prêts de bœufs et de semences.

Sur les 26 hectares de terrain affectés à la Pépinière, 5 seulement sont en rapport : il y existe environ 120,000 arbres et 70,000 jeunes plants.

Les colons concessionnaires du territoire de Bou-Farik sont au nombre de 358 ; la superficie concédée est de 1,546 hectares de terrains tant à bâtir qu'à cultiver; 1,441 hectares sont défrichés. Le nombre des arbres ou arbustes qui ont été plantés est de 260,000. Il a été bâti 315 maisons. On y compte 2,164 têtes de bétail. Les superficies ensemencées en froment et en orge sont de 552 hectares.

La statistique agricole de l'année 1849 donne, pour le territoire de Bou-Farik et pour les fermes qui l'environnent, les résultats suivants :

Blé (dur et tendre) : 609 hectares.

Rendement : 13 et 14 pour 1.

Semence : 1 quintal par hectare.

Prix : 22 francs l'un dans l'autre.

Orge : 417 hectares.

Prix : 12 francs.

Cultures diverses : maïs, pommes de terre, haricots, fèves, tabac, jardinage : 415 hectares, y compris les fermes. — 230 hectares pour Bou-Farik.

92 colons seulement ont pris part à la mise en culture des 1441 hectares défrichés, et, plus particulièrement, ceux des fermes de Soukaly, de La Morandière, de Bou-Amrous, des Cheurfa, etc.

Dix-neuf belles fermes rayonnent aujourd'hui autour de Bou-Farik ; les constructions en sont solides et nombreuses; les cultures sont étendues ; leurs colons ont déjà acquis une certaine aisance.

Le revenu approximatif de l'année a été de 285,630 francs. Si l'on y ajoute les fourrages et la paille, ce revenu s'élève, pour le territoire de Bou-Farik, à la somme de 332,046 francs.

La situation de la Milice de Bou-Farik était, au 31 décembre 1849, de :

Sapeurs-Pompiers.................... 36 } 514
Miliciens........................... 478

A la même date, la population se décomposait ainsi qu'il suit :

Hommes............................ 1230 }
Femmes............................ 294 } 1856
Enfants............................ 332

Le mouvement de la population se détaillait de la manière suivante :

Naissances { Garçons....... 21 } 51
            { Filles......... 30
Mariages............................... 15
Décès { de la localité... 27 } 53
      { étrangers...... 26

dont 9 enfants.

La moyenne des décès était de 1/35°.

Un décret du 23 mai 1850 élève à la 1re classe de sa fonction M. le Commissaire civil de Chancel.

Bou-Farik cesse, à la date du 17 juin, d'avoir une garnison : les détachements du Bataillon de Tirailleurs indigènes d'Alger et du 1er de Chasseurs d'Afrique quittent définitivement le Camp-d'Erlon. Bou-Farik n'est plus désormais qu'un centre agricole.

Après le départ des troupes, la Gendarmerie s'établit au Camp-d'Erlon.

Le général de division d'Hautpoul est nommé Gouverneur général temporaire le 22 octobre, en remplacement du général Charon.

Le général de division Pélissier avait fait l'intérim depuis le mois de juin.

M. Tressard est nommé huissier à Bou-Farik, le 2 décembre, en remplacement de M. Beaud.

Le 8 décembre, il y a fête agricole à Bou-Farik : un concours de labours organisé par le Comice agricole témoigne qu'en 1850, les colons de Bou-Farik sont aussi habiles à manier le manche de la charrue qu'ils l'avaient été, de 1835 à 1842, à se servir du mousquet. L'un des indigènes admis à concourir mérite une prime d'encouragement. Nous sommes déjà loin du temps des Hadjouth.

Au commencement de l'année, M. Pavy, Évêque d'Alger, propose au Gouvernement d'entreprendre la conversion des Arabes à la foi de l'Évangile.

M. Émile Barrault, Représentant de l'Algérie à l'Assemblée législative, nous donne ce rensei-

gnement dans la séance du 19 décembre : « Mes-
« sieurs, voulez-vous une dernière preuve de la
« pacification complète de l'Algérie ? Il y a quel-
« ques mois, M. l'Évêque d'Alger, homme d'une
« piété exemplaire, d'un zèle apostolique brûlant,
« et non moins remarquable par sa pénétration et
« sa finesse, M. l'Évêque d'Alger a fait au Gouver-
« nement la proposition suivante, qui était depuis
« longtemps dans son âme, et que les circonstances
« ne lui avaient pas permis de faire éclater au
« grand jour. Cette proposition la voici, c'est
« d'entreprendre la conversion des Arabes à la foi
« de l'Évangile (Interruptions diverses).

« Je cite un fait exact ; j'ai vu la lettre. Et
« comme auxiliaires, comme instruments de cette
« mission, il proposait les Jésuites, à la seule con-
« dition que le Gouvernement leur fournirait, dans
« les villes de l'intérieur, un établissement où ils
« pussent se reposer des fatigues de l'apostolat.
« Croyez-vous que les Jésuites et l'Évêque, homme
« si habile, auraient rêvé cette conversion des tri-
« bus arabes à la foi de l'Évangile, s'ils n'étaient
« profondément convaincus qu'aujourd'hui on
« peut impunément les aborder ?

« Je crois qu'il a été trop loin, et l'opinion
« publique en Algérie a repoussé complètement ce
« projet. »

A la fin de l'année, tous les travaux de fortification de Bou-Farik sont abandonnés et remis à
l'Administration civile.

Les plantations continuent activement sur le
territoire de Bou-Farik, et la végétation s'y déve-

loppe avec une vigueur merveilleuse. Aujourd'hui, la ville est entourée d'une forêt de 400,000 arbres.

Au 31 décembre 1850, la population de Bou-Farik se classe de la manière suivante :

```
Hommes..................   1314 ⎫
Femmes..................    301 ⎬ 1983
Enfants..................    368 ⎭
```

Pendant l'année, il y a eu :

```
Naissances........................  49
Mariages..........................  10
Décès ⎧ de la localité.  40 ⎫ 59, dont 25 enfants.
      ⎩ étrangers...    19 ⎭
```

La moyenne des décès a été de 1/34°.

Bien que la guerre soit rejetée au delà du Tell, l'Algérie a néanmoins grand'peine à se faire. Que d'argent et d'hommes pourtant ne nous a-t-elle pas déjà coûtés ! Mais laissons parler M. Desjobert (1) ; il y a dans ses chiffres un précieux enseignement pour les gens qui, à l'aspect de nos riches campagnes, de nos villes et de nos villages, pourraient croire que nous avons trouvé cela tout fait.

M. Desjobert — quelle que soit d'ailleurs son opinion sur l'occupation de l'Algérie — appuie ses affirmations sur des auteurs qui ont toujours fait autorité en matière de Colonisation. Il dit :

---

(1) Séance de l'Assemblée nationale législative du 19 décembre 1850.

« De 1831 à 1848, nous avons sacrifié à l'Algérie
« 1,500 millions et 100,000 hommes. »

Puis, citant le général Duvivier, ils s'expriment ainsi :
« Un homme dont la constitution n'est pas en har-
« monie avec le climat d'Afrique ne s'y assimile
« pas : il souffre, il dépérit, il meurt. L'expression
« qu'une masse d'hommes envoyée en Afrique s'y
« est acclimatée est inexacte ; il n'y a pas eu accli-
« matement ; il y a eu triage fait par la mort :
« c'est un grand crible qui laisse passer rapide-
« ment ce qui n'est pas de telle ou telle force. »

« Le Dr Worms dit : « La vitalité est affaiblie ;
« un besoin irrésistible de repos domine tous les
« autres. Le corps et l'âme ont dégénéré.

« La mortalité annuelle des créoles d'un jour à
« 15 ans est de 121 sur 1000. En France, elle est
« de 27, et en Angleterre de 26.

« De 1831 à 1848, il y eut dans l'armée d'Afrique
« 74 décès sur 1000 hommes ; il y en a 19 en
« France, et, dans la vie civile, 10 pour 1000 dans
« les hommes de 20 à 30 ans.

« Pendant la première année de séjour en Afri-
« que, nos soldats subissaient une mortalité de
« 150 à 200 par 1000 hommes.

« Pendant cette période, la moyenne des pertes
« par le feu de l'ennemi a été de 180 hommes
« par an.

« En 1848, il est mort par maladie 4406 soldats,
« et par le feu de l'ennemi, 13.

« Pendant cette même année, la mortalité a
« été encore de 57 par 1000 pour 77,700 soldats. »

Ces chiffres ont leur éloquence ; ils disent ce

qu'a été notre Colonie algérienne pendant ses dix-huit premières années.

Le Camp-d'Erlon et ses dépendances, dont une partie avait été convertie en Pépinière en 1844, étaient concédés, par décret du 16 août 1851, au P. Brumauld, de la Compagnie de Jésus. Cet établissement fut d'abord une succursale de l'Orphelinat de Ben-Aknoun, fondé également par cet ecclésiastique.

Le décret qui faisait abandon à M. l'abbé Brumauld de ces divers immeubles était ainsi conçu :

« Art. 1er. Il est fait abandon en toute propriété à M. l'abbé Brumauld, fondateur et directeur de l'établissement d'Orphelins de Ben-Aknoun, des immeubles ci-après désignés :

« 1° Les bâtiments de l'ancien Camp-d'Erlon sis à Bou-Farik, ensemble les enclos, cours, etc., d'une contenance de. . . . . . . 7 h. 37 a. 72 c.

« 2° Les terrains extérieurs dépendant dudit Camp, lesquels terrains étaient affectés autrefois au pacage des troupeaux de l'Administration de la Guerre et à une pépinière : superficie. 31 h. 26 a. 98 c.

« 3° Un lot de 86 hectares à prendre sur le haouch Ben-Abed (district de Bou-Farik). 86 h. 00 a. 00 c.

Total. . . . . 124 h. 64 a. 70 c.

« Art. 2. Cet abandon a lieu à la condition expresse que M. l'abbé Brumauld, pendant une période de vingt ans (1), consacrera les immeubles sus-désignés à une Maison d'Apprentissage agricole des jeunes orphelins ou autres enfants qui pourront, en vertu de traités spéciaux, lui être confiés par l'Administration.

« Art. 3. Si, par le fait ou la volonté de l'Administration ou de M. l'abbé Brumauld, les immeubles abandonnés cessent, après un temps de vingt années, à partir de ce jour, d'être affectés à un Orphelinat, ou à tout autre établissement de même nature agréé par l'État, M. l'abbé Brumauld versera à la caisse du Receveur des Domaines de Blida la somme de quarante-cinq mille deux cent-cinquante-trois francs, quatre-vingt-quatorze centimes, représentant la valeur desdits immeubles, suivant procès-verbal d'expertise en date du 27 mars 1851.

« Le paiement se fera par tiers, d'année en année, à partir du jour de la notification qui sera faite à M. l'abbé Brumauld, ou à ses ayants droit, d'avoir à se libérer.

« Art. 4. En cas d'inexécution des traités passés avec M. l'abbé Brumauld pour l'éducation des Orphelins de l'État, et pour l'établissement des Jeunes Détenus pendant la période de vingt années, les immeubles abandonnés feront purement et simplement retour à l'État. M. l'abbé Brumauld ne pourra démolir les bâtiments actuellement exis-

---

(1) L'Orphelinat a été supprimé en 1871, et ses terres ont été aliénées par la Compagnie de Jésus au profit de quelques grands propriétaires.

tants sans en avoir obtenu l'agrément de l'Autorité.

« Art. 5. M. l'abbé Brumauld supportera les contributions, et toutes les servitudes ou services fonciers dérivant soit de la situation des lieux, soit des obligations imposées par la loi, ou de celles qui seront ultérieurement établies par l'Administration dans l'intérêt des exploitations agricoles, et pour le service des terrains voisins; comme aussi, M. l'abbé Brumauld jouira de toutes celles qui pourraient lui profiter, à l'exception de la réserve ci-après stipulée.

« Art. 6. L'Administration se réserve expressément la propriété des sources et cours d'eau connus ou inconnus existant sur les terrains abandonnés, et M. l'abbé Brumauld sera tenu de se conformer, à cet égard, à tous les règlements existants ou à intervenir.

« L'usage de ces eaux sera réglé ultérieurement par l'Administration, et, jusque-là, M. l'abbé Brumauld aura le droit d'en jouir, à charge par lui, dans le cas où il voudrait exécuter des constructions ou faire des travaux se rattachant à cette jouissance, d'en référer à l'Administration, qui statuera en dernier ressort dans le délai de trois mois.

« Art. 7. M. l'abbé Brumauld sera tenu, pendant un délai de dix années, de livrer, sans indemnité, à l'État tous les terrains qui lui seraient nécessaires pour l'établissement des routes, chemins, aqueducs et cours d'eau, avec servitudes ordinaires de francs-bords, sauf le cas où ces établissements causeraient des dommages aux constructions préexistantes.

« Il acquittera les impôts qui pourront être établis sur la propriété en Algérie. »

Nous reviendrons plus loin sur l'Orphelinat de Bou-Farik, et nous dirons ce qu'est devenu cet établissement entre les mains des membres de la Société de Jésus.

Par décret du 22 août, M. Gadaud-Lafaye (Léon) est nommé Commissaire civil à Bou-Farik en remplacement de M. de Chancel, nommé, par décret du 15 du même mois, Conseiller Secrétaire général de la Préfecture de la Province d'Oran.

XV

Bou-Farik est érigé en Commune. — Composition du Conseil municipal. — Le général Randon est nommé Gouverneur général de l'Algérie. — Création de Bir-Touta et des Quatre-Chemins. — Une Commission municipale remplira les attributions dévolues aux Conseils municipaux. — M. Borély La Sapie est nommé Maire de Bou-Farik. — Toutes les concessions sont uniformisées à six hectares. — Mouvement de la population pendant l'année 1851. — Constitution de la Commission municipale de Bou-Farik. — Le kaïd de Bou-Farik fait abandon à la Commune des droits de Marché. — Travaux d'utilité publique, constructions et cultures à Bou-Farik. — Son budget. — Bou-Farik et M. Borély La Sapie. — Coup d'œil rétrospectif. — Bou-Farik sous les trois régimes administratifs, l'armée, le commissariat civil, la commune. — Le kaïd Ahmed-ben-Kaddour est remplacé par son fils, Ali-ben-Ahmed. — Un incendie. — Horace Vernet peintre d'enseignes.

Un décret daté du 21 novembre 1851 érigeait Bou-Farik en Commune; il lui était donné pour section municipale le village de Soumàa et son territoire.

La nouvelle Commune était rattachée à l'arrondissement de Blida.

En conséquence du décret qui établissait que chaque commune aurait un maire, et autant d'adjoints que de sections, y compris le chef-lieu, Bou-Farik a deux adjoints.

Par décision du 21 novembre, la Commune de Bou-Farik était appelée à élire trois membres pour la Chambre d'Agriculture.

Un arrêté du 4 décembre déterminait la composition du Conseil municipal dans les localités nouvellement érigées en communes. Il devait y entrer deux étrangers au moins; les indigènes n'en pouvaient faire partie.

Le général de division Randon est nommé Gouverneur général de l'Algérie par décret du 11 décembre.

Le village de Bir-Touta, ou le 4e *Blockhaus*, et le hameau des Quatre-Chemins étaient créés par décret du 15 décembre.

La Gendarmerie quitte le Camp-d'Erlon, où elle s'était établie, et va s'installer, le 17 décembre, dans une maison particulière appropriée à cette affectation.

Les Jésuites prennent possession, le 22 décembre, du Camp-d'Erlon, qui leur a été concédé par décret du 16 août.

On cesse d'enterrer dans le cimetière du Camp-d'Erlon les morts étrangers à l'Orphelinat.

L'Algérie était mise en état de siège dans le courant de décembre. Le bataillon de Tirailleurs indigènes d'Alger était dirigé de Blida sur Bou-Farik, où il restait campé pendant huit jours.

Un arrêté du Gouverneur général en date du

24 décembre portait que les Commissions municipales, dont les membres, au nombre de quatre pour chaque localité, indépendamment du maire et des adjoints, seront nommés par le Préfet d'Alger, pourvoiraient jusqu'à nouvel ordre à l'administration des nouvelles communes, et rempliraient les attributions dévolues aux Conseils municipaux.

Par le même arrêté, M. Borély La Sapie était nommé Maire de la Commune de Bou-Farik, et MM. Guillot et Bresson en étaient nommés adjoints, le premier, pour la section de Bou-Farik, le second, pour celle de Soumâa.

Dans le but d'uniformiser toutes les concessions de Bou-Farik à 6 hectares, 700 hectares de terres nouvelles sont répartis entre 114 colons.

Les étendues cultivées augmentent très sensiblement d'une année à l'autre ; les plantations sont toujours poussées avec activité. Les concessions de R'ilan et de Sidi-El-Aabed se développent d'une manière remarquable. Les irrigations, cette vérité agronomique, sont parfaitement entendues. Les colons de Bou-Farik obtiennent des distinctions dans les diverses expositions agricoles.

Au 31 décembre 1851, la Milice de Bou-Farik se compose de :

Sapeurs-Pompiers............... 47 }
Milice........................ 338 } 385

A la même date, la population se décompose de la manière suivante :

Hommes....... 1298
Femmes....... 307 } 1993, et 17 indigènes.
Enfants 388

Le chiffre des décès a été de 65 pendant l'année, ce qui donne pour moyenne de la mortalité 1/31e.

Il n'est pas inutile de faire remarquer que cette moyenne annuelle des décès serait beaucoup plus élevée pour Bou-Farik, si la plupart des fiévreux n'étaient évacués sur l'hôpital de Douéra.

Conséquemment à l'arrêté du 24 décembre 1851, la Commission municipale de la Commune de Bou-Farik est constituée à la date du 12 janvier 1852; elle se compose de :

MM. Borély La Sapie, Maire.
Guillot, Adjoint pour la section de Bou-Farik.
Bresson (Félicien), Adjoint pour la section de Soumàa.
Morand,
Oustri,
Morelli,
Hanon,
} Membres.

Cette nouvelle organisation entraînait nécessairement la suppression du Commissariat civil.

La réunion d'installation de la Commission municipale avait lieu le 14 février.

M. Audibert est nommé médecin civil à Bou-Farik le 25 mars.

La Commission municipale était dissoute par arrêté du 3 juin. M. Bontoux est nommé, le même jour, Adjoint pour la section urbaine.

La Commission municipale est reconstituée le 4. Un arrêté de la veille avait fixé le nombre de ses membres à six. Elle se composait, indépendamment du Maire et des deux Adjoints, de MM. Morand, Hanon, Gilloux, Meuzy et Pastureau.

M. Aillaud est nommé huissier à Bou-Farik le 30 juin.

M. Lafranque remplaçait M. Audibert le 9 août en qualité de médecin civil.

La Milice africaine recevait une nouvelle organisation le 24 août.

Le docteur Lafranque était remplacé le 20 novembre par M. Fusey-Dubreuil.

Le kaïd de Bou-Farik, Ahmed-ben-Kaddour, fait abandon de ses droits de Marché à la Commune moyennant une indemnité de 3 000 francs, montant de la somme à laquelle le Marché lui était affermé. Ces droits, qui consistaient principalement dans le prélèvement, pour le compte particulier du kaïd, d'une part sur les marchandises vendues sur le Marché, s'élevèrent, dans certaines années, jusqu'à 9 000 francs.

On s'occupait aussitôt, pour faciliter la perception régulière des droits, de la construction de l'enceinte du Marché.

La Commission municipale, sous l'action de M. Borély La Sapie, faisait commencer les travaux les plus urgents d'utilité publique ; c'est ainsi que Bou-Farik s'enrichit successivement d'une mairie, d'un lavoir couvert, d'un abreuvoir, de fontaines et de ponceaux sur les canaux de desséchement.

Les cultures s'étaient considérablement augmentées; les étendues cultivées par les concessionnaires et sur les fermes s'élevaient, en 1852, à 3110 hectares. Bou-Farik était à la tête des localités qui faisaient du tabac : les 256 hectares que plantèrent ses colons pendant cette même année produisirent 403.745 kilogrammes, qui jetèrent dans le pays une somme de 370.640 francs.

Bou-Farik est définitivement un centre agricole où sont employées les meilleures méthodes de culture; c'est une Colonie-Modèle où se pratique l'agriculture sérieuse et intelligente : aussi, ses colons remportent-ils six primes à l'Exposition de cette année 1852.

Le budget de la Commune naissante est de 35.620 francs; il se forme de 20.000 francs de subvention et de 15.620 francs de revenus propres, sur lesquels l'abattoir est compris pour 6.000 fr.

Bou-Farik allait entrer dans une phase nouvelle; il allait cesser d'être un camp pour devenir définitivement un centre agricole; il fallait que, désormais, il vécût de lui. Après avoir été le point de départ, la base d'opérations de nos glorieuses colonnes s'élançant à la conquête du vieux monde musulman, après dix-sept années de poudre et de quinine, Bou-Farik commençait une ère de paix et de santé; le cimetière se faisait jardin; la mort se faisait productrice; le fer de la charrue remplaçait le fer de l'épée.

Bou-Farik eut la bonne fortune d'avoir pour son premier Maire un ingénieur agricole, un homme qui avait fait ses preuves dans les luttes avec le sol, un de ces vigoureux athlètes que les obstacles relèvent et impulsionnent à la façon de ces projectiles auxquels le ricochet imprime une force nouvelle, une de ces natures riches et puissantes, organisées pour le combat, un de ces hommes qui se prennent corps à corps avec une œuvre comme Jacob avec l'ange sur les bords du torrent de Jabok, et qui mériteraient le titre de *héros de la terre* comme le frère d'Esaü acquit dans cette rencontre le nom d'Israël, ou de *héros de Dieu*. Quelquefois, souvent, presque toujours, le vainqueur a été, comme le patriarche, touché par l'inconnu à la jointure de la hanche et il en est resté boiteux, et il n'a même pas eu la consolation d'en être béni ; car, malheureusement, dans notre colonie algérienne, le triomphe a été maintes fois aussi coûteux que la défaite aux créateurs, aux fondateurs, aux initiateurs, aux premiers enfin. Ils appartiennent encore à la colonisation militante ceux-là ; ils ont préparé la place, et c'est un autre qui l'a prise ; ils ont ouvert le sillon et y ont jeté le grain, et c'est un autre qui l'a récolté. Chaque profession, chaque vocation, chaque institution a ses croyants et ses martyrs, et si la Fortune aide les audacieux, les oseurs, ce n'est, certes, ici ni en agriculture, ni en colonisation.

Par surcroît de bonheur, le premier Maire de Bou-Farik était encore un homme de goût, un ami des arbres, un planteur qui savait que la végétation arborescente c'est la beauté et la salubrité d'un pays. Il planta donc, et les arbres, dociles à sa voix, s'élancèrent majestueusement dans les airs : l'oasis était faite.

Il serait injuste de ne pas faire, dans l'accomplissement de cette œuvre, la part des devanciers de M. Borély La Sapie : le Génie militaire avait tiré Bou-Farik de la vase ; le Camp-d'Erlon et les rues de la ville avaient été plantés de rangées de mûriers blancs ; — le temps des platanes n'était pas encore venu ; — malheureusement, les moracées n'ayant ni grâce ni taille, et leurs branches menaçant le ciel comme des baleines d'un parapluie retourné par la tempête, cette essence ne remplissait que très imparfaitement son objet, qui était d'abord de donner de l'ombre et de la fraîcheur à ces larges rues inondées de soleil. On eut beau torturer ces arbres, mettre leurs branches à la question, faire faire des flexions à leurs troncs pour former la voûte par la rencontre réciproque des cimes de leurs vis-à-vis, la solution n'était pas là, on ne put naturellement l'y trouver. Mais, nous le répétons, les platanées, quoique originaires de la Barbarie, n'avaient point encore été essayées en grand dans l'intérieur, bien que, pourtant, on eût déjà l'exemple de l'admirable allée du jardin du Hamma à Alger.

Ce fut aussi le Génie qui vida les marais, qui épongea les mares, qui détourna les rivières, ou combla le lit caillouteux des torrents qui coupaient ou ridaient la ville. Sous la puissante et active direction de ce corps aussi dévoué qu'il est savant, le sol de Bou-Farik se solidifia, se nivela. Les Ponts-et-Chaussées achevèrent l'œuvre.

Le règne des Commissaires civils, qui dura près de douze années, fut aussi une période de création et de progrès. C'est sous l'administration éclairée de ces fonctionnaires que le Bou-Farik extérieur se fit verger, orangerie, potager, forêt de saules et de trembles, une Normandie nouvelle, avec ses plantureux pâturages remplis de grosses vaches rouges, pays délicieux que les médecins auraient pu conseiller aux colons nostalgiques qui se mouraient d'amour pour la France.

Il est juste de dire que la population de colons qu'eurent à administrer les Commissaires civils de Bou-Farik fut une des plus vigoureusement trempées : minés par la fièvre, mais soutenus par un moral inébranlable, ces braves agriculteurs luttaient jusqu'à la fin; ils mouraient debout comme un soldat au feu, et cherchant pour dernier point d'appui le manche de la bêche ou celui de la charrue. Un grand nombre succombèrent sous les coups de l'invisible ennemi; d'autres n'en sont pas encore remis; mais la terre, rassasiée de cadavres, a fini par céder, par se laisser dompter, et par ne plus exiger la vie de ceux qui l'aimaient.

Quand M. Borély La Sapie prit l'administration de la Commune de Bou-Farik, les haouch qui l'entourent et qui lui composent une sorte de banlieue s'étaient déjà relevés, et présentaient, pour la plupart, l'aspect de nos exploitations agricoles de France. Tout cela ne s'était pas fait seul : il avait fallu d'abord dessécher, drainer, débroussailler les abords de ces fermes, puis ensuite faire des plantations, et approprier les bâtiments existants aux exigences et aux besoins des exploitations agricoles européennes. De ce côté, il n'y eut qu'à poursuivre, qu'à parachever l'œuvre commencée.

Il restait à s'occuper des améliorations à introduire dans l'intérieur de Bou-Farik : M. Borély donna d'abord tous ses soins aux travaux qui devaient amener l'assainissement et l'embellissement de la ville : les eaux et les plantations. Il eut la bonne idée de renoncer au mûrier qui, nous l'avons dit, avait été adopté par ses devanciers, et de lui préférer le platane, auquel convient si parfaitement le sol de Bou-Farik. M. Borély commença, dès 1853, ces plantations de platanées qui, aujourd'hui, font la félicité des habitants et l'admiration des étrangers.

Tout cet immense espace situé entre le Camp-d'Erlon et la ville, et laissé libre par la démolition de ce qu'on appelait autrefois le Bazar, fut transformé en un magnifique quinconce riche de 14 à 1500 arbres qui, quelques années plus tard, devaient faire de Bou-Farik la merveille de l'Algérie. Les deux artères principales de la ville, qui se coupent à angle droit au carrefour de la place Mazaghran, ainsi que les boulevards qui, à l'intérieur, courent parallèlement au fossé d'enceinte, furent également plantés de ces platanées. Des orangers et des palmiers — le Tell et le Sahra — firent à l'église une élégante ceinture de verdure. Plus tard, des squares d'un excellent goût et d'une végétation inouïe vinrent parer les quinconces, et mêler au beau feuillage palmé des platanes la fraîcheur de toutes les verdures, et l'éclat et le parfum de toutes les fleurs. Deux vastes bassins alimentent des jets d'eau qui jaillissent dans les airs, et qui semblent, sous les rayons du soleil, une éruption de diamants.

A l'époque où nous sommes parvenus, Bou-Farik, qui ne comptait que 400 habitants en 1841, s'était très sensiblement augmenté ; les rues étaient loin d'être remplies ; mais les baraques de la création avaient été remplacées par de bonnes constructions en maçonnerie. On sentait que cette brave population entrait dans une période nouvelle, dans une phase où le bien serait en dominance, comme aurait dit le Commissaire civil Toussenel ; elle allait enfin récolter ce qu'elle avait semé pendant dix-sept années de misères et de luttes. Le jour de la récompense était proche.

Bou-Farik allait aussi trouver une ressource considérable dans son Marché : le kaïd, qui en était adjudicataire, venait, nous l'avons dit plus haut, d'en faire, moyennant une indemnité, abandon à la nouvelle Commune. Dès 1846, nous le savons, le maréchal Bugeaud qui, en présence de l'accroissement que ne cessait de prendre cet important Marché, où se réunissaient déjà à cette époque 3 ou 4000 indigènes, le Gouverneur général, disons-nous, avait voulu que les Arabes qui le fréquentaient y trouvassent des abris pour eux et pour leurs bêtes : il avait donc fait construire en 1846 — 1847, sur l'une des extrémités de son emplacement, un vaste caravansérail réunissant une grande salle avec coupole pour y recevoir les grands et le Kaïd, une mehakma pour le Kadhi, des bureaux de perception, des cafés, des écuries, des hangars, etc.

Plus tard, M. Borély La Sapie y avait fait planter des platanes pour abriter les vendeurs et les acheteurs contre les ardeurs torrides du soleil de l'été; un mur de clôture d'un mètre environ d'élévation fixait ensuite le périmètre du Marché, et facilitait la perception des droits d'entrée. L'ouad El-Khamis, qui le traversait autrefois, avait été redressé et jeté dans l'ouad Bou-Farik dès 1840.

Nous avons montré Bou-Farik à tous ses âges : nous l'avons vu ne se composant d'abord que de son puits, de ses quatre trembles et de sa koubba, puis devenant successivement camp et centre agricole; nous l'avons vu ensuite grandir, se bâtir, se peupler, se planter, s'assainir, s'embellir. Il convient d'ajouter qu'il est peu de villes qui, dans notre colonie, aient été aussi heureuses en fonctionnaires que l'a été Bou-Farik : en effet, compter parmi ses dirigeants Toussenel et de Chancel — de l'esprit à poignées — n'est pas précisément chose commune, et charger de son éducation les futurs auteurs de l'*Esprit des Bêtes* et du *Livre des Blondes*, c'était, ce nous semble, faire preuve de quelque goût. « Il est incontestable, entendrez-vous dire, que ce sont des gens d'esprit, — je le crois bien! — mais pas administrateurs du tout. »

— « Pourquoi? parce que ce sont des gens d'esprit?... Diable! ceci est assez désobligeant pour les administrateurs... Il n'en faut donc pas d'esprit dans cette profession à chiffres? »

— « Pas trop, et surtout pas de poésie. »

— « J'ai pourtant connu des administrateurs d'une certaine valeur qui n'en manquaient pas, et personne ne s'en plaignait ; j'ajouterai que les affaires n'avaient même pas du tout l'air d'en souffrir. Quant à la poésie, il ne serait peut-être pas superflu d'en mettre un peu dans l'Administration et de la relever de ce terre-à-terre dans lequel elle prétend que doivent se traîner ses membres pour être parfaits. Allons donc ! l'Administration n'est pas tout entière, exclusivement, dans le chiffre et la paperasse, et ce n'est pas une raison, parce qu'un pionnier de l'Administration aura des idées qui dépasseront de quelques coudées le pupitre de son bureau, pour en faire fi et le jeter à la corbeille, ces gémonies des choses que l'Administration a condamnées. Au reste, que les administrateurs se tirent de là comme ils le pourront : Barrème faisait des vers !

Quoi qu'il en soit, la ville de Bou-Farik ne paraît pas s'être absolument mal trouvée d'avoir eu pour administrateurs des hommes de la valeur de Toussenel et de De Chancel, et les écrits de ces deux charmants écrivains ne sont pas de nature, que nous sachions, à déconsidérer l'Administration.

Borély La Sapie succédant à ces maîtres, Borély, qui avait fait ses preuves, son chef-d'œuvre en créant le merveilleux haouch Soukaly, Bou-Farik ne pouvait certainement péricliter ; c'était, au contraire, une nouvelle caresse que lui faisait la capricieuse Fortune, car elle lui donnait le génie et le goût pour guides.

Un arrêté du 2 avril 1853 érigeait en Commissariat le Bureau de police de Bou-Farik, et M. Archin, Inspecteur chef de ce service, était nommé

Commissaire de police pour le territoire de cette localité.

Le vieux kaïd des Beni-Khelil, Ahmed-ben-Kaddour, qui exerçait cette fonction depuis 1839, donne sa démission dans le mois de septembre. S'appuyant sur ses longs et bons services, il sollicite et obtient la faveur d'être remplacé par son fils, Ali-ben-Ahmed, dans le kaïdat du district de Bou-Farik (1).

Les travaux de desséchement se continuent activement autour de Bou-Farik; ceux d'irrigation se perfectionnent.

La culture du tabac prend une extension considérable : les étendues cultivées, cette année, se sont élevées à 600 hectares.

On a construit un pont sur l'ouad El-Harrach, à hauteur du haouch Memmouch.

A l'aide des Transportés politiques, on a construit un chemin allant joindre la route de Koléa vers Saint-Charles; cette voie de communication n'a été poussée, cette année, que jusqu'à l'usine Er-Roumily.

Le 3 août, par une de ces températures de bouche de fournaise ou de sirocco latent qui semblent provoquer la nature à se faire incendiaire, le sinistre cri : « Au feu! » se fait entendre dans toute la ville de Bou-Farik. Tambours et clairons battent et sonnent la générale, et soutiennent de leurs bruits lugubres l'appel des Pompiers qui courent

---

(1) Ahmed-ben-Kaddour s'était retiré à Blida, qu'il habitait encore il y a quelques années.

à leurs pompes. En effet, un épais panache de fumée pointillé d'étincelles, s'élevait dans les airs à une hauteur prodigieuse, et annonçait que l'incendie devait être alimenté par des récoltes emmeulées. Un désastre était à redouter ; car toutes les fermes voisines du théâtre de l'incendie, particulièrement celle de M. de Franclieu, étaient immédiatement menacées, et le feu courait dans les chaumes avec une telle rapidité, que tout secours paraissait devoir être trop tardif, et, par suite, tout à fait inefficace, et sans doute il en eût été ainsi sans le dévouement de la brigade de Gendarmerie de Bou-Farik, dirigée intelligemment et très audacieusement par le maréchal-des-logis *Suel* (Jacques), de cette résidence.

Mais laissons la parole à M. Borély La Sapie, Maire de Bou-Farik, qui faisait connaître à la population de cette ville, dans les termes suivants, la belle conduite de ce brave sous-officier dans cette circonstance :

« La Gendarmerie, et surtout le maréchal-des-logis *Suel*, m'ont été du plus grand secours : il y a eu un moment où, après avoir éteint le feu sur une ligne de 4 à 500 mètres, il restait un foyer trop intense qui menaçait de s'étendre, de se propager et d'envahir de nouveau la plaine. Déjà, dix fois, les Européens et les Indigènes, lancés sur le foyer, avaient été obligés, malgré leur ardeur, de reculer presque asphyxiés et avec une partie de leurs vêtements brûlés ; ils étaient épuisés de fatigue. Cependant le feu s'étendait avec une rapidité extrême dans tous les sens, et il allait gagner du côté de la ferme de M. de Franclieu. Un moment de retard, et l'on ne pouvait plus s'en rendre maître : *Suel* a compris qu'il fallait payer d'exemple : il descend de cheval et se jette, en entraînant les travailleurs, au milieu de l'incendie. Tout le monde le suit : Européens et Indigènes ont redoublé d'ardeur; quelques minutes plus tard, le sinistre était vaincu.

« Je suis heureux d'avoir eu à rendre ce bon témoignage.

« Le Maire,
« BORÉLY LA SAPIE. »

M. *de Chancel*, Sous-Préfet de Blida, et M. *Chaptal*, Capitaine commandant la 2ᵉ Compagnie de Gendarmerie à Blida, joignent leurs éloges à ceux de M. le Maire de Bou-Farik, et félicitent le maréchal-des-logis *Suel* au sujet de sa belle conduite, de sa vigueur, de son remarquable sang-froid, et du dévouement qu'il a montrés dans cette périlleuse circonstance.

Nous avons dit plus haut que le colon Horace Vernet s'arrêtait volontiers à l'hôtel Mazaghran quand il venait visiter son haouch Ben-Koula. Or, le maître de cet hôtel, M. Girard, enhardi par la franche rondeur du célèbre peintre, lui avait demandé souvent quelque chose qui rappelât son passage à Bou-Farik, un portrait, un tableau, par exemple, une de ces toiles qui lui coûtaient si peu, qu'il faisait si vite, et qui, en définitive, se trouvaient être des chefs-d'œuvre, comme tout ce qui sortait de la main de l'illustre maître. Horace Vernet promit longtemps; mais, enfin, trouvant la demande mûre sans doute, le peintre se décida à remplir sa promesse. « Eh bien ! dit-il à M. Girard, je vous ferai une enseigne. » Le sujet devait être la belle défense de Mazaghran, nom devenu célèbre dans nos annales militaires africaines, et dont M. Girard avait cru devoir baptiser son hôtel en 1843. Le peintre se mit donc à l'œuvre ; son atelier était établi dans la délicieuse villa du général Yusuf, à Mustapha-Supérieur. Mais le siège de Laghouath était venu effacer, le 4 décembre 1852, l'épisode de Mazaghran ; ce beau fait d'armes, auquel avaient pris part les généraux Pélissier et Yusuf, laissait bien loin derrière lui, par ses proportions et ses conséquences, l'héroïque défense du capitaine Lelièvre et de ses cent vingt-trois braves. Il en est toujours ainsi, et de même que, dans l'ordre des poissons, les gros mangent les petits, pareillement, dans l'ordre historique, les faits considérables absorbent ou font oublier les infimes. Il fut donc décidé que l'enseigne reproduirait un des épisodes du siège — tout vif encore — de Laghouath, au lieu de l'affaire de la koubba de Mazaghran, qui était déjà de l'histoire ancienne.

Horace Vernet fit donc faire une belle plaque en tôle, qui fut munie de deux crochets pour faciliter sa suspension dans l'espace à l'angle saillant de l'hôtel Mazaghran, et il se mit à l'œuvre. En un rien de temps, les deux côtés de la plaque devenaient tout simplement deux merveilles.

Mais il restait à faire subir à cette splendide enseigne les épreuves du plein air, des caprices du ciel. Le peintre de la *Prise de la Zmala* suspendit donc son œuvre dehors, et attendit bravement l'effet des intempéries de l'atmosphère sur sa peinture. On était alors à l'entrée de l'hiver, c'est-à-dire au moment des pluies; si l'enseigne faisait bonne contenance, l'épreuve était décisive. Malheureusement, il n'en fut pas tout à fait ainsi. Par un beau matin, qui avait suivi une nuit atroce, Horace Vernet court à son enseigne pour s'assurer de la façon dont elle s'est comportée : ce n'était plus qu'une chose informe, une sorte d'habit d'arlequin, zébré de gouttières pleurant un mélange de couleurs, qui s'étaient embues l'une dans l'autre d'une façon s'éloignant très sensiblement des règles de l'art.

Vernet annonça son malheur à M. Girard; il lui avouait très modestement qu'il était un pauvre peintre d'enseignes; il ajoutait que le genre d'exposition auquel il avait soumis son œuvre était bien autrement redoutable que celle du Louvre; mais enfin, qu'il allait recommencer, après avoir pris préalablement quelques leçons chez un maître pratiquant cette partie de son art. Sûr de son affaire, Vernet reprit le pinceau du peintre en attributs, et, cette fois, son enseigne put défier jusqu'aux tempêtes.

Ce travail était digne du maître : les deux côtés de l'enseigne représentaient l'attaque combinée de Laghouath, c'est-à-dire l'escalade de la brèche par les troupes du général Pélissier, et celle des murailles de l'Est par les soldats du général Yusuf. L'action était figurée d'un côté par un zouave, et de l'autre par un grenadier; on apercevait les deux généraux sur les derniers plans, en arrière des points d'attaque. Ces deux troupiers, ce zouave et ce grenadier, s'élançaient à l'assaut avec cette fougue, cette furia qui fait les Français irrésistibles, et l'exactitude des différentes parties de leur tenue les eût rendus irréprochables même aux yeux d'un vieux sergent de voltigeurs; ils pouvaient soutenir sans crainte une minutieuse inspection de la part du plus difficile de ces conservateurs de la pureté réglementaire de l'uniforme. C'était vraiment superbe de touche et de ton.

Le peintre d'enseignes avait réussi et au-delà.

Horace Vernet expédia son œuvre sur Bou-Farik; mais le propriétaire de l'hôtel Mazaghran se garda bien de lui donner la destination que lui avait assignée le peintre, c'est-à-dire de l'accrocher en dehors de son établissement, l'exposant ainsi aux intempéries des saisons. L'enseigne fut suspendue au plafond de la grande salle à manger de l'hôtel, dans cette salle consacrée déjà en ce temps à l'absorption hebdomadaire — le jour du Marché — de la tête de veau.

L'enseigne d'Horace Vernet mit dès lors l'hôtel Mazaghran à la mode et y attira de nombreux voyageurs; elle disparut quand cet établissement changea de propriétaire.

Antérieurement au don de cette enseigne, Horace Vernet avait déjà doté l'hôtel Mazaghran de deux de ses dessins gravés par Jazet, l'un représentant des *Arabes dans leur camp écoutant une histoire*, et l'autre, une *Jument défendant son poulain*. Cette dernière gravure portait l'indication suivante : A

Mmᵉ Girard, à Bou-Farik, de la part de M. Horace Vernet. Ces deux gravures se voyaient encore dans le café de l'hôtel Mazaghran il y a quelques années.

M. Monassot, médecin civil à Bou-Farik depuis le 15 février 1853, est nommé, le 10 janvier 1854, médecin de Colonisation pour la 11ᵉ circonscription du département d'Alger.

XVI

La municipalité de Bou-Farik est constituée sur de nouvelles bases. — Création du village de chebli. — Situation de Bou-Farik en 1854. — Développement donné à la culture du tabac. — Travaux d'utilité publique. — Création de nouvelles écoles. — Mouvement de la population pendant l'année 1854. — Division du territoire de l'Algérie en circonscriptions judiciaires. — Le kaïd Ahmed, révoqué, n'est pas remplacé. — Le Marché est entouré d'un mur de clôture. — Mouvement de la population pendant l'année 1855. — Augmentation de la concession faite au P. Brumauld. — Décret modifiant le territoire et le corps municipal de la Commune de Bou-Farik. — Situation de la population de la Commune. — Mutations dans le Conseil municipal. — Une Justice de Paix est créée à Bou-Farik. — Création du village de Bou-Inan. — Création d'un Ministère de l'Algérie et des Colonies. — Suppression de la fonction de Gouverneur général, et institution d'un Commandant supérieur des Forces de Terre et de Mer en Algérie. — Le général de Mac-Mahon est nommé à cette haute fonction. — Création de deux squares dans les quinconces de platanes. — Mutations dans le Corps municipal. — Le général Gues-willer remplace le général de Mac-Mahon dans le Commandement supérieur de l'Algérie. — Le général Gues-willer est remplacé par le général de Martimprey. — Bou-Inan forme une section annexe de Bou-Farik. — Fixation de l'effectif de la Milice pour la

Commune de Bou-Farik. — Nominations. — Débarquement à Alger de l'Empereur et de l'Impératrice.

Un décret du 8 juillet 1854 constituait la municipalité de Bou-Farik sur de nouvelles bases : il fixait de la manière suivante la composition du Corps municipal :
Un maire ;
Deux adjoints, dont l'un domicilié dans la Commune, et l'autre dans l'annexe de Soumâa.
Le Conseil municipal était formé de sept membres, dont six Français ou naturalisés Français, et un colon étranger ayant au moins deux ans de résidence dans la circonscription communale.
En conséquence de ce décret, un arrêté du Gouverneur général, en date du 23 décembre, nommait :
Maire de Bou-Farik : M. Borély La Sapie.
Adjoints au Maire : MM. Bontoux et Bresson.
Conseillers municipaux : MM. Morand, Aymes, Gilloux, Hanon, Quérénet, Kaczanowski et Cermenò.
Il était créé, le 21 juillet, à 8 kilomètres à l'est de Bou-Farik, un centre de population qui prenait le nom de Chebli.
Un décret impérial du 8 août créait les Bureaux arabes civils.
Bou-Farik progresse rapidement : situé à 35 kilomètres au sud-ouest d'Alger, et à 13 kilomètres au nord de Blida, au centre de la Metidja, sur la ligne de partage du bassin de l'ouad El-Harrach à l'est, de la Cheffa et du Mazâfran à l'ouest, à égale

distance de Koléa et de Blida, et sur la route de cette dernière ville à Alger, route sillonnée de diligences et de voitures de roulage, Bou-Farik, disons-nous, se trouve déjà, à l'époque où nous sommes parvenus, dans d'excellentes conditions de prospérité. Sa position centrale en fait, depuis longtemps déjà, le rendez-vous des faucheurs et des moissonneurs de la plaine; elle en fera l'entrepôt de tous les villages qui s'établiront à sa proximité. Des routes lui ouvrent dans tous les sens des communications faciles, et son Marché indigène du lundi, où se réunissent les tribus des environs, les bouchers d'Alger et les colons de Blida pour y faire leurs achats et leurs approvisionnements, lui assure des ressources importantes qui ne peuvent manquer de s'accroître encore, et d'élever le chiffre de ses recettes municipales.

On commence à s'occuper sérieusement, dans la Commune, de l'élève et de l'engrais du bétail; le marché du lundi est même formé en grande partie des éleveurs du pays.

La Commune de Bou-Farik comprend un vaste territoire sur lequel s'élèvent, outre les deux centres de population, d'importants haouch en plein rapport, ainsi qu'un grand nombre de petites fermes que les colons ont construites sur leurs lots ruraux les plus éloignés.

Les dispositions et les habitudes de la population sont bonnes; un grand nombre de colons sont déjà dans l'aisance; quelques-uns sont riches : c'est à la culture des céréales qu'ils s'adonnent principalement; celle du tabac a cependant pris une extension considérable de la part des Européens, lesquels en ont fait 1000 hectares. Les indigènes ont commencé à comprendre les avantages de cette dernière culture. La Commune seule de Bou-Farik en a livré à l'Administration, cette année, 765.385 kilogrammes au prix moyen de 89 fr. 16 c., quantités lui ayant donné un produit de 682.445 fr. 50 c. Bou-Farik tient d'ailleurs le premier rang pour l'élévation de la production. On a aussi essayé la culture du coton, et il sera suffisamment démontré que le progrès est manifeste, quand nous aurons dit que le chef de cette tribu des Hadjouth, dont les cavaliers firent si longtemps la désolation de nos colons, figure cette année dans la lutte pacifique des concours agricoles.

Toutes les plantations ont bien réussi, résultat dû, en partie, à l'habileté avec laquelle ont été dirigés les travaux d'irrigation. Toutes les fermes et les maisons de la ville sont, en outre, munies d'un bon puits.

La municipalité a fait établir, au milieu de la ville, une fontaine et un abreuvoir alimentés par d'excellentes eaux, lesquelles se déversent ensuite dans un grand bassin servant à faire baigner les bestiaux.

Il a été créé, pendant l'année, trois écoles nouvelles : une école publique pour les filles, une école pour les adultes, une école privée pour les garçons. Il a été fondé, en outre, une salle d'asile pour les enfants des deux sexes.

La situation des écoles et salle d'asile, au 31 décembre 1854, est la suivante :

Écoles... { publiques.. { garçons... 70 } { filles...... 80 } 192
d'adultes... (garçons).. 30
privée..... (id.).. 12 }
Salle d'asile.......... (enfants)...... 220

L'Orphelinat est formé d'enfants nés en Algérie et de jeunes Français provenant, pour la plupart, du département de la Seine. L'éducation particulièrement agricole et professionnelle que reçoivent les enfants dans cet Établissement, les prépare à devenir d'utiles auxiliaires pour la Colonisation. L'ancienne Pépinière du Camp-d'Erlon est maintenue en bon état, et ses produits sont livrés à prix réduits. L'Établissement met en culture, chaque année, 30 hectares de tabac et de vastes vergers; il a planté également une véritable forêt de saules dans les marais de Sidi El-Aabed, qu'il a assainis et aménagés en prairies naturelles.

Les travaux exécutés, pendant l'année, sur le territoire de la Commune de Bou-Farik, ou dans ses environs, sont les suivants : installation du village de Chebli, ouverture du chemin de colonisation du 4e Blockhaus (Bir-Touta) au haouch El-Hacinia, continuation de la route du pied de l'Atlas, achèvement de la route médiane aux abords du Harrach.

Le mouvement de la population s'est produit, pendant l'année, de la manière suivante :

Naissances........................ 113
Décès............................. 121

Au 31 décembre, la population se décompose ainsi qu'il suit :

Hommes	557	
Femmes	517	2553
Enfants	1479	

Cette population se divise en :

Urbaine	620	
Rurale	761	2553, en bloc, 2601
Agricole	1172	

Le chiffre des décès est encore considérable, et dépasse toujours celui des naissances. Néanmoins, grâce à la fécondité des femmes en Algérie, il est permis d'espérer qu'une fois la famille constituée, on parviendra à coloniser avec l'élément créole.

A la date du 7 juillet 1855, il est fait concession à la Commune de l'école et de son jardin, et du Commissariat de police.

M. le docteur George (Décius) est nommé, le 22 août, médecin de colonisation pour la 11ᵉ circonscription médicale du département d'Alger.

Un arrêté du Gouverneur général, en date du 30 novembre, divise le territoire de l'Algérie en circonscriptions judiciaires de mehakma de Kadhis.

Le territoire de Bou-Farik est classé dans la 22ᵉ circonscription ; il relève du medjelès de Blida.

Bou-Farik tient toujours son rang dans la production du tabac; celui de Chebli, qui prend de la réputation, se rapproche très sensiblement du Maryland. A l'Exposition universelle, MM. Christian Krill, Girardot et Portanier obtiennent des médailles de 1re classe, et MM. Kaczanowski et Thierry une mention honorable.

Le kaïd Ali-ben-Ahmed, révoqué dans le courant de l'année, n'est pas remplacé. A partir de cette époque, la population arabe de Bou-Farik est administrée par un cheikh.

Le Marché de Bou-Farik a été entouré d'un mur de clôture. Son importance augmente sensiblement; il s'y fait énormément d'affaires, qui portent sur les produits suivants : céréales, liquides, fruits, laines, substances tinctoriales, sparterie, étoffes, huiles, cuirs, sel, chevaux, bœufs, vaches, moutons, mulets, chameaux, chèvres, ânes, porcs. Le chiffre approximatif des transactions s'élève de 200 à 250.000 francs par marché, soit 12 millions par an.

Le nombre des vendeurs { indigènes est de 1500 à 4000
{ européens est de 600 à 800

Celui des acheteurs..... { indigènes est de 1000 à 3000
{ européens est de 600 à 1000

Pendant l'année, le mouvement de la population s'est effectué ainsi qu'il suit :

Naissances........................... 132
Décès................................ 135

Les enfants ont fourni une grande partie de ce chiffre.

Au 31 décembre 1855, la population est de :

Hommes	628	
Femmes	584	2327
Enfants	1615	

Le général Randon, Gouverneur général, est nommé maréchal de France le 19 mars 1856.

Par décret du 7 juillet, il est fait abandon en toute propriété à M. l'abbé Brumauld de plusieurs portions du haouch Ben-Châban, formant une contenance de 87 hect. 69 ares. Cette concession, qui formera dépendances de l'Orphelinat, est bornée, au nord, par l'ouad Tlata, à l'est, par le haouch Sidi El-Aabed, et au sud, par le haouch Er-Roumily.

Par décret du 11 juillet, il est fait concession à la Commune de l'église et du presbytère.

Par un autre décret en date du 18 juillet, il était fait concession gratuite à la Commune : 1° du terrain autrefois occupé par un parc à sangsues et un lavoir, et aujourd'hui contenant un lavoir, des bains publics, une fontaine, un abreuvoir et un bassin pour baigner les chevaux; 2° du bâtiment du caravansérail et des terres qui en dépendent, le tout d'une superficie de 6 hectares 35 ares.

Le 27 décembre, M. de Granval est nommé adjoint pour la section urbaine en remplacement de M. Bontoux, démissionnaire, et M. Galtier membre du Conseil municipal en remplacement de M. Hanon.

Un décret impérial du 31 décembre modifie le territoire de la Commune de Bou-Farik, ainsi que la composition de son Corps municipal. Il est ajouté, comme annexe à cette Commune, les villages de Chebli et de Bir-Touta, et le hameau des Quatre-Chemins. Par suite de cette augmentation, la Commune de Bou-Farik comprend, outre le territoire et l'annexe de Soumâa, le village de Chebli, lequel, avec Bir-Touta et les Quatre-Chemins, formera une nouvelle section de Commune.

Le Corps municipal sera composé ainsi qu'il suit : le maire, trois adjoints, dont deux domiciliés dans chacune des sections de Soumâa et de Chebli, huit conseillers municipaux, dont six Français, ou naturalisés Français, un colon étranger ayant au moins deux ans de résidence en Algérie, un indigène musulman.

Par suite de cet agrandissement de son territoire, la population de la Commune de Bou-Farik se partage, au 31 décembre 1856, de la manière suivante :

	Européens.	Indigènes.	Total des Européens en bloc.
Bou-Farik.....	3036	729	3243
Soumâa.......	270	32	270
Chebli.........	115	1157	115
Bir-Touta......	252	»	252
Quatre-Chemins	101	19	101
Totaux.......	3774	1937	3981

Le mouvement de la population s'est prononcé, pendant l'année, de la manière suivante :

Naissances............ 139
Décès .... 77, dont 49 enfants.

Le territoire de la Commune de Bou-Farik, agrandi par suite du décret impérial du 31 décembre, offre aujourd'hui une surface dépassant 100 kilomètres carrés. Cette étendue est presque toute en culture; aussi, l'aisance commence-t-elle à récompenser nos colons des misères de la première époque. La culture du tabac, dont ils ont 1500 hectares, leur donne de beaux profits; l'élève et l'engrais du bétail, auxquels ils se livrent depuis quelque temps, leur sont aussi très avantageux. Les colons de Bou-Farik ont encore triomphé au Concours de Blida, et les primes qu'ils ont obtenues leur ont prouvé que les luttes de la paix avaient leurs lauriers comme celles de la guerre.

Bou-Farik est entouré d'une quinzaine de fermes ou exploitations importantes, qui se distinguent par leur bonne tenue, par l'activité agricole qui s'y déploie, et par l'intelligence qui préside aux diverses cultures.

L'état sanitaire du pays s'améliore très sensiblement, et ce n'est plus guère que sur les enfants que se fait sentir extraordinairement la mortalité.

Faut-il attribuer cet état de choses, qui n'est pas particulier à la localité seulement, au manque de soins judicieux dont souffrent ces enfants?

Les écoles ne se sont pas maintenues au nombre d'élèves de l'année dernière; leur situation au 31 décembre est la suivante :

École de garçons, de 60 à 70 élèves.

École dirigée par les Sœurs de la Doctrine chrétienne, 50 filles.

Salle d'Asile annexée à cette école, de 200 à 250 enfants des deux sexes.

Le Marché est toujours en progrès; l'affluence des vendeurs et acheteurs y est considérable. Le bétail y abonde. Chaque branche de commerce ou d'industrie y est représentée, et le chiffre des transactions qui se font chaque lundi peut être évalué approximativement à 260,000 francs.

Le maréchal Pélissier fait cadeau à l'Orphelinat de Bou-Farik d'une horloge et de deux canons de 8 provenant de Sébastopol. Cette horloge est celle que l'on remarquait dans l'intérieur de cet Établissement.

Par arrêté du Gouverneur général en date du 29 juin 1857, M. Galtier (Maximilien), propriétaire, et Conseiller municipal, est nommé Adjoint pour la section de Soumàa en remplacement de M. Bresson (Félicien), démissionnaire, qui, avec Sid Kaddour-Cherif, est désigné, pour faire partie du Conseil municipal — section de Chebli — en qualité de membre.

Par décret du 1er juillet, le séquestre est mis sur les biens de Sid Kaddour et de Sid Allal, enfants de Sid El-Hadj-Mohy-ed-Din-Es-Sr'ir, — de la famille de Sidi Ali-Mbarek, — exilés en Turquie depuis 1841.

Un décret du 5 décembre crée une Justice de Paix à Bou-Farik.

Un centre de population, qui prendra le nom de Bou-Inan, est créé le 5 décembre. Ce point est situé à 10 kilomètres de Bou-Farik, et à 8 kilomètres à l'est de Soumàa, sur la route de Blida au

Fondouk, au pied d'une gorge boisée d'orangers et d'oliviers séculaires. Ce village sera compris dans la section municipale de Bou-Farik.

Un arrêté du Gouverneur général, en date du 23 décembre, compose le Corps municipal de la Commune de Bou-Farik de la manière suivante :

Maire : M. Borély La Sapie ✱, Maire actuel.

Adjoints : MM. de Granval ✱, Adjoint actuel, pour la section de Bou-Farik.
Blanpignon, pour la section de Soumâa.

La section de Chebli n'a pas d'Adjoint; elle n'a que deux Conseillers municipaux, MM. Loquet et Aymes.

Conseillers municipaux : MM. Loquet, Aymes, Gillons, Querenet, Bresson, Kaczanowski, Vargues, Cermenò, Kaddour-Cherif.

La nouvelle Municipalité s'installe le 18 janvier 1858. Dans cette première séance, M. Loquet donne sa démission de Conseiller pour la section de Chebli.

Le décret du 8 août 1854, créant les Bureaux arabes civils, est rendu applicable à l'arrondissement de Blida le 1ᵉʳ juillet. M. Jeauningros est nommé Chef de ce Bureau. Un arrêté du Gouverneur général, en date du 13 juin, prescrit en ces termes l'exécution de cette mesure : « Art. 1ᵉʳ. — Le 1ᵉʳ juillet, il sera fait remise, par l'Autorité militaire à l'Autorité civile, de l'administration des populations indigènes établies dans l'arrondissement de Blida. »

Un décret impérial en date du 24 juin porte

création d'un Ministère de l'Algérie et des Colonies, qui est confié au prince Napoléon (Jérôme).

Une foire aux bestiaux est créée à Bou-Farik, le 20 juillet, sur la demande du Conseil municipal.

Par un arrêté du Gouverneur général en date du 30 juillet, et sur la proposition du Conseil municipal, M. Dumont est nommé Adjoint au Maire de Bou-Farik pour la section de Chebli.

Un décret impérial du 31 août supprime la fonction de Gouverneur général, et institue un Commandement supérieur des Forces de Terre et de Mer en Algérie. M. le général de division de Mac-Mahon est nommé à cette haute fonction.

M. Février est nommé Juge de Paix à Bou-Farik par décret impérial du 21 novembre.

Bou-Farik s'embellit et s'assainit de jour en jour : M. Borély La Sapie a l'excellente idée de faire dessiner et planter, au milieu de sa forêt de platanes, deux squares avec bassins et jets d'eau. La vigueur de la végétation à Bou-Farik fait bientôt de ces massifs de délicieux nids de verdure, où l'on peut braver impunément les ardeurs de l'été.

Le Corps municipal de la Commune de Bou-Farik est modifié ainsi qu'il suit à la date du 3 janvier 1859 : MM. Valladeau, Barny, Barberet et Wojtaziewicz sont nommés, le premier, Adjoint pour la section urbaine, et les trois autres, Membres du Conseil municipal en remplacement de MM. de Granval, Kaczanowski, Querenet et Cermenò, démissionnaires.

Leur installation a lieu le 14 février.

M. Vassor est nommé Notaire à la résidence de Bou-Farik le 20 avril.

Le général de division Gues-willer remplace le général de Mac-Mahon, le 24 avril, dans les fonctions de Commandant supérieur des Forces de Terre et de Mer en Algérie.

Le général Gues-willer cédait la place, le 15 août, au général de division de Martimprey.

M. Bouilley (Gustave), maréchal-de-logis de Gendarmerie, est nommé au commandement de la Gendarmerie de Bou-Farik le 14 juillet.

A défaut d'hôpital, on crée une ambulance à Bou-Farik pour y traiter les maladies légères.

La ville se complète en constructions d'utilité publique : on y établit de nouvelles fontaines et des abreuvoirs, et les rues de grande voirie sont améliorées.

On s'occupe toujours de travaux d'irrigation. On a achevé la construction d'un barrage et d'un canal maçonné pour la dérivation de l'ouad Bou-Chemàla, lequel sert aux irrigations des territoires de Sidi-El-Habchi, de Soumâa, du haouch Bahli, de Guerouaou, de R'ilan et de Bou-Farik.

A la date du 11 avril 1860, le village et le territoire de Bou-Inan, compris dans la section du chef-lieu, forment une section annexe de la Commune de Bou-Farik. Le Corps municipal de ladite Commune sera augmenté d'un quatrième Adjoint à la résidence de Bou-Inan.

M. Leb œuf est nommé Adjoint, le 28 avril, pour la section de ce centre de population.

Le Ministre Secrétaire d'État de l'Algérie nomme, dans la Milice de la Commune de Bou-Farik, par un arrêté du 25 juillet :

GRADES.	BOU-FARIK			CHEBLI.	BIR-TOUTA et QUATRE-CHEMINS.	SOUMAA.	BOU-INAN.	SAPEURS-POMPIERS.
	1re COMPAGNIE.	2e COMPAGNIE.	3e COMPAGNIE.					
	MM.	MM.	MM.	M M	MM.	MM.	MM.	MM.
Capitaines-commandants......	Suel.	Chauzy.	Vassor.	»	»	Laffargue.	»	»
Lieutenants..	Benoit.	Humel.	Chalancon fils.	»	»	Létaud.	»	Favre.
Sous-lieutenants.......	Tournel.	Oustri fils.	Bessat.	Braßer.	Vital.	Moussard père.	Martin.	Mourgani.

L'effectif de la Milice de Bou-Farik est fixé, le 8 juin, ainsi qu'il suit :

Bou-Farik......................	510
Chebli	30
Bir-Touta et Quatre-Chemins......	20
Soumâa........................	80
Bou-Inan......................	30

Total : 670

M. le docteur Durand est nommé, le 10 août, Médecin de Colonisation de la circonscription de Bou-Inan.

Un arrêté du 21 août forme de nouvelles circonscriptions judiciaires musulmanes. Bou-Farik est placé dans la septième circonscription (ressort de Blida), qui a pour Kadhi Si Mohammed-ben-Mohammed-Cherif, avec un bach-àdel et trois àdoul. Si Kaddour-ben-Abd-er-Rahman-ben-Kiouan est nommé assesseur près la Justice de Paix de Bou-Farik, en remplacement de Si Sliman-ben-Sliman-Khodja.

L'Empereur et l'Impératrice débarquent le 17 septembre à Alger, où ils séjournent jusqu'au 20.

M. Martin (Claude-Laurent) est nommé, le 2 novembre, Huissier à Bou-Farik.

XVII

Suppression du Ministère de l'Algérie, et reconstitution du Gouvernement général. — Le maréchal Pélissier est nommé Gouverneur général de l'Algérie. — M. le général de Martimprey est nommé Sous-Gouverneur. — La section de Chebli est érigée en Commune. — Fixations nouvelles des limites de la Commune de Bou-Farik. — Modification dans l'organisation du Corps municipal. — M. Borély La Sapie donne sa démission des fonctions de Maire. — Réflexions. — M. Mauger est nommé Maire de la Commune de Bou-Farik. — Population de cette Commune au 31 décembre 1861. — Organisation d'un syndicat des canaux de dessèchement de Bou-Farik. — Inauguration du chemin de fer d'Alger à Blida. — La Commune est autorisée à contracter un emprunt. — Création d'une Société de Secours mutuels. — M. Mauger donne sa démission de Maire de la Commune de Bou-Farik. — Il est remplacé par M. Ribouleau. — M. le maréchal de Mac-Mahon est nommé Gouverneur général de l'Algérie, et le général Desvaux Sous-Gouverneur. — Établissement par la Société linière et cotonnière d'une usine à Bou-Farik. — L'Empereur à Bou-Farik. — M. le général de Ladmirault est nommé Sous-Gouverneur de l'Algérie. — Un Bureau de Bienfaisance est institué à Bou-Farik. — Les sauterelles. — M. le général baron Durrieu est nommé Sous-Gouverneur de l'Algérie. — Population de la Commune de Bou-Farik au 31 décembre 1866.

Un décret impérial du 24 novembre 1860 supprime le Ministère de l'Algérie et reconstitue le Gouvernement général. Le maréchal Pelissier est nommé Gouverneur général de l'Algérie.

M. Février, Juge de Paix, est nommé Substitut du Procureur impérial à Sétif le 8 décembre.

M. le général de Martimprey, Commandant supérieur des Forces de Terre et de Mer de l'Algérie, est nommé, le 16 décembre, Sous-Gouverneur et Chef d'État-Major du 7ᵉ corps d'armée.

Dans le courant de décembre, la population de Bou-Farik et le curé font des démarches, qui restent infructueuses, pour la translation, du cimetière du Camp-d'Erlon à celui de l'Est, des restes des premiers colons, et de ceux de Blandan et de ses compagnons.

M. Borély La Sapie est nommé Secrétaire du Bureau de la Chambre consultative d'Agriculture de la province d'Alger pour la session de 1861.

M. Geoffroy est nommé Juge de Paix à Bou-Farik par décret impérial du 2 janvier 1861.

Le 10 mai, Bou-Farik était en fête : on y baptisait trois cloches dont la population et son curé, M. Joly, avaient fait les frais au moyen d'une souscription. Les parrains étaient : MM. Mercier-Lacombe, de Tonnac et Delangle, et les marraines, Mᵐᵉˢ la duchesse de Malakoff, de Chancel et Barberet.

Par décret impérial du 22 août 1861, la section de Chebli était érigée en Commune, avec Bir-Touta pour annexe, et les limites de la Commune de Bou-Farik étaient fixées de la manière suivante :

La Commune de Bou-Farik, outre le territoire de son chef-lieu, comprend les territoires de Soumàa et de Bou-Inan, formant chacun section de Commune.

Le territoire de la Commune de Bou-Farik, délimité par décret du 31 décembre 1856, est modifié ainsi qu'il suit :

« Au nord : la route de Koléa à Alger, depuis le Mazafran à l'ouest, jusqu'à la limite entre les haouch Zmirli et Oulad-Mendil à l'est.

« A l'est : la ligne sinueuse séparant les haouch Zmirli et Sidi-Aaïd des haouch Oulad-Mendil, Oulad-Chebel, Mohammed-ben-Cherif, et la concession Ribaud, jusqu'au chemin de Sidi-El-Aabed à la route médiane; ce chemin est la limite entre les haouch Soukaly et Zezia jusqu'à la route de Bou-Farik à Sidi-Mouça; la route et le chemin d'Alger à Bou-Inan, jusqu'à la limite du territoire de Bou-Inan, et jusqu'au territoire militaire.

« Au sud : la limite sud du département, fixée par le décret du 28 octobre 1854, jusqu'à l'extrémité ouest du territoire du village de Soumàa.

« A l'ouest : la ligne sinueuse séparant les territoires de Soumàa, de Guerouaou et de Mechdoufa des territoires de Dalmatie et de Beni-Mered, jusqu'à la route de Blida à Alger; cette route, dans la direction d'Alger, jusqu'à l'extrémité nord de la propriété Parnet; la limite entre cette propriété, le communal de Beni-Mered et les haouch Mered et Ben-Daly-Bey, et les territoires de Bou-Farik et du haouch Ben-Khelil, aboutissant au chemin de

Ben-Khelil à Beni-Mered ; ce chemin jusqu'à la route de Miliana à Alger par Bou-Farik, à la hauteur de la route de Sidi-Khalifa ; la route et la limite entre les haouch Ben-Salah et Ben-Khelil, l'ouad Tharfa ; l'ouad Ferghen, l'ouad Fathis et le Mazâfran descendu jusqu'à la route de Koléa à Alger, point de départ. »

Le Corps municipal de la Commune de Bou-Farik reçoit, le 30 septembre, une nouvelle organisation : il se compose d'un Maire, de trois Adjoints (chefs-lieux, Soumâa et Bou-Inan), de huit Conseillers municipaux, dont un étranger européen et un indigène musulman.

Après dix années d'une laborieuse et intelligente administration qui avait fait de Bou-Farik la merveille de l'Algérie, M. Borély La Sapie donnait sa démission à la fin de l'année, et rentrait dans la vie privée. Peut-être ne lui rendit-on pas toute la justice qu'il méritait, peut-être ne se souvint-on pas assez à Bou-Farik que c'était à lui que cette ville, dont on était pourtant si fier, devait sa transformation, c'est-à-dire l'aménagement de ses eaux, la construction de ses fontaines, lavoirs et abreuvoirs, ses splendides et nombreuses plantations, ses beaux squares, la clôture de son Marché, mille améliorations intérieures qu'il serait trop long d'énumérer ; Bou-Farik oubliait trop enfin qu'il était redevable à M. Borély La Sapie de sa salubrité et de sa beauté, les deux plus puissants éléments de la fortune d'un centre de population. Mais c'est là trop souvent le sort des hommes qui ont exercé magistralement des fonctions publiques, de n'être équitablement appréciés et jugés que lorsqu'ils en sont descendus.

Pourtant, nous devons dire que l'heure de la réparation a déjà sonné pour M. Borély La Sapie, et qu'à Bou-Farik on commence à se souvenir.

Par arrêté préfectoral du 25 décembre, M. Mauger était nommé Maire de Bou-Farik, et le Corps municipal était organisé de la manière suivante :

Maire : M. Mauger.

Adjoint pour la section urbaine, M. Gilloux.

Adjoint pour la section de Soumàa, M. Bresson.

Adjoint pour la section de Bou-Inan, M. Lebœuf.

Conseillers municipaux : MM. Teule, Barberet, Bonand, George, Humel, Fagard, Wojtasiewicz et Kaddour-Cherif.

Au 31 décembre, la population de la Commune de Bou-Farik se divise ainsi qu'il suit :

LOCALITÉS.	TOTAL de la population.	FRANÇAIS.	ÉTRANGERS.	INDIGÈNES ISRAÉLITES.	INDIGÈNES MUSULMANS.	POPULATION EN BLOC.
Bou-Farik........	5108	1433	892	64	2564	145
Soumàa..........	1471	272	132	»	1067	»
Bou-Inan........	686	231	130	»	325	»
Quatre-Chemins..	378	86	34	»	258	»
Totaux.......	7643	2022	1188	64	4214	145
				4278		

M. Mauger, le nouveau Maire, entrait en fonctions le 9 janvier 1862.

M. Orssaud est nommé, le 23 janvier, membre du Conseil municipal de la Commune de Bou-Farik en remplacement de M. Bonand, démissionnaire.

Un décret impérial, en date du 8 mars, porte règlement d'administration publique sur l'organisation d'un syndicat des canaux de dessèchement de Bou-Farik. Ce syndicat est formé principalement par association des propriétaires des territoires de R'ilan, de Cheurfa, de Goreïth et de Bou-Farik pour l'assainissement et le dessèchement de ces territoires. Cette association, présidée par un Directeur, est administrée par sept membres ; elle est renouvelable tous les six ans.

M. Orssaud est nommé, le 19 mars, Adjoint au Maire de la Commune de Bou-Farik pour la section urbaine, en remplacement de M. Gilloux, qui reste simple Conseiller.

Mainlevée de séquestre est donnée, le 26 mars, à la famille Ben-Ioucef-ben-Abd-el-Kader-ben-Sidi-El-Habchi, du quartier des Feroukha.

M. Archin est nommé, le 12 juillet, Curateur aux successions vacantes du canton judiciaire de Bou-Farik.

Le chemin de fer d'Alger à Blida est inauguré le 15 août; mais il n'est livré à la circulation que le 8 septembre.

Un arrêté du 20 septembre portant nomination des membres de la Chambre d'Agriculture de la province d'Alger pour les années 1862, 1863 et

1864, désignait, dans la Commune de Bou-Farik, MM. Borély La Sapie, propriétaire à Soukaly, Aymes et Vargues, propriétaires à Bou-Farik.

La Commune de Bou-Farik était autorisée, dans le courant de l'année, à faire un emprunt de 80,000 francs au Crédit foncier de France.

Un décret impérial du 7 janvier 1863 nomme M. Delangle à la Justice de Paix de Bou-Farik.

Par décret impérial du 6 avril, M. Villeneuve est nommé Notaire à Bou-Farik en remplacement de M. Vassor, qui a transféré son étude à Blida.

M. El-Hadj-Hacen est nommé, le 13 janvier 1864, Conseiller municipal en remplacement de M. Kaddour-Cherif, démissionnaire.

M. Gonsard est nommé, le 13 février, Adjoint pour la section de Bou-Inan en remplacement de M. Lebœuf.

MM. Delangle et Navarro sont nommés, le 21 mars, membres du Conseil municipal en remplacement de MM. George et Wojtasiewicz, démissionnaires.

Un chemin vicinal (n° 65) de la Commune de Bou-Farik est classé d'office, le 10 mai, sous le nom de Blandan, le héros de Mered.

Le général de division de Martimprey prend, à la date du 23 mai, l'intérim du Gouvernement général de l'Algérie, devenu vacant par la mort, le 22, du maréchal duc de Malakoff.

M. le Préfet du département d'Alger approuve, le 26 juillet, les statuts de la Société de Secours mutuels de Bou-Farik. Le bureau de cette Société est ainsi composé : MM. Bérard, président, Favre, trésorier, Delangle, Orssaud, Suel, Seltz et Bardin, administrateurs, Rambert, secrétaire, Imbert, secrétaire-adjoint. M. Miergues est nommé médecin de la Société.

M. Mauger donnait, le 5 août, sa démission de Maire de la Commune de Bou-Farik.

L'administration de M. Mauger fut de trop courte durée pour avoir été marquée par des améliorations méritant d'être particulièrement signalées. Nous devons dire pourtant qu'animé d'excellentes intentions, M. Mauger n'eut en vue que l'intérêt de sa Commune et celui de ses administrés, et que ses actes furent ceux d'un administrateur intelligent, intègre et zélé pour le bien public.

M. le général de division Desvaux (Gilles) est nommé, par décret impérial du 8 août, Sous-Gouverneur de l'Algérie, en remplacement de M. le général de division de Martimprey, chargé par intérim du Gouvernement général.

M. Ribouleau était nommé Maire de la Commune de Bou-Farik, par arrêté préfectoral du 24 août, en remplacement de M. Mauger, dont la démission avait été acceptée. Le nouveau Maire entrait en fonctions le 28 du même mois.

Familiarisé avec les difficultés administratives, rompu à la pratique de la comptabilité communale, M. Ribouleau parvint sans peine à hausser la somme des ressources de la ville et à en augmenter les produits.

Bien que ses prédécesseurs ne lui eussent laissé que peu à faire, la Commune de Bou-Farik devait déjà pourtant à ses cinq années d'administration d'importantes améliorations d'utilité publique. Nous ne citerons que les principales : la construction d'un lavoir couvert, des travaux considérables de drainage pour compléter l'assainissement de la ville, l'achèvement du presbytère, l'aménagement des eaux dans les annexes de Soumâa et de Bou-Inan, et la construction d'une chapelle dans cette dernière localité.

Comprenant que le bien-être matériel n'est pas tout et qu'on ne vit pas que de pain, M. Ribouleau ouvrit des cours d'adultes à Bou-Farik, et des écoles dans ses annexes de Soumâa et de Bou-Inan.

M. Ribouleau, nous lui devons cette justice, ne mit sa gloire que dans la continuation de l'œuvre si remarquable de ses devanciers.

Un décret impérial du 1er septembre appelle M. le Maréchal de Mac-Mahon, duc de Magenta, au Gouvernement général de l'Algérie.

Par décret impérial en date du 5 septembre, M. Stéphany Poignant est nommé Préfet d'Alger, et M. L. Tellier Secrétaire général de la Préfecture.

M. Archin est nommé Secrétaire de la Mairie le 7 octobre.

Une école mixte est créée à Bou-Inan le 13 novembre.

Une usine à lin s'établit au sud de Bou-Farik, et près de la gare du chemin de fer, dans le courant de janvier 1865.

Le culte protestant, qui n'avait d'autre local religieux que la salle d'école des garçons, est installé, le 10 février, dans une maison exclusivement affectée à l'exercice de ce culte.

Le Corps municipal de la Commune de Bou-Farik reçoit une nouvelle organisation le 11 février. Il est composé ainsi qu'il suit : MM. Ribouleau, Maire, Orssaud, Adjoint pour Bou-Farik, Bresson, Adjoint pour Soumàa, Gonsard, Adjoint pour Bou-Inan, Gilloux, Barberet, Delangle, Fayard, Humel, Teule, Navarro, El-Hadj-Hacen, Conseillers municipaux.

Sous l'initiative du Maire, le Conseil municipal a fait établir par feuilles le plan général du territoire de Bou-Farik. C'est un travail extrèmement remarquable.

Par décision impériale du 28 mars, M. le général de division de Wimpffen est appelé au commandement de la Province d'Alger.

Le 5 mai, l'Empereur, qui avait voulu visiter l'Algérie, était attendu à Bou-Farik : dès le matin, la foule se pressait dans les rues de la ville ; la Metidja tout entière, — Européens et Indigènes, — semblait s'être donné rendez-vous sur ce point.

L'Empereur est reçu à la gare par le Sous-Préfet de l'arrondissement, M. de Chancel, et par le Maire de Bou-Farik, M. Ribouleau.

« Sire, lui dit le Maire, en 1835, la Société de
« Colonisation offrait un prix à celui qui oserait se
« rendre au Marché arabe de Bou-Farik.

« Bou-Farik n'était alors qu'un marais infect.

« En 1865, nous avons l'honneur de recevoir
« Votre Majesté à Bou-Farik, au milieu d'une oasis

« riante et fleurie, couverte de magnifiques récol-
« tes, de riches cultures, et en face du premier
« établissement industriel vraiment sérieux qui se
« soit encore assis sur le sol de notre Colonie.

« Votre visite, Sire, pour ces hardis colons qui
« ont réalisé cette métamorphose pénible, est une
« suprême espérance, une garantie certaine de
« l'avenir.

« Je suis heureux, Sire, d'être appelé à présen-
« ter à Votre Majesté la Municipalité de Bou-Farik;
« je suis fier d'être appelé à vous offrir les respec-
« tueux hommages de nos vaillants pionniers de
« la Colonisation. »

L'Empereur a répondu par quelques paroles bienveillantes au souhait de bienvenue de M. Ribouleau.

L'Empereur visitait de suite l'Usine de la Société linière et cotonnière; il en voyait fonctionner les machines, et, à plusieurs reprises, il témoignait sa satisfaction au Directeur de cet établissement.

Le cortège impérial descendait en ville à travers ces larges rues plantées de platanes géants qui donnent un si grand air à Bou-Farik. L'Empereur pouvait à peine avancer au milieu de cette foule qui se pressait autour de lui; il questionnait avec beaucoup de bienveillance les colons qui se trouvaient auprès de lui : MM. les Adjoints Orssaud et Bresson eurent particulièrement à répondre aux questions qu'il leur adressa sur le passé et l'avenir de leur beau pays.

L'Empereur, que la splendide végétation de Bou-Farik surprend visiblement, répète à plusieurs reprises, en s'adressant au Gouverneur général : « C'est admirable!.... Ce que je vois est véritablement admirable! »

Un pavillon avait été dressé pour l'Empereur entre l'Église et le Camp-d'Erlon, sur l'emplacement de l'ancien Bazar, le Bou-Farik de la création. Autour de ce pavillon, étaient pittoresquement disposés les produits admis à l'Exposition du Comice agricole, qu'on avait fait coïncider avec la visite du Chef de l'État. Des bestiaux, des céréales, des plantes industrielles, des instruments aratoires, ces engins des luttes avec le sol, étaient là habilement groupés, et présentaient avec beaucoup d'art les attributs, les moyens et les résultats de la Colonisation algérienne. L'Empereur n'avait pas voulu quitter Bou-Farik sans faire sa visite à l'Exposition agricole. MM. de Rubod, président du Comice, et Arnould, président de la Société impériale d'Agriculture de la province d'Alger, haranguèrent le Souverain, qui semblait émerveillé de toutes les richesses agricoles réunies sous ses yeux. L'Empereur fait Chevaliers de la Légion d'Honneur M. Arnould, le président de la Société d'Agriculture, et M. de Franclieu, propriétaire à l'ouad El-Allaïg, et l'un des vétérans de la Colonisation dans la Metidja.

Vers trois heures de l'après-midi, l'Empereur quitta Bou-Farik pour se rendre à Koléa en passant par l'ouad El-Allaïg.

Avant de partir de Bou-Farik, il faisait don d'une somme de 500 francs, à titre d'encouragement, à la Société de Secours mutuels de cette localité.

M. Bérard est nommé président de la Société de Secours mutuels de Bou-Farik le 30 juillet. Le 21 novembre, il remplaçait au Conseil municipal M. Gilloux, décédé.

Par décret impérial du 18 septembre, M. le général de division de Ladmirault (Louis) était nommé Sous-Gouverneur en remplacement de M. le général Desvaux (Gilles), rentré en France.

Un décret du 17 janvier 1866 érige en succursale l'église de Bou-Inan. Le vénérable Évêque d'Alger bénit cette église le 19 juillet sous le vocable de Saint-Jean-de-la-Croix.

Un décret impérial du 20 janvier crée un Bureau de Bienfaisance à Bou-Farik. Cette institution est due à l'initiative de M. Ribouleau, qui en a fait la proposition.

Un arrêté préfectoral, en date du 26 février, compose ce Bureau ainsi qu'il suit : MM. Ribouleau, Maire, président, Delangle, Mauger, Valladeau, Villeneuve et Fourestier, membres.

Plus tard, un grand nombre de dames voulurent bien concourir à cette œuvre de charité, en acceptant la délicate et pénible fonction de dames patronnesses.

L'Algérie est éprouvée par un fléau redoutable : les sauterelles (1), qui, depuis deux ans, ravageaient notre Sud, franchissent en avril la ligne de ceinture du Tell, et s'abattent sur le pays. Partout où elles s'arrêtent, elles font table rase. Chaque jour, c'est une nouvelle invasion qui vient s'ajouter aux

---

(1) Elles appartenaient au genre *criquet-pèlerin*.

premières et faire curée des biens de la terre. La désolation est partout ; car l'homme est impuissant pour empêcher ces voraces acridiens d'exercer leurs ravages. Dans le courant de mai, on se crut un instant débarrassé de ces hôtes incommodes ; quelques violents coups de vent du Sud les avaient jetés à la mer, mais trop tard, malheureusement ; car les femelles avaient déjà confié leurs œufs à la terre, et le véritable danger n'était qu'ajourné ; il ne devait se produire réellement redoutable qu'au bout de la période d'incubation, c'est-à-dire au moment de l'éclosion. Dans la seconde quinzaine de mai, le sol sembla suer des criquets : c'était un fourmillement innombrable de larves noires s'épanouissant en tache d'huile, et dévorant à fond toute végétation se rencontrant sur leur passage. Des colonnes formidables quittaient chaque jour leurs points d'éclosion pour marcher au vert ; elles marquaient leur passage par un large sillon de dévastation. Les colons furent bientôt débordés ; car les moyens de destruction étaient insignifiants comparativement à l'activité de la production. En présence de l'énergie de ce fléau qui, indépendamment de la ruine de nos champs, nous menaçait encore de la peste, le Gouverneur général mit l'armée en campagne contre ce nouvel ennemi. Des troupes furent dirigées sur les communes les plus menacées, et la destruction par le feu et par l'enfouissement se poursuivit aussi vigoureusement que possible.

Mais dans le but de mobiliser les divers détachements, et de les pousser rapidement là où leur aide était le plus nécessaire, l'Autorité militaire partagea le Sahel et la Metidja en un certain nombre de circonscriptions qu'elle mettait sous les ordres d'un officier supérieur. La circonscription de Bou-Farik, qui se composait des villages ou hameaux de Rovigo, Sidi-Mouça, Chebli, Bir-Touta, Quatre-Chemins, et des fermes situées le long de la route d'Alger à Koléa jusqu'au Mazafran, cette circonscription, disons-nous, fut placée sous le commandement de M. le chef de bataillon Trumelet, du 1er de Tirailleurs algériens. Cet officier supérieur venait s'établir de sa personne à Bou-Farik le 3 juin. Les troupes employées dans sa circonscription appartenaient au 16e Bataillon de Chasseurs à pied.

Les sauterelles n'avaient pas pondu sur les terres froides et humides du territoire de Bou-Farik ; cette localité avait, en outre, l'avantage d'être très rapprochée du pied du Petit-Atlas, c'est-à-dire du point où les criquets faisaient étape ou escale, de sorte que les acridiens ailés qui parcouraient habituellement en un vol le trajet du Petit-Atlas au Sahel, traversaient le territoire de Bou-Farik sans s'y arrêter. Mais si Bou-Farik avait été favorisé sous ce rapport, ses cultures et ses jardins n'en étaient pas moins très sérieusement menacés par le nord : de noires et redoutables légions descendaient du Sahel, où elles avaient tout dévoré, et se précipitaient sur la Metidja ; les sables du littoral, que les sauterelles avaient choisis, de préférence aux terres fortes, pour y déposer leurs œufs, envoyaient sur Bou-Farik par le nord-est d'épais contingents de ces voraces orthoptères. Les éclosions du pied du Petit-Atlas vivaient sur place.

Ce fut surtout à partir du 15 juin que les invasions devinrent menaçantes pour Bou-Farik ; elles atteignent leur maximum d'intensité le 6 juillet, et le maintiennent jusqu'au 15 de ce mois. A partir de cette date, l'invasion va en décroissant ; les criquets commencent à prendre des ailes et à former des vols qui, de jour en jour, deviennent plus considérables. Du 16 au 20, des nuées de criquets venaient tourbillonner au-dessus de Bou-Farik, puis ces hordes ailées disparaissaient sans qu'on pût savoir la direction qu'elles avaient prise. Bou-Farik avait été préservé ; il en était quitte pour ses saules, ses trembles et ses peupliers dépouillés de leurs feuilles, et pour quelques champs de colzas, de maïs et de légumes dévorés. Pourtant, quelques parties de la belle propriété de Soukaly, les vignes principalement, avaient beaucoup souffert du passage des criquets.

Les quantités de sauterelles détruites par les Chasseurs à pied dans la circonscription de Bou-Farik s'élevèrent à 2104 quintaux. Leur destruction s'était opérée par l'enfouissement et par le feu.

Par décret impérial du 19 décembre, M. le général de division baron Durrieu (Alfred) était nommé Sous-Gouverneur en remplacement de M. le général de Ladmirault (Louis), rentré en France.

Au 31 décembre 1866, la population de la Commune de Bou-Farik se divise par centres ainsi qu'il suit :

LOCALITÉS.	FRANÇAIS.	ÉTRANGERS.	MUSULMANS.	ISRAÉLITES.	MIXTES.	TOTAL.
Bou-Farik........	1857	1176	2243	43	»	5319
Orphelinat.......	»	»	»	»	309	309
Soumâa..........	281	157	1359	»	»	1797
Bou-Inan........	177	69	276	»	»	522
Quatre-Chemins..	70	11	95	»	»	176
Totaux......	2385	1413	3973	43	309	8123

Pendant l'année 1866, la statistique a donné les moyennes suivantes :

Une naissance pour 33 habitants.

Un décès pour 51 habitants.

Ces moyennes, en France, sont, d'après l'*Annuaire du Bureau des Longitudes* :

Une naissance pour 34.81 habitants.

Un décès pour 41,48 habitants.

Comme tous les centres de population de la Metidja, Bou-Farik a été éprouvé par le tremblement de terre du 2 janvier 1867. Bien que les secousses s'y soient fait sentir avec moins d'intensité que dans les villages du pied du Petit-Atlas, les constructions n'en ont pas moins été fortement ébranlées; les dégâts se sont bornés pourtant à quelques maisons lézardées et à plusieurs cheminées renversées. Bou-Farik a ressenti toutes les secousses et oscillations qui se sont produites pendant le mois de janvier; celle du 7 y a été particulièrement violente, surtout dans le quartier Duquesne, où la population épouvantée a abandonné en toute hâte ses habitations. Peu à peu, le calme s'est refait dans la nature et dans les esprits : Bou-Farik en était quitte pour quelques milliers de francs que devait lui coûter la réparation des dégâts résultant du sinistre.

Le Conseil municipal vota une somme de 2000 francs pour venir au secours des victimes du tremblement de terre dans la Commune ; une souscription s'ouvrait, en même temps, spontanément parmi la population pour aider ceux des siens dont les habitations avaient le plus souffert.

Au tremblement de terre succéda le choléra ; pourtant Bou-Farik n'eut à enregistrer que 15 décès parmi sa population européenne ; mais les indigènes de son territoire furent fortement éprouvés : 300 individus furent enlevés en quelques jours par le fléau.

M. Lourdau est nommé Juge de Paix à Bou-Farik à la date du 16 mars.

Un arrêté du 13 mars, pris en exécution du décret du 27 décembre 1866 sur le régime municipal en Algérie, fixait aux 25 et 26 mai les élections des Conseillers municipaux.

Par suite de ces élections, le Conseil municipal de la Commune de Bou-Farik fut composé ainsi qu'il suit :

MM. Bresson,
Gonsard,
Seltz,
Bérard,   } Conseillers français.
Bardin,
Leroux,
Picot,
Rabaste,
El-Hadj-Abd-el-Kader-ben-El-Meddah, } Conseillers
Moustafa-ben-Châban............... } indigènes
Mohammed-ben-Hamoud............... } musulmans.
Tokarski, Conseiller étranger.

Un arrêté préfectoral du 27 juin nommait :

Maire de Bou-Farik :

M. Ribouleau, Maire en fonctions, et propriétaire à Bou-Farik :

Adjoints :
{
Section de Bou-Farik :
M. Bardin, propriétaire et Conseiller municipal.

Section de Soumâa :
M. Bresson, Adjoint en fonctions, propriétaire et Conseiller municipal.

Section de Bou-Inan :
M. Gonsard, Adjoint en fonctions et Conseiller municipal.
}

M. Bardin, nommé Adjoint pour la section urbaine, n'a point accepté.

Le Marché de Bou-Farik est toujours en progrès : les recettes qui, en 1866, furent de 33.060 francs, se sont élevées, en 1867, à 43 701 francs.

Au 31 décembre 1867, la population de la Commune de Bou-Farik se décompose ainsi qu'il suit :

LOCALITÉS.	FRANÇAIS.	ÉTRANGERS.	MUSULMANS.	ISRAÉLITES.	TOTAL.
Bou-Farik	1662	1176	2175	48	5061
Orphelinat..............	299	52	»	»	351
Soumâa ......·......	281	157	1278	»	1716
Bou-Inan	179	69	247	»	495
Quatre-Chemins........	70	11	95	»	176
Totaux........	2491	1465	3795	48	7799
Total général......			7799		

Par arrêté du général commandant la Province, agissant par délégation du Gouverneur général, en date du 5 septembre 1868, ont été nommés, dans la Milice de Bou-Farik, aux grades ci-après :

1re COMPAGNIE.

MM. Aucourt, Capitaine commandant.
    Tokarski, Lieutenant.
    Leroux, Sous-Lieutenant.

2e COMPAGNIE.

MM. Oustri (Jean-Baptiste), Capitaine.
    Moreau, Lieutenant.
    Vilain, Sous-Lieutenant.

SECTION DE SOUMAA.

M. le baron de Chasteignier, Lieutenant.

SECTION DE BOU-INAN.

M. Vidalie, Sous-Lieutenant.

XVIII

Les Colons fondateurs de Bou-Farik. — Le Bou-Farik de 1868. — Sa forme. — Son enceinte. — Ses dimensions. — Ses maisons. — Ses vergers. — Sa population. — Ses platanes. — Ses squares. — Ses rues et ses boulevards. — Ses eaux. — La koubba de Sidi Abd-el-Kader-el-Djilani. — L'hôtel Mazaghran. — L'église et ses tableaux. — Le Camp-d'Erlon et l'Orphelinat. — La chapelle. — L'ancien puits du Marché. — Le Magasin à Fourrages. — Les cadeaux du maréchal Pelissier. — Le Cimetière. — La tombe de Blandan et des six héros tombés autour de lui. — Le monument funéraire élevé au capitaine du Génie Grand. — L'Orphelinat, École d'agriculture. — Aspect de Bou-Farik. — Sa fête annuelle. — Le territoire de la Commune.

Il ne serait peut-être pas sans intérêt de rappeler ici les noms de ceux des vieux colons de Bou-Farik qui ont pu traverser, sans y laisser la vie, les phases difficiles des quinze premières années de cette ville. Certes, il fallait que ces hommes fussent vigoureusement trempés, et doués d'une constitution singulièrement spéciale, pour rester debout au milieu des périls de tous genres qui marquèrent l'enfance de la cité qu'ils fondèrent; en leur donnant des âmes d'acier dans des corps de bronze, le Destin avait voulu évidemment les marquer de son sceau et les réserver pour l'accomplissement de ses desseins. Combien n'en virent-ils pas tomber autour d'eux abattus soit par le fer ou le feu de l'ennemi, soit par les atteintes de la fièvre! et, pourtant, nous l'avons vu au cours de ce récit, la plupart d'entre eux ne se sont point ménagés pendant la période des coups de fusil, 1835 — 1842.

Nous ne dirons les noms que de ceux de ces anciens colons qui, appartenant aux trois premières années de la fondation de Bou-Farik, 1835, 1836 et 1837, habitaient encore cette localité à la fin de l'année 1868. Ils étaient au nombre de 21.

ANNÉE DE L'ARRIVÉE À Bou-Farik.	NOMS ET PRÉNOMS.	OBSERVATIONS.
1835	Girard (Jean-Jacques). Pouzault (François).	
1836	Bertrand (Bazile). Charlot (Jean). Bouchet (Pierre). Frégier. Bruner (Jacob). Orssaud (Fulcran). Oustri père (Jean-Baptiste). Oustri fils (Jean-Baptiste). Potabès (Félix). Rabaste (Antoine).	
1837	Chalancon père (Jean). Chalancon fils (Joseph). Metz. Bardin (Charles). Bender (Christian). Houvet. Seltz (Prosper). Grisolle (Etienne). Joulian (Martin).	

A présent que nous savons ce que fut Bou-Farik dans le passé, que nous l'avons montré grandissant, progressant malgré les à-coups, les temps d'arrêt, les menaces d'abandon, les mauvais jours, les moments difficiles; à présent que nous savons comment le désert s'est fait ville, le marais oasis, comment la vase est devenue émeraude, l'infection salubrité, la mort vie, la misère aisance, la tristesse gaîté, nous allons essayer d'esquisser en quelques coups de crayon la physionomie du Bou-Farik de 1868.

Renfermé dans le fossé d'enceinte que lui ont donné pour limites et pour périmètre, en 1838, les ingénieurs militaires, Bou-Farik a conservé sa forme primitive, c'est-à-dire celle d'une carde, ou mieux, d'un gaufrier dont le Camp-d'Erlon serait le manche. Bien que, Dieu merci! le retranchement derrière lequel s'abritait Bou-Farik n'y figure plus guère qu'à titre de renseignement historique, bien que l'héroïque cité puisse aujourd'hui sans crainte déposer son armure, l'enceinte bastionnée n'en existe pas moins encore à peu près intacte, mais dépourvue, il faut bien le dire, de ce caractère sévèrement rectiligne par lequel se distingue l'art des Vauban et des Cormontaingne : ainsi, les arêtes du retranchement sont émoussées, écrêtées, les talus sont éboulés, les fossés embroussaillés de ronces; on fait des céréales et des pommes de terre sur sa banquette et sur son talus. Tout cela n'accuse pas des préoccupations défensives par trop exagérées.

La ville, avons-nous dit, a été découpée en

damier, et dans des proportions à pouvoir contenir 50,000 habitants. Bien des cases attendent encore leurs constructions; mais il n'y a pas là un bien grand mal, puisque tout ce qui n'est pas maison est jardin. Cette disposition présente cet avantage de faire de Bou-Farik une ville de villas: chaque habitation y a, en effet, son verger, son potager, son jardin d'agrément, son champ; elle s'y baigne dans la verdure; les fruits, les fleurs, le tabac, le pain même y sont à la main du maître; car rien ne l'empêche de mettre la charrue dans son champ et d'y jeter du blé pour sa consommation.

Il n'est rien de coquet, d'européen, de français surtout comme ces petites maisons dont les toits rouges émergent d'un nid de verdure : c'est la campagne à la ville, la campagne, avec ses bonnes et succulentes odeurs d'étable, de lait, de beurre, la campagne avec de vrais campagnards en sarreau labourant sérieusement, et mettant leur gloire à bien tracer un sillon, la campagne avec des filles fraîches comme les roses de leurs jardins, et avec des charmes d'une opulence à rendre jalouse la Charité, la campagne enfin avec des enfants superbes, le plus net de l'espoir de la Colonie.

Bou-Farik, qui n'est que d'hier, rappelle pourtant volontiers nos villes à parcs impériaux (1) : c'est Versailles, Saint-Cloud avec leurs grands arbres, avec leur calme, avec leurs larges rues. Je

---

(1) Nous rappelons qu'il s'agit ici du Bou-Farik de 1868.

ne sais rien d'aussi vigoureusement splendide que ces platanes de seize ans qu'on dirait plusieurs fois séculaires! Comme l'air circule et s'épure sous ces nefs plafonnées de verdure, et à voûtes perdues dans les airs comme celles de nos vieilles cathédrales gothiques! Au cœur de l'été, et en plein midi, la vie y est supportable, agréable même, et, pendant que tout rissole au delà, on respire tout à son aise sous ces immenses parasols vert tendre pendeloqués de chatons globuleux que portent des géants. Les squares, chargés de parfums comme des encensoirs, ont une odeur de Fête-Dieu qui ravit; la vue, l'odorat y sont suavement caressés; toute la gamme des verts, depuis le vert tendre du hêtre jusqu'au vert sombre de l'if, se fond là en un fouillis délicieux dans lequel l'œil boit la fraîcheur à longs traits. Là frissonnent emmêlées, sympathiques ou antipathiques, des feuilles de toutes les formes, des feuilles à surface luisante, ou vernissée, ou scabre, ou glabre, ou pubescente. Les acacias sont présents aussi hérissonnés, menaçants; quelques-uns, tondus en champignon, semblent coiffés de la chevelure touffue du dieu des jardins. Les platanes, qui font aux squares un baldaquin de verdure, sont enguirlandés et enfestonnés d'églantiers courant d'un arbre à l'autre, et grimpant effrontément jusqu'à leur cime en s'enroulant autour de leur tronc blanc légèrement teinté de vert. Quand la lune argente cette féerie végétale, quand ses rayons à reflets métalliques jouent dans les gerbes de cristal liquide, qu'ils transforment en une aigrette étincelante pleurant par de gracieuses paraboles des poignées de diamants, c'est à se croire dans les délicieux jardins d'Éden que le Prophète promet aux Croyants. Comme on se sent heureux de vivre dans ce milieu parfumé, dans cette corbeille de fleurs ! et comme on y serait tenté de dire avec Pierre à Jésus : « Seigneur, il est bon de demeurer ici ; si vous l'agréez, nous y ferons trois tentes, une pour vous, et deux autres pour Moïse et pour Élie. »

Bou-Farik, avons-nous dit, a été taillé en plein drap ; les rues sont naturellement tirées au cordeau et coupées à angle droit comme celles d'une ville américaine ; toutes sont larges et bien aérées. Les deux artères principales, qui se croisent à la place Mazaghran, sont plantées de platanes gigantesques ayant l'âge de ceux de la promenade. Quelques autres rues sont ombragées de mûriers, auxquels on a fait subir une inclinaison sur le centre de la voie publique pour les amener à former berceau par la rencontre de leurs cimes : sur la place de la promenade, les mûriers ont été remplacés par des orangers. Les boulevards intérieurs sont également garnis de rangées de platanes qui, surtout du sud au nord, s'allongent en allées magnifiques jusqu'à perte de vue. L'église, qui s'élève sur le grand axe d'une ellipse formée de platanes, cache son chevet dans les palmiers ; des orangers lui font une ceinture verte brodée d'or ; d'autres surgissent de la pelouse, qui s'épanouit en parvis devant elle.

Les eaux sont abondantes, les fontaines nombreuses, les lavoirs et abreuvoirs suffisants. Entre le presbytère et la baignoire des bestiaux, s'élève, au milieu des orties et d'immondices sans nom, la koubba dédiée à Sidi Abd-el-Kader-El-Djilani, le plus grand saint de l'Islam, le sultan des justes, de Sidi Abd-el-Kader, qui a son tombeau à Baghdad. Cette chapelle commémorative, qui, avec le puits du Marché, composait le Bou-Farik d'autrefois, n'est ni entretenue ni blanchie; elle sert, en outre, de débarras aux lavandières de la localité. Nous pensons qu'il serait de bon goût de faire cesser cette sorte de profanation; car, enfin, toutes les croyances sont pardonnables, et toutes les religions, voire même celle de l'erreur, ont droit au respect des gens qui se prétendent éclairés ou civilisés. Nous avons connu un officier général — tué à l'ennemi — qui, bien que fervent et excellent catholique, ne passait pourtant jamais devant une de ces chapelles que nous appelons *marabouts* sans se découvrir respectueusement. Nous comprenions cela. Au reste, le terrain sur lequel est bâtie cette koubba commémorative doit nous être sacré à un autre titre encore, car ce fut un cimetière, un champ de repos éternel, et nous craignons bien que la construction du presbytère et de ses dépendances n'ait amené quelque peu la dispersion des crânes desséchés et des ossements blanchis des générations éteintes, et troublé la mort jusque dans son tombeau. Gardons-nous avec le même soin de l'indifférence et de l'esprit d'intolérance; l'une ne vaut pas mieux que l'autre.

A part son église, dont nous parlerons plus loin, Bou-Farik n'a pas de monuments; aucun de ses établissements publics ou particuliers ne mérite d'être cité. L'hôtel Mazaghran, situé sur la place de ce nom, n'a acquis quelque célébrité — nous en avons parlé plus haut — que parce qu'il abrita souvent Horace Vernet, le colon peintre d'enseignes. Cet hôtel a encore un autre genre de réputation : c'est une sorte de petite Bourse où, le lundi, jour du Marché, se traitent, entre un verre d'absinthe et une tête de veau à la vinaigrette, des affaires d'une certaine importance.

L'église de Bou-Farik, Saint-Ferdinand, date, nous le savons, de l'année 1846. Cet établissement religieux n'a rien de particulièrement remarquable ; mais il répond aux besoins actuels de la population catholique de la Commune.

L'architecture de l'église de Bou-Farik est des plus simples : son portail se compose d'un péristyle formé de quatre colonnes et de deux piliers latéraux soutenant cinq arceaux, au-dessus desquels court un entablement sans ornementation : sur ce péristyle s'ouvre une porte rectangulaire donnant accès dans le temple. Une tour carrée s'élargissant à sa base par une saillie formant toit s'élève de sa façade et lui sert de clocher. Une croix de fer termine ce modeste édifice religieux.

La disposition intérieure de l'église est aussi sévèrement simple que celle de l'extérieur ; cependant, les trois fenêtres du chœur portent de très beaux vitraux faisant honneur aux verriers de Saint-Galmier.

On remarque dans l'église de Bou-Farik quelques toiles de valeur ; il en est quatre surtout qui sont évidemment des œuvres de maîtres : l'une, signée A¹ᵉ Debouys, et dont le sujet paraît être *le Martyre de sainte Philomène*, a été achetée, en 1859, aux Trappistes de Sthaouali, au moyen d'une souscription dont M. le curé Joly a fait une grande partie des frais. On remarque encore *une Assomption*, qui a été donnée directement par Napoléon III, en 1855 ; *un Christ remettant les clefs à saint Pierre*, accordé, en 1862, sur la demande de M. de Chasseloup-Laubat, Ministre de l'Algérie et des Colonies ; *une Guérison de l'Aveugle-né*, obtenue en 1865, sur la demande de M. de Forcade La Roquette.

Il existe aussi dans l'église de Bou-Farik un remarquable *Chemin de la Croix*, acheté des propres deniers de l'abbé Joly, et dont le paiement lui coûta, nous assure-t-on, son cheval et sa voiture.

Mais nous voulons dire quelques mots du Camp-d'Erlon, et de l'institution qui, en vertu du décret du 16 août 1851, y a remplacé l'armée.

A partir du 17 juin 1850, Bou-Farik avait cessé d'avoir une garnison : après quinze années d'occupation, les troupes et les divers services militaires avaient quitté cette place, ou plutôt son réduit, et Bou-Farik devenait un centre exclusivement agricole.

Depuis le 22 décembre 1851, date à laquelle le P. Brumauld entrait en possession de sa concession, le Camp-d'Erlon a subi de nombreuses modifications : en changeant d'affectation, il devait nécessairement être mis en état de répondre aux besoins d'une appropriation nouvelle, et sans rapport avec celle qui l'avait précédée. On tira néanmoins parti des bâtiments existants, et ce ne fut que peu à peu que s'élevèrent d'autres constructions nécessitées par l'extension donnée successivement à l'institution.

L'aspect extérieur du Camp-d'Erlon n'a pas beaucoup changé depuis 1846, époque à laquelle les fossés ont été comblés sur trois de ses côtés : ses murailles sont encore en partie debout, ainsi que les constructions intérieures qui servaient soit de pavillons pour les officiers, soit de casernes pour la troupe ; le petit côté Est, sur la courtine duquel se trouve l'entrée principale du Camp, est toujours défendu par son fossé qu'on traverse au moyen d'un pont à garde-fou en fer. Une plantation de mûriers blancs, évidemment contemporaine de celles qu'a faites M. Bertier de Sauvigny en 1840—1841 dans les rues de la ville, ombrage le glacis de ce côté Est, et donne aux murailles du Camp cette teinte verdâtre et cet air de moisissure qui vieillissent si prématurément les constructions non ensoleillées. Un massif d'eucalyptus a été planté en 1866 aux abords de la porte Est s'ouvrant sur les jardins. La porte monumentale donnant accès sur l'ancienne Pépinière a été ouverte dans la courtine Ouest ; cette porte est surmontée d'une statue de saint Vincent de Paul.

L'entrée principale porte à son fronton, inscrit sur une plaque de marbre blanc, le nom de *Camp-d'Erlon*, sous lequel cet établissement militaire a été baptisé en 1835. A l'intérieur, des plaques d'ardoise incrustées dans les murs rappellent l'âge du Camp, et les noms des généraux et colonels sous des ordres desquels étaient placées les troupes qui ont coopéré à sa construction. Nous avons donné plus haut, à la date de la fondation du Camp, le texte de ces inscriptions.

A gauche, en entrant dans le Camp, il a été construit, il y a quelques années, une chapelle consacrée à la Mère de Jésus. On remarque, au plafond de cette chapelle, des moulures en plâtre révélant chez le Père Jésuite à qui on les doit un certain talent d'ornemaniste.

Près de cette chapelle, nous retrouvons, mais singulièrement transformé, le puits dont nous avons parlé au commencement de cet ouvrage, ce puits, autour duquel se dressaient les trembles qu'on accusait de servir à l'exécution des arrêts criminels du kaïd des Beni-Khelil. Les arbres n'y sont plus; ils étaient là évidemment dans le désordre avec lequel le hasard les avait plantés, et cette confusion choquait notre goût pour l'alignement, pour la régularité. Trois sont tombés sous la hache des rectimanes, — le quatrième avait péri de mort naturelle, — et ils ont été remplacés par l'arbre à la mode d'alors, le mûrier. Aujourd'hui, on eût mis à leur place des eucalyptus, cet arbre perché qui, au lieu de s'occuper de donner de l'ombre aux mortels, semble, au contraire, se hâter de s'en éloigner, en s'élevant dans les airs avec une rapidité méprisante tout à fait inusitée chez les ligneux.

Quant au puits, c'est presque un monument : une construction circulaire, couronnée d'une multitude de robinets qui en font une sorte de Cérès-mammosa, au sein de laquelle une quinzaine d'Orphelins peuvent, à la fois, ou boire, ou procéder à la formalité des ablutions ; cette construction, disons-nous, porte un corps de pompe qui élève l'eau et la distribue au dehors par les nombreuses bouches dont nous venons de parler.

Une statue de la Vierge couronne cette construction, — qui date de 1865, — en promettant cent jours d'indulgences aux fidèles qui y feront le pèlerinage, et qui rempliront, bien entendu, les trois conditions exigées pour les mériter, c'est-à-dire : avoir l'intention naturelle ou virtuelle de les gagner, être en état de grâce, accomplir exactement tout ce qui est prescrit par la bulle ou le bref de concession, et de la manière qu'il est prescrit.

Le Magasin à Fourrages, qui servit de succursale à l'Hôpital dans les mauvais jours, est une véritable merveille de charpenterie ; les combles surtout y sont d'une hardiesse extraordinaire, et ce travail, qui est dû au lieutenant du Génie Renoux (1), est d'autant plus remarquable, que les moyens d'exécution lui manquaient presque absolument. c'est-à-dire que la portée du bois dont il disposait était sans rapport avec les dimensions qu'il devait donner à cette construction.

Ce fut dans ce Magasin à Fourrages qu'expira, le 12 avril 1842, à deux heures du matin, le sergent Blandan, qui y avait été apporté mortellement blessé de trois balles.

Des écuries, des remises, des hangars, des ateliers

---

(1) A longtemps, comme colonel, commandé la place d'Alger.

de bourrelier, de charron, de maréchal-ferrant, tous les locaux, en un mot, qu'exige une vaste exploitation agricole, avaient été ajoutés aux vieux bâtiments, et complétaient cette École d'agriculture.

Le maréchal Pélissier, qui montrait beaucoup de prédilection pour Bou-Farik et pour l'institution que dirigeaient les Jésuites, leur avait envoyé deux pièces de canon prises aux Russes pendant la guerre de Crimée, et l'horloge de l'une des principales églises de Sébastopol.

Dès lors, l'horloge de Sébastopol, dont la sonnerie, si connue de nos soldats pour leur avoir marqué les atroces et longues heures de la tranchée, fut si souvent un glas de mort, cette cloche, dont la voix métallique se perdit si souvent dans les grondements de la canonnade ou dans les sifflements de la mousqueterie, cette cloche, disons-nous, ne sonna plus que les heures du travail et de la prière.

Le premier cimetière de Bou-Farik fut établi à l'ouest du Camp-d'Erlon ; un palmier, qui n'existe plus, se dressait au centre de ce champ du repos. Depuis la création, en 1852, du cimetière de l'Est, on n'a plus enterré dans l'ancien que les morts provenant de l'Orphelinat.

Ce vieux cimetière, dont une partie est close de palissades et d'une porte à claire-voie surmontée d'une croix de bois, renferme, dans cette portion empalissadée de perches vermoulues et grimaçantes, la dépouille mortelle des héros de Mered, de Blandan et des six braves qui tombèrent autour de lui le 11 avril 1842. Un cippe sépulcral en briques posé sur un socle en maçonnerie, et terminé par un toit que surmonte une croix de fer rouillée, monument sordide émietté par le temps, noyé dans les fenouils, les broussailles d'olivier, et perdu au milieu de croix renversées, brisées, mutilées; c'est là tout ce qui rappelle à la jeune armée d'Afrique la sépulture de ces glorieux martyrs de l'honneur militaire. Sur une ardoise fêlée incrustée dans l'une des faces du cippe, on lit l'épitaphe suivante :

26ᵉ RÉGIMENT DE LIGNE.
11 avril 1842.

Au brave sergent Blandan, mort atteint de trois balles, en commandant jusqu'au dernier soupir un détachement de 20 hommes contre 300 Arabes, et aux dignes soldats tués à ses côtés :

Elie,
Leconte,
Giraud,
Bourrier,
Lharicon,
Ducasse, 1ᵉʳ Régiment de Chasseurs d'Afrique.

Ne serait-il pas temps d'élever à la mémoire de ces vaillants soldats un monument qui fût plus digne d'eux et de nous? ou bien encore de faire la translation de leurs restes — ainsi que le demande la population de Bou-Farik depuis si longtemps — dans le cimetière de l'Est? car, enfin, Blandan et ses compagnons d'armes appartenaient à la garnison du Camp-d'Erlon, c'est-à-dire à Bou-Farik au moment de leur glorieux trépas, et l'héroïque sous-officier a rendu le dernier soupir à l'ambulance de ce Camp. Agir ainsi, ce serait prouver que nous sommes soigneux de notre gloire, ce serait poser les premiers jalons de cette Voie-Sacrée africaine pavée des ossements de tant de héros, débris précieux que nous foulons sacrilègement sous nos pieds, sans qu'une pierre tumulaire vienne nous avertir de cette profanation.

A quelques pas de la tombe de Blandan, et en dehors de la partie close du cimetière, dans l'angle N. O. du Camp, il a été élevé, par les soins de ses amis, un monument funéraire à la mémoire du capitaine du Génie Grand, le constructeur du Camp-d'Erlon. Ce monument se compose d'une pyramide en marbre blanc assise sur un socle de pierre. On lit sur l'un des côtés de la pyramide :

A GRAND,

tué devant Constantine le 23 novembre 1836.

Et, au-dessous, sur une plaque de marbre enchâssée dans la pierre du socle :

Sous la direction du colonel du Génie Lemercier, le capitaine Grand traça et exécuta l'enceinte du Camp-d'Erlon.

5 mars 1835.

Une grille de fer entoure ce monument, qui est en parfait état de conservation, et quelques maigres pins l'enveloppent de leur linceul de verdure éternelle.

De sombres cyprès se découpent sur l'azur du ciel en grosses larmes noires, et dressent çà et là leur cône funèbre sur des tombes effondrées, affaissées, qu'étouffent les hautes herbes. De ces tombes, il n'en reste que quatre ou cinq qui soient à peu près conservées ; en écartant les herbes qui rampent échevelées sur leur plaque de marbre fêlée et verdie, on parvient à déchiffrer le nom de quelque Officier tué à l'ennemi, ou de quelque Colon tué par la fièvre. Nous ne voyons pas pourquoi l'on n'autoriserait point les habitants de Bou-Farik, ainsi qu'ils l'ont demandé à diverses reprises, notamment en 1853 et en 1860, à faire la translation des restes des premiers Colons du cimetière du Camp-d'Erlon à celui de l'Est.

Peut-être ferait-on mieux encore en élevant un monument à la mémoire de ces martyrs de la Colonisation en avant du Camp-d'Erlon, monument au pied duquel on déposerait les glorieux restes de ces vaincus de la fièvre ou du feu de l'ennemi. Ce n'est point un mal, il nous semble, d'avoir le culte des morts.

Bien que l'Orphelinat de Bou-Farik ait été supprimé en 1871, il nous paraît de toute justice de dire ce qu'avaient fait les divers Directeurs ou Administrateurs de cet établissement, des 32 hectares de pacages et de pépinière, abandonnés en toute propriété au P. Brumauld par le décret du 16 août 1851.

Dès 1866, à l'époque de notre séjour de trois mois à Bou-Farik, ce domaine était déjà la plantureuse et verte Normandie implantée en Algérie : les arbres de nos vergers de France y mêlaient leurs fruits à ceux de nos chaudes régions d'Afrique ; le cerisier y confondait ses rubis avec l'or de l'oranger ; les pomacées s'y rencontraient avec les myrtacées ; presque toute la famille des drupacées y était représentée. Les arbres d'utilité et d'agrément, exotiques et indigènes, s'y groupaient en massifs ou en quinconces ; les fleurs y répandaient leurs parfums ; une admirable allée, voûtée de lauriers d'Apollon, y était la promenade favorite des penseurs et des rêveurs ; douze hectares de vignes, soigneusement travaillées, promettaient à Bou-Farik un crû distingué et plein d'avenir.

Enfin, l'Orphelinat était largement outillé en instruments aratoires, et les procédés nouveaux qui y étaient en usage en faisaient une École professionnelle très précieuse, au point de vue de l'avenir agricole de la Colonie.

Mais reprenons l'examen de la ville.

Si Bou-Farik n'a pas de monuments, il a, en revanche, des rues — celles qui sont tracées du sud au nord — de mille mètres de longueur ; ses plus petites — celles qui sont orientées de l'ouest à l'est — en ont sept cents : elles sont larges, pleines d'air, de gaieté, de verdure ; quelques-unes ont des trottoirs ; l'eau y court abondamment. Quatre grands canaux traversent la ville dans toute sa largeur, et vont répandre la fraîcheur et la vie dans les jardins et les vergers de l'intérieur.

Pendant la semaine, le calme de la campagne règne dans la ville : c'est la douce tranquillité d'un centre agricole où la population, qui a employé sa journée aux travaux des champs, se couche de bonne heure parce qu'elle a fatigué, et qu'elle aura à se lever le lendemain de bon matin ; mais, le lundi, le jour du Marché, c'est autre chose ; la ville s'emplit de monde et de bruit ; puis, à partir de deux ou trois heures de l'après-midi, Bou-Farik retombe dans son calme ordinaire.

Pourtant, il est une époque de l'année — le 8 et le 9 septembre — où Bou-Farik s'amuse et prend du plaisir pour tout l'an : c'est à la fête patronale du pays. C'est là un moment attendu avec la plus vive impatience, non seulement par la population de Bou-Farik, mais encore par toute celle du Sahel et de la Metidja ; car on y accourt des quatre points cardinaux. Il faut dire que c'est là une merveilleuse fête où toutes les variétés de plaisirs sont représentées : les saltimbanques, les acrobates, les phénomènes, les franconis, les curiosités, toute la boutiquerie foraine des bijoutiers en métaux indigents ou en pierreries pauvres, des bimbelotiers, des pain-d'épiciers, des porcelainiers. Le Destin, à qui il faut s'adresser pour acquérir ces trésors, est là sous la figure d'un tourniquet grinçant hérissé de pointes. Il faut voir l'anxiété de ceux qui l'interrogent quand défilent vertigineusement ces richesses de rebut ; toute la série des vases, — ceux dont on se sert pendant le jour et les autres aussi, les gros lots enfin, — est lancée à fond de train dans une valse convulsive. Dieu seul sait quand et où cela s'arrêtera ! En définitive, les gagnants, les heureux, emportent victorieusement entre leurs bras un vase — pas toujours une soupière — qui leur a coûté des émotions et cent sous, mais dont la valeur intrinsèque est très largement représentée, en temps ordinaire, par trente-cinq centimes de notre monnaie.

Mais la merveille de la fête, c'est la salle de bal, qui est longue de plusieurs centaines de pas, illuminée à humilier le soleil, et munie d'un orchestre formidable. Cette salle prend toute une allée de la promenade des platanes, et elle n'est pourtant pas trop spacieuse pour la foule des danseurs et des danseuses. L'illumination des squares est vraiment féerique ; c'est à se croire transporté, au personnel près, dans ces châteaux-dansants qui émaillent Paris et sa banlieue.

Bou-Farik a aussi une foire annuelle qui dure du 5 au 10 mai.

La population de Bou-Farik est — de fondation — énergique, intelligente et laborieuse, et la génération naissante, qu'on sent déjà pleine de sève et de vigueur, continuera, sans aucun doute, les traditions de cette vaillante race des premiers temps. Aujourd'hui, d'ailleurs, on n'a plus qu'à se laisser vivre ; le climat est excellent, l'air est salubre, et si l'on ne lisait sur les vitres du pharmacien de la rue d'Alger : *Remèdes contre les fièvres*, personne ne se douterait qu'autrefois Bou-Farik fut un marais pestilentiel, et que les voyageurs ne le traversaient qu'en courant et des antiseptiques sous le nez. C'est en vain que nous y chercherions aujourd'hui des *figures de Bou-Farik* ; les chairs roses et joufflues y ont décidément supplanté les chairs citrines et bouffies. Avec sa situation privilégiée, son arborescence luxuriante, ses jardins publics et particuliers, avec ses revenus communaux, son agriculture, son industrie, son mouvement commercial, avec ses écoles et ses cours d'adultes, Bou-Farik aurait bien du malheur si, d'ici à une époque prochaine, il n'était point le centre le plus sain, le plus gai, le plus agréable, le plus riche, le plus prospère et le plus instruit de tous ceux de création française dans la province d'Alger.

La ville de Bou-Farik est entièrement européenne; on y a admis une demi-douzaine d'Arabes comme spécimens de l'espèce, et pour ne point laisser oublier à sa population qu'elle est en Barbarie. On y rencontre aussi quelques Juifs: mais où n'y en a-t-il pas?

Nous voulons dire quelques mots du Bou-Farik extérieur, des riches exploitations qui rayonnent autour de lui comme des satellites autour de leur planète, anciens haouch, fermes nouvelles rattachées au chef-lieu par le souvenir des mêmes périls et des mêmes misères, par celui des mêmes peines et des mêmes travaux. Cette solidarité, cette sorte de communauté ne nous permet pas de laisser dans l'oubli les soldats de ces postes avancés de la Colonisation; car enfin les psilites doivent nous être tout aussi chers que le corps qui, pour se couvrir, les jette devant son front en enfants perdus.

Fixons d'abord la situation topographique de Bou-Farik.

Nous avons dit plus haut que la ville de Bou-Farik est située au centre de la Metidja, entre le Sahel et le Petit-Atlas, à 35 kil. 3 d'Alger, et à

13 kil. 5 de Blida par la voie ferrée, et aux mêmes distances à peu près par les routes ordinaires.

Le sol du territoire de Bou-Farik est incliné de l'est à l'ouest, et du sud au nord, disposition qui donne à ses eaux un écoulement facile dans le Mazâfran. Le territoire de la Commune, qui n'a pas moins de 25,000 hectares, est d'une fertilité extrême. Dans le principe, la partie sud manquait d'eau; son terrain, qui était sec et mêlé de gravier, convenait très bien à la culture des céréales, des oliviers, de la vigne; les portions est, nord et ouest, au contraire, étaient de nature argileuse, humides et noyées. Mais, grâce aux travaux de desséchement, à l'aménagement des eaux, à des dérivations de rivières, tous les points du territoire sont propres aujourd'hui aux diverses cultures, et donnent d'abondantes récoltes.

Au 31 décembre 1868, les établissements industriels et les exploitations agricoles les plus remarquables de la Commune de Bou-Farik et de ses environs sont les suivants :

INDICATION DES ÉTABLISSEMENTS ET EXPLOITATIONS.	NOMS DE LEURS PROPRIÉTAIRES.	RENSEIGNEMENTS DIVERS.
Haouch Ech-Chaouch (au S. E. de Bou-Farik, tout près de l'ancien fossé d'enceinte).	M. Valladeau........	Nous savons le rôle important qu'a joué ce haouch depuis la création du Camp-d'Erlon jusqu'à la fin de la guerre dans la Metidja. Aujourd'hui, le Haouch Ech-Chaouch est une ferme de bonne mine, parfaitement outillée et aménagée. De beaux vergers, dans lesquels on retrouve encore quelques orangers et figuiers datant d'avant l'occupation, de nombreux arbres fruitiers, des saules, des peupliers, un massif de trembles nés des rejets de deux de ces arbres contemporains du Gouvernement des Turks; toute cette végétation arborescente fait du domaine de Haouch Ech-Chaouch une délicieuse oasis noyant dans un océan de verdure la vieille habitation turke, laquelle a été accommodée selon les exigences des exploitations agricoles européennes. Des vignes, des prairies, des terres à céréales et à cultures industrielles occupent les clairières de cette oasis. Tout contre l'habitation s'élève une koubba renfermant la dépouille mortelle d'un marabouth mort en odeur de sainteté, Sidi Amar. De nombreuses inscriptions tracées sur les murs intérieurs de cette chapelle par des mains plus ou moins habiles, rappellent les numéros des régiments qui occupèrent, pendant la guerre, le poste de Haouch Ech-Chaouch. Bien que la chapelle funéraire de Sidi Amar ait été convertie en poulailler, les fidèles n'en ...
de ...	...	dûe aux intelligents efforts de M. Borély La Sapie. Nous l'avons dit dans le cours de cet ouvrage, Soukaly n'était, en 1844, qu'un vaste marais. C'est de cette vase que M. Borély a tiré la merveilleuse exploitation agricole que nous admirons aujourd'hui. Ce domaine est évidemment le chef-d'œuvre de la colonisation algérienne. Avec ses innombrables plantations d'arbres fruitiers, d'orangers, de mûriers, de vignes, avec ses belles prairies bordées de saules noueux à l'ombre desquels ruminent de gras troupeaux de l'espèce bovine, avec ses constructions tenant à la fois de la ferme et du château, le domaine de Soukaly a ce grand air qu'on remarque dans les exploitations agricoles de Normandie et d'Angleterre. Une belle route plantée de saules trapus mène de Bou-Farik à Soukaly en coupant la voie ferrée.
Haouch Ech-Cheurfa (à 2 kil. E. de Bou-Farik).	M. Bonand..........	Propriété intelligemment exploitée. Constructions bien aménagées; plantations remarquables.
Haouch Bou-Amrous (à 2 kil. S. O. de Bou-Farik).	M. Grisolle..........	Remarquable exploitation agricole : constructions, plantations et cultures bien entendues.
Haouch Sidi-Khalifa (à 7 kil. O. de Bou-Farik).	M. Grandperrin.....	Belle propriété : constructions, plantations et cultures remarquables.
Haouch Ben-Koula (à 3 kil. 500 m. O. de Bou-Farik).	Mme veuve Horace Vernet............	Remarquable exploitation rurale.
Haouch Bou-Kandoura (à 5 kil. O. de Bou-Farik).	M. Favre...........	Belle propriété : vastes constructions, grande culture, prairies; travaux considérables d'assainissement par le desséchement et l'aménagement des eaux. Se compose de quatre établissements ou exploitations agricoles.
Haouch Er-Roumily (à 3 kil. N. O. de Bou-Farik).	M. Picot............	Remarquable minoterie occupant de 10 à 12 ouvriers. — Constructions principales et accessoires servant à l'exploitation de cette usine.

INDICATION DES ÉTABLISSEMENTS ET EXPLOITATIONS.	NOMS DES PROPRIÉTAIRES.	RENSEIGNEMENTS DIVERS.
	M. Parnet............	Belles constructions, cultures étendues, vastes prairies, plantations importantes; travaux de dessèchement considérables.
Haouch Er-Roumily (à 3 kil. N. O. de Bou-Farik).	M. Delangle........	Deux remarquables exploitations agricoles; bonnes et solides constructions; grandes étendues mises en culture, prairies, plantations nombreuses; travaux de dessèchement.
La Consolade (à 4 kil. N. O. de Bou-Farik).	Orphelinat du Camp d'Erlon.	Constructions importantes, grandes et belles cultures, plantations nombreuses, travaux de dessèchement.
Haouch Sidi-El-Aabed (à 4 kil. N. de Bou-Farik).		Six fermes importantes situées à l'ouest de la route d'Alger. — Bonnes constructions sur chaume; grande culture; plantations d'arbres fruitiers et de mûriers. — Travaux et dépenses considérables pour l'assainissement de ces propriétés.
Haouch Sidi-Aaïd-Ech-Cherif (à 4 kil. 500 m. N. E. de Bou-Farik).	M. Aucour...........	
Ferme de la Morandière (à 4 kil. N. de Bou-Farik).	Mme veuve Morand...	Belle propriété; étendues cultivées importantes; vignes, arbres fruitiers, mûriers.
Ferme de Saint-Charles (à 8 kil. N. O. de Bou-Farik).	M. Favre............	Exploitation agricole considérable; grandes et belles constructions; vastes étendues cultivées; prairies, vignes, arbres fruitiers. Bestiaux.
Ferme d'Ed-Dekakna (à 7 kil. N. de Bou-Farik).	M. Thumerelle......	Vaste exploitation agricole; bonnes constructions, hangars spacieux, noria remarquable; prairies d'une étendue considérable; culture en grand de cucurbitacées.
Ferme des Quatre-Chemins (à 7 kil. N. E. de Bou-Farik).	M. Favre............	Belles et bonnes constructions; étendues cultivées considérables; plantations nombreuses.
Ferme Manger (route d'Alger, ... de Bou-Farik).	M. Manger.........	Grande et belle propriété; bonnes et solides constructions, cultures importantes.
... de Bou-Farik.	...anton	Grande et belle propriété; bonnes constructions; plantations considérables en orangers, arbres fruitiers et essences diverses en massifs et en rideaux.
Usine de la Société linière et cotonnière (à 1 kil. S. de Bou-Farik).	....	Vaste et belle usine employant en moyenne 35 ouvriers.
Haouch Amrouça (à 2 kil. E. de Bou-Inan).	M. Pian...........	Vastes étendues cultivées; plantations nombreuses en arbres fruitiers, en orangers, en mûriers, en oliviers et en vignes.
Haouch Sid-Mohammed-ben-Cherif (à 3 k. N. de Bou-Inan).	M. Barny..........	Très belle exploitation agricole.
Haouch Serkadji (à 6 kil. N. E. de Bou-Inan).	M. Aymes..........	Très vaste et très remarquable exploitation agricole.
Haouch Ben-El-Euldja (à 12 kil. E. de Bou-Farik. — Commune de Chebli.	M. Uzureau........	Magnifique exploitation agricole; constructions mauresques appropriées aux besoins de la colonisation européenne; superficies cultivées considérables; plantations très importantes en fruitiers, orangers, oliviers, mûriers et en vignes; bois et prairies.
Fermes des Oulad-Chebel (au N. E. de Bou-Farik. — Commune de Chebli).	MM. de Granval, Crozot, Domergue et Pastureau.	Vastes et belles exploitations agricoles; constructions remarquables; culture en grand; plantations considérables; vignes, prairies.
Haouch Ben-El-Bahri (à 10 kil. N. E. de Bou-Farik. — Commune de Chebli.	M. Vargues........	Très belle exploitation agricole.
Haouch Khodja-Bahri à 7 kil. N. de Bou-Farik. — Commune de Douéra.	M. Aucour.........	Belle ferme réunissant tous les éléments d'une exploitation agricole sérieuse.
Section de Soumâa (commune de Bou-Farik).	....	Soumâa possède trois usines très remarquables occupant de 20 à 25 ouvriers. Le territoire de cette section est, de plus, riche d'une mine de fer importante qu'exploitent MM. Chevalier, Carrier et Cie, et qui occupe environ 20 ouvriers, et d'une carrière de pierres à bâtir exploitée par M. Page, de Blida.

Le territoire de Bou-Farik et de ses annexes renferme encore d'autres exploitations rurales qui mériteraient d'être citées; mais le cadre que nous nous sommes tracé ne nous permet pas, à notre grand regret, de nous étendre davantage sur ce chapitre. Nous nous bornerons à dire que, partout, dans la modeste campagne du travailleur de la terre comme dans les vastes et riches établissements agricoles, on retrouve la même intelligence, la même énergie, le même courage et la même foi ardente dans les destinées de notre Algérie. Tous, petits ou grands, ont entamé avec la terre une lutte au bout de laquelle, malheureusement, n'est pas toujours le succès.

XIX

Le Marché de Bou-Farik en 1868. — Son âge. — Son histoire. — Aghas des Arabes et kaïds des Beni-Khelil. — Les Européens au Marché de Bou-Farik. — L'occupation de Bou-Farik. — Le Camp-d'Erlon. — Interruption du Marché de 1839 à 1842. — Reprise des affaires. — Abandon à la Commune par le kaïd Ahmed-ben-Kaddour des droits de Marché. — Plantations. — Marche ascendante des affaires. — Les anciennes limites du Marché. — Son emplacement. — Ses entrées. — Son puits turk. — Le Caravansérail. — Le Marché la veille au soir. — Le lundi matin. — Les installations. — Aspect général. — Le personnel. — Les Kabils moissonneurs. — Les kahouadji et leur clientèle. — Les cordonniers et les savetiers. — Leurs tentes-échoppes. — Emploi ingénieux de la foule pour la préparation des cuirs. — Les marchands de chaussures arabes. — Les bouchers et leurs étaux. — Les maréchaux-ferrants. — Les épiciers-droguistes-parfumeurs. — Les selliers-harnacheurs. — Les cordiers. — Les vanniers. — Les vendeurs de toisons. — Les marchands de volailles. — Les négociants en sel, en savon et en moulins arabes. — Les bernoussiers-tailleurs. — Les négresses marchandes de pain. — Les marchands d'huile. — Les mielleux-ciriers. — Les fruitiers, les légumiers. — Les merciers. — Les marchands de nouveautés. — Les bijoutiers-orfèvres-bimbelotiers. — Les ferblantiers-étameurs. — Les fripiers. — Les maquignons. — Le commerce ambulant. — Les tholba écrivains publics. — Les mendiants aveugles. — Les derouich. — Les guezzanat. — Les mesureurs de grain. — Le tribunal du kadhy. — Le salon du cheikh. — Les bêtes. — Les moutons. — Les bœufs, les vaches et leurs veaux. — Les toucheurs. — Les transactions en sabir. — Les bourriquets-mutualistes. — Les arbres crasseux. — La clôture du Marché. — La conclusion des affaires au café. — La Metidja à vol d'oiseau en 1868.

A présent que nous avons montré Bou-Farik à tous ses âges, que nous l'avons vu puits, camp et ville, que nous l'avons suivi dans ses développements successifs, il ne nous reste plus qu'à esquisser la physionomie de son Marché, lequel, outre l'intérêt historique qui s'y attache, a aussi cette importance d'avoir été la cause déterminante de la fondation de la ville que nous admirons aujourd'hui.

Le Marché de Bou-Farik a été vraisemblement créé sous les premiers pachas. Les Arabes, qui savent peu de chose des commencements du Gouvernement turk, et qui rattachent plus volontiers leurs repères historiques à l'arrivée de tel ou tel marabouth dans leur pays, prétendent que la création de ce Marché date du temps où les marabouths Sidi Mouça-ben-Naceur et Sidi Ali-Mbarek vinrent s'établir, le premier, chez les Beni-Salah, le second, à Koléa. Si nous croyons à l'exactitude de ce renseignement, la fondation du Marché de Bou-Farik remonterait au commencement de la seconde moitié du XVIe siècle, sous le pachalik de Hacen-ben-Kheïr-ed-Din, ou sous celui de Salah-Raïs.

Pendant les cinq premières années de l'occupation, de 1830 à 1835, l'histoire de ce *Souk el-etsnin* (marché du lundi) se résume en intrigues, en attaques, en trahisons, en assassinats. Nous chercherons de bonne heure à prendre pied et à faire sentir notre influence sur ce point, qui est le cœur de la Metidja, le lieu de réunion hebdomadaire de toutes les tribus de la plaine, et dont il faut absolument que nous soyons les maîtres si nous voulons nous étendre vers le Sud, ou avoir raison des tribus montagnardes qui nous barrent les routes de Médéa ou de Miliana. Mais *les grands* lutteront, nous feront obstacle, nous créerons mille embarras pour retarder notre marche, pour empêcher l'extension de cette tache d'huile que forme l'élément européen; qu'importe? c'est fatal, nous avancerons quand même, lentement, il est vrai, mais sûrement. Il y aura des à-coups, des temps d'arrêt; on parlera d'occupation ou de colonisation restreinte, nous nous emprisonnerons même derrière des enceintes continues; mais nous finirons par reconnaître, avec le général Cavaignac, que « la colonisation restreinte est une chimère, attendu que le propre de toute colonisation c'est d'être envahissante, » et nous dirons avec les penseurs qui étudieront la question africaine : « De l'Algérie, en posséder quelque chose, c'est n'en posséder rien. »

Dès 1831, nous nous chargeons de donner des kaïds aux Beni-Khelil, sur le territoire desquels se trouve le Marché de Bou-Farik : ce sont des agents plus ou moins solides ; ils nous sont plus ou moins dévoués ; ils sont plus ou moins acceptés par les populations que nous plaçons sous leur commandement. Souvent aussi, il y a anarchie ; le kaïdat est alors à celui qui le prend ou le ramasse : c'est ainsi qu'à la chute du gouvernement des pachas, Mohammed-ben-Ech-Chergui s'empare du kaïdat de l'outhan des Beni-Khelil laissé vacant par le départ du kaïd turk Ioucef. Mohammed-ben-Ech-Chergui est nommé *de sa force*, selon l'expression arabe, c'est-à-dire de sa volonté ; en un mot, il se nomme lui-même.

Nous faisons l'essai — trop prématurément — d'un fonctionnaire français : en 1832, le chef d'escadron de Gendarmerie Mendiri est nommé Agha des Arabes, c'est-à-dire de ceux de nos chétives possessions dans la province d'Alger. Le premier acte de son pouvoir sur ses nouveaux administrés est le refus de reconnaître El-Hadj-Bou-Alouan, que les Beni-Khelil ont mis à la tête de leur district, en qualité de kaïd, après que Mohammed-ben-Ech-Chergui eût abandonné ses fonctions. L'Agha Mendiri nomme à sa place El-Arby-ben-Brahim, cheikh des Beni-Salah.

On reconnut bientôt que notre Agha français était absolument sans action sur ses administrés : on le remplaçait, en 1833, par El-Hadj-Mohy-ed-Din-Es-Sr'ir, de la maison de Sidi Ali-Mbarek, de Koléa. Ce fonctionnaire indigène se hâtait tout naturellement de destituer El-Arby-ben-Brahim, le kaïd du chef d'escadron Mendiri, et de nommer à sa place El-Arby-ben-Mouça-El-Iceri, lequel a toute la confiance du nouvel Agha. Mais El-Arby-ben-Brahim n'acceptera pas sans lutter cette décision d'El-Hadj-Mohy-ed-Din : il se porte, à la tête de ses Kabils, sur le haouch Bou-Ogab, où s'est établi son compétiteur; celui-ci marche à sa rencontre avec les cavaliers des Beni-Khelil, et la victoire se décide pour l'élu de l'Agha El-Hadj-Es-Sr'ir.

La défection de ce haut fonctionnaire entraîna sa chute et celle de son protégé, le kaïd El-Arby-ben-Mouça. L'Agha ne fut pas remplacé; mais l'Autorité française donnait pour kaïd aux Beni-Khelil Hamoud-ben-El-Hadj-Ahmed-El-Guerouaouï, lequel ne tardait pas à abandonner ses fonctions. L'énergique Bou-Zid-ben-Châoua est mis à la tête de cet outhan malgré les gens de Bou-Ogab et de Guerouaou, qui refusent de le reconnaître pour leur kaïd. Appuyé par nos armes, Bou-Zid brise les résistances et s'impose aux dissidents; mais, cinq mois après, les gens de Bou-Ogab, poussés par les marabouths de Koléa, assassinent, au Marché de Bou-Farik, ce vigoureux et loyal serviteur. Son fils Allal, qui lui succède, met à notre cause le dévouement de Bou-Zid; mais, malheureusement, il manque des qualités du commandement, et il est loin d'être à la hauteur de la position difficile que lui ont value les services de son père. Grâce au *madjor Bordji* (le sergent-major Vergé), que l'on place auprès de lui pour le guider, Allal peut pourtant présider le Marché, et se maintenir pendant quelque temps à la tête de l'outhan des Beni-Khelil.

C'est sous son kaïdat que la plaine de la Metidja fut ouverte officiellement aux Européens. On résolut, nous l'avons dit au cours de cet ouvrage, d'aller plus loin dans cette voie, et d'introduire l'élément européen sur les marchés arabes ; on voulait, en nouant des relations commerciales avec les indigènes, les attirer vers nous par l'intérêt, et ils n'eussent point été par trop réfractaires à cette tentative, particulièrement à Bou-Farik, si Mosthafa-ben-El-Hadj-Omar, l'agent que nous avions mis à la tête du district des Beni-Khelil avec des pouvoirs supérieurs à ceux du kaïd, si ce More intrigant, qui aspirait aux fonctions d'Agha, et qui redoutait de voir les Français agir directement sur les Arabes, n'eût, en trahissant notre cause, contrarié nos desseins et fait avorter notre œuvre.

Nous nous rappelons que c'est par l'effet des machinations de Ben-El-Hadj-Omar que le Directeur des Affaires arabes dut, le 23 juin 1834, renoncer à pousser jusqu'au Marché de Bou-Farik, où il avait résolu de se présenter ; nous savons que c'est aux mêmes manœuvres qu'il convient d'attribuer le mauvais accueil que reçurent au Marché du lundi suivant, 30 juin, MM. de Vialar et de Tonnac, et l'insuccès des généreux et persévérants efforts que tenta le premier pour rapprocher de nous les indigènes, et ouvrir des débouchés nouveaux à nos produits.

Mosthafa-ben-El-Hadj-Omar avait même réussi à faire destituer le kaïd Allal-ben-Bou-Zid, et à obtenir qu'il fût remplacé par un homme à lui, El-Arby-ben-Brahim, ce cheikh des Beni-Salah qu'à son entrée en fonctions, en 1831, l'Agha El-Hadj-Mohy-ed-Din-Es-Sr'ir n'avait pas voulu accepter comme kaïd de l'outhan des Beni-Khelil. Dès lors, et sous le prétexte des dangers qu'y pourraient courir les Européens, l'Autorité française croyait devoir leur fermer d'une façon absolue le Marché de Bou-Farik, et des troupes y étaient envoyées pour empêcher toute infraction à cette défense. On levait plus tard cette prohibition, et l'on rendait aux commerçants la faculté de fréquenter le Marché ; mais les restrictions et les précautions gênantes dont on avait cru devoir entourer cette autorisation les empêchaient d'en profiter.

Cependant M. de Vialar — qui avait l'opiniâtreté du bien — ne renonçait pas à établir des relations entre les Européens et les indigènes qui fréquentaient le Marché de Bou-Farik, et c'était pour atteindre ce but qu'il avait proposé à la Société coloniale de fonder deux prix pour les deux premiers Européens qui s'y rendraient avec une charrette, ou un cheval chargé de marchandises. Nous savons que les circonstances ne permirent ces témérités qu'en février 1835.

Le moment de l'occupation de Bou-Farik était proche d'ailleurs ; des troupes avaient été envoyées sur ce point, et, dès le mois de mars, époque de la création du Camp-d'Erlon, la fréquentation du Marché par les Européens pouvait désormais se risquer sans péril.

On avait prétendu que cette création serait la ruine du Marché de Bou-Farik; mais cette opinion n'était pas fondée; car l'Intérêt est la divinité pour laquelle l'Arabe réserve ses plus ferventes adorations. Le Camp-d'Erlon fut construit sur l'emplacement même du Marché, et l'un de ses deux puits, celui près duquel s'élevaient les quatre trembles, fut renfermé dans l'enceinte de cet établissement militaire.

La charge d'Agha des Arabes fut rétablie le 18 novembre 1834 en faveur du lieutenant-colonel Marey.

Le kaïd El-Arby-ben-Brahim, qui a fait défection au mois de janvier 1835, a été remplacé, à la tête de l'outhan des Beni-Khelil, par le cheikh des Oulad-Chebel, Ali-Bou-Dehicha.

Dans le courant de juillet, Ali-Bou-Dehicha est destitué de ses fonctions de kaïd, qui sont données à Ali-ben-El-Khaznadji, un brave serviteur que les Hadjouth enlèvent dans une entrevue, et qu'ils laissent assassiner. Cet infortuné kaïd est remplacé par Ahmed-Ech-Chahma, qui, lui-même, cède sa place, l'année suivante, en 1836, au maréchal-des-logis de spahis Tarzi-Ali.

Ali-Bou-Dehicha reprend ses fonctions de kaïd vers la fin de cette même année, pour les laisser de nouveau, dans le mois d'avril 1837, à Mohammed-ben-Halima.

La charge d'Agha des Arabes, que tenait le lieutenant-colonel Marey, était supprimée le 15 avril.

Malgré ces alternatives de calme et d'agitation, de paix et de guerre, le Marché de Bou-Farik n'en continue pas moins à être un lieu d'échange fort important pour les tribus de la Metidja. Bien que les Européens y soient admis, et que nous l'ayons sous notre canon, ce ne sera de longtemps encore qu'un marché arabe. Il est tour à tour languissant ou actif, peuplé ou vide, suivant ainsi les fluctuations de la politique. Le traité du 30 mai 1837 vient lui rendre de l'importance; les tribus y affluent à rappeler ses plus beaux jours; mais cet état de choses est sans durée; l'Émir et ses lieutenants ne tiennent que médiocrement compte de celles des clauses de ce traité qui peuvent les gêner. La reprise des hostilités, on le pressent, doit sortir fatalement de cette situation bâtarde qui n'est ni la paix ni la guerre.

Les khalifa de Médéa et de Miliana entravent par tous les moyens le commerce que les tribus veulent faire directement avec nous; ce dernier, nous l'avons dit plus haut, pousse l'audace jusqu'à envoyer des cavaliers sur notre territoire pour faire rétrograder des bœufs que les Arabes amenaient au Marché de Bou-Farik, et cela dans le but d'y favoriser l'écoulement de 200 de ces animaux achetés par la maison Ben-Drau à l'Émir Abd-el-Kader. Les Hadjouth eux-mêmes, habitués, depuis l'occupation, à ne vivre que de pillage, ont hâte, d'ailleurs, de voir se modifier une situation qui les ruine; aussi, ne tardent-ils pas à recommencer leurs incursions sur notre territoire. Leurs opérations, qui ne sont d'abord que de la maraude, deviennent de la guerre sérieuse en novembre 1839.

De cette époque, le Marché est suspendu ; la Metidja est en feu ; il ne s'y traite plus d'autres affaires que des affaires de sang ; les indigènes qui sont sous notre canon émigrent ou passent à l'ennemi. Le kaïd Mo'ammed-ben-Halima, qui n'a plus d'administrés, se retire à Alger.

Les Arabes ne commencent à reparaître sur le Marché de Bou-Farik que dans les premiers mois de 1842 ; ce ne sont encore que des maraudeurs qui viennent y écouler des bestiaux d'une provenance plus que suspecte ; mais nous n'avons point à nous en préoccuper, car ils n'ont pu être volés qu'à l'ennemi. Au reste, la paix, qui s'était faite en juin et juillet par la soumission successive des tribus, avait donné à la Metidja une sécurité qu'elle n'avait jamais connue ; la confiance revint peu à peu et les affaires reprirent. Des relations commerciales s'établirent entre Européens et indigènes, et le Marché de Bou-Farik s'en ressentit favorablement ; les transactions portèrent principalement sur les bestiaux et sur les grains. Pendant le 2ᵉ trimestre de cette année 1842, il n'avait pas paru moins de 22,000 Arabes sur ce Marché.

Ahmed-ben-Kaddour-El-Guerouaoui, nommé kaïd des Beni-Khelil le 3 septembre 1842, préside, après trois années d'interruption, le Marché de Bou-Farik.

Cette situation va toujours en s'améliorant : ce sont les tribus du Tithri, de Miliana, et les Kabils de l'ouest de la Metidja, Beni-Menad et Beni-Menaceur, qui composent le plus particulièrement le personnel indigène fréquentant le Marché.

En 1844, le Marché de Bou-Farik est le plus suivi de ceux de la province d'Alger. C'est toujours un Marché indigène. Les transactions commerciales avec les Européens ne viennent encore qu'en seconde ligne, et nos produits ne trouvent là qu'un très faible écoulement. Il s'y fait surtout un grand commerce de bestiaux pour l'approvisionnement d'Alger et des centres environnants. Le nombre des Arabes qui ont fréquenté le Marché pendant cette année 1844 s'élève à 104,560.

En 1845, le chiffre des transactions va toujours en progressant. Le nombre des Arabes qui ont paru sur le Marché pendant l'année s'est élevé à 156,924. Il y a été amené 28,000 bœufs et 50,580 moutons.

En 1846 et 1847, le maréchal Bugeaud y fait construire un vaste caravansérail

En 1852, le kaïd Ahmed-ben-Kaddour fait abandon à la Commune, moyennant une indemnité de 3,000 francs, de ses droits de perception sur le Marché, privilège dont il tirait annuellement jusqu'à 9,000 francs.

Le kaïd Ahmed donne sa démission à la fin de 1852 ; il est remplacé par son fils, Ali-ben-Ahmed.

En 1853 et 1854, M. Borély La Sapie fait planter de platanes l'emplacement dénudé du Marché, et le fait entourer d'un mur de clôture qui y facilite la perception des droits.

En 1855, le kaïd Ali-ben-Ahmed est révoqué, et le kaïdat de Bou-Farik cesse avec lui. L'administration des indigènes de la Commune est dès lors confiée à un cheikh.

En 1856, les affaires ne cessent de progresser ; le chiffre approximatif des transactions s'élève de 200 à 250,000 francs par marché, soit 12 millions par an.

Le Marché donne à la Commune un revenu de 25,000 francs.

Enfin, de 1856 à 1866, les transactions ont suivi une marche ascendante très prononcée ; l'affluence des vendeurs et des acheteurs devient de plus en plus considérable, et les droits de marché, qui, en 1856, ne rapportaient annuellement à la Commune que 25,000 francs, s'élèvent, en 1866, au chiffre de 36,000 francs.

Après avoir esquissé rapidement l'historique du Marché de Bou-Farik, il ne nous reste plus qu'à en crayonner la physionomie ; son caractère mixte lui donne, en effet, un cachet tout particulier, et peut-être unique dans toute l'Algérie.

Avant l'occupation française, le Marché de Bou-Farik n'avait pas de limites fixes ; il occupait toute la portion de terrain ferme qui, précisément, avait déterminé le choix de son emplacement ; pourtant, à l'est, il ne dépassait pas l'ouad El-Khamis qui, plus tard, en 1840, vint le limiter au sud quand on redressa ce cours d'eau, dont le lit passait entre le Camp et la ville, pour le jeter, plus au nord, dans l'ouad Bou-Farik. La construction du Camp-d'Erlon sur une partie de l'ancien Marché réduisit seulement son emplacement, et en reporta le centre plus au sud, autour du second puits.

Le Marché est donc situé à 400 mètres environ

de la face ouest de l'ancien fossé d'enceinte, à gauche de la route de Blida. Un chemin bordé d'orangers, et courant presque parallèlement à cette route, conduit de la ville au Marché à travers les vergers.

L'emplacement du Marché est très vaste ; il est clos de murs, au nord-ouest, le long de la route de Blida, et, au sud-ouest, dans la portion qui longe la rive droite de l'ouad El-Khamis ; les deux autres côtés sont limités par des vergers bordés de haies. Les deux entrées principales donnent sur la route de Blida. De belles allées plantées de vigoureux platanes ombragent une partie du Marché, celle où se tiennent les marchands ; de grands espaces vides sont réservés pour les bestiaux. Un vieux puits, qui appartient à l'époque turke, dresse sa coupole émiettée par le temps et par les puiseurs au milieu d'une de ces clairières ; sa margelle ébréchée, son porte-poulie usé, entamé profondément par le frottement de la corde, et à faire croire qu'il sort des mains du tourneur, disent que ses eaux ont abreuvé déjà bien des générations. Là chacun apporte sa corde et son vase pour y puiser.

L'ancien caravansérail, création du maréchal Bugeaud en 1846-1847, vaste édifice dans la construction duquel on remarque une intention orientale, s'élève à hauteur de la porte principale du Marché. C'est grandiose ; mais c'est mal tenu et entretenu : il est difficile, en effet, de trouver des murailles plus écorchées, plus lézardées, plus dépenaillées, des chambres plus délabrées, plus dévastées; tout cela est envahi par des immondices, par des débris, par des détritus de toute nature; les poutres se drapent orgueilleusement dans des toiles d'araignées comme un hidalgo de haute gueuserie dans sa cape sordidement rapetassée; toutes les vitres sont ou cassées, ou fêlées, ou larmoyées de chaux; les portes boitent sur un seul gond, les fenêtres ou les volets sont ballants, les écuries sont malpropres, les abattoirs sont fangeux, les fontaines sont taries, le sol est âcrement poudreux : cela n'a que vingt ans, et c'est pourtant une ruine.

La police s'est établie dans la salle principale, celle qui est surmontée d'une coupole. Des divans-banquettes, qui courent le long des murs, et une table dressée au milieu composent tout l'ameublement à l'intérieur de cette pièce, laquelle, d'ailleurs, est la plus propre et la mieux conservée de tout l'établissement.

La mehakma du kadhy, et la chambre où se tient le cheikh les jours de Marché, sont complètement nues et en mauvais état; quelques nattes de palmier nain, effilochées ou démaillées, destinées à recevoir ces fonctionnaires et leur suite, recouvrent le carrelage brisé ou effondré du tribunal, et de la salle de réception du magistrat et du fonctionnaire musulmans.

Le Marché se tient le lundi; aussi, le mouvement de concentration commence-t-il la veille: dès le dimanche soir, les routes qui aboutissent à Bou-Farik s'encombrent de voitures, de charrettes, de cabriolets, de corricolos, de diligences, de piétons, de gens à cheval, à mulet, à bourriquet, de troupeaux qui se dirigent avec plus ou moins de rapidité vers ce centre d'attraction du mercantilisme. Voitures-corbillards chargées de marchandises variées, mais dépareillées, — de la mercerie arlequinée, — corricolos réformés passés voitures *à volonté*, et remplis à déborder de marchands d'origine hébraïque : voici le *Léjé Zéfir*, le *Chemain de faire*, *L'Arrose-blanche*, *Le Veaulovan Laiclère*, *L'Habrize de maire*, *La Douce heure de Dames*, omnibus qui, jadis, brûlèrent le pavé d'Alger. Une charrette-malle avec couvercle porte fièrement en exergue : *Nuovauté*. C'est encore un enfant de la Judée algérienne qui dirige ce phaéton regorgeant, si nous l'en croyons, de tout ce qu'il a de plus de nouveau. Nous verrons au déballage Des chevaux apocalyptiques, des mulets étiques — des charpentes de mulets, — des bourriquets tannés, tous chargés de tentes, de tapis, de nattes et du matériel de la profession de leur maître, lequel couronne le tout, sont poussés et maintenus à une allure fantastique par le mouvement mécanique de va-et-vient d'une paire de tibias secs comme une trique, qui leur menacent les flancs avec l'imperturbable régularité du pendule. Les troupeaux de bovins et d'ovins arrivent par les routes de l'Est et de l'Ouest, les bœufs, à cette allure lente qui leur est particulière, les moutons, dans un nuage de poussière et à leur train mêlé de bêlements, de temps d'arrêt, d'à-coups, de courses insensées, d'échappements par les flancs, désordres que les conducteurs rectifient par des claquements de langue de dégustateur, d'aigus cris de chouette et des coups de bâton.

Chacun va prendre sa place dans l'intérieur du Marché, excepté les troupeaux, qui ne pénètrent dans l'enceinte que le lendemain, et qui passeront la nuit en dehors, sur un terrain vague ou dans l'ouad El-Khamis. Le kahouadji (cafetier) retrouvera les trois pierres de son fourneau : il déchargera sa bête, dressera sa tente à tissu aranéeux, étalera sa natte sur le sol et déballera son matériel. Le personnel de la veille, c'est-à-dire les pressés, les gens qui viennent de loin, établiront des douars de dormeurs ; disposés en paquets avec le pêle-mêle du jeu de jonchets, bizarrement enchevêtrés, enveloppés des pieds à la tête, ils ne formeront plus qu'une masse confuse que la nuance terreuse de leurs bernous rendra pareille à un tas de moellons. Quelques efféminés, de ceux que la civilisation a déjà énervés, pousseront l'amour du confort jusqu'à se faire un oreiller avec une pierre. Vous pouvez impunément fouler aux pieds ce capharnaüm humain ; c'est à peine si un grognement vous avertira que vous marchez sur vos contemporains. « C'était sûrement écrit !... » pensera l'écrasé, et tout sera dit. Ils passeront la nuit là ; là ou ailleurs, qu'importe? Tout cela s'organise à la lueur de petites bougies qui constellent le Marché. Ceux qui en ont les moyens, les aisés, s'établiront autour du foyer du kahouadji ; la consommation d'une tasse ou deux de café à un sou leur donnera ce droit, avec celui de profiter d'un coin de la natte du cafetier. Avant l'extinction des feux, les marchands desselleront celles de leurs bêtes qui peuvent subir cette opération sans inconvénient, et placeront les bâts côte à côte et sur le dos. Les mulets et les bourriquets, ainsi déshabillés, s'empresseront de se rouler dans la poussière et de s'en saupoudrer. Nous ne pensons pas pourtant que l'humilité soit pour quelque chose dans cette démonstration. Puis tout s'endort, bêtes et gens, et le silence des nuits n'est plus guère troublé que par des accès de toux — les Arabes toussent beaucoup avant le lever de l'aurore — prouvant que la terre humide, quoi qu'on en dise, n'est pas précisément la meilleure des couches.

Dès le matin du lundi, les routes aboutissant à Bou-Farik s'encombrent de gens à pied, à cheval, en voiture : acheteurs, vendeurs, flâneurs, curieux, se dirigent vers le lieu du rassemblement avec une rapidité proportionnelle à l'intérêt qui les y amène : colon-fermier en sarreau de toile bleue, coiffé d'un chapeau à larges bords, un fouet à la main, à cheval sur une bête qui a dû former avec lui l'une des deux extrémités de la charrue, l'antérieure ; colon-propriétaire, en cabriolet ou en break avec sa famille, tenue de gentilhomme-campagnard, mi-partie ville, mi-partie campagne ; maquignons indigènes essayant, avec des savates éperonnées en ergot, de donner des allures fougueuses à des bêtes taillées en acridiens ; piétons kabils chargés comme des bêtes de somme des produits de leurs rudes montagnes ; industriels blidiens, sections des bouchers, des savetiers, des maréchaux-ferrants, professions libérales s'exerçant sur place, et enfin tout le fretin du mercantilisme indigène, depuis le marchand d'allumettes chimiques en détail, jusqu'au négociant en épingles et en aiguilles. Tout cela se meut et se précipite vers l'autel de Mercure pour sacrifier à cette divinité.

Chacun des vendeurs, industriels ou gens des professions du fer et du cuir, a pris la place assignée au genre de commerce ou d'industrie qu'il exerce; tous s'installent, déballent et étalent; le mouvement se produit; le courant est établi; chaque chemin, chaque route a déversé son flot humain sur le même point; la vague monte; la gamme des bruits arrive au brouhaha mercantile en passant par le chuchotement et le bourdonnement : bêtes et gens donnent leur cri, leur voix. Les vendeurs provoquent les passants; les passants marchandent et n'achètent pas; on discute, on dispute, on s'injurie. Les ménagères vont de marchand en marchand, de boutique en boutique, comme les abeilles vont de fleur en fleur butiner de quoi faire leur miel; c'est toujours trop cher; elles tiennent ferme jusqu'à ce que le vendeur cède, ce qui arrive toujours après de longs débats en sabir qui ont eu un sou pour prétexte. On se heurte, on se coudoie, on se bouscule : Européens et indigènes se croisent, se traversent, les premiers en cherchant toujours à prendre quelques précautions que le négligé des seconds semble justifier. Les Kabils surtout, — nombreux pendant les moissons, — avec leurs tabliers de cuir, leurs chachias de palmier nain, — coiffure et vase, — ou de feutre vernissé de crasses séculaires, leurs chemises isabelle-foncé, et leurs bernous fauves, ces Kabils-faucheurs, les jambes empaquetées du *bou-rer'ous*, souvenir vague du cothurne romain, la tête cordée d'un mouchoir à carreaux, image du turban, la gourde à huile — les ivrognes! — en sautoir, la faucille à l'épaule, — Cérès mâles à la crasse, — ces Kabils pédiculeux, répétons-nous, n'inspirent, sous le rapport du transfert de l'insecte buveur de sang, qu'une confiance médiocre aux gens qui s'y frottent.

Mais parcourons le Marché, et voyons comment il se compose en gens et en bêtes.

Les marchands et industriels sont placés sur chacun des côtés de deux allées se rencontrant à angle droit, et formant la communication entre la porte principale du Marché et la sortie sur le petit chemin qui mène à la ville. Les platanes prêtent leur ombre aux vendeurs et aux acheteurs. Les kahouadji ou cafetiers sont un peu partout : installés depuis la veille, ils ont recommencé à débiter leur liqueur roux-foncé au point du jour. Le *thefel* (garçon de café) n'a point cessé de courir du foyer aux clients soit pour leur servir une tasse de café, soit pour leur porter, à l'aide de pincettes, un tison ou un charbon destiné à allumer leur cigarette. Le mobilier du kahouadji est on ne peut plus simple : des cafetières bavant un liquide noir, deux ou trois boîtes à cassonade, une dizaine de tasses dépareillées, ébréchées, fendillées, sans anse, et tigrées de taches de marc, quelques porte-tasse en cuivre, des mesures à café et à cassonade, une paire de pincettes primitives, une natte de palmier nain détressée pour la haute clientèle. Le maître de l'établissement, ordinairement un vieux Kouloughli de Blida, fait ses mélanges avec une équité qui varie pourtant selon la qualité des clients. Enturbanné d'un schall d'un certain âge et dépourvu de fraîcheur, la moustache hérissée et embroussaillée, preuve d'origine turke, costumé comme les sujets de Sa Hautesse le Sultan, les pieds dans des seubbath arabes, les jambes nues, sèches et velues comme devaient l'être celles d'Esaü, le kahouadji s'occupe de ses manipulations avec un sérieux, un calme, un silence attestant chez lui la conviction profonde qu'il exerce un sacerdoce. Il est clair qu'il regrette le temps passé, celui où l'on prenait quelquefois des gens de sa profession pour en faire des beys ou des pachas, ainsi que cela s'est vu plusieurs fois. Le *thefel* est un gamin flottant entre douze et quinze ans; il porte le costume turk; mais son turban n'est encore qu'un foulard à franges enroulé autour de sa calotte d'enfant de chœur; il est ceint, en outre, du tablier bleu de la servitude, et il manque souvent de chaussure. Il est néanmoins le chéri de la clientèle, et les habitués ne réclament ses services que d'une voix caressante et avec des regards remplis de douceur. Les grands ou les riches sont assis à l'arabe sur la natte, où ils se livrent exclusivement à l'une des trois opérations suivantes : rouler une cigarette, déguster leur café à petites gorgées, ou se passer les doigts des mains dans ceux des pieds; le dépôt de leurs seubbath derrière eux, absolument comme à la mosquée, les invite d'ailleurs énormément à se donner ce dernier genre de distraction.

S'il est une profession qui, au Marché de Bou-Farik, soit sérieusement représentée, c'est assurément celle des cordonniers, et il y a là une singularité qui saute de suite à l'esprit de l'étranger. On se demande, en effet, à quoi bon tant de cordonniers pour un peuple de va-nu-pieds, pour des gens dont la grande majorité ne portent pas de chaussures. Cela s'explique pourtant : les Arabes achètent volontiers des souliers, mais ils les serrent généralement dans leur capuchon, ou bien ils les laissent chez eux; ils les thésaurisent, en un mot.

On ne peut voir les cordonniers ambulants qui font le Marché de Bou-Farik sans songer à cet affreux Isaac Lakedem (en arabe, El-Kadem, celui qui s'avance ou qui marche en avant), ce Juif cordonnier en vieux qui mit si peu de complaisance à soulager Jésus portant sa croix, et qui en fut si cruellement puni par une condamnation à marcher pendant plus de mille ans. C'est bien là, en effet, le Juif dont la gravure d'Épinal nous a transmis les traits ingrats : assis sur un tabouret de bois, courbé sur une vieille chaussure que comprime le tire-pied, les poignets loin du corps gantés de la manique, et tirant le fil empoissé; vêtu sordidement d'un tablier de cuir conturé de coups de tranchet, d'une veste de cotonnade bleue virant au blanc, d'une calotte de laine rousse, et de bas bleus sans jarretières s'avachissant sur eux-mêmes en vis d'Archimède, chaussé de souliers à talons éculés et à semelles lippues tournées en dehors — rappelons-nous qu'il est cordonnier; — une loque crasseuse autour d'une chachia éraillée et roussie par le soleil. Voilà pour l'homme. Encadrez ce savetier dans une tente angulaire faite de deux morceaux de toile au lieu de le placer dans une échoppe à Jérusalem, et vous aurez le cordonnier juif du Marché de Bou-Farik. Un fouillis de vieux cuirs, de débris de chaussures où se heurtent la peau de vache non tannée et le vernis de la civilisation, des formes informes et n'ayant plus rien de commun avec le pied humain, de la besogne en préparation noyée dans le baquet de science qui, là, est représenté par un vieux bidon bossué comme la cuirasse d'un preux qui aurait reçu une volée chevaleresque dans un tournoi, la massette de cuivre, instrument destiné à aplanir les saillants par trop prononcés, des tranchets ébréchés en scie, plus un apprenti chargé des gros ouvrages, et que le maître initiera petit à petit aux mystères du tire-pied en mettant de temps en temps son dos en relation avec cette courroie, laquelle joue un rôle si considérable dans l'éducation des apprentis cordonniers chez tous les peuples.

Les savetiers — Musulmans ou Juifs — travaillent sur place; ils ne font pas de neuf; ils réparent seulement; les ressemelages jouent le plus grand rôle dans leur affaire; l'opération est des plus simples, et vous pouvez vous en retourner ressemelé de la peau d'une vache que vous avez amenée au Marché. La chose est sans complications; de plus, elle dénote chez le savetier indigène un applicateur intelligent de la théorie de l'utilisation de toutes les forces. Nous nous expliquons : un troupeau de bêtes à cornes de l'espèce bovine arrive au Marché; le sort de quelques-uns de ces ruminants est d'être débités sur place; les bouchers font abattre; les cordonniers achètent les peaux, les étendent au beau milieu des allées du Marché, les salent, et chargent les populations de les leur apprêter en les foulant aux pieds. Au bout de deux ou trois heures de cette manœuvre des peuples, la peau est devenue cuir, et le savetier peut l'employer immédiatement pour les ressemelages à poil de la chaussure des indigènes qui n'ont point encore à aller dans le monde. Nous avons trouvé on ne peut plus ingénieux cet emploi des moyens de tous, cette coopération involontaire de la masse au profit d'un seul. Il y a dans ce fait tous les éléments d'une révolution sociale et économique.

Ne quittons pas les cordonniers sans parler des marchands de chaussures arabes confectionnées. Ces commerçants, qui nous paraissent appartenir à l'aristocratie de l'institution de Saint-Crépin, sont abrités par des tentes relativement somptueuses, si on les compare à celles à claire-voie des carreleurs de savates. Ces débits de chaussure sont généralement tenus par des enfants d'Israël, qui se sont alimentés auprès des cordonniers de Blida ou d'Alger. Leur commerce embrasse, au reste, les pieds et la tête; car ils tiennent des *seubbath* et des *klah* (1).

Les bouchers font bande à part; ils occupent la face nord du caravansérail; ils sont là, d'ailleurs, à proximité de l'abattoir. Cette profession sanguinaire est exercée généralement par des Mores, des Mzabites et des Zouaoua qui résident à Blida ou à L'Arbâa. Leur étal n'est point somptueux : deux perches terminées en fourche plantées verticalement en terre, et une autre placée horizontalement. Le mobilier de ces bourreaux de bêtes est sinistre : un baquet rempli d'une eau sanguinolente, un billot hachaillé de coups de couperet, gercé de ravines bourrées de débris de chair et d'os, une table boiteuse éclaboussée de caillots de sang, et consolidée avec des cordes de halfa, des broches avec des rognons et des cœurs qui semblent passés au fil de l'épée, des couteaux sanglants, des aiguisoirs. A l'étal sont suspendus des moutons décapités et désentraillés dont le tronc est maintenu ouvert par un roseau; les pieds sont placés en croix au-dessus de la victime pour prouver, sans doute, qu'ils sont authentiques, et qu'ils n'appartiennent point à un animal incomestible, le caniche par exemple. Le timbre du Beylik se

---

(1) Le *klah* est une chachia de feutre avec laquelle les Arabes doublent la chachia rouge de laine pour la tenir rigide, et y appliquer plus facilement le turban. La chachia d'étoffe blanche, qui est en contact avec le cuir chevelu, se nomme *drakia*. Un Arabe qui tient à être coiffé selon les règles doit donc avoir trois chachias superposées.

pavane sur la chair blanche du sacrifié absolument comme sur la première page d'un journal politique. Des peaux, le vêtement des victimes, sont jetées l'une sur l'autre comme du linge sale. Des têtes gisent sanglantes à terre les yeux voilés par la mort. Quel est le bourreau qui, le premier, a eu le lâche courage de tuer un mouton, l'emblème de la douceur, une bête qui ne se défend pas? Les soins de propreté que donnent au mouton mort les bouchers indigènes ne rachètent point leur cruauté à l'égard de cet ovin. Nous ne cacherons point pourtant que des larmes nous sont venues aux yeux, quand nous avons vu ces représentants de l'industrie alimentaire s'emplir soigneusement la bouche d'une eau qui, peut-être, n'était pas d'une limpidité irréprochable, s'approcher gravement du mouton pendu à l'étal, lui ouvrir, à l'aide des deux mains, un orifice qui ne pouvait être la bouche, puisque l'animal était décapité, y appliquer les lèvres, et y lancer vigoureusement l'eau qu'ils avaient emmagasinée entre leurs joues. Cette dernière toilette, ce lavement suprême nous a touché plus que nous ne saurions l'exprimer.

Les bouchers indigènes portent le costume du More, ou habitant des villes, c'est-à-dire la chachia enturbannée d'une loque de schall, la veste, le gilet et la culotte turks, ou bien ils ont la tenue des Mzabites, le haïk fixé sur la chachia avec la corde de chameau, la gandoura, et l'àbaïa, ce vêtement qui ressemble tant à la dalmatique d'un diacre. Ces bouchers portent généralement en sautoir une djebira de maroquin destinée à renfermer la recette de la journée. Tout cela est maculé de sang, et exhale une odeur de chair et de graisse qui rappelle l'amphithéâtre.

Les mendiants rôdent autour des bouchers, et cherchent à les attendrir pour en extraire de *ce qui appartient à Dieu*, de la panse et des intestins.

Tout près des cordonniers des gens sont ceux qui chaussent les bêtes, les maréchaux-ferrants. Ces artisans indigènes, Blidiens pour la plupart, font de la ferrure podométrique, c'est-à-dire qu'ils ferrent à froid. Le maréchal fait ses étampures sur place. Voici l'enclume et les divers outils servant à la noble profession du fer, le brochoir, le boutoir, le rogne-pieds, les tricoises, et l'instrument de la passion, le torche-nez. Des tas de fers à plaque et à éponges réunies, minces comme du fer-blanc, sont répandus sur le sol pareils à des sacs d'écus versés. Tout cela est primitif, simple et confectionné avec une imperfection pleine de candeur. Comme tous les habitants des villes qui exercent des professions énergiques, les bouchers, par exemple, les maréchaux-ferrants indigènes portent le costume moresque, avec le turban, qui est presque toujours un lambeau de schall crasseux frangé par le temps. Inutile d'ajouter que le maréchal-ferrant indigène est ceint du tablier de cuir, et qu'il est accompagné d'un jeune tire-soufflet, espoir de la maréchalerie arabe.

Nous rencontrons épars çà et là des *aththar*, ces négociants complexes qui réunissent la triple profession d'épicier-droguiste-parfumeur. Ce genre de commerce est tenu habituellement par des Beni-Mzab établis à Blida.

Nous trouvons aussi deux ou trois spécimens du sellier-harnacheur venus d'Alger avec des arçons, des carcasses de selle arabe, et des couvertures de selle de maroquin brodé d'or, d'argent ou de soie.

Puis, serrés côte à côte, voici des cordiers de Dekakna et du haouch Khedam, des vanniers-chouariens de Mâelma, des vendeurs de toisons et des marchands de volaille et d'œufs des Beni-Khelil, des négociants en sel du Sud, des commerçants en savon vert et en moulins arabes des Beni-Aaïcha, et des bernoussiers-tailleurs de Blida. Des négresses marchandes de pain, de la même ville, sourient démesurément aux passants en exhibant deux rangées de dents blanches et larges à faire croire qu'elles ont avalé un piano; cette illusion explique pourquoi les artistes en cet instrument sont involontairement portés, dit-on, à se précipiter sur ces négresses pour en jouer. Plus loin, sont les huiliers ou marchands d'huile. Ces oints, qui semblent préparés, comme les anciens athlètes, pour le pugilat, sont ruisselants du jus de l'olive; on dirait qu'ils en suent; les gouttières de leurs maigres cuisses jaunâtres en bavent des larmes épaisses et troubles qui forment, le long de leurs jambes, des cannelures serpentant en fusée. Des outres grasses renfermant cette divine liqueur des Kabils roulent l'une sur l'autre comme des obèses ivres à la fin d'une orgie. Ces marchands oléagineux ne laissent rien perdre de leur produit; les gourmands! quand ils ont servi un client, ils torchent l'orifice de l'outre avec leur index de la main droite, et ils se le passent ensuite dans la bouche.

Des Kabils moissonneurs s'approchent d'un *zīat* (1), et se font verser une mesure d'huile dans un pain arabe dont ils ont ôté la mie. Ils trempent aussitôt dans ce délicieux nectar le produit de leur déblai, et ils l'absorbent l'œil plein de béatitude et de volupté.

A côté des marchands d'huile sont les mielleux-ciriers. Ils arrivent du Petit-Atlas suivis par les abeilles auxquelles ils ont ravi leur bien. Au Marché, elles tournoient autour de ces larrons, qui n'y prennent pas garde, et leur bourdonnent aux oreilles des injures qui, dans le langage des apiaires, doivent être extrèmement piquantes.

Viennent ensuite les fruitiers et marchands de légumes, profession exercée par des Espagnols et des Maltais de Blida, et des Arabes des Beni-Khelil.

Le petit commerce de mercerie, de bonneterie, de friperie, d'orfèvrerie, de ferblanterie du Marché de Bou-Farik, est aux mains des Juifs d'Alger et de Blida.

Voici le marchand de *Nouveauté*, ainsi que l'indique l'enseigne peinte sur son corbillard. Le propriétaire de cet établissement appartient à l'aristocratie du mercantilisme ambulant; il porte le costume mixte des Juifs des villes : les pieds et la tête dans la civilisation; le reste dans la barbarie. Sa boutique, composée de vieux fonds de

---

(1) Marchand d'huile.

magasins, est un capharnaüm de nouveautés de pacotille sur le retour et dépareillées. C'est à prix fixe; mais, ô vous, acheteur! ne craignez pas de rabattre des deux tiers sur le prix demandé! Heureux ceux qui savent marchander; car ils sont sûrs d'être un peu moins volés que les innocents ou les prodigues! Une cage-crinoline accrochée à un arbre met à la torture l'esprit de deux Arabes qui, arrêtés devant, font mille suppositions sur l'emploi de ce mensonge au gras.

Un cheval, à dos ogival et à garrot raccommodé avec du papier, est chargé de la traction de l'établissement locomobile du marchand de *Nouveauté*.

Sur la ligne des marchands de nouveautés, sont les bijoutiers-orfèvres-bimbelotiers. Plus les objets sont précieux, plus l'inventaire est exigu. Voici des bijoux de pauvres en métaux indigents, et en pierres qui ne pourront être précieuses que par le souvenir ou l'idée que, plus tard, on y attachera.

A la suite des orfèvres, viennent les ferblantiers-étameurs, artistes en vaisselle plate et ruolzeurs en étain.

Puis les fripiers, vendeurs à vil prix de fractions d'uniformes qui ont pu inspirer de la terreur à l'ennemi. Voici, en effet, un pantalon garance qui, sans aucun doute, a enveloppé la moitié d'un guerrier.

A l'entrée du Marché, à gauche, se tiennent les maquignons européens et indigènes. Les premiers sont vêtus du sarreau bleu; ils ont les favoris taillés en côtelettes, et leur main droite est passée dans un cordon de cuir soutenant un rotin dont le bout inférieur se termine en massue; les seconds, les indigènes, se reconnaissent à leurs souliers arabes armés d'éperons à la chevalière.

Le commercicule ambulant — allumettes et aiguilles — est monopolisé par de jeunes polissons originaires de Judée, mais habitant Blida.

Toute leur fortune s'étale orgueilleusement sur leur éventaire, et il y en a bien pour vingt-cinq sous. Ils auront fait six lieues et ils auront gagné cinq sous, et cependant tous les Juifs millionnaires ont commencé comme cela!

Des tholba, accroupis le long du mur nord du caravansérail, se chargent de la correspondance des indigènes illettrés, et de la rédaction de certaines pièces dont ils peuvent avoir besoin dans leurs transactions. L'encrier arabe passé dans la ceinture, ils écrivent, le papier dans leur main ou sur leur genou, avec la même facilité que les Européens appuyés sur une table. Ces tholba, qui ont la coiffure des savants, c'est-à-dire le haïk libre et sans la corde de chameau, ont la gravité qui convient à des gens de leur valeur; marabouths, en général, ils sont l'objet du respect que la foule professe à l'égard des eulama, et de la vénération qui s'attache à leur caractère religieux. Ces deux titres ne nuisent pas à leurs petites affaires, au contraire.

Des mendiants aveugles, reliés à leur conducteur par un bâton, parcourent les allées du Marché en ricochant de passant en passant, et en demandant *de ce qui est à Dieu* à ceux qui sont dans le bien.

Des derouich haillonnés qui ont fait vœu de

pauvreté furettent dans tous les coins du Marché, et collectionnent, sans avoir besoin de le demander, tout ce qui est à leur convenance. Leur qualité de saints les autorise à ce prélèvement religieux. Quelques impies les accueillent sans enthousiasme et les servent avec parcimonie; mais ceux-là l'enfer les attend; ils peuvent bien y compter.

Des *guezzana*, sorcières de la tribu bohémienne des Beni-Adas, parcourent le Marché, et disent la *fortouna* aux personnes qui aiment à questionner le Destin sur les choses de l'avenir. Pour deux sous, au moyen de l'halomancie, qui est la divination par le sel, ou par la blastomancie, qui est la divination par les grains de blé, on est certain d'apprendre qu'on aura une nombreuse postérité, et que la Fortune ne manquera pas de vous sourire tôt ou tard. Pendant que ces Adacia *frappent le présage*, leurs époux font du maquignonnage.

A gauche, en entrant dans le caravansérail, les mesureurs de grains passent, avec l'impartialité des trois juges, le rateau de l'équité sur le double décalitre.

A droite, c'est la mehakma, le tribunal du kadhy: assis à la turke sur une natte effilochée, et assisté de ses àdoul (assesseurs), ce magistrat rend la justice comme on la rend en pays arabe. La foule des plaideurs encombre son tribunal; c'est à se croire en Normandie. Coiffé du turban à petits plis des eulama, le kadhy, après avoir fait jurer préalablement les témoins sur le livre de Sidi El-Bokhari, rend ses arrêts, qui ont force de loi jusqu'au fond du Tithri, en jouant d'un éventail arabe qu'il tient de la main droite comme si c'était un sceptre, et tout le monde est satisfait.

A côté, c'est le cheikh Sidi Abd-er-Rahman-ben-Ahmed-Bou-Ziri ; c'est l'homme qui conduirait les goums du district de Bou-Farik à la guerre si, ce qu'à Dieu ne plaise, cette milice indigène était jamais appelée à marcher à la frontière, et s'il restait encore des cavaliers arabes dans cette région. Que sont devenus, grand Dieu ! ces intrépides frappeurs de poudre des Beni-Khelil, si souvent en querelle avec les Hadjouth, et si souvent leurs alliés !...... Ils sont ou morts, ou partis sans esprit de retour, ou employés à l'Usine de la Société linière de Bou-Farik.

Après avoir parlé des gens, disons quelques mots des bêtes qui fréquentent le plus ordinairement le Marché de Bou-Farik.

Les moutons y sont nombreux; ils viennent habituellement ou des Beni-Sliman, grande tribu située entre Médéa et Aumale, ou du sud de la province d'Alger. Pour les empêcher de fuir, les pauvres bêtes ont été enchevêtrées tête à tête. Dans cette situation pénible, ces infortunés ruminants mâchonnent résignés une herbe fantastique qu'à force d'imagination, ils semblent trouver succulente. Mais ils sont vendus à un boucher européen ; le signe du propriétaire, trois houppes rougies à la sanguine sur la croupe, tombent sous le couteau de l'acheteur, qui a soin de les recueillir. Cette situation nouvelle ne se dessine pas toujours de bonne heure ; aussi, les ovins peuvent-ils rester plusieurs heures soumis à ce supplice du tête-àtête; à différentes reprises, des connaisseurs sont venus s'assurer, en les palpant du côté opposé à la tête, s'ils possèdent bien toutes les qualités dont doit être orné un mouton qui se pique d'être parfait. Enfin, ils sont délivrés; mais, trop souvent, c'est pour être conduits à l'abattoir. Plaignons le sort de ces malheureux prédestinés à une mort violente et à la dent humaine, bonnes et douces bêtes dont le seul tort est dans la succulence de leur chair. Malgré la douleur que nous cause leur triste destinée, nous ne nous sentons pourtant pas la force de renoncer à leurs côtelettes.

L'espèce bovine, tribu des ruminants à pieds fourchus et à cornes creuses, est digne de compassion aussi, la bonne vache surtout et son veau. Quant aux bœufs, on les plaint moins; cela est fort, robuste; cela pourrait se défendre si cela avait plus d'intelligence, celle de l'homme, par exemple. Voyez-les accroupis sur le sol; on dirait qu'ils ne peuvent porter leur lourde tête cornue. On est toujours tenté de dire à ces gros morveux : « Mais, mouche-toi donc !... » et de leur passer son mouchoir. Ils ruminent philosophiquement l'œil mi-clos, couchés sur le côté gauche, en attendant l'acheteur. Ils ne savent pas, heureusement, que leurs jours sont comptés, et que, lorsqu'ils auront atteint leurs sept ou huit ans, il leur faudra renoncer à la vie et aux gras pâturages. Voyez ces jolis veaux gambadant avec la grâce de toutes les jeunesses autour de leurs bonnes mères ! Seraient-ils si gais que cela s'ils savaient qu'ils sont au milieu d'une population qui, tous les lundis, demande leur tête avec acharnement, et à la vinaigrette, qui plus est ? Cachons-leur, pour ne pas troubler leur joie, qu'un veau de six semaines n'est pas loin des bords de la tombe, de l'estomac, voulons-nous dire, de ce carnivore qu'on appelle l'homme, animal hypocrite qui a inventé des sociétés protectrices des animaux, et qui mangerait de l'homme si l'on entreprenait, avec la persistance qu'y mettent les hippophages, de lui démontrer que c'est mangeable, et que la répugnance qu'il éprouve pour ses semblables n'est point suffisamment justifiée.

Les conducteurs de troupeaux de bœufs se nomment des *toucheurs*; nous pensons que c'est l'expression *frappeurs* hypocritement adoucie; car nous savons avec quoi *ils touchent*. Peut-être les a-t-on appelés *toucheurs* pour qu'il ne fût pas possible de les confondre avec les *esprits* qui frappent.

Les éléments de l'espèce bovine qui alimentent le Marché de Bou-Farik viennent de Guelma, de la vallée du Chelif et du Djebel-Dira.

Les transactions entre Européens et Arabes se font dans un *sabir* excessivement pittoresque ; au reste, quand il s'agit de *douros*, l'indigène comprend toujours, quel que soit d'ailleurs le langage dans lequel se traite la question, et les Arabes fussent certainement venus à bout de bâtir la tour de Babel si les moellons eussent été des écus de cent sous.

Quelques bourriquets, réunis par groupes, attendent très patiemment la fin du Marché en présentant à l'homme de précieux exemples de mutualisme ; car ce n'est point ce bimane qui gratterait son semblable avec autant de désintéressement et d'abnégation. Malheureusement, la fraternelle maxime : « Grattons-nous les uns les autres » est encore loin d'être entrée dans nos mœurs ; nous ne pratiquons guère, au contraire, que l'autre : « Déchirons-nous les uns les autres. »

Il est une chose qui donnerait à penser à l'observateur que le Marché de Bou-Farik n'est point exclusivement fréquenté par des petits-maîtres, et par des femmes du grand monde indigène : c'est que tous les arbres y sont encrassés à hauteur d'appui. Faut-il attribuer cette particularité aux bêtes ou aux gens ?

Vers onze heures, les bruits se taisent, le Marché se vide, et chacun reprend, plus ou moins satisfait, le chemin de son douar ou de son habitation. Les transactions entre Européens s'achèvent au café, où l'on est tout étonné d'entendre nos intelligents Colons traiter les hautes questions de Colonisation et d'Agriculture, avec l'aplomb et la science d'un Ministre du Commerce qui se serait occupé de ces choses-là.

La ville de Bou-Farik étant située au centre de la Metidja, cette plaine célèbre, — dont nous avons parlé si souvent au cours de ce récit, — appartient évidemment à notre sujet. Aussi, croyons-nous devoir en dire quelques mots. Après en avoir raconté ce que nous en savons — peu de chose — sous le rapport historique, nous en ferons la description à vol d'oiseau.

Pendant les premières années de l'occupation,

la Metidja (1) résuma, dans l'esprit public, toute l'Afrique française, toute l'Algérie enfin. Bien qu'à

---

(1) Les *tholba* que nous avons consultés ne nous ont donné aucune étymologie satisfaisante du mot *Metidja*. La plupart de ces *savants* le font dériver de *Oumm el-Tidjan*, la mère des couronnes, des diadèmes. Mais cette leçon n'est pas absolument conforme à l'analogie des noms de lieu. Pour donner plus de poids à leur opinion, ils prétendent que *Metidja* doit s'écrire *Mettidja*, en redoublant le *ta*; dès lors, un habitant de la Mettidja est un *Mettidji*, faisant au pluriel *Metatidj*. C'est ainsi, en effet, que sont désignés les gens de la Metidja. Il est incontestable que cette forme du pluriel donne beaucoup de valeur à la leçon des *tholba*, qui affectent le *ta* d'une *cheddla* et qui écrivent *Mettidja*. Quant au *noun* final de *tidjan*, c'est à la corruption qu'il faudrait demander compte de sa disparition. Pourtant nous devons dire que ce n'est pas d'hier que Metidja s'écrit avec un seul *ta*, puisque le savant voyageur Ibn-Bathoutha, qui vivait au quatorzième siècle de notre ère, l'orthographie ainsi.

Quelques autres *tholba* sont d'avis qu'on doit lire *Metoudja*, — couronnée, — qui serait le participe passif du verbe *tadj*. C'est également à la corruption qu'ils attribuent la permutation de l'*ouaou* en *ya*.

Quoi qu'il en soit, la rencontre des savants sur cette idée de *mère des couronnes, celle qui a des couronnes, la couronnée*, n'en est pas moins fort curieuse; cet accord, si rare parmi les étymologistes, pourrait d'ailleurs facilement s'expliquer aussi bien topographiquement que métaphoriquement : en effet, la Metidja ne porte-t-elle pas en diadème la première chaîne du Petit-Atlas? N'en est-elle pas couronnée comme elle couronne elle-même les collines du Sahel d'Alger? Il se peut aussi qu'elle doive son nom à sa richesse, qui l'aurait fait comparer par les poètes arabes à une sultane parée

cette époque, il fût assez difficile de retrouver *à priori*, au milieu de ce cloaque miasmatique, de ce makis impénétrable, les traces de ce qu'on appelait l'ancien grenier de Rome, on n'en racontait pas moins, sur la foi des auteurs latins, les choses les plus extraordinaires au sujet de la merveilleuse fertilité de cette terre bénie, de cette mère des céréales ; on ne se lassait pas de vanter, avec Salluste, la richesse et la productivité de cette portion de la Mauritanie césarienne, si féconde, ajoutait-on, que les impôts s'y payaient en grain, et la preuve en est que, dans les insignes du proconsul d'Afrique, on retrouvait des bâtiments chargés de sacs de blé. Aussi, entraînés par ces souvenirs classiques renchéris encore par Strabon, qui prétend que la récolte s'y faisait deux fois par an, au printemps et en automne, que les épis y atteignaient cinq coudées de hauteur, qu'ils avaient l'épaisseur du petit doigt, que le rendement était de 240 pour 1, et que les cultivateurs n'avaient même pas besoin de semer, les grains tombés des gerbes suffisant largement pour assurer la récolte ; alléchés par ces souvenirs, disons-nous, des spéculateurs aventuriers, dépourvus de ressources, pour la plupart, se ruèrent scandaleusement sur la Metidja, laquelle resta stérile entre

---

du diadème, de ce bandeau qui était l'emblème de la souveraineté.

Ces hypothèses n'ont, du reste, d'autre valeur que celle que chacun voudra leur donner. Pour notre compte, nous n'y tenons pas plus qu'il ne convient.

leurs mains, et fermée aux immigrants de bonne foi qui auraient voulu y faire de l'agriculture sérieuse. Nous reviendrons plus loin sur cette question.

La plaine de la Metidja forme un arc de cercle de vingt-cinq lieues de développement, sur une largeur maximum de cinq lieues. Cette courbe, dont les extrémités touchent à la mer, s'appuie, dans l'est, à l'ouad Bou-Douaou, et, dans l'ouest, à l'ouad En-Nadheur, qui se jette dans la Méditerranée à la pointe orientale du Djebel Chennoua.

Un magnifique amphithéâtre de montagnes compose la ceinture de la Metidja : le Djebel Chennoua (860 mètres), le Zakkar Ech-Chergui et le Zakkar El-R'arbi (1,570 mètres), à l'ouest; le Djebel Mouzaïa (1,604 mètres), le pic de Sidi-Abd-el-Kader-El-Djilani (1,640 mètres), chez les Beni-Salah, les hauteurs des Beni-Mouça (1,200 à 1,300 mètres), au sud; les montagnes de la Kabilie, à l'est.

En longeant le pied de la chaîne à gradins du Petit-Atlas, la Metidja semble une portion d'un cirque immense, dont les coupures livrant passage aux rivières seraient les *vomitoria*. Pour compléter le parallèle, nous ajouterons que cet amphithéâtre a vu se jouer dans son arène bien des actes sanglants, et qu'après les combats avec le fer, la Colonisation y a eu ses gladiateurs qui, en s'armant pour la lutte avec tous ses fléaux, pouvaient, à l'exemple de ceux de la vieille Rome, jeter à la civilisation leur salut suprême : « *Ave, morituri te salutant!* »

La Metidja est formée par un terrain de transport ancien dont les matériaux ont été fournis par les montagnes qui la bordent. Elle est arrosée par cinq cours d'eau qui, en coulant du sud au nord, la partagent en cinq parties parfaitement déterminées. Ces rivières sont, en allant de l'est à l'ouest, l'ouad Bou-Douaou, l'ouad El-Hamiz, l'ouad El-Harrach, l'ouad Mezâfran, réunion de l'ouad Ouadjer et de l'ouad Ech-Cheffa, l'ouad En-Nadheur. C'est précisément à cette richesse en eau que la Metidja a dû sa fertilité et son insalubrité.

Ces rivières ont dû singulièrement diminuer d'importance, et leurs eaux de volume si, comme l'affirme Strabon, elles donnaient, de son temps, asile à des crocodiles. De nos jours, c'est bien différent; car le barbeau s'estime on ne peut plus heureux quand il y trouve de quoi faire ses ablutions.

Autrefois, les Arabes divisaient la partie centrale de la Metidja — entre le Harrach et la Cheffa — en trois cantons: El-Outha, ou la plaine proprement dite, El-Merdjia, ou les marécages, et El-Hamada, ou la portion élevée. L'auteur des *Mœurs et Coutumes de l'Algérie* assure qu'en 1822, la Metidja approvisionnait Alger et nourrissait cent mille laboureurs, chiffre qui, en 1830, était tombé, ajoute-t-il, à quatre-vingt mille. Selon le général Daumas, il conviendrait d'attribuer cette différence au fisc écrasant des Turks: dans la crainte d'exciter, par le spectacle d'une grande abondance, l'insatiable cupidité des maîtres de la Régence, les plus pauvres des enfants de cette *ennemie de la faim* (1) avaient gagné la montagne. Sans vouloir contester l'exactitude de ces chiffres, nous ferons seulement remarquer qu'ils s'accordent peu avec le tableau que fait de la Metidja un voyageur qui a parcouru cette plaine dans les premières années de l'occupation : « La Mitidja « est inculte ; elle est couverte de marais et de

---

(1) L'auteur des *Mœurs et Coutumes de l'Algérie* cite, dans son charmant livre, et donne dans toute son étendue un chant populaire, une sorte de lamentation pleurée par un Metidji, le marabouth Mohammed-ben-Dhif-Allah, lorsqu'en 1839, les khalifa de l'Émir envahirent la plaine et en expulsèrent les tribus qui nous étaient soumises. Ce chant, dont quelques parties ne sont pas sans poésie, vante les beautés de la Metidja, sa fécondité, sa richesse, de la Metidja, *la mère du pauvre, et l'ennemie de la faim*. C'est la plainte d'un homme qui vivait dans le bien sous la protection de notre canon, et que des amateurs de butin razent radicalement sous le prétexte qu'il a fréquenté les Chrétiens.

Écoutons-le :

« Ils nous accusaient, dans leurs ruses,
« D'avoir fréquenté les Chrétiens ;
« Ils se disaient, eux, guerriers de l'Islam,
« Et, pourtant, ils dépouillaient des Musulmans! »

Notre pays, quand nous nageons dans le bien, est toujours, d'ailleurs, le plus beau des pays, surtout quand nous en sommes expulsés. Jérémie, Ezéchiel et les Hébreux captifs ont, certes, assez vanté et pleuré leur Sion. Évidemment, on risquerait fort de faire de l'exagération ou de la peinture infidèle si, pour représenter la cité sainte, celle que Jérémie appelle la maîtresse des nations, on s'en rapportait aux plaintes et aux lamentations des prophètes-poètes d'Israël.

« marécages dissimulés par une végétation pa-
« lustre extrêmement vigoureuse ; on y trouve çà
« et là des bouquets d'oliviers, des aloès, des fi-
« guiers de Barbarie, et des lauriers-roses dans le
« lit des rivières et dans les ravins ; c'est un
« makis de broussailles serrées, épaisses, enchevê-
« trées, impénétrables, un fouillis d'herbes gigan-
« tesques, de pousses de fenouil au milieu des-
« quelles on disparait, de ronces, de genêts épineux,
« de palmiers nains, de joncs perfides tapissant
« des fonds mouvants dans lesquels on s'envase à
« ne pas pouvoir s'en dépêtrer.

« On trouve autour des fermes quelques traces
« de culture : c'est du maïs, de l'orge, du tabac et
« de la vigne, quelques légumes. La plaine est
« sillonnée de sentiers impraticables, dans lesquels
« on ne peut s'ouvrir un passage qu'en mettant le
« feu aux broussailles qui les obstruent. Il y aurait
« fort à faire si l'on voulait exploiter ce vaste
« territoire, inculte depuis douze siècles. »

Et ce que ce voyageur ne dit pas, c'est qu'avant
de mettre la pioche et la charrue sur cette terre
embroussaillée et noyée, il faudra en chasser ou
soumettre la virile population qui l'habite. Il nous
a fallu douze années pour mener à fin cette œuvre
de sang. Il nous en faudra encore autant, quand
nous aurons commencé à remuer cette vase, pour
vaincre ce sol empoisonné et l'assainir. Nous perd-
rons dans cette lutte — la période du sulfate de
quinine — bien plus de monde encore que dans
les combats avec l'ennemi.

La Metidja n'a pas eu d'historien ; aussi son

passé se trouve-t-il enveloppé du nuage du doute et de l'incertitude. Deux ou trois voyageurs arabes, El-Bekri, Ibn-Khaldoun, Ibn-Bathoutha, en ont dit quelques mots, qui sont tout à fait insuffisants pour faire la lumière sur les époques historiques de cette plaine, célèbre surtout depuis l'occupation française. Pendant la période turke, quelques Européens ont fait des recherches sur cette matière; mais la difficulté pour un Chrétien de voyager, à cette époque, en pays musulman, ne leur a pas permis d'élucider beaucoup la question. De là des erreurs sans nombre, et des noms estropiés à rendre toute investigation on ne peut plus pénible, pour ne pas dire impossible. Il ne nous reste donc guère que la tradition, surtout pour la période murée du Gouvernement de la Régence.

Nous conseillons de n'accueillir qu'avec une réserve raisonnable les affirmations de certains historiens, qui prétendent qu'au XIIIᵉ siècle, la Metidja, couverte de cultures, renfermait trente villes assez considérables pour qu'on y fît la prière publique. Si nous admettons les trente villes, nous croyons qu'il sera prudent de les supposer bâties en pisé, — des douars de gourbis; — car on n'en retrouve pas trace dans toute la Metidja. Ce serait à Mendil-ben-Abd-er-Rahman, émir des Marraoua, qu'il faudrait attribuer la dévastation et la ruine de ces villes. Quelque temps après sa première invasion, en 1225 de notre ère, ce même Mendil, qui, sans doute, voulait compléter la destruction des trente villes, aurait été moins heureux dans cette entreprise; car, ayant trouvé devant lui, sur l'Ouedjer, l'Almoravide Yahïa-ben-R'ania, ce général l'aurait attaqué, défait, pris et fait crucifier sur les murs d'Alger, dont il venait de s'emparer.

Au xiv⁰ siècle, les Oulad-Tàalba, tribu du Tithri, viennent s'établir dans la Metidja, où sa naissance, sa science et sa piété avaient acquis à leur chef, Sidi Abd-er-Rahman-Et-Tàalbi, une influence considérable. Les Aït-Mlikeuch, tribu berbère originaire des bords de l'ouad Sahel, se précipitent sur la Metidja, et la disputent aux Tàalba, avec des chances diverses, pendant plus de trois siècles.

Vers l'an 1337, quand les Merinides eurent annexé Tlemsen à leur empire, les Tàalba deviennent les maîtres de la Metidja; ils paient néanmoins l'impôt au chef qui commande à Alger pour le sultan de Tlemsen, dont ils dépendent.

En 1359, les Abd-el-Ouahdites reprenaient le royaume de Tlemsen aux Merinides. Lassés de payer l'impôt, et décidés à secouer un joug qui, pour être léger, ne leur en était pas moins pénible à supporter, les Oulad-Tàalba sont de toutes les révoltes dirigées contre le pouvoir de leur souverain. Abou-Hammou-Mouça II finit par marcher contre eux : il les défait sur l'ouad Ouedjer, les jette dans les montagnes, où il les bloque et les force à capituler. La tribu des Tàalba est razée, ses biens sont confisqués et ses guerriers sont emmenés en esclavage. Quant au chef tàalbi, il est traîné par le vainqueur dans sa capitale et décapité.

La Metidja subit toutes les fluctuations de la fortune auxquelles fut soumis Alger : c'est ainsi qu'elle appartint successivement à Tlemsen, à Bougie, puis de nouveau à Tlemsen. Pourtant, la tribu des Oulad-Tàalba s'était peu à peu reconstituée, et les Metalidj reconnaissaient, comme par le passé, son cheikh pour leur émir. La puissance des Tàalbites grandit à ce point pendant le xve siècle, qu'ils purent l'exercer même sur Alger, lorsque commença la décadence de Tlemsen sous les Beni-Zeïan.

Dans les premières années du xvie siècle, nous voyons Alger et la Metidja gouvernés par le chef des Beni-Teumi, qui sont une fraction des Tàalba. Enfin, en 1515, Selim-ben-Et-Teumi, qui était alors émir d'Alger et cheikh de la Metidja, commet la faute d'appeler à son secours contre les Espagnols le corsaire Aroudj, qui venait d'essayer, mais sans succès, de se faire roi de Bougie. Aroudj se hâte de répondre à l'invitation de l'émir : il accourt à Alger avec les deux ou trois cents Turks qu'il avait attachés à sa fortune ; il s'empare d'abord de Cherchel, puis, après avoir peu à peu absorbé à son profit le pouvoir de l'imprudent Selim, il le fait étrangler, et contraint les habitants d'Alger à accepter son usurpation. Il exterminait ensuite, par de nombreuses incursions dans la Metidja, la tribu des Oulad-Tàalba, à laquelle appartenait, ainsi que nous l'avons dit plus haut, l'infortuné Selim, le dernier émir d'Alger.

Les Espagnols organisent, en 1557, une expédition en faveur du fils de Selim-ben-Et-Teumi, le jeune Yahia, qui s'était réfugié à Oran. Diego de Vera, qui dirigeait cette expédition, débarque dans la baie d'Alger, à l'embouchure de l'ouad El-Khenis : ses troupes sont battues et mises en complète déroute. Une tempête furieuse s'élevait en même temps, et anéantissait la presque totalité de ses navires.

Alger et la Metidja passaient désormais, et pour trois cents ans, sous la domination des Pachas.

A partir de cette époque, et jusqu'en 1830, la Metidja n'a plus d'histoire. A la formation des beylik, cette plaine resta sous l'administration directe du Pacha et de ses ministres ; elle fut divisée en quatre *outhan*, ou districts, qui, eux-mêmes, se subdivisaient en quartiers ou cantons. Ces *outhan*, qui tiraient leur nom de la tribu principale de la plaine qu'ils renfermaient, comprenaient, dans leur circonscription, les fractions montagnardes du Petit-Atlas qui étaient immédiatement adjacentes aux tribus chefs-lieux. Ainsi l'*outhen* des Khachna, à l'est de la Metidja, avait pour annexes, au sud, les Ammal, les Zouetna, les Msiora, les Oulad-Youb ; celui des Beni-Mouça tenait les Beni-Djelid, les Beni-Remat, les Beni-Guechnid, les Beni-Atiya, les Beni-Serr'in, les Beni-Mahammed, les Beni-Azzoun ; l'*outhen* des Beni-Khelil comptait les tribus kabiles des Beni-Misra, des Beni-Salah et des Beni-Meçâoud ; enfin, au district d'Es-Sebt étaient joints les territoires des Mouzaïa, des Soumata, des Bou-Alouan et des Beni-Menad.

Chaque *outhen* était administré par un kaïd turk ; chaque tribu ou chaque fraction avait à sa tête un mcheikh, et chaque subdivision ou *ferka* un cheikh. Il existait, dans certaines grandes fractions, un fonctionnaire qui marchait entre le mcheikh et le kaïd; il portait le titre de cheikh ech-chiakh. Il y avait dans la Metidja un fonctionnaire de ce rang. Enfin tous les *kaïad* de la province d'Alger relevaient de l'Ar'a des Arabes, qui était l'un des principaux personnages du Gouvernement de la Régence.

Cette organisation a persisté quelques années encore après la conquête.

Les Turks avaient cherché à attirer dans la plaine, par d'importantes concessions de terres labourables, les tribus agricoles dont nous venons de parler. Ces terres étaient situées dans le prolongement nord de leur territoire, et présentaient des superficies considérables. C'est ainsi que les Beni-Salah cultivaient une surface de 4,000 hectares, s'étendant, au nord, jusqu'à l'Aïn-El-Amara, et comprise entre l'ancien camp de l'ouad El-Allaïg et l'ouad Cheffa. Les Mouzaïa s'allongeaient à peu près de la même quantité entre ce dernier cours d'eau et l'ouad Es-Sebt. Il est inutile de répéter que cette apparente libéralité du Gouvernement turk n'était qu'une habile spéculation : en effet, elle assurait la mise en culture d'une grande portion de la Metidja; elle créait aux Kabils, difficiles à aller attaquer dans leurs montagnes, des intérêts accessibles et toujours sous la main de l'autorité; de plus, elle donnait au Baïlik des corvéables pour les travaux agricoles des nombreux haouch qu'il possédait dans la plaine; elle permettait de réclamer de ces cultivateurs la lourde corvée qu'on appelle *thouïza* (1). Nous avons raconté, dans un autre de nos ouvrages (2), ce qu'avaient valu aux Beni-Salah leurs capricieuses tentatives de résistance à l'autorité turke ; nous rappelerons que leur refus de faire la *thouïza* du Haouch Ben-Salah et du Haouch Ben-Khalil, leur coûta quinze têtes et une *rmïa* (amende) de 900 boudjhou (16,200 fr.).

Les Mouzaïa eurent, avec le Baïlik, des difficultés du même genre à propos d'une *thouïza* qui leur était demandée pour le Haouch El-Ar'a.

Aussi, ces vexations et la lourdeur de l'impôt finirent-elles par amener le vide dans la Metidja ; les Kabils, sous un prétexte ou sous un autre, n'ensemencèrent plus leurs terres de la plaine, ou ne le firent que sur des étendues insignifiantes. Cette situation explique suffisamment l'état d'abandon et d'inculture de la Metidja en 1830, et ne justifie dès lors qu'imparfaitement les lamentations de Mohammed-ben-Dhif-Allah, le chantre de la Metidja que nous avons cité plus haut. Il est vrai qu'il était marabouth, et de ceux, probablement, qui vivaient du travail des autres, un des ayants

---

(1) La *thouïza* est une sorte d'impôt en nature, une corvée consistant dans le labourage, les semailles et les moissons, pendant un nombre de jours déterminé, des terres du Baïlik ou des agents du Makhzen. Il est inutile d'ajouter que, non seulement ces travailleurs n'étaient pas rétribués, mais que, souvent même, ils étaient encore obligés de fournir les semences.

(2) *Blida.*

droit à la *thoûza* religieuse. On comprend dès lors les regrets de cet Homère, bien que nous persistions à croire qu'il parle de longtemps, de très longtemps ; car, en 1839, la Metidja était loin d'être cette *ennemie de la faim*, qui pouvait produire deux moissons par année, ce lieu de délices, ce paradis que nous vante si chaleureusement le fils de Dhif-Allah.

C'est maintenant à notre tour. Le 5 juillet 1830, Alger avait changé de maître ; mais la chute du Pacha ne nous donnait guère que sa capitale, et le Général en chef ignorait les intentions du Gouvernement français au sujet de sa conquête. Se bornerait-il à faire détruire les fortifications de la Marine et à combler le port ? ou bien conserverait-il le pays que venait de lui donner la valeur de nos soldats ? Telle était la question.

Mais du sommet du Djebel Bou-Zarrîâa, on découvrait la chaîne du mythologique Atlas, puis, en deçà, une plaine dont on disait des merveilles : il n'en fallait pas tant pour exciter outre mesure la curiosité française. Est-ce à ce sentiment que céda le Général en chef, ou à ce besoin fatal d'expansion qui pousse en avant les civilisés, quand il décida son expédition sur Blida ? Il serait assez difficile de le dire ; ce qu'il y a de certain, c'est qu'on ne saisit pas tout d'abord la pensée politique qui a pu déterminer cette excursion.

Quoi qu'il en soit, dix-huit jours après l'entrée de l'armée française à Alger, c'est-à-dire le 23 juillet, une colonne traversait la Metidja pour la première fois. Elle avait pu juger, à la vigueur de la végétation de ce makis vierge, noyé çà et là par des eaux vagabondes; elle avait compris, à l'aspect de ces nombreuses fermes qui mouchetaient la plaine de taches blanchâtres, tout le parti que pourraient tirer des Européens de cette richesse en friche. Aussi, à leur retour à Alger, qui eut lieu le surlendemain 25 juillet, les soldats de la colonne expéditionnaire ne manquèrent-ils pas de raconter, à ceux qui n'en avaient pas fait partie, leurs impressions de voyage sur le magnifique pays qu'ils venaient de traverser. Cette communication, amplifiée à mesure qu'elle vieillissait, fit son chemin et produisit son effet : on pensa à la Colonisation.

Si la preuve de la maxime arabe : « L'homme se remue; mais la Destinée le conduit, » s'est faite clairement quelque part, c'est bien en Algérie. Ainsi, — et c'est peut-être là le meilleur argument contre la possibilité de l'occupation restreinte, — le Gouvernement de Charles X, mal fixé sur ce qu'il fera de sa conquête, informe le Général de Bourmont que le projet auquel paraissait devoir s'arrêter le Conseil, était de céder à la Porte-Ottomane Alger et l'intérieur de la Régence, et de garder seulement le littoral depuis l'ouad El-Harrach jusqu'à Tabarka, point où commencent les possessions du Bay de Tunis. Mais le Bay d'Oran faisait, en même temps, des offres de soumission qui, quelles que fussent les vues ultérieures du Gouvernement, ne pouvaient être repoussées. Le Général en chef les accepte en effet, et envoie son fils, le capitaine de Bourmont, recevoir, à Oran, la soumission du vieux Bay Hacen. Une expédition mettait à la voile le 6 août pour aller prendre possession de la capitale de la province du K'arb. Il est vrai qu'à peine mouillée en rade de Mers-el-Kbir, cette expédition était rappelée à Alger. Nous ajouterons que, dans la crainte que le Sultan du Marok, Moula Abd-er-Rahman, qui avait cherché à s'emparer de Tlemsen, ne se rendît maître de toute la province de l'Ouest, le général Clauzel envoyait, le 11 décembre, une seconde expédition sur Oran, qui fut occupé le 4 janvier 1831. Un traité par lequel le Général en chef affermait le Baïlik de l'Ouest à un prince tunisien n'ayant pas été approuvé par le Gouvernement français, Oran nous restait définitivement sur les bras, et nous nous résignions à en prendre possession le 17 août de la même année.

L'occupation de Bône amena les mêmes tâtonnements.

Les idées d'occupation restreinte persistèrent (1) bien longtemps encore, après le vote à la suite duquel le Gouvernement français s'était décidé, le 22 juillet 1834, à donner un caractère de permanence à l'occupation de l'ancienne Régence. Il est vrai de dire que le mot *abandon* n'a été à peu près définitivement rayé des discours prononcés à la Chambre des Députés qu'en 1836. En 1837, le traité de la Thafna nous parquait modestement entre le Cheffa, l'ouad El-Khadhra, et la première crête de la première chaîne du Petit-Atlas ; mais en 1840,

---

(1) Elles ont encore leurs partisans.

nous étions obligés de porter notre frontière sur le Chelef; en 1841, nous poussions jusqu'aux postes établis par l'Emir sur la ligne de ceinture du Tell; en 1843, nous étions à Aïn-Thaguin; en 1844, une colonne française paraissait à El-Ar'ouath, dont nous nous emparions à la fin de 1852; enfin, en 1854, nous exigions l'impôt du ksar d'Ouargla, qui est actuellement la limite naturelle, nous ne disons pas de notre occupation, mais au moins de notre souveraineté. Nous pouvons, pour aujourd'hui, planter là notre borne. L'avenir — et cela ne peut faire l'ombre d'un doute — se chargera de la déplacer et de la porter plus au sud, quand il en sera temps.

Et il est bien évident que nous avons poussé jusque-là malgré notre volonté, malgré ceux qui, depuis 1830, tirent en arrière pour nous retenir sur le littoral, malgré les Desjobert de tous les temps. Nous le répétons, notre mouvement en avant est fatal; nous obéissons à une loi d'expansion, d'épanouissement irrésistible, inflexible; le monde aujourd'hui est aux civilisés; le temps des hordes envahissantes est passé. Et nous n'avons rien à redouter des pressés, des véloces, de ceux qui comptent sans le temps; ils sont dans leur rôle. Ils ont comme contre-poids les tardigrades, lesquels leur servent de régulateur, de modérateur, et la résultante de ces deux forces parallèles et de sens opposé est le progrès: elle est égale à la différence des composantes et agit dans le sens de la plus grande, qui est la force accélératrice. Elle aura ses intermittences, ses à-coups, ses frottements; elle aura à lutter contre l'inertie, contre toutes les résistances ; mais elle viendra à bout de la force retardatrice par une succession d'efforts, par une action énergique supérieure à la résistance à vaincre ; car, en résumé, nous le répétons, la loi d'impulsion à laquelle elle obéit est naturelle, fatale.

Et la preuve la plus manifeste de cette vérité, c'est que, malgré des oscillations sans nombre, des indécisions fréquentes, des tâtonnements incessants, des essais plus ou moins heureux, des remèdes plus ou moins héroïques, des programmes pris, abandonnés et repris, des systèmes tombés avec ceux qui cherchaient à les faire prévaloir ou à les appliquer ; magré la lutte — qui date de la conquête — entre ceux qui sont au pouvoir et ceux qui voudraient y être ; malgré tout cela, on ne peut nier que l'Algérie n'ait très sensiblement marché et progressé. Les hommes ne sont donc pour rien dans cette action, dans cette œuvre, ou, plutôt, ne sont-ils que la collection de ces deux forces opposées dont nous parlons plus haut, forces indispensables à la marche naturelle, logique, inflexible des évènements et des choses d'ici-bas.

Le penseur qui a dit : « De l'Algérie, en posséder quelque chose c'est n'en posséder rien, » était dans le vrai ; les leçons de l'histoire lui avaient profité ; car il savait qu'en ce pays, toute occupation restreinte se condamne à une irrémédiable faiblesse. L'exemple de l'Espagne était là. En mars 1792, après 283 années employées à s'assurer la possession du littoral, les Espagnols se résignent à abandonner Oran, leur dernière place dans la Régence d'Alger. Ils n'avaient pas compris qu'il leur était d'indispensable nécessité de pénétrer plus avant dans le pays pour dominer à l'intérieur, et y fonder des établissements qui pussent provoquer à l'immigration de populations nouvelles ; ils parurent ne pas se douter un seul instant que, pour faire jouir des bienfaits de la paix les villes du littoral et assurer leur sécurité, il fallait qu'ils fussent maîtres du pays jusqu'à une certaine profondeur. Aussi, jamais les Espagnols ne possédèrent-ils un pouce de terrain au delà des glacis de leurs places fortes, qu'ils perdirent l'une après l'autre.

Aujourd'hui, leur position à Ceuta et à Melilla est identiquement ce qu'elle fut à Oran, et dans les autres places qu'ils tinrent sur la côte africaine.

Il n'entre pas dans notre cadre de faire l'histoire de la Colonisation dans la plaine de la Metidja : nous dirons seulement que, par un arrêté du général Clauzel en date du 30 octobre 1830, une Société anonyme était autorisée à s'organiser, à l'effet de fonder une *ferme expérimentale* destinée à servir de régulateur à tous les établissements agricoles qui, dans l'avenir, viendraient à se former. Une ferme domaniale, dite Haouch Hoçaïn-Bacha, située à 14 kilomètres d'Alger, fut affectée à cet essai sous le nom de Ferme-Modèle. Comme la création de cet établissement, de ce poste avancé de la Colonisation, était une sorte de prise de possession du sol de la Metidja, de cette plaine aux deux récoltes par an, selon Strabon, on en fit l'inauguration avec un certain éclat. Malheureusement, on avait compté sans les Arabes, et l'on n'avait tenu aucun compte de l'insalubrité de la position. Nous ne nions pas que, dans un tableau, que, dans une romance, un colon traçant des sillons le fusil sur le dos et la cartouchière sur le ventre, ne soit rempli de pittoresque, de cachet; mais il faut bien avouer que, dans la réalité, cette situation est tout à fait incommode et dépourvue d'attraits; car ce qu'il faut à l'agriculteur, c'est surtout la sécurité, et c'est déjà bien assez des mauvaises années que *la Providence* lui envoie, et qui ne suffisent pas toujours pour l'indemniser de ses sueurs, sans que viennent encore s'ajouter à ce désagrément les risques de perdre ses récoltes, sa santé, sa tête. Aussi, jusqu'en 1842, la Ferme-Modèle ne fut-elle guère autre chose qu'un poste militaire.

En 1836, la Colonisation plantait ses premiers jalons dans la Metidja : il était créé à Bou-Farik, sous la protection du canon du Camp-d'Erlon, un centre agricole qui porta pendant quelque temps le nom de Medina-Clauzel.

Quelques hardis colons, de ces courageux *expansionnistes* qui composent l'avant-garde de la civilisation, s'étaient établis, dès 1835, dans les *outhan* des Khachna, des Beni-Mouça et des Beni-Khelil; quelques-uns même, ayant poussé au delà de nos lignes militaires, avaient formé ainsi des établissements excentriques qui, plus tard, devinrent un embarras sérieux pour l'Administration, en ce sens que la nécessité de leur protection amenait la dissémination de nos troupes par petits paquets isolés hors d'état de s'appuyer, au besoin, les uns sur les autres. Aussi, lors de la reprise des hostilités en 1839, tous les établissements agricoles de la Metidja furent-ils ou abandonnés par les Européens, ou forcés, ou détruits par les Arabes. Il y eut là, sans doute, bien de l'héroïsme dépensé, mais ce fut en pure perte. Nous regrettons que le cadre que nous nous sommes tracé ne nous permette pas de raconter ici la belle défense des haouch Ben-Nouar-el-Louz, El-Kateb, El-Kidar, El-Khaznadji, El-Khadhra, Baba-Ali, etc.; car il y a dans ces faits, qui appartiennent à l'histoire de la Colonisation militaire de l'Algérie, de glorieux exemples à mettre sous les yeux des créoles de la génération nouvelle.

En 1840 et 1841, on songe à faire de la Colonisation où dominera l'élément militaire, — *ense et aratro ;* — mais on est encore en pleine guerre, et la banlieue d'Alger même est menacée incessamment par des partis arabes. Pourtant, l'Administration, poussée par l'opinion, tenait à prouver qu'elle n'était point hostile à la Colonisation : c'est alors qu'elle songea à enfermer les colons dans des fossés, dans des enceintes continues : on commença *l'obstacle*, et on créa les villages défensifs de Fouka et de Mered, qui devaient être peuplés, le premier, avec des soldats libérés, organisés en une compagnie avec son cadre, et le second, avec des militaires ayant encore plusieurs années de service à faire. En 1842, on renonçait à *l'obstacle* — qui n'en fut jamais un, — et à ces deux procédés de Colonisation ; la soumission des tribus de la Metidja et de celles de la portion du

Petit-Atlas qui la couronne, permettait, d'ailleurs, de relever, dans cette plaine, les ruines de 1839, et d'y reprendre plus sérieusement, et dans de meilleures conditions, l'œuvre de la Colonisation. En 1843 et 1844, le Camp-Inférieur et le Camp-Supérieur de Blida, ville qui avait été occupée dès 1839, étaient transformés en centres agricoles sous les noms de Montpensier et de Joinville, et le territoire des Oulad-Yaïch était affecté à la création d'un village qu'on nommait Dalmatie. Le camp du Fondouk, à l'est de la plaine, devenait un centre de population à la même époque. La Colonisation du territoire immédiat de Blida se rattachait, d'ailleurs, au sytème dit *Colonisation de l'Atlas*, lequel devait amener le peuplement de tout le revers septentrional de l'Atlas, dans le pourtour entier de la Metidja, depuis les montagnes des Chennoua, à l'ouest, jusqu'à l'ouad Icer, à l'est.

En 1845 et 1846, diverses causes entravaient le développement de la Colonisation dans la Metidja : la prise d'armes d'Abd-el-Kader d'abord, qui jeta l'inquiétude jusqu'aux confins de cette plaine, puis l'invasion des sauterelles pendant ces deux années. La création des villages de Soumâa, de la Chiffa et de Mouzaïaville date pourtant de cette époque.

La Colonisation resta stationnaire dans la Metidja pendant l'année 1847 ; mais la chute de l'Emir allait permettre de lui donner une vigoureuse impulsion. La fondation des Colonies agricoles amenait, en 1848 et 1849, la création de Marengo, de Bou-Rkika, d'Ahmeur-el-Aïn, d'El-Afroun, de Bou-Roumi, qui ne furent constitués en centres de population que plus tard. La création des villages de Rovigo et d'El-Arbâa date également de 1849.

Les années 1850 et 1851 voyaient se créer les villages de Fort-de-l'Eau, de Maison-Carrée, de Ras-Outha, d'Ouad-El-Allaïg et de Sidi-Mouça. Les centres d'Aïn-Eth-Thaïa, d'Aïn-El-Beïdha et de Rouïba étaient constitués en 1853; ceux d'Er-Rer'aïa (la Réghaïa), de Chebli et de Tipaza en 1854, ceux de l'Alma et de Rivet en 1856, et celui de Bou-Inan en 1857 ; enfin, en 1862, l'Administration créait, sur l'emplacement du fameux bois des Kherraza, cet ancien repaire des Hadjouth, un centre de population de soixante feux, qu'elle nommait Hathathba.

Depuis lors, et bien que certaines parties de la Metidja fussent fort clair-semées de centres agricoles européens, surtout dans l'ouest, les créations de villages se sont brusquement arrêtées. Il est vrai qu'en revanche, le mouvement des exploitations particulières ne s'est point ralenti, et qu'aujourd'hui, la Metidja est couverte de fermes entourées de terres admirablement cultivées, et noyées dans des oasis de verdure qui n'auraient pas manqué, et cette fois à juste titre, d'exciter l'enthousiasme du poëte indigène de 1839, que nous avons cité plus haut. On y trouve encore, nous ne le nions pas, de la broussaille et du palmier nain ; on s'y ressent encore çà et là des influences paludéennes ; mais on ne peut pas tout faire en un jour, surtout quand le ciel s'en mêle, et qu'il envoie aux courageux travailleurs de la terre des sauterelles comme en 1866, de la sécheresse et des épidémies pendant trois années consécutives, et des tremblements de terre qui les écrasent, ces infortunés colons, sous les ruines de leurs demeures. Toutes ces misères peuvent être, nous ne le contestons pas, dans les desseins de l'insondable Providence ; mais ce que tous reconnaîtront, c'est que ce ne sont pas là les éléments les plus favorables pour le développement de la Colonisation. Peut-être allions-nous trop vite, et n'étions-nous plus dans la mesure du métronome divin. Cela ne nous surprendrait pas.

Mais, après avoir montré la Metidja terre-à-terre dans le passé et dans le présent, il nous reste à la faire voir à vol d'oiseau et sous son aspect pittoresque.

Nous nous supposerons juchés au sommet du pic de Sidi Abd-el-Kader-el-Djilani, sur le point culminant du massif des Beni-Salah (1640 mètres).

A cette altitude, tout, dans la plaine et au delà, se rapetisse, s'aplanit, ou s'efface : les hommes ne sont plus que des pygmées, et les vastes et somptueuses habitations qu'ils appellent leurs merveilles ne sont plus que des taupinières. Il ne reste de véritablement grand que l'œuvre de la Nature : les hautes montagnes et la mer. D'abord, les collines du Sahel *mtad el-bahar* (1) ont disparu ; elles sont de plain-pied avec la Metidja. Ce bourrelet, qui, pareil à la lèvre d'un nègre du Soudan, longe la mer depuis Bordj El-Harrach (Maison-Carrée) jusqu'aux ruines de Tipaza, s'efface complètement, et,

---

(1) Le littoral de la mer.

par l'effet d'une illusion d'optique, on se sent pris de la crainte que les eaux bleues de la Méditerranée, qui semblent n'avoir plus de digues, ne s'épandent dans la plaine et n'y amènent un cataclysme. On se surprend à surveiller avec anxiété l'échancrure du Mazàfran surtout, par où les eaux paraissent toujours prêtes à envahir la Metidja. A l'horizon, la mer se dresse entre la terre et le ciel comme un immense écran de couleur de saphir pâle, sur lequel, quand les voiles des pêcheurs la constellent, un artiste candidement naïf aurait peint, sans souci de la perspective, des albatros appartenant aux temps primitifs. Quand Amphitrite est prise de convulsions, son ourlet d'écume fait un turban blanc au Sahel.

Le spectacle que présente la Metidja, vue du point culminant des montagnes des Beni-Salah, varie selon les saisons et les heures du jour auxquelles on l'observe ; les tons de la plaine se modifient naturellement avec ceux de la végétation : au printemps, avec ses diverses cultures en damier, elle semble vêtue d'un habit d'arlequin; en été, après les moissons, elle prend la teinte flavescente du nankin, ou les tons fauves mouchetés de noir de la peau du léopard. Avec ses nombreuses fermes blanches qui l'émaillent comme des marguerites dans un champ, avec ses rivières desséchées et à fond gris-cendré qui s'allongent dans le nord en serpentant comme des fusées, avec ses longues routes droites pareilles à des rubans déroulés, avec ses bois, avec ses oasis de verdure au milieu desquelles nichent des fermes-châteaux et des villages à toits rouges, avec toutes ces choses, la Metidja compose une tapisserie originalement bizarre étendue au pied de l'Atlas.

Mais parcourons du regard, en partant de l'ouest, le vaste et splendide panorama qui se développe devant nous entre l'Atlas et la mer. Là-bas, au fond à gauche, ce sont les montagnes bleues des Beni-Menad, d'où est sortie la dynastie des Zirides ; sur le littoral, et baignant son pied dans la mer, c'est le Djebel Chennoua, pareil à un immense tumulus. Ce massif nous cache l'ancienne capitale, si souvent ruinée, de la Mauritanie césarienne, — *Julia-Cæsarea*, — le Cherchel d'aujourd'hui, que relevèrent, à la fin du xv° siècle, des Mores andalous chassés d'Espagne. A la pointe orientale du Chennoua, c'est Tipaza, — une reine sous un linceul de sable, — la *Tefacedt* (1) des Arabes, laquelle, selon Pline, aurait été une colonie de vétérans fondée par l'empereur Claude. Plus à l'est, et sur la crête, c'est le Kebr er-Roumïya (2), un monument qui a

---

(1) *Tefacedt* est, dit-on, le mot *faceda*, — gâtée, abîmée, — berbérisé. Nous croyons que *Tefacedt* est tout simplement l'altération de *Tipaza*, et que cette expression est sans rapport avec l'état de cette ancienne colonie romaine avant que nous ne l'ayons relevée.

(2) Le mot Roumi (féminin Roumïya) est une expression par laquelle les Barbaresques désignent dédaigneusement un Chrétien. *Blad er-Roum* — le pays des Roumi — est le nom arabe de l'Anatolie ou Asie Mineure ; il s'applique aussi aux pays européens du littoral de la Méditerranée (BRESNIER).

Si l'on en croit Marmol, — et il est facile de deviner l'origine de sa version, — la Roumïya à qui fut élevé ce tom-

joué de malheur; car il aurait été, assure-t-on, violé et dévalisé par les Mauritaniens, saccagé plus tard par les Vandales, un peu aussi par les Arabes, et battu en brèche ou égratigné par les cupides pachas Mohammed-ben-Salah-Raïs et Baba-Mohammed-ben-Otsman. Il se pourrait très bien aussi que les tremblements de terre, dont on ne parle pas, eussent pris leur part dans cette destruction. Enfin, après avoir été exploré infructueusement en 1855-1856 par Berbrugger, Conservateur du Musée d'Alger, le discret monument, qui gardait son secret depuis plus de dix-huit siècles, était de nouveau interrogé, mais énergiquement cette fois, en 1865-1866, par MM. Berbrugger et O. Mac-Carthy. Malgré cela, l'édifice — une énigme en pierres de taille — se taisait encore, bien que, pour lui dérober son secret, ces savants l'eussent fouillé jusque dans ses entrailles, et à l'heure qu'il est, nous sommes encore obligés de nous en rapporter à Pomponius Mela, — un géographe qui écrivait en l'an 43 de notre ère, — lequel prétend que notre Kebr er-Roumïya était affecté à la sépulture des

---

beau serait la fille du comte Julien, le gouverneur de Ceuta, ce traître qui, en 711, introduisit les Musulmans dans la péninsule hispanique sous le prétexte que Roderic, roi des Wisigoths, l'avait outragé. Le candide Marmol, qui écrit gravement que la fille du comte Julien se nommait Cava, et sa suivante Halifa, n'a pas reconnu, de la part des Arabes, une intention injurieuse dans l'application de ces deux noms à des chrétiennes. En effet, *Cava* n'est autre chose que *Kahba*, prostituée, et *Halilefa* signifie *petite truie*.

rois indigènes qui régnèrent à Julia-Cæsarea. Nous admettons dès lors, et sans la moindre répugnance, avec les sympathiques savants qui ont été chargés d'en faire l'autopsie, que ce monument a renfermé es cendres de Juba II et de Cléopâtre Séléné. En résumé, cela ne fait de tort à personne.

Au-dessous du Kebr er-Roumïya, s'étend, de l'ouest à l'est, la dépression, desséchée, ou à peu près, aujourd'hui, qui fut la Merdjet-Halloula, le lac Halloula. Quand, en se couchant, le soleil faisait sa toilette de nuit dans ce miroir de quinze mille hectares de superficie, il n'était point de plus splendide spectacle ; mais il s'agit bien de beautés de la nature quand la Colonisation ne cesse de se plaindre qu'elle ne sait où poser sa charrue : sous l'eau il y avait de la terre ; on épongea donc le lac et on en jeta les eaux à la mer, absolument comme si l'on en avait de trop. On donna pour prétexte à cet imprudent gaspillage — je dirais vandalisme si je ne me retenais — l'insalubrité de la partie occidentale de la plaine. Malheureusement, les fièvres n'ont pas encore suivi le chemin des eaux.

Plus à l'est, et formant une tache vert foncé entre l'Ouedjer et le Bou-Roumi, c'est le fameux bois des Kherraza, ce repaire des Hadjouth, de ces ennemis dont la fluidité était le caractère distinctif, et que nos fantassins et nos cavaliers enrageaient de ne pouvoir jamais rencontrer au bout de leurs baïonnettes ou de leurs sabres.

Continuant notre tour d'horizon de l'ouest à l'est, nous découvrons successivement les villages européens de Tefeschoun, de Castiglione, de Bou-

Ismâïl, de Bérard, puis, à l'extrémité de la branche ouest de l'obstacle continu, le village défensif d'Aïn-el-Fouka (Fouka), — la fontaine, la source supérieure. — Au-dessus, c'est El-Koleïàa (1), Koléa, la ville de Sidi Ali-Mbarek, et qui, comme Blida, fut peuplée, en 1550, avec des réfugiés andalous, ou Mores chassés d'Espagne. Sur la crête, c'est le charmant village de Douaouda; sur sa droite, l'ouad Mazàfran se précipite dans la mer par une profonde coupure du Sahel. La côte se hérisse de dunes avec lesquelles se confond le village de Zéralda. Voici la presqu'île de Sidi-Feredj (2), qui, vue des hauteurs de l'Atlas, semble une immense corne de rhinocéros, Sidi-Feredj à jamais célèbre comme point d'abordage de la civilisation sur les terres de la barbarie; c'est la Trappe de Stha-Ouali, sur un plateau où s'est livré, le 19 juin 1830, le beau combat qui nous ouvrit le chemin de la capitale de la Régence. Plus à l'est, le terrain est piqueté de haouch moresques et de fermes européennes. Au fond, et pénétrant dans le pied de la muraille d'azur que forme la mer entre terre et

---

1 Diminutif de Kalâa, château-fort, petite ville ou village situé sur un plateau, sur un rocher escarpé.

(2) Les Français seraient sans doute fort embarrassés de dire pourquoi ils prononcent et écrivent *Sidi-Ferruch*. On voit que notre manie de défigurer les noms date tout justement du premier jour de la conquête, et c'est d'autant plus regrettable, que le mal est sans remède; car les erreurs seules se coulent en bronze, tandis que la vérité ne trouve le plus souvent que le sable pour être transmise aux âges futurs.

ciel, c'est le Ras-el-Kenatheur — le Cap des Ponts. — Tout près, c'est le village de Guyotville ; sur sa droite, la colline d'El-Djerba court dans l'est pour se relier au Djebel Bou-Zarriâa. Viennent ensuite la Kasba (1) d'Alger, le Bordj Moula-Hacen (le fort l'Empereur), les villages d'El-Biar, de Dely-Ibrahim, de Koubba (Kouba) et son séminaire ; c'est, en un mot, le massif rugueux du Sahel d'Alger, où les villages, les villas sont si ramassés, si nombreux, qu'ils ont l'air de s'escalader. Douïra (2), le vieux camp de 1834, domine le versant méridional du massif sahélien, que longe, entre Mazafran et Harrach, la route dite du pied du Sahel. Plus à l'est, c'est le capricieux ouad El-Harrach, dont la folle attitude tranche si fort avec la sévère direction de la ligne du chemin de fer. Sur la rive droite de ce cours d'eau, s'élève la Maison-Carrée, massif établissement, ainsi appelée de sa forme quadrangulaire, et que les Arabes nomment indifféremment Bordj El-Konthra, Bordj El-Harrach, Bordj El-Ar'a, Bordj-Kahïa. Au delà, c'est l'ouad El-Khamis (El-Hamiz), c'est le Ras-Temenfoust (cap Matifou), qui forme la corne orientale de la baie d'Alger ; c'est enfin, à l'extrémité est de

---

(1) Le mot *Kasba* exprime généralement un palais, le principal édifice d'une ville, un château, une maison carrée. C'est aussi le centre, la partie principale, le cœur d'un pays. Il représente encore une idée de concentration.

(2) *Douïra*, que nous appelons *Douéra*, est le diminutif de *dar*, maison. *Douïra* signifie donc une petite maison, une maisonnette.

la plaine, l'ouad Bou-Douaou. Entre le Harrach et ce dernier cours d'eau, la Metidja est parsemée de haouch innombrables qui attestent la richesse de cette partie de la plaine.

A nos pieds, c'est l'ouad Sidi-Ahmed-el-Kbir, qui ne jette ses eaux à la Chiffa que lorsqu'il ne sait qu'en faire : torrent fougueux pendant la saison des pluies, son lit moucheté de nérions et de myrthes n'a pas de quoi désaltérer un moineau pendant la saison des chaleurs.

Au nord de cet ouad, c'est Blida, dans son nid d'orangers que viennent assombrir çà et là de noirs cyprès. De la ville s'élancent dans toutes les directions des chemins affreusement droits qui la font ressembler à une araignée à longues pattes. La civilisation est terrible avec ses chaussées plus larges que des champs de blés! Que nous sommes loin déjà de ces temps où la Metidja était sillonnée d'un écheveau de petits sentiers qui s'entrelaçaient comme un tissu sortant des mains d'une amoureuse ou d'une folle, ce qui est à peu près la même chose! En taillant ainsi en plein drap, en supprimant les sentiers, en nous contraignant à marcher tout droit devant nous sur ses longues routes poudreuses et sans ombre en été, boueuses et sans abri en hiver, notre Génie militaire ne s'est évidemment pas douté qu'il encourait la malédiction du Prophète Mohammed, lequel a dit: « Que Dieu maudisse celui qui change les sentiers! » La ligne droite peut être le chemin le plus court d'un point à un autre; nous lui laissons cette triste propriété; mais, à coup sûr, elle n'en est pas le plus gai.

Ces longues lignes droites blanc-sale, ou noirâtres selon les saisons, sont régulièrement interrompues par des villages carrés, traversés par de larges rues pleines de soleil se coupant à angle droit. Nous ne cacherons pas nos préférences pour Boston, dont les rues ont été tracées par les vaches allant, à travers les broussailles, se désaltérer à la fontaine prochaine : là, il n'y a pas deux routes se coupant à angle droit, et il n'est pas seulement une rue longue d'une centaine de pieds qui ne serpente en plusieurs courbes. Ces voies de communication en festons sont incontestablement préférables, surtout dans ce pays-ci, à celles tracées au cordeau, lesquelles donnent à nos villes et villages la triste monotonie du casier d'un jeu d'échecs.

Au delà de Blida, entre les deux branches du fossé-obstacle dont elle tenait la tête, les villages de Joinville, de Montpensier et de Dalmatie, disposés en éventail en avant de son front nord, et ses postes avancés de 1838 à 1842, ne sont plus aujourd'hui que de pacifiques et fraîches oasis où les chants de la paix ont remplacé les chants de la guerre. Au nord-est de Blida, c'est Beni-Mered, avec son obélisque de pierre rappelant l'un des plus glorieux épisodes de la guerre d'Afrique : celui du 11 avril 1842. Au nord-est de Mered, c'est le village d'Ouad-El-Allaïg, une merveille de verdure ; plus à l'ouest, c'est l'ancien camp du même nom, près duquel dorment du dernier sommeil les cent sept décapités de la journée du 21 novembre 1839. A l'est de Mered, ce sont les villages de gourbis de Gaerouou et de Mechdoufa. Enfin, au nord-est de

Beni-Mered, c'est Bou-Farik, une émeraude pêchée dans la vase, une victoire remportée par le sulfate de quinine. Pour ne point assombrir le tableau, nous ne compterons pas les morts du vainqueur.

Nous nous arrêterons au pied du Sahel. La rapide esquisse que nous venons de faire de la Metidja suffira pour démontrer aux Algériens d'hier que cette célèbre plaine, qu'ils admirent aujourd'hui, ne s'est pas faite toute seule, et que ces riches villages, ces magnifiques exploitations agricoles, ces innombrables plantations ne sont pas sorties spontanément du sol; ils comprendront que ce n'est pas une raison parce que Minerve, sur un simple coup de hache de Vulcain, jaillit armée de pied en cap du cerveau de Jupiter, pour que les choses se soient passées avec la même facilité dans la Metidja. Les rôles de l'épée et de la charrue ont été rudes et violents; ennemis et sol s'y sont débattus énergiquement, et ce n'est point sans peine que l'épée y a eu raison de l'ennemi, et que la charrue y a dompté le sol. Dans cette lutte de plus de vingt ans, il y a eu de la gloire pour tout le monde, et les deux nobles fers, la lame et le soc, ont pris chacun dans cette œuvre la part qui leur a été assignée par le Destin. Aujourd'hui, la surface de la Metidja, naguère bossuée de redoutes, de retranchements, de tumulus, hérissée de blockhaus, d'obstacles, ridée de fossés, de tranchées, cette surface, disons-nous, si tourmentée par l'effet des choses de la guerre, s'est aplanie, unie, nivelée : les fossés ont été comblés, les tumulus ont été effacés, les obstacles ont été détruits, les camps retranchés sont devenus des villages, et la charrue trace ses sillons sur les ossements blanchis de cette rude génération de soldats et de colons, qui semblent avoir été fatalement marqués par la mort pour aider la marche en avant de la civilisation sur les terres de la barbarie, de même qu'à l'attaque d'une brèche, les cadavres amoncelés des assaillants leur facilitent parfois le passage du fossé.

XX

Bou-Farik de 1869 à 1887.

Notre première édition de *Bou-Farik et son Marché* avait été publiée au commencement de 1869, et s'était arrêtée au 31 décembre de l'année précédente.

Bien que Bou-Farik n'ait plus, depuis longtemps, d'autre histoire que celle de la Colonisation, et que l'épée, qui avait accompli son œuvre, ait cédé la place à la charrue et aux machines agricoles perfectionnées, j'ai voulu néanmoins continuer mon œuvre, ne fût-ce que pour me donner raison, et démontrer par des faits que, comme je le disais dans ma préface de 1869, nous avions le plus grand tort de *minorer* nos aptitudes colonisatrices; car, il faut bien l'avouer, personne, en parcourant l'Algérie, ne se douterait de l'inaptitude en question si nous ne le criions sur les toits.

Il faut nous défaire de cette mauvaise habitude; car, autrement, on finirait par croire que nous posons pour l'humilité.

En ajoutant ce complément à mon travail, j'ai voulu surtout qu'on pût établir une comparaison entre le Bou-Farik d'il y a *dix-huit ans*, et celui d'aujourd'hui ; du reste, il n'en faut pas tant que cela pour pouvoir constater la marche du progrès. En effet, soyons deux ans seulement sans visiter l'Algérie, et c'est tout au plus si nous pourrons y retrouver la trace de nos pas. Ici, le progrès est vertigineux, incessant, et gens, bêtes et plantes y naissent et y croissent comme des champignons dans un terrain qui leur convient.

Nous le répétons, les temps dont nous allons parler n'ont plus l'intérêt dramatique de nos premières pages de la conquête ; mais aussi, il faut dire que les boulangers, les vignerons et les marchands de mandarines, y font de bien meilleures affaires aujourd'hui que les débitants de quinine d'autrefois, de ces temps où ce fébrifuge avait rang de *consommation* sur les zincs d'antan.

Nous allons examiner très sommairement les faits de quelque intérêt, administratifs, agricoles, commerciaux et industriels, qui se sont produits pendant les dix-sept dernières années, et nous trouverons par là la situation générale de la Commune de Bou-Farik, ville et banlieue. Nous referons également les tableaux de la situation des divers Établissements agricoles, qui, pareils à des satellites, constellent Bou-Farik, et font de la ville une merveilleuse oasis riche de tous les trésors de la végétation africaine. Nous verrons, à la tête de ces exploitations, des noms nouveaux ; car nous sommes entrés dans la phase des gros capitaux de la grande culture, des méthodes scientifiques et des gains importants, et si nos colons ont encore quelque chose à redouter, ce n'est plus la perte de leur vie dans un sillon tracé en crémaillère par une main enfiévrée dans une terre malsaine, laquelle, aujourd'hui, a sué son venin; non, à l'heure actuelle, on ne risque plus que ses écus, et ce n'est point là un mal irréparable.

Nous le répétons, nous allons, rattachant le passé au présent, jeter un coup d'œil rapide sur la marche de la Commune de Bou-Farik pendant ces dix-sept dernières années, c'est-à-dire de 1869 au commencement de 1887, et sur les progrès dans tous les genres qui y ont été réalisés.

1869.

Au 1ᵉʳ janvier 1869, la Commune de Bou-Farik se composait de la ville de :

Bou-Farik et de ses annexes;
L'Orphelinat du Camp-d'Erlon ;
Soumàa ;
Bou-Inan ;
Les Quatre-Chemins.

La superficie du territoire de la Commune, y compris ses annexes, était de 10.700 hectares.

Dans le courant de cette année, on commençait à combattre les altises, ce fléau de la vigne en Algérie.

Pendant l'année 1869, le mouvement de la population était le suivant :

Naissances..	Européens................		112	
	Indigènes	Musulmans.. 121	129	141
		Israélites.... 8		
Mariages...........................				27
Décès......	Européens................		74	
	Indigènes	Musulmans.. 93	96	170
		Israélites.... 3		

1870.

Nous voici arrivés à l'année terrible. L'Afrique jouissait d'une paix profonde, qui dura pendant les six premiers mois : la guerre, déclarée à la Prusse avec une légèreté des plus coupables, eut pour résultat de jeter la France dans la plus effroyable des aventures. L'Algérie n'en souffrit pas immédiatement, et ses conséquences ne devaient s'en faire sentir que l'année suivante.

Quant à Bou-Farik, placé au centre de la Metidja, il ne fut point atteint par les événements qui se passèrent à Alger après le 4 septembre, et resta calme au milieu de l'agitation politique qui se produisit dans la capitale de l'Algérie, et cela malgré les changements de tous les jours dans la haute administration.

Ainsi, le maréchal de Mac-Mahon, Gouverneur général de l'Algérie, nommé au commandement du 1ᵉʳ corps de l'armée du Rhin, quittait l'Algérie dans le courant de juillet.

Le général Durrieu, Sous-Gouverneur de l'Algérie, était appelé à faire l'intérim.

La Milice, qui en 1868 se composait, pour Bou-l'arik, de deux compagnies et d'une section pour chacune des annexes de Soumâa et de Bou-Inan, avait été reconstituée en une nouvelle compagnie après le départ des troupes d'Algérie pour l'armée du Rhin.

Elle se divisait en Mobilisables et en Sédentaires.

La première partie, les Mobilisables, se composait de 53 Miliciens, lesquels étaient commandés par :

MM. Georges, capitaine,
    Bèze, lieutenant,
    Obert, sous-lieutenant.

La seconde partie, — les Sédentaires, — était forte de 138 hommes commandés par :

MM. Chauzy, capitaine,
    Oustri, lieutenant,
    Zenovardo, sous-lieutenant.

La section de Sapeurs-Pompiers était également réorganisée.

Elle se composait ainsi qu'il suit :

Lieutenant commandant, MM. Benoit (Antoine),
Lieutenant en 2ᵉ . . . . Ripert (Henri),
Sous-lieutenant . . . . Crozet (Emile),
Sergent-major . . . . Erhard,
Sergent-fourrier . . . . Daboussy,
Sergents . . . . { Buffier,
                                  { Kœnig,

Caporaux. 6,
Sapeurs-Pompiers. . . . . 30.

La guerre est déclarée à la Prusse en juillet.

Proclamation de la République le 4 septembre.

M. le Dr Warnier est nommé Préfet d'Alger le 7 septembre, en remplacement de M. Le Myre de Villers.

Décret de naturalisation des Juifs indigènes le 24 octobre.

Le 26 octobre, le général Durrieu, Sous-Gouverneur de l'Algérie, est appelé à Tours pour y recevoir un commandement. Il est remplacé par le général Walsin-Estherazy.

Le 27, le général Walsin-Estherazy, Gouverneur général provisoire, donne sa démission.

Le 29 octobre, le Préfet d'Alger, M. Warnier, donne sa démission.

Le 31, M. Didier, nommé Gouverneur général civil, ne prend pas possession de son poste.

Le général Lallemand est nommé Commandant supérieur des Forces de Terre et de Mer le 8 novembre; il arrive à Alger le 10.

M. Du Bouzet est nommé en remplacement de M. Didier, mais avec le titre de Commissaire extraordinaire de la République.

La ville de Bou-Farik a fourni à la Défense nationale 12 de ses habitants, qui ont assisté et pris part au combat de Patay (Loiret).

1871.

Le palais du Gouvernement, à Alger, est envahi par des groupes malveillants le 15 janvier.

M. le Commissaire extraordinaire Du Bouzet donne sa démission le 19 janvier.

Il est remplacé par M. Alexis Lambert en la même qualité.

M. le Vice-Amiral de Gueydon est nommé Gouverneur général de l'Algérie dans le courant du mois de juin.

Il est formé, à Bou-Farik, un corps mixte composé de Francs-Tireurs et de Francs-Cavaliers, dont le commandement est confié à M. le Lieutenant Morand.

Bou-Farik ne s'est point ressenti beaucoup de la formidable insurrection fomentée par le Bach-Ar'a de la Medjana, El-Hadj-Mohammed-ben-El-Hadj-Ahmed-El-Mokrani, et qui a duré de mars à octobre. Les indigènes des tribus voisines de Bou-Farik, assez éloignés, d'ailleurs, du foyer de l'insurrection, n'avaient pas été atteints par la contagion insurrectionnelle.

1872.

MM. Porcellaga et Blanchard acquièrent des PP. Jésuites, par vente de gré à gré, en date du 13 février 1872, le Camp-d'Erlon et son territoire, où ces derniers avaient créé, en 1851, un Orphelinat modèle agricole.

Par un arrêté du 15 juin, M. Borély La Sapie est nommé aux fonctions de Commissaire central d'immigration et de peuplement.

Un décret du 21 septembre nomme M. Borély La Sapie, officier de l'ordre de la Légion d'honneur. Ce décret est motivé ainsi qu'il suit : « N'a cessé de donner l'exemple du dévouement au Pays. Chevalier du 29 décembre 1854. »

1873.

L'acte de remise du legs de M. Seltz pour la création d'un hôpital qui portera son nom date du 27 mars.

Le général Chanzy succède, dans les fonctions de Gouverneur général civil de l'Algérie, à M. le Vice-Amiral de Gueydon, lequel donne sa démission le 25 mars, à la suite de la retraite de M. Thiers, Président de la République.

1874.

Un arrêté du 10 février rattache le douar des Hammam-Melouan (annexe de Bou-Inan) à la Commune de Bou-Farik.

Un arrêté du 12 mai transfère le Bureau de l'Enregistrement de Douéra à Bou-Farik. La circonscription de ce Bureau comprendra les deux centres de Bou-Farik et de Douéra.

A la date du 14 août, acceptation d'un legs de 500 francs fait par M⁰ veuve Martin, au profit de l'hôpital Seltz, et d'un autre legs de M. l'abbé Joly (Léon), curé de Bou-Farik, pour l'édification d'un clocher à sa paroisse.

1875.

Un décret du 23 novembre constitue une place de Pasteur du culte de la Confession d'Augsbourg à Bou-Farik (Église consistoriale protestante d'Alger).

Mouvement de la population pendant l'année 1875.

NAISSANCES.			MARIAGES.	DÉCÈS.		
EUROPÉENS.	INDIGÈNES		EUROPÉENS.	EUROPÉENS.	INDIGÈNES	
	ISRAÉLITES	MUSULMANS			ISRAÉLITES	MUSULMANS
148	13	61	34	124	»	84

1876.

Décret du 11 mai donnant concession gratuite à la Commune de Bou-Farik, pour être affectés au cimetière européen et au jardin du presbytère, de trois lots de terrains domaniaux, d'une contenance totale de 7 hectares, et d'une valeur de 1,400 francs.

Un décret du 31 octobre rattache le douar de Feroukha au canton judiciaire de Bou-Farik.

1877.

A la date du 12 novembre 1877, M. Brigot (Claire-Fulgence) fondait une Société anonyme, conformément à la loi du 27 juillet 1867, au capital de garantie de 200,000 francs, sous la dénomination de *Comptoir d'Escompte de Bou-Farik*. Son objet était la création d'une Banque dans cette ville.

Les opérations de cet établissement de crédit, dont M. Brigot (1) était nommé le Directeur, devaient consister dans l'escompte et le réescompte, les prêts sur billets, les prêts et ouvertures de crédit sur garanties spéciales, telles que nantissement, antichrèse, hypothèques, et recouvrement de tous les billets de commerce. Le Comptoir pouvait aussi faire des achats et ventes à la commission sur ordre donné, mais sans jamais faire une opération pour son compte.

A Bou-Farik, la personnalité du créateur de cette institution de crédit était certainement sa meilleure garantie; il était difficile, en effet, de réunir de meilleures conditions que celles que présentait M. Brigot pour le succès de sa création. En effet, après avoir passé plusieurs années au

---

(1) M. Brigot a été nommé chevalier de la Légion d'honneur pour sa belle conduite pendant la guerre de 1870-1871.

milieu de nos colons, en qualité d'acheteur de céréales, il avait pu étudier leurs besoins, les connaître et les apprécier, et, de cette étude, devait naître naturellement, dans un esprit aussi bienveillant et aussi pratique, la pensée de rechercher les moyens de venir en aide à ces intrépides travailleurs de la terre, dont les commencements sont si durs à tous, et les gains si aléatoires.

C'est alors que lui est venue l'idée de créer une Société au capital de garantie de 200,000 francs, dont le doublement a été fait quelques années après par suite de l'accroissement de ses affaires. C'est au moyen de ce capital de garantie que le Comptoir d'Escompte trouva, auprès de la Banque de l'Algérie, le crédit qui lui était nécessaire pour ses opérations.

Grâce au précieux concours de ce grand établissement de Crédit algérien, le Comptoir a pu donner les plus grandes facilités aux colons, lesquels n'avaient pu tarder à reconnaître combien leur Banque locale leur était utile, avantageuse et profitable.

M. Brigot a complété son œuvre par la création de Docks, où les colons trouvent cet avantage de pouvoir emmagasiner leurs céréales dans des locaux propres à leur conservation.

M. Brigot est également le Directeur de ces établissements.

Le Directeur du Comptoir d'Escompte et des Docks ne s'en est pas tenu là ; il a couronné l'édifice de ces utiles créations par la fondation d'un Comice agricole : le 25 novembre 1878, il réunissait les souscripteurs en assemblée générale, laquelle nommait son Bureau séance tenante.

Le but de cette association est :

1° De propager les meilleures méthodes de culture, et la connaissance des principes de l'Économie rurale ;

2° D'exciter et d'entretenir l'émulation, dans toutes les classes de la population qui vit de l'agriculture, au moyen de concours et d'expositions ;

3° D'activer le développement de l'agriculture par tous les moyens en son pouvoir.

Ce Comice fonctionne d'une manière remarquable depuis sa fondation, et a déjà rendu de notables services à la Colonisation et à l'Agriculture dans la région.

En résumé, M. Brigot, par son active, bienfaisante et intelligente initiative, a doté le pays de trois institutions d'une grande importance aussi bien dans le présent que dans l'avenir, en ce sens qu'elles ont puissamment aidé et qu'elles aideront à la prospérité de cette terre de bénédiction, au centre de laquelle est assise la Commune de Bou-Farik. Nous ajouterons que la création du Comptoir d'Escompte de Bou-Farik, n'eût-elle eu que l'important avantage de tuer l'usure dans la région, que cela suffirait pour mériter des éloges et des remerciements à son fondateur ; car il a accompli là une œuvre des plus morales et des plus salutaires non-seulement pour les Colons du pays, mais encore pour les travailleurs de la terre, et pour ceux qui en vivent, c'est-à-dire pour la portion la plus intéressante, la plus virile et la moins rémunérée des lutteurs pour la vie.

Il était clair qu'en combattant l'usure, cette plaie du pays, par la création du Comptoir d'Escompte de Bou-Farik, création toute de nécessité, et par son admission, sur sa demande, aux escomptes de la Banque de l'Algérie, ces deux établissements de Crédit ne pouvaient manquer de se faire beaucoup d'ennemis parmi les marchands d'argent. C'est ce qui est arrivé : on a reproché à la Banque de l'Algérie d'avoir favorisé l'agriculture aux dépens du commerce et de l'industrie, reproche des moins justifiés, et que repousse, d'ailleurs, l'honorabilité de son ancien Directeur, l'estimable M. Chevalier; du reste, les services qu'il a rendus à la Colonisation lui assurent la reconnaissance des colons de Bou-Farik ; car c'est à lui qu'ils doivent aujourd'hui d'avoir pu créer ces belles plantations de vignes, et ces remarquables orangeries, qui les dédommagent si amplement des mauvaises récoltes de céréales par lesquelles ils ont été si éprouvés pendant ces dernières années. C'est, du reste, le sort des bienfaisants d'être méconnus de leur vivant, surtout par ceux de leurs contemporains auxquels ils sont venus le plus fréquemment en aide.

1879.

Le général Chanzy ayant été appelé, par décret du 18 février 1879, à l'ambassade de Saint-Pétersbourg, M. Albert Grévy le remplace, dans le courant d'avril, en qualité de Gouverneur général de l'Algérie.

Le général Saussier est nommé, à la même date, commandant du 19ᵉ Corps d'armée.

1881.

M. *Herran*, propriétaire du Haouch Bou-Amrous, obtient, à l'unanimité, la prime d'honneur au Concours régional d'Alger en 1881.

M. *Herran*, qui était un agronome d'élite, et qui est mort à la peine, tué dans son sillon par la fièvre qu'il avait emmagasinée dans son organisme depuis de longues années, particulièrement dans les marécages de l'ouad El-Allaïg, était un chercheur, un savant praticien dans la science de l'agriculture, et il ne craignait point de fouiller la vase pour découvrir le problème dont il cherchait, pour les autres, si opiniâtrément la solution.

En douze années de labeur, Herran avait fait de Bou-Amrous, propriété n'offrant aucune construction utilisable soit comme habitations, soit comme étables, propriété dont toutes les terres étaient restées incultes et embroussaillées, Herran, dis-je, avait fait de cette propriété la merveille de culture que nous voyons aujourd'hui.

C'est ce qui a fait dire au jury du Concours de 1881, dans son rapport sur la prime d'honneur : « Des trente-quatre exploitations que nous avons visitées, dans le Sahel et la Mitidja, celle de Bou-Amrous, près Bou-Farik, cultivée par M. Herran, nous a paru réunir au plus haut degré toutes les conditions imposées aux lauréats pour la prime d'honneur. Elle est le meilleur type à offrir en exemple aux cultivateurs de la province d'Alger. »

Aussi, le jury du Concours lui attribuait-il, à l'unanimité, cette haute récompense comme témoignage de satisfaction pour sa belle exploitation de Bou-Amrous, qu'il propose en exemple aux Colons qui ont besoin d'être éclairés et renseignés sur les spéculations les plus profitables au pays et aux exploitants.

La mort prématurée de M. Herran a été une grande perte non seulement pour Bou-Farik, mais encore pour l'Algérie.

Par décret du 9 juin, M. Giros (Polycarpe) est nommé Maire de Bou-Farik, en remplacement de M. Fourrier, démissionnaire.

M. Tirman (Louis) est nommé Gouverneur général de l'Algérie dans le courant de l'année, en remplacement de M. Albert Grévy, démissionnaire.

Mouvement de la population pendant l'année 1881.

NAISSANCES.			MARIAGES.	DÉCÈS.		
EUROPÉENS.	INDIGÈNES		EUROPÉENS.	EUROPÉENS.	INDIGÈNES	
	ISRAÉLITES.	MUSULMANS.			ISRAÉLITES.	MUSULMANS.
184	4	66	31	126	1	69

1883.

M. Debonno était élu Président du Comice agricole de Bou-Farik le 10 janvier 1883.

Par décret du 28 mai, M. Prostchet est nommé lieutenant commandant la compagnie de Sapeurs-Pompiers de Bou-Farik, en remplacement de M. Crozet, décédé.

Un arrêté du 16 juillet autorise la Commune de Bou-Farik à échanger, avec la veuve Faure, un terrain communal de 44 ares formant le lot n° 32, contre une parcelle de 18 ares 30 centiares, nécessaires à la dérivation des ouad Bou-Chemâla et Khamis.

1884.

La section de Bou-Inan est détachée de Bou-Farik le 1er janvier 1884, pour former une commune de plein exercice.

La section de Soumâa avait été émancipée depuis quelque temps déjà.

Par suite de ces mesures administratives, la Commune de Bou-Farik était réduite à son propre territoire, en y comprenant Guerouaou et El-Mechedoufa.

Souscription publique pour élever une statue au sergent Blandan sur l'une des places de Bou-Farik.

Le Conseil municipal de Bou-Farik se réunissait, dans la salle de ses séances, le 29 juin 1884, sous la présidence du Maire, pour entendre les propositions de M. le Colonel *Trumelet* au sujet d'une statue à élever, sur l'une des places de cette ville, au jeune et vaillant sergent Blandan, du 26° régiment d'infanterie de ligne, le héros légendaire de la Metidja, blessé mortellement, le 11 avril 1842, dans le combat qu'il soutint, à la tête de *vingt conscrits* et *en rase campagne*, contre *trois cents* cavaliers arabes, entre le Camp de Bou-Farik et la redoute de Beni-Mered.

De nombreux habitants de Bou-Farik, les anciens colons surtout, les contemporains de Blandan, s'étaient rendus avec empressement à l'appel du Maire et du Colonel.

Le Maire ouvrait la séance : après avoir expliqué brièvement le but de la réunion, et fait l'éloge de l'auteur de l' « *Histoire de Bou-Farik*, » il lui donnait la parole, pour développer ses propositions relativement aux voies et moyens à employer pour arriver à la réalisation du vœu si persistant de la population de cette merveilleuse oasis, — *la verte émeraude de la Metidja*, — celui d'éterniser la mémoire du jeune et intrépide héros par un monument dont la forme serait déterminée ultérieurement.

Le Colonel rappelait tout d'abord les glorieuses

et sanglantes péripéties du combat dit de Mered ; il refaisait cette page si émouvante de nos annales algériennes, lesquelles nous fournissent à chaque ligne cette preuve si consolante que, dans tous les temps, la terre de France a été le Pays de l'héroïsme et des vertus militaires.

Après cet exposé, qui amena plus d'une larme dans les yeux de ces vieux et énergiques colons, aux visages ravinés dans leurs luttes d'autrefois avec un sol empoisonné, bronzés par un soleil trop souvent implacable, courbés par le travail de la terre, et par toutes les misères et les maladies des premiers âges de notre grande colonie, le Colonel *Trumelet* détaillait ses considérants, et concluait à l'érection d'un monument qui se composerait d'une statue de bronze représentant l'héroïque Sous-Officier, et de bas-reliefs rappelant, sur les faces du piédestal, les diverses phases du mémorable combat du 11 avril 1842.

Ce monument serait érigé sur l'une des places de Bou-Farik, la ville où Blandan mourut de ses trois blessures, et où ont été déposés ses précieux restes, ainsi que ceux de ses six compagnons, qui succombèrent autour de lui.

De chaleureux applaudissements accueillent les conclusions de l'orateur, et le Conseil municipal, sur la proposition d'un de ses membres, vote, séance tenante, une somme de TROIS MILLE FRANCS, pour participation de la Commune aux dépenses résultant de l'érection, par voie de souscription publique, d'un monument qui serait consacré à la mémoire du Sergent Blandan et de ses valeureux compagnons, et à la gloire de la vieille et héroïque armée d'Afrique, celle qui nous a donné l'Algérie.

Un *Comité d'initiative*, dont il était décidé que feraient partie de droit le Maire et ses deux adjoints, et qui devait être choisi parmi les Conseillers municipaux, les Notables de la Ville et les vieux Colons de la première heure, était constitué sans retard pour aviser aux moyens de réaliser et de faire passer, le plus promptement possible, dans le domaine des faits, une idée qui, depuis longtemps, était dans les vœux de la population de Bou-Farik, la gardienne vigilante, depuis quarante-deux ans, des cendres de son héros et des six glorieux soldats qui, dans cette mémorable journée, donnèrent leur vie pour soutenir l'honneur de notre France bien-aimée.

Il était décidé, en même temps, qu'il serait constitué un *Comité d'honneur*, dans la composition duquel entreraient des Notabilités civiles et militaires disposées à prêter leur concours à l'Œuvre poursuivie, et à en favoriser la marche par leur influence, et par la haute considération attachée à leur position sociale, politique, ou militaire. Nous avons voulu également que la troupe — Sous-Officiers et Soldats — fût représentée dans le Comité d'honneur, pour démontrer à l'Armée que, désormais, la plus haute récompense était accessible à ses enfants les plus obscurs, les plus modestes, les occupants des degrés les moins élevés de la hiérarchie militaire, et que nous mettions sur le même rang que les grands hommes les héros qui avaient su mourir pour la gloire ou pour la défense du Pays.

M. *Tirman*, Gouverneur général de l'Algérie, et

M. le général *Davout d'Auerstædt*, commandant alors le XIXme Corps d'armée (Algérie), tous deux si patriotiquement dévoués, dès le principe, à notre œuvre, dont ils avaient fait la leur, et qui, de concert, nous en ont si vaillamment facilité les commencements, étaient tout naturellement désignés pour être placés à la tête du Comité d'honneur en qualité de Présidents.

COMPOSITION DES COMITÉS

COMITÉ D'INITIATIVE

(Nommé provisoirement par le Conseil municipal de Bou-Farik dans sa séance publique du 29 juin 1884, et confirmé et complété dans celle du 10 juillet suivant).

PRÉSIDENT :

M. Gros Polycarpe, fils ✻, Maire de la ville de Bou-Farik, Propriétaire-Agriculteur.

MEMBRES :

MM. Blachet Louis-Auguste, 1er Adjoint, Propriétaire.
    Brun Claude, 2me Adjoint, Boulanger.
    Camoin Émile, Vétérinaire et Propriétaire-Agriculteur, Conseiller municipal.
    D'Aurelle de Paladines Léonce, Propriétaire-Agriculteur, Capitaine de l'Armée territoriale, Conseiller municipal.
    Morand Francis, Propriétaire, Juge suppléant, Conseiller municipal.
    Benoît Jean-Antoine, Propriétaire-Agriculteur.

MM. Debonno Charles ✻, Propriétaire-Agriculteur, Président du Comice agricole de Bou-Farik.
Humel Claude, Propriétaire, Ingénieur des Ponts et Chaussées.
Jouve Adolphe, Négociant.
Martinot Claude, père, Propriétaire-Agriculteur.
Payrard Blaise, Rentier.
Suel Jacques ✻, Maréchal des logis de Gendarmerie en retraite.
Orssaud Fuleran, Propriétaire-Agriculteur, Colon de la première heure, Capitaine de la Milice de Bou-Farik lors du combat du 11 avril 1842 (affaire Blandan).
Bruner Jacob, Propriétaire-Agriculteur, Colon de la première heure.
Pouzault François, Propriétaire-Agriculteur, Colon de la première heure.
Rabasse Antoine-Marie, Propriétaire-Agriculteur, Colon de la première heure.
Oustri Jean-Baptiste, fils, Propriétaire, Colon de la première heure.
Ratel François, fils, Agriculteur.
Bouillet Gustave ✻, Propriétaire, Maréchal des logis de Gendarmerie en retraite.
Aucour Claude, Propriétaire-Agriculteur.
Vuillard Émile, Propriétaire.
Roque Jean-Baptiste, Entrepreneur.

TRÉSORIER :

Brigot Clair-Fulgence ✻, Directeur du Comptoir d'Escompte de Bou-Farik, Conseiller municipal.

SECRÉTAIRE :

Guibbert Alfred, Publiciste, Conseiller municipal.

DÉLÉGUÉ DU COMITÉ :

Trumelet (Colonel) C ✻, I ✣.

COMITÉ D'HONNEUR.

PRÉSIDENT :

M. Tirman (Louis), C ✻, I ✻, Gouverneur général de l'Algérie.

MEMBRES :

MM. Le Lièvre, ancien Sénateur de l'Algérie.
Jacques, Sénateur du département d'Oran.
Forcioli, Sénateur du département de Constantine.
Mauguin, Sénateur du département d'Alger.
Chiris (L.), ✻, Sénateur des Alpes-Maritimes, Propriétaire à Bou-Farik.
Letellier, Député d'Alger.
Bourlier, Député d'Alger.
Thomson, Député de Constantine.
Treille, Député de Constantine.
Étienne, Député d'Oran.
Dessoliers, ancien Député d'Oran.
Sabatier, Député d'Oran.
Anatole de la Forge, O ✻, Député de la Seine.
Borély La Sapie, O ✻, O ✻, Conseiller général, et premier Maire de Bou-Farik.
Firbach, O ✻, I ✻, Préfet du département d'Alger.
D' Gailleton, O ✻, Maire de Lyon (la ville natale de Blandan).
Jules Claretie, O ✻, Président du Comité de la Société des Gens de Lettres.
Chiris (E.), ✻, Propriétaire à Bou-Farik.
Charles-Lavauzelle, ✻, ✻, Propriétaire-Gérant de « La France militaire ».

PRÉSIDENT :

MM. Le Général Davout, duc d'Auerstædt, G C ✻, O ✻, Commandant le XIV⁵ Corps d'armée, Gouverneur militaire de Lyon, commandant antérieurement le XIXᵉ Corps d'armée (Algérie).

MEMBRES :

MM. Le Général Wolf, G C ✖, Commandant le VIIe Corps d'armée.

Le Général Saussier, G O ✖ ✖, Gouverneur militaire de Paris.

Le Général Delebecque, G O ✖, Commandant le XIXe Corps d'armée.

Le Général Loysel, C ✖, Commandant la Division d'Alger.

Le Général Boulanger, G O ✖, O ✖, ancien Commandant de la Division d'Occupation de Tunisie, plus tard Ministre de la Guerre.

Le Général Coiffé, O ✖, ancien Directeur de l'Infanterie au Ministère de la Guerre, aujourd'hui Général de Division.

Le Colonel Mourlan, C ✖, Commandant le 1er de Tirailleurs algériens, ancien chef de Cabinet du général Campenon, Ministre de la Guerre.

Le Colonel Breugnot, C ✖, Commandant du 26e d'Infanterie de ligne (Régiment de Blandan).

Le Colonel Le Tenneur, O ✖, Commandant le 1er de Chasseurs d'Afrique (Régiment des trois cavaliers du détachement Blandan).

Le Capitaine Berger (Léon) ✖, ✖, Chef de Cabinet du Gouverneur militaire de Paris.

Le Sergent Petitjean, du 26e d'Infanterie, représentant le Sergent Blandan.

Le Brigadier Hahn, du 1er de Chasseurs d'Afrique, représentant le Brigadier Villars, — de ce régiment, — faisant partie du détachement Blandan.

Le Fusilier Marchand ✖, ex-Soldat au 26e d'Infanterie de ligne, dernier survivant du détachement de Blandan.

Par décision du 16 septembre 1884, et sur la demande de M. le Gouverneur général de l'Algérie, M. le Général CAMPENON, Ministre de la Guerre, autorisait le Comité d'initiative à recueillir, dans l'Armée, des souscriptions individuelles en vue de l'érection d'une statue au Sergent Blandan.

Une décision, en date du 5 novembre suivant, de M. le Vice-Amiral PEYRON, Ministre de la Marine et des Colonies, autorisait également les Officiers et Fonctionnaires placés sous ses ordres à prendre part à cette même souscription.

Enfin, le 20 novembre de la même année. M. le Président de la République rendait le décret suivant :

DÉCRET.

Le Président de la République française,
Vu l'ordonnance du 10 juillet 1816 ;
Vu la délibération du Conseil municipal de Bou-Farik (arrondissement et département d'Alger), en date du 10 juillet 1884 ;
Vu l'avis du Ministre de la Guerre ;
Vu la proposition de M. le Gouverneur général de l'Algérie ;
Sur le rapport du Ministre de l'Intérieur,

DÉCRÈTE :

ART. 1ᵉʳ. — Est autorisée l'érection, par voie de souscription publique, sur une des places de la commune de Bou-Farik, d'une statue au Sergent

Blandan, mort glorieusement, le 11 avril 1842, au combat de Beni-Mered.

Art. 2. — Le Ministre de l'Intérieur est chargé de l'exécution du présent décret.

Fait à Paris, le 20 novembre 1884.

JULES GRÉVY.

Par le Président de la République :

Le Ministre de l'Intérieur,
WALDECK-ROUSSEAU.

Par décret présidentiel du 12 juillet 1884, M. Charles Debonno était nommé chevalier de l'Ordre national de la Légion d'honneur, pour services exceptionnels rendus à la Colonisation et au pays.

Nous pourrons, d'ailleurs, apprécier son œuvre dans les tableaux des travaux agricoles qui terminent cet ouvrage.

La haute récompense dont M. *Debonno* a été l'objet n'a pas, bien qu'il soit très jeune encore, fait de jaloux, et tous ceux qui le connaissent y ont applaudi.

Né à Bou-Farik, le 16 juin 1847, de parents étrangers, M. Charles Debonno se lança de bonne heure dans les travaux agricoles, et il y réussit. Il est, d'ailleurs, un de ces audacieux auxquels la Fortune vient souvent en aide, *audaces Fortuna juvat.* C'est surtout un homme d'ordre, un énergique, et un habile, dans le meilleur sens du mot, et la preuve en est qu'il est arrivé à l'une des plus brillantes situations terriennes qui se soient faites en Algérie.

M. Debonno, et c'est là un peu le secret de sa force et de sa réussite, ne tâtonne pas; ce n'est pas un hésitant; c'est un voyant dans les affaires, dont il a le génie; c'est aussi un persévérant qu'un insuccès momentané est incapable de troubler. S'il s'est trompé, il recommence et il fait mieux.

Debonno est le fils de ses œuvres, et la Fortune, qui aime les forts et ceux qui la houspillent un peu, est venue à lui et il saura la fixer. Et il lui a suffi de dix ans de travaux et d'efforts intelligents pour montrer ce qu'il est possible d'obtenir, dans ce magnifique pays algérien, par le mariage d'une goutte d'eau avec un rayon de soleil.

Charles Debonno est surtout un créateur, un travailleur; aussi, les colons se sont-ils montrés heureux de voir honorer un des leurs de la récompense française par excellence. Nous ajouterons qu'il a fait beaucoup de bien dans le pays, où il est aimé comme un bienfaiteur.

En donnant la croix de chevalier de la Légion d'honneur, après trois ans à peine de naturalisation, à M. Charles Debonno, le Gouvernement a prouvé qu'il honorait au même titre que s'il eût été un de ses natifs datant des Croisades, celui qui avait gagné ses galons de citoyen français en rendant des services à son pays d'adoption.

M. Bouillet (Charles) a obtenu une médaille de sauvetage pour avoir arrêté deux mulets emportés conduisant une voiture dans laquelle se trouvaient des dames et des enfants.

Ce courageux citoyen a pu ainsi sauver d'un
péril imminent ces dames et ces enfants, en ris-
quant sa vie pour leur épargner un danger qui eût
pu être des plus sérieux.

1885.

Un décret, en date du 9 septembre, du Président de la République, approuve la délibération
du Conseil municipal de Bou-Farik du 22 juin,
changeant les noms de deux rues : la rue de Blida
se nommera, à l'avenir, *Avenue Victor-Hugo*; la
rue de Médéa prendra le nom de *rue Amiral-
Courbet*.

Cent quatre-vingt-sept platanes des promenades
publiques ou boulevards, atteints de *gangrène sèche*,
sont soumis à un traitement dont le Conseil municipal fait les frais.

Une épidémie de variole, qui sévit plus particulièrement sur les Espagnols et les Arabes, cause
une grande mortalité et détermine 53 décès de plus
qu'en 1884.

1886.

A la date du 5 février 1886, Mouloud-ben-
Maïch se signalait par un acte de courage qui lui
faisait le plus grand honneur, et que, malheureusement, il payait de sa vie.

Mouloud-ben-Maïch, fils d'un cheikh des environs de Bou-Farik, se met à la poursuite de deux évadés d'un Pénitencier militaire, qui, armés du fusil de guerre et de 70 cartouches, sèment partout la terreur.

Mouloud tua raide d'un coup de feu l'un des bandits; l'autre vise l'Arabe et lui fracasse la mâchoire. Ce dernier a encore la force de tirer sur son adversaire, qui tombe mort. Mais Mouloud expire quelques instants après sur le lieu de la lutte. On releva trois cadavres.

Le Conseil municipal ouvrit une souscription en faveur de la famille de Mouloud, et invita le cheikh de Bou-Farik à conseiller des souscriptions dans les tribus pour le même objet.

Le 5 février, paraissait le programme indiquant les conditions du Concours pour les statuaires qui désireraient y prendre part, et présenter des maquettes de la statue du Sergent Blandan.

Le monument devait se composer d'une statue en bronze de 3^m,35 de hauteur, de deux bas-reliefs de même métal représentant les deux phases principales du combat du 11 avril 1842, et d'un piédestal de 4 mètres d'élévation.

L'exécution de ce piédestal, qui devait être de pierres tirées des carrières de l'Algérie, était laissée aux architectes du pays.

Le Concours pour la statue et les bas-reliefs était fixé au 3 mai; il devait avoir lieu dans une des salles de l'Hôtel des Invalides, que le général *Saussier*, Gouverneur militaire de Paris, avait bien voulu faire mettre à la disposition du Comité de souscription.

Le lauréat du Concours, pour la statue et les bas-reliefs, devait recevoir une somme de 22,000 fr. en plusieurs payements : 12,000 francs pour la statue, et 10,000 francs pour les deux bas-reliefs. Une somme de 6,000 francs était affectée au piédestal.

Des primes, montant ensemble à la somme de 2,500 francs, devaient être distribuées aux trois statuaires dont les maquettes auraient été jugées les meilleures après celle du lauréat.

Le premier, c'est-à-dire celui dont la maquette était classée avec le n° 2, recevrait une prime de 1,200 francs; l'artiste classé avec le n° 3 devait recevoir 800 francs; le troisième, enfin, toucherait 500 francs.

Quant au Concours pour le piédestal, il devait avoir lieu à Alger à une date qui serait fixée ultérieurement.

Trente statuaires s'étant présentés pour concourir, le Jury fut constitué : il se composait des membres des Comités d'honneur et d'initiative présents à Paris, d'artistes statuaires, etc., et procédait à son examen sous la présidence de M. le général *Wolff*, commandant le 7e corps d'armée. M. le capitaine *Léon Berger*, officier d'ordonnance du Gouverneur militaire de Paris, Sous-Délégué du Comité, et qui, avec un zèle des plus dévoués, des plus intelligents, avait organisé le Concours, s'était chargé des fonctions de Secrétaire du Jury.

M. le statuaire *Charles Gauthier* fut le lauréat du Concours pour la statue et pour les bas-reliefs.

Le Jury du Concours d'Alger pour le choix de l'Architecte chargé de l'exécution du piédestal désigna M. *Henri Petit*, architecte à Alger.

MM. *Thiébaut* frères, dont la maison date de plus de cent ans, et dont les pères et grands-pères ont produit les œuvres les plus remarquables du siècle, furent choisis pour la fonte de la statue et des bas-reliefs. Fonte et bronze devaient coûter 9,500 francs.

Les modèles en plâtre de la statue et des bas-reliefs furent acceptés par le Jury, en décembre 1886, avec de grands éloges pour le statuaire, et furent livrés aux fondeurs. Statue et bas-reliefs devaient être déposés à pied-d'œuvre pour le 15 avril 1887, terme de rigueur; quant au piédestal, avec l'ossuaire destiné à recevoir les restes des *sept héros*, il devait être, à la même date, prêt à recevoir la statue et les bas-reliefs, la cérémonie de l'inauguration devant avoir lieu, ainsi qu'il avait été fixé par le programme du 5 février 1886, le 1er mai 1887.

La pierre du piédestal était tirée des carrières de l'*Echaillon* (*Isère*).

La statue de Blandan était prête le 10 mars et exposée, le même jour, devant le Palais de l'Industrie, aux Champs-Élysées; elle y resta jusqu'au 30 du même mois, où elle fut le but d'un pèlerinage incessant, non seulement de toute la garnison de Paris et des environs, mais encore de la population parisienne.

Les bas-reliefs ne furent terminés que le 28 mars, et placés dans la vitrine des frères *Thiébaut*, les fondeurs, de l'avenue de l'Opéra, où ils restèrent livrés à l'admiration de la foule pendant trois jours.

Le 30 mars, la statue et les bas-reliefs furent examinés une dernière fois par le Jury, et acceptés par lui avec de grands éloges pour le statuaire et pour les fondeurs, MM. *Thiébaut*, dont la fonte était irréprochable et d'un fini et d'une perfection dignes des œuvres sorties de cette célèbre maison.

Le 1er avril, les bronzes étaient à la gare de Lyon ; ils arrivaient à Marseille le 5 avril ; le 17, ils étaient à Alger, et le lendemain, à Bou-Farik.

Le 20, la statue était placée sur son piédestal.

L'exhumation et la translation des restes de Blandan, du Camp-d'Erlon à l'ossuaire du monument de la place Mazaghran, se firent le même jour, c'est-à-dire le 31 mars. Des recherches furent faites autour du petit monument du Camp-d'Erlon, lequel avait été élevé sur la tombe du héros en 1842 ; et à 1^m,50 de profondeur, on rencontra une ossature complète, qui, à certaines indications, fut reconnue pour être celle de Blandan.

Ces restes furent immédiatement réunis dans un cercueil de plomb, qui fut renfermé dans un second cercueil de chêne, lequel a été déposé dans la partie du piédestal comprise entre les deux bas-reliefs.

Cette translation fut faite en présence du Conseil municipal, de la Commission du Comité chargée des détails de l'exhumation, Commission présidée par M. *Borély La Sapie*, et composée de MM. *Brigot*, *d'Aurelle de Paladines* et *Humel*. Une foule nombreuse assistait à cette cérémonie.

Les honneurs funèbres militaires furent rendus aux restes du héros par une compagnie du 126e de ligne et un peloton du 1ᵉʳ de chasseurs d'Afrique, sous le commandement du colonel *Mourlan*, du 1ᵉʳ de Tirailleurs algériens, et membre du Comité d'honneur.

Cette cérémonie, imposante même par sa simplicité, produisit un effet considérable, émouvant, non-seulement sur les représentants de notre jeune armée, mais encore sur la foule, qui était accourue d'Alger et de tous les points du Sahel et de la Metidja.

C'était le premier acte de l'entrée du héros dans l'immortalité.

LA SOUSCRIPTION.

La souscription, qui, au 30 avril 1887, s'élevait à la somme de 66,322 francs, avait été fournie par les groupes suivants, représentant 125,000 souscripteurs, dont 100,000 appartenant à l'armée :

Armée..	active.........	29.457 fr.	
	territoriale.....	3.847	34.104 fr.
	marine.........	800	
Algérie. — Population et communes..			15.018
Anciens officiers, sous-officiers et soldats.............................			3.000
La ville de Lyon (le Conseil municipal et le Conseil général............			1.300
Divers............................			8.900
Subvention de l'État (Beaux-Arts)....			4.000
Montant de la souscription au 30 avril.			66.322 fr.

L'INAUGURATION DU MONUMENT BLANDAN.

Le dimanche 1ᵉʳ mai 1887, la ville de Bou-Farik était prête à recevoir les autorités civiles et militaires, pour procéder à l'inauguration du monument élevé à la gloire de l'armée d'Afrique, et à la mémoire du sergent Blandan et de ses compagnons de combat.

Les rues étaient pavoisées, et une estrade pour 200 personnes, dressée en face de la statue, dans la rue Duquesne, attendait les invités.

A 9 h. 10, un train spécial amena MM. le Gouverneur général, le général commandant le 19ᵉ corps d'armée, M. le sénateur *Mauguin* et MM. les députés *Letellier* et *Bourlier*, le Préfet du département d'Alger, des généraux, des officiers, des fonctionnaires, des admirateurs de l'œuvre, etc., etc., que le Maire de Bou-Farik recevait au débarcadère.

Deux pelotons de Chasseurs d'Afrique, rangés en bataille devant la sortie de la gare, leur rendirent les honneurs, et les escortèrent jusqu'à la Mairie, où le Conseil municipal, les membres du Comité Blandan et toutes les notabilités du pays leur souhaitèrent la bienvenue.

Pour donner à cette cérémonie tout l'éclat qu'elle méritait, M. le Ministre de la Guerre avait fait diriger sur Bou-Farik :

2 brigades de Gendarmerie,
1 compagnie de Zouaves,
1 compagnie du 126ᵉ d'Infanterie,

2 compagnies de Tirailleurs algériens.
1 escadron 1/2 de Chasseurs d'Afrique.

Ces forces réunies composaient un effectif de 700 hommes.

Dès 9 heures, toutes ces troupes, dont M. le colonel *Mourlan*, du 1ᵉʳ de Tirailleurs algériens, avait pris le commandement, se trouvaient disposées autour de la statue, au pied de laquelle prenaient également place le bataillon scolaire et les sapeurs-pompiers de Bou-Farik.

L'inauguration eut lieu sous les présidences de :

M. le général *Boulanger*, Ministre de la Guerre, Président d'honneur;

M. *Tirman*, Gouverneur général de l'Algérie, Président de Comité d'honneur;

M. Gros, Maire de Bou-Farik, Président du Comité d'initiative.

C'est à M. le général *Delebecque*, représentant le Ministre de la Guerre, et membre du Comité d'honneur, que fut dévolue la présidence effective.

A 9 h. 30, les autorités, les fonctionnaires et les invités se dirigèrent vers la place Mazaghran entre deux haies de Tirailleurs algériens; ils étaient précédés du Comité d'initiative et du Conseil municipal, qui ouvraient la marche.

A leur arrivée sur la place, les tambours et clairons battirent et sonnèrent « *aux champs!* » les trompettes jouèrent la marche, la musique des Tirailleurs exécuta « *la Marseillaise* », et le drapeau du 1ᵉʳ de Tirailleurs salua.

Dès que tout le monde fut installé sur l'estrade,

M. le Maire fit découvrir la statue. La chute du voile fut accueillie par une triple salve d'applaudissements.

M. le Maire, Président du Comité d'initiative, donna ensuite la parole au Délégué de ce Comité.

Le colonel *Trumelet* développa d'abord la pensée qui lui avait suggéré le projet du monument, puis il continua par l'histoire de la souscription ; il présenta ensuite aux autorités et à la foule le fusilier *Marchand*, le dernier survivant du combat de Beni-Mered, et termina en remerciant vivement tous ceux qui, de près ou de loin, avaient participé au succès de l'entreprise.

M. le député *Letellier* vint ensuite, dans une allocution chaleureuse, saluer Blandan, et rappeler la large et glorieuse part qu'avait prise la vieille armée d'Afrique dans l'œuvre colonisatrice.

M. le Gouverneur général lui succédait, et, dans un langage d'une haute élévation, il donnait Blandan comme le plus bel exemple du dévouement et du sacrifice à la Patrie et au Drapeau.

M. le général *Delebecque* prenait ensuite la parole, et par une succession d'inspirations des plus heureuses, il exaltait le trépas glorieux du sergent, ainsi que l'idée généreuse enfin réalisée, et qui revendiquait, pour le petit aussi bien que pour le grand, l'honneur du bronze, lorsque ce petit avait fait œuvre de héros.

Avec celui du général *Delebecque* fut close la série des discours.

L'air national retentit de nouveau, et pendant que les troupes se massaient dans la rue de France, la musique municipale de Bou-Farik faisait entendre les plus beaux morceaux de son répertoire.

Il était 10 h. 30 lorsque commença le défilé des troupes devant la statue.

Dès qu'il fut terminé, les autorités, les invités, le Conseil municipal et les membres du Comité d'initiative se rendirent à la salle du Théâtre, où avait été préparé un banquet de 200 couverts.

C'est avec cette pompe que fut célébrée l'apothéose de Blandan. Du haut de son piédestal, le regard tourné vers Mered, le champ de ses exploits, il défie maintenant toutes les atteintes de l'oubli.

Aujourd'hui, la voie est ouverte pour tous! que ceux qui veulent du bronze fassent tous leurs efforts pour le mériter.

Nous voulons résumer cet ouvrage en faisant connaître la situation de Bou-Farik, au 1ᵉʳ avril 1887, aux points de vue de l'*Administration, de la Voirie urbaine, du régime des Eaux, des Opérations commerciales (marchés), des Théâtres, de la Climatologie, de l'Agriculture, de l'Instruction publique, de la Météorologie metidjéenne*, et *du dénombrement de la population*.

Nous terminerons enfin, comme nous l'avons fait en 1868, par la situation des fermes, exploitations agricoles, et établissements industriels les plus remarquables de la Commune de Bou-Farik au 1ᵉʳ janvier 1887. On pourra ainsi comparer les deux époques, et juger des progrès réalisés dans une période de dix-huit années.

Nous avons donné la liste, dans la première

partie de ce livre, des colons appartenant, en 1868, aux trois premières années de la *fondation* de Bou-Farik. A cette époque, il en restait 21 ; mais, pendant ces dix-neuf dernières années, la mort a fait des vides parmi eux. Aussi, au 1er avril 1887, ne compte-t-on plus que quatre de ces vétérans de la charrue qui soient restés debout ; ce sont les suivants :

ANNÉE de l'arrivée à Bou-Farik.	NOMS ET PRÉNOMS.	AGE.
1835.........	Pouzault (François).	88 ans.
1838.........	Orssaud (Fulcran).	83 ans.
	Oustri (Jean-Baptiste).	62 ans.
	Rabaste (Antoine).	62 ans.

Situation administrative de Bou-Farik au 1er Avril 1887.

MM.

Conseiller général,	Borély La Sapie, O ✯, I ✯.
Maire,	Gros fils ✯.
Adjoints,	L. Blachet, C. Brun.
Conseillers municipaux.	Camoin, Suel père ✯, Chaullier, Banides, Lylavoix, Monnier, Mazoyer, Payrard neveu, E. Misse, Claire, Guibbert, Roux, Vuillard, Baudier, Roque, Verdier, Mourgues, Combes, Leblanc.
Secrétaire de la Mairie,	Sulpice (Alfred).
Commissaire de police,	Britsch.
Commissaire-priseur,	Filippetti.
Comptoir d'Escompte,	Brigot ✯, Directeur.
Receveur municipal,	Favre.
Architecte de la ville,	Constant (Gaston).
Agent auxiliaire,	Nicaise.
Bibliothèque publiq. (600 volumes),	Pagès, Directeur de l'école.
Ponts et Chaussées,	Humel, conducteur principal, faisant fonctions d'ingénieur; Raffin, conducteur.
Voirie départementale,	Rein, agent voyer.
Service hydraulique :	
Syndicat du Bou-Chemâla,	Teule, Directeur.
— de l'Ouad El-Khamis,	—
Société de canaux de dessèchement,	André, Directeur.
Contributions diverses,	Laporte.
Enregistrement, domaines et timbre,	Rollin.
Postes et télégraphes,	..., receveur; Léger, sur-

	numéraire; Gras, commis auxiliaire; Bonneau, Dumas, Grisoni, Morel, facteurs.
Culte catholique,	Viala, curé; Freliger, vicaire.
— protestant.	Bost, pasteur.

Instruction publique.

École communale de garçons,	Pagès, directeur; Turcat, Vagnere, Durvieu, Gérard, Arnaud, instituteur-adjoints.
École mixte aux Quatre-Chemins,	Delrieu.
École mixte de St-Charles,	Renaud.
École communale de filles,	Mlles Collin, directrice; Schilling, Tassin, Chély, Calleja, Antoine, inst.-adjointes.
Salle d'asile,	Mlles Beauregard, directrice; Juvin, Poli, adjointes.
École et Asile des Sœurs de la Doctrine chrétienne,	Sœur Octavie, supérieure.
Notaire,	Fabre.
Huissier,	Nicaulaus, Perillat.
Justice de paix (à compétence étendue),	Guest, juge; Barret, suppléant rétribué, Morand, suppléant non rétribué; A. Filippetti, greffier, Pelingre, commis-gref.
Interprète,	Durand.

Hypothèques. — Circonscription d'Alger.

Curateur aux successions vacantes,	Filippetti.
Station météorologique de la Metidja,	Pagès, directeur.
Comice agricole,	Debonno ✻, président honoraire; Bord'y La Sapie O✻,

— 514 —

	président ; Varlet, trésorier
	Leblanc, secrétaire.
Hôpital Seltz (20 lits),	Vantouillac, économe.
Prison départementale (annexe),	Arbès, gardien.
Gendarmerie. — Brigade à cheval.	Joupe, maréchal-des-logis.
Brigade à pied,	Grisoni, brigadier.
Sapeurs-pompiers,	Morand, lieutenant ; Fagard, sous-lieutenant.
Abattoir public,	Baugier, régisseur.
Eclairage de la ville,	Salanon, entrepreneur.
Tambour de ville et afficheur public,	Gendre.
Cercle civil (pl. Mazaghran),	Favre, président.
Société philharmonique (Le Progrès),	Brun, président.
Société dramatique des Amateurs,	Vuillard, président.

Nombre de rues, boulevards et places de la ville de Bou-Farik au 1ᵉʳ mars 1887.

Rues	18
Boulevards	6
Place	1
Avenue	1

RÉGIME DES EAUX.

Renseignements fournis par M. Constant (Gaston), Architecte de la ville de Bou-Farik.

Le Syndicat du Bou-Chemâla,
— de l'ouad El-Khamis, M. Teule, directeur ;

2° Société des canaux de desséchement, M. André, directeur.

Deux cours d'eau (l'ouad Bou-Chemâla et l'ouad El-Khamis) fournissent les eaux à Bou-Farik.

Le syndicat du Bou-Chemâla pour l'irrigation de la plaine.

Canaux de desséchement. — Le grand canal du Bou-Chemâla tombe dans le Mazâfran.

L'ouad Tlata (autre canal de desséchement) tombe dans l'ouad Bou-Farik.

Le canal Bir-Touta tombe dans l'ouad El-Harrach.

Fontaines. — Vingt-huit fontaines à Bou-Farik.

Elles sont alimentées par des sources, puits artésiens, le barrage de Soumâa, et une machine élévatoire.

Bassins. — Deux bassins à réservoir (un au marché, et l'autre au boulevard de l'Est).

Eaux courantes. — En ville : quatre canaux longitudinaux servant d'égouts et au desséchement.

Abreuvoirs. — Six, alimentés par les eaux de la ville.

Lavoir. — Un, couvert, situé derrière le presbytère, à côté du marabout de Sidi Abd-el-Kader-El-Djilani.

Sources. — Nombreuses. Il en surgit constamment de nouvelles. La principale est nommée *Ksari* par les Arabes; son eau est la plus agréable au goût et la plus limpide de toutes celles de Bou-Farik.

OPÉRATIONS COMMERCIALES.

Bou-Farik a deux marchés : l'un, qui a lieu tous les lundis ; l'autre se tient tous les jours, et est appelé *Petit Marché*.

	ÉNUMÉRATION DES PRODUITS				
Les transactions portent généralement sur les produits, denrées et objets détaillés ci-contre :	Blé tendre indigène ; Blé dur indigène ; Son tendre, fin, dur ; Orge indigène ; Maïs ; Halfa ; Laines et déchets ; Crin vert en corde.	Figues ; Tapis ; Peaux de mouton et chèvre ; Cuirs de bœufs verts ; Huiles vierges ; Vin du pays ; Dattes ; Fourrages.	Paille ; Savon indigène ; Vins de France ; Vins d'Espagne ; Vin du pays ; Raisins secs ; Charbon de bois ; Bois de chauffage.	Bestiaux ; Chevaux ; Bœufs ; Moutons ; Chèvres ; Boucs ; Châtrés ; Volailles.	Le rendement annuel est d'environ 30,000 francs, depuis le 23 novembre 1884, date de la mise en régie du marché.

DROITS COMMUNAUX.

Le 3 janvier 1883, adjudication du grand Marché à Joannes Vernison, de Saint-Étienne (Loire), moyennant 40,600 francs.

Le 11 février 1886, adjudication du grand Marché moyennant 32,875 francs, à MM. Azari et Beaugier (Ferdinand et Gustave).

Le public qui fréquente le Marché de Bou-Farik se décompose en moyenne de la façon suivante : 100 Juifs, 500 Européens, 3,000 indigènes. Ces chiffres ne sont qu'approximatifs.

Montant de la ferme pour la Commune par année : 30,000 francs.

THÉATRES.

1° *Théâtre des Folies-Bergère*, boulevard Saint-Louis. Propriétaire : M. Cavaillès.

C'est le plus ancien des théâtres de la ville. Antérieurement à l'année 1885, il servait de salle de spectacle, de bals, de réunions publiques. Actuellement, il est affecté aux répétitions de la Société musicale « *Le Progrès* ». Subventionné par la Commune ;

2° *Théâtre des Variétés*, communément appelé l'*Oasis*, avenue Victor-Hugo. Propriétaire : Mme Ve Charlot. Fondé après les *Folies-Bergères*, le *Théâtre des Variétés* éclipsa bientôt son aîné. A servi de salle de spectacle en 1885. Pour le moment, il ne sert plus qu'à des banquets, repas de noces et bals publics ;

3° Le *Grand-Théâtre*, boulevard National. Construit en 1885 par MM. Praski, Seigle-Gougeon, architecte. Ouvert le 7 février 1886.

Le nombre de places assises est de 586 ; mais on peut aisément y recevoir 700 personnes.

Une Société dramatique d'amateurs a ouvert la scène Bou-Farikoise, et, maintenant, une troupe, dirigée par M. Roussel, est fixée à Bou-Farik.

La *Société d'Amateurs* a pour président M. Vuillard pour la partie dramatique, et M. Bardin pour l'orchestre.

Ce théâtre sert à toutes les conférences, réunions publiques ou électorales, etc.; bien qu'il soit l'un des plus beaux du département d'Alger, il n'est cependant pas subventionné.

CLIMATOLOGIE.

ACCIDENTS MÉTÉOROLOGIQUES ET AUTRES.

1879. Secousse de tremblement de terre le 21 avril à 1 h. 5 du soir (pas de dégâts). Très forte gelée blanche du 3 au 4 du même mois. Les vignes, les blés en fleur, les pommes de terre en ont beaucoup souffert.

1880. Apparition des hirondelles le 11 mars. Quantités de cailles ou râles de genêts en avril. Le 10 juin, la foudre a tué, à Soumâa, le nommé Parisot, père de trois enfants. Le 13 mai, grand passage de papillons jaunes allant de l'est à l'ouest.

1881. Tremblement de terre dans la nuit du 4 au 5 février (pas de dégâts). Secousse de tremblement de terre le 23 août (pas de dégâts). Grand vent, dans la nuit du 8 décembre, qui fait tomber une grande quantité d'oranges et de mandarines.

1882. Arrivée des cigognes vers le 10 janvier. La récolte du fourrage a été très abondante. Excellente récolte de vin tant au point de vue de la qualité qu'à celui de la quantité. Le 6 septembre, à 5 heures et demie du soir, fort orage de grêle (grêlons de 450 gr.). Les tabacs ont beaucoup souffert.

1883. Les parties basses de la plaine ont été submergées. Grand coup de vent dans la nuit du 27 au 28 avril. Beaucoup d'arbres cassés ou arrachés. Petite secousse de tremblement de terre le 19 juin à 4 h. 45

du soir, et le 30, à 11 h. 45 de la nuit (pas de dégâts). — Excellente récolte de vin. — Départ des hirondelles le 6 octobre, à 7 heures du soir.

1884. La récolte des céréales a été généralement mauvaise ; les prix de ces dernières ont été très bas : blé dur, 15 francs ; blé tendre, 22 francs ; avoine et orge, 12 francs. Les vignes ont eu beaucoup à souffrir du sirocco du mois d'août ; moitié de la récolte perdue. Grande quantité de grêle le 21 décembre. Mauvaise année. Le tabac et le maïs ont donné seuls un rendement satisfaisant.

1885. Les pluies ont beaucoup retardé les semailles, et un grand nombre de colons n'ont pu même les terminer ; dans certains endroits, la semence a été perdue. Beaucoup de fourrages. Le 17 juin, grand orage de grêle à Saint-Charles. Grêlons de la grosseur d'une noix. Tabacs et vignes littéralement hachés. Rendement des céréales : blé dur, 9 francs ; blé tendre, 10 francs ; avoine, 12 francs ; orge, 12 fr. Prix sur place : 15, 17, 13 et 9 francs. Sauf l'avoine, les autres céréales payent à peine les frais de culture. Récolte des fourrages moyenne. Les chenilles font un tort considérable à la vigne. Bon rendement des tabacs. Médiocre récolte de vin. Légère secousse de tremblement de terre le 3 décembre à 8 h. 35 du soir (pas de dégâts). Deux secousses ont été ressenties le 13 (moins fortes que celle du 3).

1886. Les rivières ont débordé à la suite des grandes pluies des 28 et 29 janvier. Les fourrages ont donné un bon rendement ; celui des céréales a été satisfaisant. Maïs, prix très bas. Dans certains endroits, les vignes ont eu à souffrir du siroco du 7 juillet. Beaucoup de raisin ; les fraîcheurs et les brouillards du mois d'août ont fait beaucoup de bien ; maturité excellente. Rendement supérieur : il a été, dans certains endroits, de 160 hectolitres par hectare (Petit-Bouchet). Prix du décuvage, 20, 21 et 22 francs l'hectolitre.

Les semailles ont été fort retardées par les fortes pluies de fin novembre et du commencement de décembre.

Elles n'ont pu même être terminées dans certains endroits.

(Notes fournies par M. Pagès, Directeur de l'Observatoire de Bou-Farik.)

Statistique agricole de Bou-Farik (campagne de 1885-86).

(Européens.)

Blé tendre	Superf. cultivée.	240	hect.
	Quant. récoltées.	2.787	q. mét.
Blé dur	Superf. cultivée..	1.089	hect.
	Quant. récoltées.	9.054	q. mét.
Seigle	Superf. cultivée..	3	hect.
	Quant. récoltées.	17	q. mét.
Orge	Superf. cultivée..	755	hect.
	Quant. récoltées.	12.413	q. mét.
Avoine	Superf. cultivée.	937	hect.
	Quant. récoltées.	16.622	q. mét.
Maïs	Superf. cultivée.	92	hect.
	Quant. récoltées.	1.680	q. mét.
Vignes { Cépages noirs	Superf. cultivée.	1.300	hect.
Cépages blancs	Superf. cultivée.	18	hect.
	Nomb. de plants.	82	
Vin récolté	Rouge............	25.043	hectol.
	Blanc............	800	—
Tabac	Nomb. de plants.	65	
	Superf. cultivée.	322	hect.
	Rendement (kil.).	629	kilog.

Oliviers	Olives récoltées (kilog.)	1.080	kilog.
	Huile fabriquée	100	hect.
Lin de Riga; rendement	Planteurs	3	
	Superf. cultivée	37	hect.
	en graines	251	kilog.
	en paille	2.450	—
Ramie	Nomb. de plants	2	
	Superf. cultivée	3 hect. 50.	
	Quant. récoltées	5.400	kilog.

Statistique agricole de Bou-Farik (campagne de 1885-86).

(Indigènes.)

Blé dur	Superf. cultivée	461	hect.
	Quant. récoltées	4.579	q. mét.
Orge	Superf. cultivée	177	hect.
	Quant. récoltées	2.330	q. mét.
Avoine	Superf. cultivée	65	hect.
	Quant. récoltées	1.360	q. mét.
Maïs	Superf. cultivée	15	hect.
	Quant. récoltées	201	q. mét.
Fèves	Superf. cultivée	13	hect.
	Quant. récoltées	123	q. mét.
Tabac	Plants	35	
	Superf. cultivée	255	hect.
	Quant. récoltées	150.000	kilog.

Les céréales sont moins importantes chez les indigènes, parce qu'ils ont laissé leur terre en jachères, ou se sont livrés à la culture du tabac.

Les indigènes ont eu beaucoup de peine à écouler leurs tabacs, ou même à les livrer à des prix dérisoires, et cette situation n'est pas de nature à les encourager beaucoup.

Récolte de la campagne 1885-86
En oranges et mandarines.

M. Mutin.	Oranges	380.000	kilogr.
	Mandarines.....	4.460.000	—
M. Vallet.	Oranges et mandarines	400.000.000	—
M. Ben-Dahaman.	Oranges et mandarines.......	20.000	—
		404.860.000	kilogr.

Ce total, multiplié par 10, qui est le nombre de fruits nécessaires pour le poids de 1 kilog., donne, en chiffres ronds, un total de 4 milliards d'oranges et mandarines.

INSTRUCTION PUBLIQUE.

ÉCOLES.

De 1870 à 1880, il y eut à Bou-Farik quatre écoles municipales, dont une de garçons et trois de filles. Ces trois dernières étaient tenues, une par les Sœurs de la Doctrine chrétienne ; une autre par des Institutrices catholiques, et la troisième par une Institutrice protestante.

L'école des garçons a toujours été tenue par des Instituteurs laïques.

En 1880, la commune a fait construire un beau groupe scolaire (derrière la Mairie), pour lequel elle a obtenu une mention honorable hors concours à l'Exposition d'Alger de 1881.

Le 1ᵉʳ octobre 1880, les trois écoles de filles ont été laïcisées et réunies dans le même local, ainsi que l'Asile. A partir de cette époque, l'École des Sœurs est devenue école libre.

État des écoles de la commune au 1er mars 1887.

École communale de filles dirigée par Mlle Collin et cinq adjointes...................	180 élèves.
École communale de garçons dirigée par M. Pagès et six adjoints...................	350 —
Asile communal dirigé par Mlle Beauregard et trois adjointes...................	216 —
École libre des Sœurs...................	67 —
Asile libre des Sœurs...................	106 —
Total...	919 élèves.

L'École des garçons a un bataillon scolaire de cent élèves armés et équipés, avec clairons et tambours.

Une salle d'armes parfaitement aménagée sert à déposer les fusils et les uniformes.

(*Ces renseignements ont été fournis par M. Pagès, Directeur.*)

BIBLIOTHÈQUE POPULAIRE DES ÉCOLES.

Le 28 avril 1884, une Bibliothèque populaire des Écoles a été créée à Bou-Farik, et placée dans une des salles de l'École de garçons.

Cette Bibliothèque a été fondée à l'aide d'une souscription faite par le Directeur de l'École, M. Pagès, et avec des fonds spéciaux votés par le Conseil municipal.

Le 1er février 1887, elle possédait 567 volumes d'une valeur de 1,800 francs.

Ladite Bibliothèque est ouverte gratuitement au public tous les dimanches, de 8 heures à 11 heures du matin. Les lecteurs peuvent emporter les ouvrages à domicile, et les garder de huit à quinze jours.

Le service de la Bibliothèque est également fait gratuitement, et à tour de rôle, par les maîtres et les élèves du Cours supérieur.

Depuis le 28 avril 1884, date de l'ouverture, jusqu'au 1er mars 1887, il y a eu 6,000 prêts.

Il existe une Société conservatrice de la Bibliothèque, dont les membres versent, tous les ans, une somme minima de 3 francs. C'est avec ces fonds que l'on peut faire de nouveaux achats et réparer les livres détériorés.

SITUATION MÉTÉOROLOGIQUE DE LA METIDJA.

Une station météorologique a été installée en 1879, dans la cour de l'Ecole de garçons, par les soins de M. Pagès, Directeur de l'École.

Elle se compose :

1° D'un baromètre ;
2° D'un pluviomètre ;
3° D'une girouette ;
4° D'un ozonomètre ;
5° De quatre thermomètres (sec, minima, maxima et mouillé).

Les observations sont faites par M. Pagès, qui correspond avec M. le Directeur du service météorologique algérien.

STATION MÉTÉOROLOGIQUE DE BOU-FARIK

Quantités de pluies, en millimètres, recueillies mensuellement et annuellement pendant huit ans

1879	1880	1881	1882	1883	1884	1885	1886
553mm.5	525mm.4	851mm.1	763mm.0	732mm.8	837mm.5	715mm.8	1099mm.6

Ces renseignements ont été fournis par M. Puers, Instituteur, et Directeur de l'Observatoire météorologique de Bou-Farik.

Pluies recueillies à Bou-Farik depuis 1879 jusqu'au 1ᵉʳ janvier 1887.

	1879	1880	1881	1882	1883	1884	1885	1886
Janvier...	35.6	83.5	95.3	35.3	110.6	58.0	116.5	210.5
Février...	93.4	82.2	51.3	52.0	33.0	68.0	26.0	133.0
Mars...	53.0	63.5	83.3	107.0	62.7	103.5	81.0	60.5
Avril...	48.5	106.0	49.1	67.7	103.7	83.0	175.0	102.4
Mai...	32.4	50.8	61.0	4.0	71.3	85.5	7.0	37.9
Juin...	0.0	1.1	21.5	14.5	12.5	15.0	17.0	5.0
Juillet...	0.0	0.0	0.6	3.0	0.0	2.0	9.0	1.0
Août...	0.0	2.0	0.0	7.0	0.0	6.0	1.5	0.3
Septemb.	53.2	2.0	5.5	54.5	12.5	22.8	38.4	64.0
Octobre...	11.6	24.2	154.5	55.0	51.0	111.2	70.4	139.5
Novembre.	29.0	74.2	18.0	15.0	137.5	156.5	131.0	136.5
Décembre.	196.8	30.6	100.0	348.0	139.0	126.0	43.0	209.0
Totaux en millim...	553.5	525.4	651.1	763.0	732.8	837.5	715.8	1099.6

Remarque. — L'année 1886 a été la plus extraordinairement pluvieuse que l'on eût observée depuis l'occupation de l'Algérie.

Dénombrement de 1886.

MAISONS ET LOCATIONS.

Nombre de maisons d'habitation { occupées en tout ou en partie 579
vacantes............ 42
Total...... 621 maisons.

Nombre de maisons d'habitation { n'ayant qu'un rez-de-chaussée........ 605
1 étage............ 15
2 étages............ 1
3 étages............ »
4 étages............ »
Total..... 621 maisons.

Logements { occupés.............. 1.737
vacants............... 126
Total...... 1.863

Le nombre de locaux servant d'ateliers est de 403.

MÉNAGES.

Individus isolés................ 671
Familles.................... 1.038
Total..... 1.709

Ménages { de 1 personne....... 671
2 personnes..... 178
3   —   151
4   —   232
5   —   244
6   —   233
Total..... 1.709

Résultats généraux du dénombrement.

Population résidante. { Résidants présents...... 7.206
—   absents........ 47
Population comptée à part. 78
Total...... 7.331

Population présente. { Résidants.............. 7.284
Population accidentelle et de passage........... 47
Total........ 7.331

Note de l'Auteur. — Les renseignements administratifs afférents à la période 1869-1887 contenus dans la seconde partie de ce livre, sont dus à l'obligeance de MM. *de Balzac*, Secrétaire de la Mairie de Bou-Farik, et *Albert Caise*, publiciste, membre de la Société des Gens de Lettres.

SITUATION DES FERMES,

EXPLOITATIONS AGRICOLES, ET ÉTABLISSEMENTS INDUSTRIELS LES PLUS IMPORTANTS DE LA COMMUNE DE BOU-FARIK, AU 1ᵉʳ JANVIER 1887.

Situation des fermes, exploitations agricoles, et établissements industriels les plus importants de la commune de Bou-Farik, au 1ᵉʳ janvier 1887.

INDICATION DES ÉTABLISSEMENTS et Exploitations.	NOMS DES PROPRIÉTAIRES successifs.	RENSEIGNEMENTS DIVERS.
Haouch Soukaly (à 4 kil. N.-E. de Bou-Farik).	En partie à M. Borély La Sapie, créateur de l'exploitation. (200 hectares.)	Création immense et splendidement plantureuse, due aux intelligents efforts de M. Borély La Sapie. Nous l'avons dit dans le cours de cet ouvrage, Soukaly n'était, en 1844, qu'un vaste marais. C'est de cette vase que M. Borély a tiré la merveilleuse exploitation agricole que nous admirons aujourd'hui. Ce domaine est évidemment le chef-d'œuvre de la colonisation algérienne. Avec ses innombrables plantations d'arbres fruitiers, d'orangers, de mûriers, de vignes, avec ses belles prairies bordées de saules noueux à l'ombre desquels ruminent de gras troupeaux de l'espèce bovine, avec ses constructions tenant à la fois de la ferme et du château, le domaine de Soukaly a ce grand air qu'on remarque dans les exploitations agricoles de Normandie et d'Angleterre. Une belle route, plantée de saules trapus, mène de Bou-Farik à Soukaly en coupant la voie ferrée. 45 hectares de vignes. — 30 hectares d'orangeries. — Plantations nombreuses. — Irrigations de 80 hectares dus aux travaux du propriétaire. — Bestiaux nombreux. M. Borély n'a jamais concouru que pour les chevaux. A mérité de nombreux premiers prix.
Haouch Soukaly (à 3 kil. N.-E. de Bou-Farik).	En partie à M. Jonathan Holden. (224 hectares.)	Cette partie du Haouch Soukaly, qui appartenait en 1868 à M. le comte de Virieu, se décomposait ainsi qu'il suit :
		En céréales et prairies................ 150 hectares. En orangeries......................... 6 — En vignes (Morestel et Aramon)........ 10 — En marais............................. 56 — En broussailles....................... 4 — En forêts............................. 4 — Total.......... 224 hectares. Aujourd'hui, cette partie du Haouch Soukaly est composée ainsi qu'il suit : En céréales, luzernes, fourrages et prairies. 100 hectares. En vignes............................. 24 — En orangeries......................... 90 — En pépinières......................... 2 — En tabac.............................. 4 — En forêts............................. 4 — Total.......... 224 hectares. L'élévation de l'eau pour les irrigations se fait par force motrice. — Battage à vapeur. — Importation de la race Durham, du mouton Champenois et South-Down. Porcs Berkshire et Yorkshire. — Construction de canaux maçonnés pour les irrigations. — Construction d'une cuverie, et d'une cave pouvant loger 5,000 hectolitres de vin. Récompenses obtenues à la suite des expositions ou concours. — Divers prix pour races importées d'Europe.
Haouch Ech-Chaouch (au S.-E. de Bou-Farik).	Ancien : M. Valladeau. Nouveau : M. le comte de Laurencin. (85 hectares.)	Nous savons que ce Haouch, qui, en 1868, était la propriété de M. Valladeau, et qui, depuis quelques années, appartient à M. le comte de Laurencin, a joué un rôle important depuis la création du Camp-d'Erlon jusqu'à la fin de la guerre dans la Métidja. Aujourd'hui, le Haouch Ech-Chaouch est une ferme de bonne mine, parfaitement outillée et aménagée. De beaux vergers, dans lesquels on retrouve encore quelques orangers

INDICATION des établissements et Exploitations.	NOMS des propriétaires successifs.	RENSEIGNEMENTS DIVERS.
Ferme des Figuiers (à 4 kil. N.-O. de Bou-Farik).	Ancien : M. Mauger. Nouveaux : MM. Ad-Jous et Debonno. (300 hectares.)	et figuiers datant d'avant l'occupation, de nombreux arbres fruitiers, des saules, des peupliers, une allée de palmiers, etc.; toute cette végétation arborescente fait du domaine de Haouch Ech-Chaouch une délicieuse oasis, noyant dans un océan de verdure la vieille habitation turke, laquelle a été accommodée selon les exigences des exploitations agricoles européennes. Des vignes, des prairies, des orangeries, des mandarineries, des terres à céréales et à cultures industrielles occupent les clairières de cette propriété. Tout contre l'habitation, s'élève une koubba renfermant la dépouille mortelle d'un marabout mort en odeur de sainteté, Sidi Amar. Cette koubba est encore fréquentée par un grand nombre de Croyants. *Améliorations.* — Dépendances du corps de ferme augmentées. Création de vastes écuries, d'un cellier, d'une porcherie modèle, d'une cuverie à fermentation en maçonnerie (24 cuves cylindriques de 100 bordelaises chacune), de logements de planteurs, ateliers de forge, maréchalerie et sellerie. Hangars à tabac et à remiser le gros matériel de battage, etc.; canaux d'irrigations en maçonnerie, un puits artésien exploité par une pompe centrifuge actionnée par une locomobile de 12 chevaux (24 litres par seconde). Cinq puits artésiens avec norias actionnées par des moteurs de sang et à vapeur, pulsomètre, grands bassins-réservoirs à chaque puits. — *Terres :* Dessèchement de 100 hectares de marais par des fossés, drainages et autres travaux hydrauliques. Défoncements à la vapeur, défrichements pour plantations de vignes, orangeries et pepinière. — *Cultures diverses :* Pépinière, orangerie, vignes, verger, arbres d'essences diverses en lignes. Graminées, légumineuses, solanées, prairies naturelles et artificielles. — *Cheptel :* Elevage des races porcine, chevaline, bovine, ovine, caprine; quantité d'animaux de travail. Fumiers. Production considérable d'engrais de ferme par l'entretien d'un cheptel important. — *Matériel :* Un matériel agricole des plus complets est attaché à cette ferme; il est remarquable surtout par la perfection de son outillage. — *Observations :* Cette propriété a obtenu, au Concours régional de 1881, à Alger, le premier prix en un objet d'art de 1,000 francs) pour irrigations par les eaux souterraines, et différentes autres récompenses, antérieurement ou postérieurement à ce Concours, pour exhibition d'animaux gras et d'élevage, ainsi que pour ses méthodes culturales perfectionnées. *Situation au 1er février 1887.*

Rapport annuel moyen.

1º Pepinière créée en 1879.................... 7,500 fr. l'hectare.
2º Orangerie créée en 1879 et 1882........... 900 —
3º Vignes : Morastel, Carignan, Aramon, Petit-Bouchet. — 20 hectares âgés de 20 ans.... 1,250 —
                  45   —   7 ans.... 600 —
                  50   —   2 ans.... Néant.
4º Graminées : froment, orge, avoine, fourrages, maïs......................... »/55 hectares. 100 —
5º Légumineuses : pois, haricots, lentilles, fèves...... »/24 — 250 —
6º Solanées : parmentières et tabacs........... »/35 — 800 —
7º Verger...................... »/2 — 350 —
8º Prairies..................... »/55 — 120 —
9º Luzernières,................. »/16 — 200 —

INDICATION des établissements et Exploitations.	NOMS des propriétaires successifs.	RENSEIGNEMENTS DIVERS.
Ferme Saint-Charles (à 8 kil. O. de Bou-Farik).	Ancien : M. Andoque de Sériège. Nouveaux : MM. Adjous et Debonno. (840 hectares.)	Lors de l'acquisition de cette propriété par MM. Adjous et Debonno, en 1883, il y existait des bâtiments sur une surface de plus d'un hectare, qui ont dû être complètement réfectionnés et améliorés par eux. Il n'y était fait d'autres cultures que les graminées : orge, avoine, froment, maïs et fourrages sur une étendue d'environ 280 hectares, et celle de la vigne sur une superficie de 12 hectares environ. — *Améliorations* : Dépendances du corps de ferme augmentées, vastes écuries, cuverie à fermentation, logements du personnel ; perçage de quatre puits artésiens, dont un dans la montagne ; plantations d'arbres fruitiers et d'essences diverses en ligne. Défrichement des coteaux, assainissement des marais, travaux hydrauliques divers et défoncements à la vapeur. — *Cultures diverses* : Vignes, arbres fruitiers, graminées, légumineuses, solanées, prairies artificielles et naturelles. — *Cheptel* : Elevage de la race chevaline, ovine et caprine ; engraissement des races porcine et bovine. Bétail de travail, de spéculation. — *Matériel* : Le matériel attaché à cette exploitation est de premier choix. *Situation au 1er janvier 1887.* Rapport annuel moyen. 1° Vignes : Morestel, Carignan, Petit-Bouchet, etc. 1.800 fr. l'hectare. De 20 ans, s/12 hectares. 680 De 4 ans, s/55 — » De 3 ans, s/71 — »
Haouch Omar (à 6 kil. E. de Bou-Farik).	Ancien : M. de La Villegonthier. Nouveaux : MM. Adjous et Debonno. (400 hectares.)	2° Légumineuses, 15 hectares (pois, haricots, fèves)......... 250 3° Graminées, s/300 hectares (froment, orge, avoine, fourrage)......... 115 4° Solanées, s/15 hectares (parmentières et tabacs)......... 780 5° Luzernières, s/12 hectares......... 250 6° Prairies de l'Haouch Kader (180 hectares)... 115 7° Parcours en montagne réservé à l'augmentation du vignoble (170 hectares)......... 60 Cette propriété, acquise par MM. Adjous et Debonno en 1879, comporte deux parties : l'une, Ben Omar, louée au sieur Fabret, cultivateur ; l'autre, Haouch-Zezia, louée au sieur Attard, également cultivateur, dont les cultures en blé et fourrages atteignent une surface de 250 hectares environ, le reste étant encore en friche. — *Améliorations* : Depuis, les améliorations suivantes y ont été apportées : augmentation des corps de ferme et dépendances ; canalisation pour l'amenée des eaux de l'Harrach (rive gauche) pour l'irrigation d'une grande partie de la propriété, ce qui a permis d'étendre les cultures graminées et de pratiquer celles des légumineuses et solanées. En outre, 100 hectares, conquis sur les terres en friche, ont été défoncés à la vapeur et complantés en vigne en 1880-1881. Ce vignoble occupe le centre de la propriété, où des bâtiments spéciaux ont été élevés pour son exploitation. Il a été percé deux puits artésiens, et quantités d'arbres d'essences diverses ont été plantés en ligne. *Situation au 1er janvier 1887.* Rapport annuel. 1° Partie louée au sieur Fabret (175 hectares)... 55 fr. l'hectare. Partie louée au sieur Attard (125 hectares)... 55 2° Vignoble créé en 1880-81 (100 hectares)...... 800 (Mêmes espèces de plants que ci-dessus.)

INDICATION des établissements et Exploitations.	NOMS des propriétaires successifs.	RENSEIGNEMENTS DIVERS.
Rhilen et Cheurfa (à 3 kil. E. de Bou-Farik).	Ancien : M. Mauger. Nouveaux : MM. Adjous et Debonno. (180 hectares.)	Cette propriété, acquise par MM. Adjous et Debonno en 1879, contient deux corps de ferme; Rhilen, 120 hectares; Cheurfa, 60 hectares. Toutes les terres étaient en partie défrichées, et la culture des blés et orges y était seule pratiquée. *Améliorations* : Sur Rhilen, en 1879, 65 hectares ont été défoncés à la vapeur et complantés en vigne (Petit-Bouchet, Morestel, Carignan, Grenache, Aramon et Alicante). Création d'une porcherie, vastes écuries, cuverie à fermentation en maçonnerie (34 cuves carrées de 100 bordelaises), deux puits artésiens à norias actionnées par des moteurs de sang et à vapeur. Plantation d'arbres fruitiers et d'agrément en ligne-verger. Culture de la ramie s/10 hectares. En 1885, plantation nouvelle de 50 hectares de vigne avec défoncement à la vapeur. Sur Cheurfa : Création en 1879 d'une orangerie de 8 hectares avec bâtiments affectés à cette exploitation. — Deux puits artésiens à norias actionnées par une transmission de 200 mèt. de longueur, et machine à vapeur de 4 chevaux pour l'irrigation des orangers. — Création d'une porcherie alimentée par les produits maraîchers cultivés dans cette orangerie ; en 1885, création d'une nouvelle orangerie de 10 hectares à proximité du corps de ferme de Cheurfa. Culture du froment et des fourrages artificiels sur les terres inoccupées par la vigne et les orangeries, alternativement avec les solanées, parmentières et tabacs.
Quatre-Chemins (à 7 kil. N.-O. de Bou-Farik).	Anciens : MM. Mauger, Herran et consorts. Nouveaux : MM. Adjous, Debonno et Cie. (820 hectares.)	*Situation au 1er janvier 1887.* Rapport annuel. 1° Vignoble de Rhilen, 8 ans............ 800 fr. l'hectare. — — 2 ans............ " 2° Orangerie de Cheurfa, 8 ans........... 650 — — — 2 ans........... " 3° Ramie de 2 ans................... 1250 — 4° Culture maraîchère dans l'orangerie de 8 ans. 200 — 5° Culture des tabacs et pommes de terre.... 825 — Cette propriété, acquise en septembre 1884 par MM. Adjous, Debonno et Cie (4 associés), contient de vastes bâtiments formant, en partie, le centre du village des Quatre-Chemins, et, comme culture, il n'y était fait que froment, orge, avoine, maïs et tabac ; dans sa partie centrale, de vastes prairies naturelles en formaient la partie basse ; la partie en montagne était réservée au parcours des bestiaux et à la culture des oliviers. *Améliorations.* — Depuis, tous les bâtiments existants ont été réfectionnés et améliorés : les cinq puits artésiens, complètement aménagés, sont actionnés par des moteurs de sang et à vapeur. Six hangars de 100 mètres ont été établis pour les tabacs ; 300 hectares ont été défoncés à la vapeur et complantés en vigne (Morestel, Carignan, Aramon, le Petit-Bouchet). La culture des oliviers a été étendue dans les coteaux par le greffage, et améliorée par une taille soignée, une fumure et un piochage réguliers. Un moulin (une presse avec manège) a été installé pour transformer le produit des récoltes en huile de première qualité, primée déjà au concours de février à Paris. La culture de la ramie sera introduite en 1887 sur une vaste surface, les eaux artésiennes y étant en abondance.

INDICATION des établissements et Exploitations.	NOMS des propriétaires successifs.	RENSEIGNEMENTS DIVERS.

		Situation au 1er janvier 1887.
		
		                                                    Rapport annuel moyen.
		1° Vignes de 3 ans, 120 hectares............ » fr. l'hectare.
		      — de 2 ans, 180 — .... »
		2° Légumineuses, 20 — .... 235 —
		3° Graminées, 250 — .... 110 —
		4° Prairies, 100 — .... 115 —
		5° Oliviers et parcours, 120 — .... 180 —
		6° Tabac, 35 — .... 700 —
		
		Observations générales. — La contenance totale des propriétés rurales de MM. Adjous et Debonno s'élève au chiffre respectable de 2,540 hectares.
		Toutes les fermes ci-dessus décrites sont reliées téléphoniquement aux bureaux de la Direction, à Bou-Farik.
		M. Debonno possède, en outre, divers immeubles importants dans Bou-Farik. Il fait bâtir une grande cave, de 100 mètres de long sur 25 de large, près de la gare de Bou-Farik, avec voies correspondantes à celles du chemin de fer. Cette cave est destinée à contenir le produit de ses récoltes vinicoles. Elle sera bien aménagée à l'intérieur, et diverses dépendances y seront adjointes, telles que : distillerie, atelier de tonnellerie, forge, matériel roulant et fixe.
		L'acquisition, par M. Debonno, de l'ancien hôtel Mazaghran date de l'année 1867.
		Récompenses diverses. — MM. Adjous et Debonno ont obtenu, au Concours régional d'Alger en 1881, le 1er prix de la 1re classe : Irrigations par les eaux souterraines ou arté-

Ferme Sainte-Marguerite, comprenant les Haouch : Rhilen (à 4 kil. E. de Bou-Farik); El-Khali (à 4 kil. 1/2 S.-S.-E. de Bou-Farik); El-Bahli (à 5 kil. S.-S.-E. de Bou-Farik), pour les terrains de plaine. Les terrains de montagne sont situés sur les anciennes tribus des Beni-Micera, Beni-Kina, etc., séparés des terrains de plaine par la route dite du *pied de l'Atlas*. Communes de Bou-Farik et de Bou-Inan.	Anciens : Arabes de diverses tribus. Nouveaux : MM. Gros et Chiris frères.	siennes ; prix consistant en un objet d'art et une somme de 1000 francs. M. Debonno a été nommé chevalier de la Légion d'Honneur par décret du 12 juillet 1884. Cette propriété provient d'achats successifs de terres faits à diverses tribus arabes, jusqu'à concurrence de 1000 hectares; sa contenance actuelle. En 1866, M. Gros, parfumeur-distillateur à Bou-Farik, achète à madame veuve Silvestre une première parcelle de terre de 50 hectares environ, située à Rhilen, qui devait être l'origine de la propriété actuelle. En 1868, M. Gros s'associe avec MM. Chiris frères, manufacturiers à Grasse (Alpes-Maritimes), et leur cède sa raison sociale, tout en restant leur associé pour la succursale de Bou-Farik, sous la raison sociale de : Antoine Chiris. Il n'y a pas vingt ans, tous ces terrains appartenaient encore aux Arabes, qui en avaient défriché quelques rares parcelles ; tout le reste était couvert de broussailles. Actuellement, la ferme possède quatre générateurs à vapeur d'une force totale de 65 à 70 chevaux, vingt-huit appareils de distillation, laboratoires pour pommades, et huiles parfumées pour essences. Fabrication de pommades et huiles à la cassie. Feuilles de verveine. Essence de géranium, néroli, petit-grain, etc. Oranges douces, mandarines, citrons. Pépinières de bigaradiers ; 200 hectares de montagne et sur le bord des ravins, plantés en eucalyptus, acacias, caroubiers. Trente-cinq mille arbres de diverses essences pour haies et brise-vents ; 40 hectares d'orangeries, 200 hectares de vigne, 30 hectares de géranium, 250 hectares de céréales et fourrages, etc. Eaux abondantes, par concession, sur le territoire de Soumâa. —Canaux d'irrigations ; deux vastes réservoirs d'eau. Nombreux travaux pour utilisation des eaux souterraines. Cinq norias abondantes, dont trois marchant à la vapeur. Défoncements,

INDICATION des établissements et Exploitations.	NOMS des propriétaires successifs.	RENSEIGNEMENTS DIVERS.
		culture, battage, ensilage à la vapeur. Machines agricoles les plus récentes. — *Constructions importantes* : Cave, matériel et vaisselle vinaire en rapport avec le nombre d'hectares de vigne cultivés. Ateliers de forge, maréchalerie, menuiserie, charronnage, ferblanterie et chaudronnerie, bourrellerie et tonnellerie, bergeries (moutons et bœufs), porcherie. A l'Exposition algérienne de 1876, prime d'honneur, offerte par le Gouverneur général, donnée à M. Gros. *Récompenses diverses.* — Médaille d'or grand module au Concours régional d'Alger de 1881, pour la belle tenue de la ferme de M. Gros, pour ses bons instruments aratoires, ses remarquables cultures de céréales et ses plantations diverses. M. Gros, fils de ses œuvres, et industriel d'élite, a fait beaucoup de bien dans le pays, où il occupe un nombreux personnel. Aussi, a-t-il été nommé chevalier de la Légion d'Honneur en 1881, pour les services qu'il a rendus. Ce fut de toute justice.
Camp-d'Erlon (à l'ouest, et touchant à Bou-Farik).	Anciens : L'armée. — Les Jésuites, qui y avaient fondé un orphelinat. — MM. Porcellaga et Blanchard. Nouveau : Mme veuve Porcellaga. (90 hectares.)	Bien que nous ayons fait l'historique du Camp-d'Erlon, au cours de cet ouvrage, nous allons le reprendre à partir du moment où il est devenu propriété particulière. MM. Porcellaga et Blanchard ont acquis des PP. Jésuites, par vente de gré à gré, en date du 13 février 1872, le Camp-d'Erlon, où ces derniers avaient créé, depuis 1851, un Orphelinat modèle. Cette propriété se composait, à cette époque, de pépinières occupant une surface de 8 hectares environ, de 4 hectares d'orangeries et de mandarineries, de 15 hectares en vigne,
		d'un jardin maraîcher de 5 hectares, d'un petit bois d'oliviers d'un demi-hectare, et de 36 hectares de prairies et de terres arables, de 2 hectares de belles constructions faites par le Génie, et formant deux enceintes distinctes et séparées. Soit, en totalité, une superficie d'environ 70 hectares. La propriété était sillonnée, dans toutes ses parties, par des allées d'arbres fruitiers et de haute futaie. Elle est située à 35 kilomètres d'Alger, sur la voie ferrée et la route nationale, dans la ville même de Bou-Farik, avec accès sur les quinconces de platanes, et, séparée, dans ses parties, par l'important Marché de Bou-Farik, sur lequel elle a également accès. Les pépinières formaient alors une des principales branches d'industrie de cet établissement, qui fut, à l'origine, le berceau de Bou-Farik ; de ces pépinières sont sorties un nombre incalculable de plantations qui font aujourd'hui la richesse et l'ornement du pays. Outre ses arbres fruitiers et les belles collections d'orangers et mandariniers, on peut encore y admirer de belles allées de dattiers du Levant, de grévilléas, de caroubiers, de lauriers, et, de plus, un jardin botanique contenant des sujets variés servant d'arbres d'école aux pépinières actuelles. Le vignoble, composé des plants les plus variés pour la table et pour la cuve, a fourni des vins de choix, qui ont obtenu de grandes récompenses et qui sont très recherchés. Ce vignoble est classé parmi les meilleurs de la plaine : la nature de son sol graveleux, sa situation élevée le rendent, en effet, très propice à la viticulture. Le rendement des vignes atteint le chiffre de 30,000 à 35,000 francs. Tel était l'état de la propriété quand elle fut achetée aux Jésuites au commencement de 1872. Depuis cette époque, ce domaine a été agrandi par de nouvelles acquisitions, qui portent sa superficie à 90 hectares. La propriété compte, à ce jour, 40 hectares de vigne, 12 hectares de pépinières, et 7 hectares d'orangeries et de mandarineries,

INDICATION des établissements et Exploitations.	NOMS des propriétaires successifs.	RENSEIGNEMENTS DIVERS.
		Une irrigation souterraine, traversant la propriété, la rend arrosable dans toutes ses parties, ce qui permet les cultures intensives, telles que prairies, tabac et jardins maraîchers ; des bassins emmagasinent l'eau provenant du Bou-Chemâla et de huit norias. Le rendement brut des pépinières atteint le chiffre annuel de 35,000 francs environ. La propriétaire actuelle, voulant faire de la première enceinte du Camp un faubourg de la ville, crée, en ce moment, une cité pour satisfaire aux nombreuses demandes de la classe ouvrière, qui trouve dans la situation salubre du Camp, dans la qualité de ses eaux potables provenant de sources artésiennes, et dans l'humanité et la bienveillance de Mᵐᵉ Porcellaga, de sérieuses conditions de bien-être. C'est là du socialisme comme il en faut. On admire aujourd'hui, dans la seconde enceinte du Camp, l'installation de vastes écuries destinées à l'élevage des races laitières. Une vacherie assez importante y réussit admirablement, et les études faites, pour acclimater les diverses races d'Europe, donnent d'heureux résultats. L'impulsion active et intelligente donnée à cette superbe exploitation par Mᵐᵉ Porcellaga, parfaitement secondée, d'ailleurs, par M. Turquois, le gérant expérimenté de ses belles pépinières, expliquent facilement les succès obtenus par cet établissement. Du reste, M. Turquois a été récompensé de ses remarquables travaux par la décoration du Mérite Agricole, qui lui a été décernée en 1885.
Haouch Bou-Amrous, 1ʳᵉ portion (à 1500 mètres de Bou-Farik, direction S.-O.).	Anciens: MM. Étienne Grisolle et Herran. Nouveau : M. le docteur Hoingne. (220 hectares.)	Les 220 hectares en cultures diverses : céréales, prairies naturelles, orangeries, oliviers ; bétail (races ovine et bovine) ; 2 hectares de vignes (Malbec, Blanquette et Morestel), donnant de 35 à 40 hectolitres de vin. Rapport annuel moyen : 15,000 francs. Jardin anglais, massifs d'arbres. Création de prairies artificielles et d'une importante pépinière de 12 hectares, contenant tous les arbres fruitiers du nord de l'Afrique et de France, et les différentes essences forestières ou d'agrément indigènes ou acclimatées. Cette pépinière livre actuellement, chaque année, de 12,000 à 15,000 arbres aux propriétaires, communes, administrations, etc. Culture du tabac, de 10 à 12 hectares. Création d'un vignoble de 40 hectares en plein rapport, comprenant les cépages suivants : Malbec, Cabernet, Sauvignon, Carignan, Cuisa, Espar, Montal, Morestel, Œillade, Aramon, Alicante, Petit-Bouchet, Teinturier. Les orangeries et mandarineries comprennent 5 hectares et demi en plein rapport, et 8 hectares de plantations récentes. Cheptel : 12 mulets ou chevaux, 36 bœufs de travail, 12 vaches. Gros bétail de commerce de 70 à 100 têtes (moutons). Les cultures de céréales comprennent, chaque année, environ 100 hectares ; elles se font par assolement. Matériel agricole très important et modèles les plus récents. L'irrigation est très abondante ; elle est produite par une conduite d'eau amenant les eaux du Bou-Chemâla (trois jours et demi par semaine), et par quatre grandes norias d'un débit illimité. Il existe quatre grands bassins dont le plus vaste, de 300 mètres cubes, contient des carpes et des tanches importées de France et qui multiplient. Rendement de l'exploitation pour l'année 1886 : 125,000 fr., d'après les registres de Comptabilité de la Ferme.

INDICATION des établissements et Exploitations.	NOMS des propriétaires successifs.	RENSEIGNEMENTS DIVERS.
Haouch Bou-Amrous (à 1500 mètres au S.-O. de Bou-Farik).	Ancienne ferme Grisolle. Cette propriété a été achetée par M. d'Aurelle de Paladines à M. Mauger. Nouveau : M. d'Aurelle de Paladines (Léonce). (100 hectares).	Maison de maître, de gérant, habitations d'ouvriers et d'employés, vastes bâtiments d'exploitation, cave de 70 mètres de long. *Récompenses diverses.* — Médailles d'argent et d'or aux Concours régionaux de Bône et d'Alger, à l'Exposition universelle de Paris en 1878. Prime d'honneur au Concours général d'Alger en 1881. Avant 1873, époque à laquelle cette propriété a été achetée par M. d'Aurelle, elle ne comportait que 65 hectares ; le surplus a été acheté par petits lots aux indigènes de Halloula. La propriété était généralement couverte de jujubiers sauvages et autres broussailles. Il n'y avait pas un pied de vigne. Les orangeries, en très mauvais état, ont dû être renouvelées. En 1887, la propriété comprend 21 hectares de vignes plantés sur défoncement à vapeur, produisant 800 hectolitres ; 14 hectares seulement sont en production ; 6 hectares de vignes américaines, plants nouveaux obtenus de semis par M. d'Aurelle, produiront d'ici deux ans plus de 400 hectolitres par hectare d'un vin très remarquable. La propriété est complètement défrichée, et pas un are n'est improductif. Il existe 5 hectares d'orangeries, 3 hectares de caroubiers greffés, 1 hectare de plantations d'arbres pour l'ornementation et l'agrément. On cultive 8 hectares de tabac, des luzernes, des bambous noirs ; pépinières, etc. ; 35 hectares de céréales, blé, orge, avoine ; 40 têtes de gros bétail ; 5 chevaux ou mulets ; porcherie importante ; 70 hectares d'irrigations ; bassin de
Ferme La Morandière. Haouch Sidi-Aid (à 3 kil. de Bou-Farik), sur la route nationale de Blida à Alger, et dans la direction des Quatre-Chemins.	Ancien : M. Morand. Nouveaux : MM. Banse et Groguier. (145 hectares.)	800 mètres cubes ; 3 kilomètres de canaux en maçonnerie. *Récompenses diverses.* — 25 médailles dans les Concours régionaux dont : 5 médailles d'or pour animaux et produits cultivés ; 10 médailles d'argent, dont 3 de grand module, pour animaux. Produits cultivés : Reboisement et endiguement. *Concours d'irrigations.* — M. d'Aurelle de Paladines a obtenu, au Concours régional d'Alger en 1881, le 3ᵉ prix des irrigations purement superficielles. Il recevait, pour ses beaux travaux hydrauliques, un prix consistant en une médaille d'argent et une somme de 100 francs, 10 médailles de bronze pour animaux ; produits cultivés. 123 hectares en céréales ; 2 hectares en vigne ; 1,500 pieds de mûriers. Défrichement et mise en culture de 20 hectares restés incultes jusque-là. Vigne.................... 37 hectares. Avoine.................... 20 — Luzernières, pâturages pour tout le reste de la ferme. Trois puits artésiens débitant chacun de 15 à 20 litres d'eau à la seconde. Deux réservoirs de la contenance de 150 mètres cubes d'eau chacun. Conduites en ciment pour les irrigations. Norias mues à la vapeur. Vingt bœufs de travail. Six mulets ou chevaux. Faucheuse Wood, et râteaux à cheval. Élevage de porcs. Engraissement de 60 porcs par mois. Troupeau de 300 brebis.

INDICATION des établissements et Exploitations.	NOMS des propriétaires successifs.	RENSEIGNEMENTS DIVERS.
Ferme de Souméa (à 7 kil. S.-E. de Bou-Farik).	Ancien : M. le docteur Teule (Jules), concessionnaire. Nouveau : M. Teule (Léon), propriétaire depuis 1873. (60 hectares.)	20 hectares en céréales; le reste de la propriété en oliviers en partie greffés, et en pacages. 1 hectare de vigne complanté en Aramon, Morestel, Carignan et Alicante. Un demi-hectare d'orangerie. Les améliorations faites par le nouveau propriétaire portent d'abord sur le matériel d'exploitation, qui a été notablement augmenté : cuves, instruments divers de culture, presse et pompes à vin, moulin à huile à vapeur avec quatre presses, dont deux faites d'après les modèles inventés par le propriétaire, et primées au Concours de Blida. Un broyeur dépulpeur, également de son invention, permet de donner l'huile de la pulpe seule sans broyer les noyaux. Plus de 10,000 oliviers ont été greffés, et 3 hectares d'orangeries ont été plantés. 14 hectares de vigne de différents âges complètent la mise en culture de l'exploitation. Un appareil à distiller produit, avec les marcs, d'après les procédés du propriétaire, une eau-de-vie pouvant lutter avec les meilleures, et a été primé à diverses Expositions. Un troupeau de montagne — croisés mérinos — et des chevaux composent le cheptel de la ferme. Les irrigations sont faites au moyen de canaux maçonnés amenant les eaux de dérivation du Bou-Chemâla. Tous ces canaux, et ceux qui conduisent les eaux sur le territoire de Bou-Farik, ont été construits sous la direction
Ferme Guerouaou (à 4 kil. O. de Bou-Farik).	Ancien : M. le docteur Teule (Jules), concessionnaire. Nouveau : M. Teule (Léon), propriétaire depuis 1873. (110 hectares.)	du propriétaire, qui est le Directeur du syndicat d'irrigation du Bou-Chemâla. Ces travaux ont doublé la valeur des terres du périmètre irrigable de la région. En 1868, cette ferme ne possédait encore que 50 hectares livrés à la culture indigène, sans eau d'irrigation et d'alimentation, sans plantations, ni cultures arborescentes; elle était couverte de broussailles. A partir de 1873, la propriété a été complètement défrichée. Il a été construit des écuries, des hangars pour les machines et une maison de ferme. L'exploitation possède un matériel complet de culture : charrues diverses, semoir, rouleaux Croskil, moissonneuse-lieuse-batteuse à grand travail. Différentes acquisitions ont porté l'exploitation à 110 hectares. Assolements triennaux avec jachères cultivées. Des bœufs d'engrais et de labour composent le cheptel. Il a été planté 10 hectares de vigne, 1 hectare d'orangeries et divers arbres forestiers. Les eaux d'irrigation et d'alimentation proviennent de la dérivation de l'ouad El-Khamis, et arrivent en canaux maçonnés jusqu'à la ferme : ces canaux ont été construits par le propriétaire, qui est également Directeur du syndicat de l'ouad El-Khamis. La totalité des travaux exécutés sous sa direction arrosent les districts de Guerouaou, Mechdoufa, les Quatre-Fermes et Ben-Aïça. *Récompenses diverses.* — Diplômes et médailles d'or, d'argent et de bronze pour les huiles, les vins, les laines, les eaux-de-vie et les cultures spéciales et les machines, aux expositions de Vienne (Autriche), Paris, Alger, Rouen, Blida, etc. Médaille d'or de la Société des Agriculteurs de France pour la culture des oliviers.

INDICATION des établissements et Exploitations.	NOMS des propriétaires successifs.	RENSEIGNEMENTS DIVERS.
Atelier de la Société de Construction de mécanique (boulevard Charlemagne, et rue Desgenettes, à Bou-Farik).	Anciens : M. Fourrier (Jean), fondateur. — Société de Construction. Nouveaux : MM. Montfort et Bitt.	Cet atelier est le plus important et le mieux outillé de l'Algérie. Il comprend, comme outillage : tours, raboteuses, perceuses, taraudeuses pour l'ajustage, Soufflerie, marteau-pilon à vapeur pour la forge ou la serrurerie. La fonderie proprement dite comprend : 3 cubilots de diverses puissances, étuves, grues et fourneau à bronze. L'atelier occupe, suivant l'importance des travaux, de 30 à 50 ouvriers : ajusteurs, tourneurs, forgerons, mouleurs, serruriers, etc., dirigés par deux contre-maîtres. L'atelier construit les principaux outils nécessaires à l'agriculture, on fait les réparations, et permet ainsi l'emploi de machines perfectionnées dans le pays; l'atelier a servi aussi à former les nombreux conducteurs de machines employés dans les fermes. En dehors de la machinerie agricole, l'atelier peut, par ses moyens, construire les combles, planchers, escaliers, etc. — Travaux relatifs à la construction de bâtiments ruraux. — Doks, caves, etc., ainsi que les installations de petites usines agricoles, comme les huileries et autres. Les huileries de Soumâa et des Quatre-Chemins, et l'usine à plâtre de M. Mortel, à Rovigo, avec son chemin de fer aérien qui s'élève à plusieurs kilomètres dans la montagne, sortent de l'atelier. La fonderie de fer, en dehors des fontes nécessaires à l'atelier, fournit aux charrons et aux principaux propriétaires les pièces de rechange qui leur sont nécessaires.

RÉSUMÉ

Nous sommes loin de compte, nous l'avons montré au cours de cet ouvrage, avec le général Duvivier, qui, en 1841, dans son livre : « *Solution de la Question algérienne*, » prétendait que l'occupation française devait être limitée, dans la province d'Alger, à la ligne qui va de Bir-Khadem à Douéra, limite qui devrait être marquée par un retranchement continu, projet qui, d'ailleurs, avait reçu un commencement d'exécution.

« Au delà du retranchement, écrivait-il, est l'infecte Metidja.
« Nous la laisserons aux chacals, aux courses des bandits arabes,
« et en domaine à la mort sans gloire. Nous y trouvons Bou-Farik,
« Blida, qui sont de grands inconvénients militaires.

« Bou-Farik est un malheur!... Il y a là une petite population
« européenne qu'il faut empêcher de s'épandre hors de son retran-
« chement, et qu'il est nécessaire d'amener, par tous les moyens
« possibles, à diminuer, voire même à se dissoudre!

« Des plaines, telles que celles de Bône, de la Metidja et tant
« d'autres, sont des foyers de maladies et de mort.

« Les assainir?.....

« On n'y parviendra jamais!... »

Que dirait-il maintenant si, quarante-cinq ans après avoir écrit ces lignes, il lui était donné de revenir à la vie, de parcourir la Metidja, de s'asseoir sous les immenses et frais ombrages de Bou-Farik, et d'admirer ce magnifique domaine qu'il proposait d'abandonner à la mort sans gloire?...

Que dirait-il surtout des héroïques soldats et des vaillants colons qui l'ont créé, ce splendide domaine, en l'arrosant de leurs sueurs, et en l'engraissant de leurs cadavres intoxiqués?...

TABLE

Dédicace................................... v.
Avant-propos............................... xiii.

I

Bou-Farik avant 1830 et les arbres-gibets. — Le chaouch exécuteur. — De la justice de l'Agha des Arabes, et de celle des Kaïds. — Topographie de Bou-Farik et de ses abords. — Les trois arbres d'avant l'occupation. — L'organisation de la province d'Alger au temps des Turks. — L'outhan des Beni-Kheiil. — Le quartier de Bou-Farik divisé en trois cantons. — Un marché par outhan... Page 1.

II

Expédition du général de Bourmont sur Blida. — La colonne est attaquée par les Kabils, et suivie, dans sa retraite, jusqu'au delà de Bou-Farik. — Le général Clauzel remplace M. de Bourmont. — Expédition sur Médéa. — Ravitaillement de Médéa. — Le chef d'escadrons Mendiri est nommé Agha des Arabes. — Le général Berthezène, qui a remplacé le général Clauzel, dirige une nouvelle expédition sur Médéa. — Les Beni Khehl et les Beni-Mouça s'emparent des ponts de Bou-Farik. — Rassemblements hostiles autour de ce point; ils sont dispersés. — Les Beni-Khelil se donnent un Kaïd, que ne reconnaît pas l'autorité française. — El-Hadj-Mohy-ed-Din remplace le commandant Mendiri dans la charge d'Agha des Arabes. — Le général duc de Rovigo succède au général Berthezène dans le commandement de la Division d'Occupation. — Rassemblements armés à Soukaly. — L'Agha des Arabes fait défection. — Combat de Sidi-Aaïd-Ech-Cherif.................................. Page 13.

III

Expédition contre les gens du haouch Bou-Ogab et de Guerouaou. — Le général Voirol commence les belles routes du Sahel et de la Metidja. — Travaux du défilé de Bou-Farik. — Le capitaine de La Morcière est chargé de la direction des Affaires arabes. — Attaques par les Arabes des travailleurs indigènes employés aux ponts de Bou-Farik. — Les Hadjouth. — Abandon des travaux des ponts de Bou-Farik. — Le Kaïd de l'outhan des Beni-Khelil, Bou-Zid-ben-Châoua. — Il est assassiné sur le Marché de Bou-Farik. — La Commission d'Enquête se rend à Blida sous l'escorte d'une colonne expéditionnaire. — Assassinat, près de Bou-Farik, d'un cantinier et de sa femme. — Expédition chez les Hadjouth. — Le fils de Bou-Zid le remplace dans ses fonctions de Kaïd des Beni-Khelil. — Le sergent-major Vergé est placé auprès de lui. — Premiers travaux de dessèchement dans la Metidja.................................. Page 25.

IV

Les déprédations des Hadjouth. — Invasion infructueuse de leur pays par une colonne expéditionnaire. — Division

de l'outhan des Beni-Khelil en cantons, à la tête desquels
on met des cheikh. — Ce qu'on entendait par Hadjouth.
Mœurs et manière de combattre de ces cavaliers. — Nouvelle expédition contre les Hadjouth. — Les Beni-Khelil
et les Beni-Mouça marchent avec nous comme auxiliaires.
— Ils font un butin considérable sur les Hadjouth, qui
demandent la paix. — Nos conditions n'ayant pas été
acceptées, les hostilités recommencent. — Nos auxiliaires
font encore du butin. — Les Hadjouth font leur soumission. — Les Beni-Khelil et les Hadjouth se jurent solennellement une paix éternelle. — Un Commissaire extraordinaire est établi dans l'outhan des Beni-Khelil. — La
Metidja est ouverte aux Européens. — On essaye de les
faire admettre sur les marchés arabes. — Machinations
du Commissaire indigène pour contrecarrer ce dessein.
— Reconnaissance des biens du Beylik dans la Metidja. —
El-Arby-ben-Brahim remplace Allal-ould-Bou-Zid dans le
Kaïdat des Beni-Khelil. — Les Européens sont expulsés
du Marché de Bou-Farik. — Sur le rapport de la Commission d'Enquête, la conservation d'Alger est décidée. —
Nouvelle organisation administrative. — Le lieutenant-
général comte d'Erlon est nommé Gouverneur général.
— Départ du général Voirol.................. Page 51.

V

Le Gouverneur général décide que des troupes seront envoyées tous les lundis au Marché de Bou-Farik. — Formation d'un poste au haouch Ech-Chaouch. — L'occupation
permanente de Bou-Farik est décidée. — Le Ministre de
la Guerre y autorise l'établissement d'un camp. — La
situation s'améliore dans la Metidja. — Le lieutenant-
colonel Marey est nommé Agha des Arabes. — Les
Hadjouth recommencent leurs incursions dans le Sahel.
— Les réclamations de l'Autorité française ne sont point

accueillies. — Arrestation de deux Hadjouth au Marché de Bou-Farik. — Expédition contre les Hadjouth et pointe sur les Mouzaïa. — Reprise des hostilités. — Assassinats entre Dely-Ibrahim et Douéra. — Reconnaissance du général Rapatel sur les bords du Mazâfran. — Établissement d'un camp à Mâelma. — Défection des cavaliers du canton d'El-Merdjia et des fonctionnaires indigènes. — Ali-Bou-Dchicha est nommé Kaïd des Beni-Khelil en remplacement d'El-Arby-ben-Brahim, passé aux Hadjouth. — On exécute les travaux d'enceinte du Camp permanent de Bou-Farik. — La colonie du Bazar. — Premières misères. — Attaque du Camp de Bou-Farik par les Hadjouth, et razia sur les Beni-Khelil. — Le général Rapatel détruit le camp des Hadjouth sur les bords de la Cheffa. — L'Ambulance du docteur Pouzin et M. le baron Vialar. — Les Sœurs de Saint-Joseph à l'Ambulance Pouzin. — Le nouveau camp de Bou-Farik prend le nom de Camp-d'Erlon. — Blida n'accepte point le Hakem que nous voulons lui donner. — Les Hadjouth fondent sur le camp de Douéra, et y surprennent un détachement de Chasseurs d'Afrique, qui les repousse.................. Page 79.

VI

Ali-ben-El-Khaznadji est mis à la tête du Kaïdat de l'outhan des Beni-Khelil. — Razia des Hadjouth sur le haouch Mered. — Entrevue du Kaïd Ali et des Hadjouth. — Assassinat d'Ali-ben-El-Khaznadji. — Razia sur les Hadjouth. — Le Kaïd Ali-ben-El-Khaznadji est remplacé par Ahmed-Ech-Chahma. — Le maréchal Clauzel est nommé Gouverneur général en remplacement du lieutenant-général comte d'Erlon. — Invasion du choléra. — L'Émir Abd-el-Kader passe le Chelif et donne des Khalifas à Médéa et à Miliana. — Le maréchal Clauzel répond à cette provocation en donnant des Beys à ces deux villes. —

Mosthafa-ben-El-Hadj-Omar est nommé Bey de Miliana et de Cherchel, et Mohammed-ben-Hoçaïn est placé à la tête du Beylik de Tithri. — Une colonne expéditionnaire conduit le Bey de Tithri jusqu'à la frontière de son gouvernement. — Les Mouzaïa lui refusent le passage de leurs montagnes, et le nouveau Bey est ramené à Bou-Farik. — Razia du lieutenant-colonel Marey sur les haouch Ben-Salah et Ben-Bernou. — Expédition sur la Zaouya de Sidi El-Habchi. — Le Bey Mohammed-ben-Hoçaïn entreprend seul, mais sans succès, la conquête de son Beylik. — Le Khalifa de Miliana envahit la Metidja. — Le maréchal Clauzel marche à lui et le défait sur l'ouad Bou-Roumi. — Nouvelle invasion du Khalifa de Miliana dans la Metidja. — Il est rejeté dans les montagnes. — Le colon Pic est enlevé par les Arabes. — Razia sur les Hadjouth... Page 97.

VII

La guerre et les Hadjouth. — Échange de prisonniers. — Razia sur le bois de Kherraza. — Expédition sur Médéa. — Le maréchal Clauzel est appelé à Paris. — Le général Rapatel est chargé de l'intérim. — Enlèvement de trois Européens par les Hadjouth. — Les Hadjouth poussent leurs incursions jusqu'au Djebel Bou-Zarriâ. — Établissement de postes retranchés à Sidi-Khalifa et sur l'ouad El-Allaïg. — Affaire sur la Cheffa. — Rentrée du maréchal Clauzel. — Construction d'un camp retranché sur la Cheffa, et d'une redoute avec blockhaus aux Oulad-Yaïch. — Pointe dans les montagnes des K'ellaï et des Beni-Salah. — Le Kaïd Ahmed-Ech-Chahma est remplacé par Tarzi-Ali. — Arrêté de création de la ville de Bou-Farik. — Attaque du poste des Oulad-Yaïch par Mohammed-ben-Allal. — Combat de Guerouaou entre les Spahis réguliers et la cavalerie de Ben-Allal. — Incendie de plusieurs fermes en avant de Bou-Farik. — Le général Rapatel fait canonner Blida. — Travaux de défense de la Metidja. — Le nouveau centre de population créé à Bou-Farik prend le nom de Medina-Clauzel. — Le Kaïd Tarzi-Ali est remplacé par Ali-Bou-Dchicha. — Application à Medina-Clauzel de l'arrêté relatif à la Milice africaine. — Travaux de routes et de desséchement.............. Page 107.

VIII

Le maréchal Clauzel est remplacé par le lieutenant-général comte de Damrémont. — Arrivée à Oran du lieutenant-général Bugeaud. — L'Émir Abd-el-Kader à Médéa. — Suppression de la charge d'Agha des Arabes, et création de la Direction des Affaires arabes. — Mohammed-ben-Halima remplace le Kaïd Ali-Bou-Dchicha. — On trace la nouvelle ville de Medina-Clauzel, et on fait l'allotissement de son territoire. — L'ennemi et la fièvre. — Les troupes sont décimées par les maladies. — Colonne d'observation dans l'Est. — Reconnaissance des abords et de la ville de Blida. — L'Émir quitte Médéa et retourne dans l'Ouest. — Attaque de la ferme de Reghaïa par les Icer et les Amraoua. — La guerre est allumée dans l'Est. — Construction d'une redoute sur l'ouad Bou-Douaou. — Attaque du blockhaus des Oulad-Yaïch par les Hadjouth. — Attaque et massacre de faucheurs européens entre Bou-Farik et Bou-Ogab. — Le Gouverneur général transporte son quartier général à Bou-Farik. — Le Khalifa de Miliana est battu au sud de Mered. — Le Gouverneur se porte sur le camp de la Cheffa. — Attaque combinée sur le bois de Kherraza. — Suspension des hostilités. — Traité de la Thafna. — Sid Mohammed-ben-Allal remplace son oncle à la tête du Khalifalik de Miliana. — Une ligne télégraphique aérienne est créée entre Alger et Bou-Farik. — Travaux de route et de desséchement.... Page 125.

IX

Violation par les agents de l'Emir du traité de la Thafna. — Le Khalifa de l'Emir à Médéa lève une contribution sur les gens de Blida. — Les Hadjouth recommencent leurs incursions sur notre territoire. — Mauvais vouloir du Khalifa de Miliana. — L'autorité française s'en plaint vainement à l'Emir. — Abd-el-Kader donne des Kaïds aux Khachna et aux Beni-Mouça. — Arrivée de l'Emir dans le Tithri. — Assassinat d'un officier indigène par les Hadjouth. — Le maréchal Valée est nommé Gouverneur général de l'Algérie. — L'Emir attaque les Zouetna et fait tuer leur Kaïd, Beïram-ben-Thathar. — Abd-el-Kader viole notre territoire dans l'Est. — Ses prétentions au sujet de nos limites. — Les troupes françaises prennent possession de Koléa. — Les colons de Bou-Farik transportent leurs baraques du Bazar sur leurs lots urbains et bâtissent. — Occupation de Blida. — Les chefs des Hadjouth El-Bachir-ben-Khouïled et Brahim-ben-Khouïled. — La redoute du Pont-de-Chevalets et le voiturier Gromulu. — Affaire entre les Chasseurs d'Afrique et les Hadjouth sur le haouch Ben-Koula. — Enlèvement de cinq colons par les Hadjouth. — Travaux intérieurs du Camp-d'Erlon. — Travaux autour de Bou-Farik. — Insalubrité de son territoire. — Brigandages des Hadjouth. — Le colon Pasquier est enlevé, Miquel est assassiné, les habitations de Némoz et de Delpech sont incendiées. — Les colons de Bou-Farik demandent une enceinte. — On en commence la construction. — Tentative d'émigration des Beni-Mouça. — Occupation du camp de l'ouad El-Allaïg. — Les gens du haouch Ben-Bernou. — Etablissement de camps près du marché d'El-Arbàa et sur l'ouad El-Harrach.   Page 141.

X

Rupture du traité de la Thafna par l'expédition des Biban. — Mauvaises conditions de défense des établissements agricoles dans la Metidja. — Situation de l'agriculture. — Les Arabes sont prêts pour la guerre. — Incendie de deux habitations appartenant à des colons de Bou-Farik. — Violation de notre territoire par les Hadjouth. — Les Hadjouth portent leurs campements au delà du Bou-Roumi. — Incursions incessantes. — Mort du commandant Raphel attiré dans une embuscade par les Hadjouth. — Emigration des Arabes de notre territoire. — Envahissement général de la Metidja. — Massacre d'un convoi à Moktha-Mekhlouf. — Le colon Laurans et sa femme. — Combat désastreux d'ouad El-Allaïg. — Sac et destruction des établissements agricoles de la Metidja, et massacre des colons. — Belle défense de quelques haouch. — Déclaration de guerre de l'Emir. — Évacuation de plusieurs postes retranchés et concentration des troupes. — Incendie de la ferme Mauger et des habitations des colons Nierengarden et Simon. — Assassinat de ce dernier. — Lettre du Directeur de l'Intérieur. — Les gens de Guerouaou se réfugient à Bou-Farik, et font défection un mois après. — Tentative de l'ennemi pour s'emparer du troupeau de l'Administration. — Le bataillon de Réguliers d'El-Berkani vient prendre position dans les montagnes des Beni-Salah. — Des partis nombreux de cavaliers ennemis interceptent les routes d'Alger et de Blida. — Les Réguliers sont battus au sud de Mered. — Situation critique de la garnison du Camp supérieur de Blida. — Dévouement du caporal Bourdis, du 21ᵉ de ligne. — Beau combat du haouch El-Mebdouà entre l'ouad El-Allaïg et Blida. — Incendies de meules de fourrages à Bou-Farik. — Travaux divers et statistique............ Page 165.

XI

Combat du Bois des Oliviers, près Blida. — Création de Commissariats civils. — M. Bertier de Sauvigny est nommé Commissaire civil à Bou-Farik. — Les Hadjouth recommencent leurs incursions. — Prise et occupation de Cherchel. — Expédition dans l'Est. — Concentration à Blida des troupes destinées à l'expédition de Médéa. — Nettoyage préalable de la Metidja. — L'armée pénètre dans les montagnes des Mouzaïa. — Occupation définitive de Médéa. — Rentrée des troupes dans leurs cantonnements. — Les coureurs d'Ahmed-ben-Eth-Taiyeb-ben-Salem s'avancent jusqu'au quartier du Hamma. — Tentative d'enlèvement d'une jeune jardinière européenne par un cavalier arabe. — Enlèvement de dix-sept faucheurs de Bou-Farik aux environs du haouch Bou-Amrous. — Ahmed-ben-Kaddour est nommé Kaïd des Beni-Khelil. — Expédition et occupation de Miliana. — Affaires dans la vallée du Chelef. — Ravitaillements de Médéa et de Miliana. — Création d'un poste permanent à Tala-Yezid, dans les montagnes des Beni-Salah. — Évacuation du Camp-Supérieur. — Pointe de Brahim-ben-Koulled aux Figuiers de Sidi-Sliman. — Attaque des faucheurs sur l'ouad Tlata. — Mort des frères Mirabet, et beau combat livré par la Milice de Bou-Farik aux cavaliers de l'ennemi entre les Deux-Ponts. — Attaque de huit colons par vingt-cinq cavaliers ennemis sur l'ancien communal. — Massacre d'un détachement français entre Koléa et le camp de Mielma. — Assassinat des frères Lambry par les Arabes. — Les environs de Bou-Farik tenus par trois goums ennemis. — Attaque du camp de Bou-Farik. — Mise sous le séquestre des biens des émigrés. — Travaux divers et statistique. — Le fossé-obstacle. — Le général Bugeaud remplace de maréchal Valée dans le Gouvernement général de l'Algérie. — Effectif de l'armée d'Afrique au commencement de 1841... Page 195.

XII

L'Algérie est déclarée en état de guerre. — Razias sur les Hadjouth. — Les colons Falga, Nambotin et Laurans sont enlevés par les Arabes. — Vigoureuse offensive du général Bugeaud contre Abd-el-Kader. — Le Gouverneur général conseille aux colons de Bou-Farik d'abandonner ce centre de population. — Le général Bugeaud et les Miliciens. — Ravitaillements de Médéa. — Attaque de Koléa. — Destruction d'un détachement de la Légion étrangère près du poste des Oulad-Fayed. — Le général Bugeaud laisse le commandement de la province d'Alger au général Baraguey-d'Hilliers. — Échange de prisonniers sur le haouch Ben-Khelil. — Ravitaillements de Médéa et de Miliana. — Des terres à proximité des camps permanents sont mises à la disposition des troupes pour être cultivées. — Une Justice de Paix et un office de Notaire sont donnés à Bou-Farik. — M. Toussenel est nommé Commissaire civil à Bou-Farik. — Magistrat et chasseur. — Les Miliciens de Bou-Farik prennent part à une razia sur les Beni-Misra. — Le service de la Milice. — Travaux divers et statistique. — Plantations et assainissement. — Le général de Rumigny prend le commandement de la province d'Alger, et fait quelques courses dans les montagnes des Khachna et des Beni-Salah, ainsi que chez les Hadjouth. — Projet d'abandon de Bou-Farik. — Pétition des colons au Gouverneur général. — Razias sur les Hadjouth. — Soumission de familles émigrées des Beni-Khelil. — Affaire du sergent Blandan entre Bou-Farik et Mered. — Revanche du lieutenant-colonel Morris contre les cavaliers de Ben-Salem. — Ordre du lieutenant-colonel Morris relatif aux mesures de précaution à prendre par les faucheurs. — Expédition combinée amenant la soumission des Hadjouth, des Beni-Menad, des Bou-Alouan, des Mouzaïa et des Beni-Salah. — Fin de la guerre dans la Metidja.................................... Page 225.

XIII

La Metidja pacifiée. — Abandon des idées d'occupation restreinte. — Coup d'œil rétrospectif. — Les victimes de la période militante de Bou-Farik. — Ses hommes de poudre. — Les derniers maraudeurs. — Situation de Bou-Farik en 1842. — Le Commissaire civil Toussenel quitte Bou-Farik. — Organisation des tribus soumises. — Ahmed-ben-Kaddour est nommé définitivement Kaïd du district de Bou-Farik. — Les Khachna et les Beni-Mouça sont rentrés sur leur territoire. — Délimitation du ressort du Commissariat civil de Bou-Farik. — M. Ch. Du Teil est nommé Commissaire civil de Bou-Farik. — Travaux et colonisation. — Les fourrages. — Le Marché. — La Milice. — Statistique. — Le général Bugeaud nommé maréchal de France. — Mort de Sid Mohammed-ben-Allal. — Augmentation du territoire de Bou-Farik. — Population de Bou-Farik. — Travaux d'assainissement et de dessèchement dans la Metidja. — Travaux des routes. — Les établissements agricoles reprennent de la vie. — Dessèchement du marais de Soukaly. — L'état sanitaire s'améliore. — Le Marché. — Statistique. — Les sauterelles. — Création d'un centre de population à Soumân. — Construction d'une école et d'une église à Bou-Farik. — Nouvelle organisation de l'Administration algérienne. — Les Aïçaoua à Guerouaou. — Les plantations. — Les sauterelles. — Occupation du col des Beni-Aaïcha. — L'Emir fait sa jonction avec son Khalifa Ben-Salem. — Guerre active à l'Emir Abd-el-Kader. — M. de Lamothe-Langon est nommé Commissaire civil à Bou-Farik. — Bénédiction de l'église de Bou-Farik par l'Évêque d'Alger. — On commence la construction du caravansérail. — Le duc d'Aumale remplace le maréchal Bugeaud dans le Gouvernement général de l'Algérie. — Reddition de l'Emir Abd-el-Kader. — La mortalité en Algérie... Page 275.

XIV

Le général Cavaignac remplace le duc d'Aumale dans le Gouvernement général de l'Algérie. — M. de Milhau est nommé Commissaire civil à Bou-Farik. — Le général Changarnier est nommé Gouverneur général de l'Algérie. — M. de Chancel remplace M. de Milhau en qualité de Commissaire civil. — Le général Charon est nommé Gouverneur général de l'Algérie. — L'Algérie est divisée en territoires civils, ou départements, et en territoires militaires. — Bou-Farik sous l'administration de M. de Chancel. — Plantations. — Mouvement de la population pendant l'année 1848. — Les concessions faites dans l'intérieur et sur le territoire de Bou-Farik sont déclarées gratuites. — Situation des cultures. — Mouvement de la population pendant l'année 1849. — Bou-Farik cesse d'avoir une garnison. — Le général d'Hautpoul est nommé Gouverneur général de l'Algérie. — Concours agricole à Bou-Farik. — L'Évêque d'Alger propose au Gouvernement d'entreprendre la conversion des Arabes. — Mouvement de la population pendant l'année 1850. — M. Desjobert et la mortalité en Algérie. — Le Camp-d'Erlon et ses dépendances sont concédés au P. Brumauld. — M. Lafaye est nommé Commissaire civil à Bou-Farik.................................. Page 307.

XV

Bou-Farik est érigé en Commune. — Composition du

Conseil municipal. — Le général Randon est nommé Gouverneur général de l'Algérie. — Création de Bir-Touta et des Quatre-Chemins. — Une Commission municipale remplira les attributions dévolues aux Conseils municipaux. — M. Borély La Sapie est nommé Maire de Bou-Farik. — Toutes les concessions sont uniformisées à six hectares. — Mouvement de la population pendant l'année 1851. — Constitution de la Commission municipale de Bou-Farik. — Le Kaïd de Bou-Farik fait abandon à la Commune des droits de Marché. — Travaux d'utilité publique, constructions et cultures à Bou-Farik. Son budget. — Bou-Farik et M. Borély La Sapie. — Coup d'œil rétrospectif. — Bou-Farik sous ses trois régimes administratifs, l'armée, le commissariat civil, la commune. — Le Kaïd Ahmed-ben-Kaddour est remplacé par son fils, Ali-ben-Ahmed. — Un incendie. — Horace Vernet peintre d'enseignes.................... Page 323.

XVI

La municipalité de Bou-Farik est constituée sur de nouvelles bases. — Création du village de Chebli. — Situation de Bou-Farik en 1854. — Développement donné à la culture du tabac. — Travaux d'utilité publique. — Création de nouvelles écoles. — Mouvement de la population pendant l'année 1854. — Division du territoire de l'Algérie en circonscriptions judiciaires. — Le Kaïd Ahmed, révoqué, n'est pas remplacé. — Le marché est entouré d'un mur de clôture. — Mouvement de la population pendant l'année 1855. — Augmentation de la concession faite au P. Brumauld. — Décret modifiant le territoire et le corps municipal de la Commune de Bou-Farik. — Situation de la population de la Commune. — Mutations dans le Conseil municipal. — Une Justice de Paix est créée à Bou-Farik. — Création du village de Bou-Inan. — Création d'un Ministère de l'Algérie et des Colonies. — Suppression de la fonction de Gouverneur général, et institution d'un Commandant supérieur des Forces de Terre et de Mer en Algérie. — Le général de Mac-Mahon est nommé à cette haute fonction. — Création de deux squares dans les quinconces de platanes. — Mutations dans le Corps municipal. — Le général Gues-willer remplace le général de Mac-Mahon dans le commandement supérieur de l'Algérie. — Le général Gues-willer est remplacé par le général de Martimprey. — Bou-Inan forme une section annexe de Bou-Farik. — Fixation de l'effectif de la Milice pour la Commune de Bou-Farik. — Nominations. — Débarquement à Alger de l'Empereur et de l'Impératrice.................................... Page 313.

XVII

Suppression du Ministère de l'Algérie, et reconstitution du Gouvernement général. — Le maréchal Pelissier est nommé Gouverneur général de l'Algérie. — M. le général de Martimprey est nommé Sous-Gouverneur. — La section de Chebli est érigée en Commune. — Fixations nouvelles des limites de la Commune de Bou-Farik. — Modification dans l'organisation du Corps municipal. — M. Borély La Sapie donne sa démission des fonctions de Maire. — Réflexions. — M. Mauger est nommé Maire de la Commune de Bou-Farik. — Population de cette Commune au 31 décembre 1861. — Organisation d'un syndicat des canaux de dessèchement de Bou-Farik. — Inauguration du chemin de fer d'Alger à Blida. — La Commune est autorisée à contracter un emprunt. — Création d'une Société de Secours mutuels. — M. Mauger donne sa démission de Maire de la Commune de Bou-Farik. — Il est remplacé par M. Ribouleau. — M. le maréchal de Mac-Mahon est nommé Gouverneur général de l'Algérie, et le général Desvaux Sous-Gouverneur. — Etablissement, par la Société linière et cotonnière, d'une usine à Bou-Farik. — L'Empereur à Bou-Farik. — M. le général de Ladmirault est nommé Sous-Gouverneur de l'Algérie. — Un Bureau de Bienfaisance est installé à Bou-Farik. — Les sauterelles. — M. le général baron Durrieu est nommé Sous-Gouverneur de l'Algérie. — Population de la Commune de Bou-Farik au 31 décembre 1866.. Page 359.

XVIII

Les colons fondateurs de Bou-Farik. — Le Bou-Farik de 1868. — Sa forme. — Son enceinte. — Ses dimensions. — Ses maisons. — Ses vergers. — Sa population. — Ses platanes. — Ses squares. — Ses rues et ses boulevards. — Ses eaux. — La Koubba de Sidi Abd-el-Kader-El-Djilani. — L'hôtel Mazaghran. — L'église et ses tableaux. — Le Camp-d'Erlon et l'Orphelinat. — La chapelle. — L'ancien puits du Marché. — Le Magasin à Fourrages. — Les cadeaux du maréchal Pelissier. — Le cimetière. — La tombe de Blandan et des six héros tombés autour de lui. — Le monument funéraire élevé au capitaine du Génie Grand. — L'Orphelinat, école d'agriculture. — Aspect de Bou-Farik. — Sa fête annuelle. — Le territoire de la Commune.. Page 381.

XIX

Le Marché de Bou-Farik en 1868. — Son âge. — Son histoire. — Aghas des Arabes et Kaïds des Beni-Khelil. — Les Européens au Marché de Bou-Farik. — L'occupation de Bou-Farik. — Le Camp-d'Erlon. — Interruption du Marché de 1839 à 1842. — Reprise des affaires. — Abandon à la Commune par le Kaïd Ahmed-ben-Kaddour des droits de Marché. — Plantations. — Marche ascendante des affaires. — Les anciennes limites du Marché. — Son emplacement. — Ses entrées. — Son puits turk. — Le Caravansérail. — Le Marché la veille au soir. — Le lundi matin. — Les installations. — Aspect général. — Le personnel. — Les Kabils moissonneurs. — Les Kahouadji et leur clientèle. — Les cordonniers et les savetiers. — Leurs tentes-échoppes. — Emploi ingénieux de la foule pour la préparation des cuirs. — Les marchands de chaussures arabes. — Les bouchers et leurs étaux. — Les maréchaux-ferrants. — Les épiciers-droguistes-parfumeurs. — Les selliers-harnacheurs. — Les cordiers. — Les vanniers. — Les vendeurs de toisons. — Les marchands de volailles. — Les négociants en sel, en savon et en moulins arabes. — Les bernoussiers-tailleurs. — Les négresses marchandes de pain. — Les marchands d'huile. — Les mielleux-ciriers. — Les fruitiers, les légumiers. — Les merciers. — Les marchands de nouveautés. — Les bijoutiers, orfèvres, bimbelotiers. — Les ferblantiers-étameurs. — Les fripiers. — Les maquignons. — Le commerce ambulant. — Les tholba écrivains publics. — Les mendiants aveugles. — Les derouïch. — Les guezzanat. — Les mesureurs de grains. — Lo tribunal du Kadhy. — Le salon du Cheikh. — Les bêtes. — Les moutons. — Les bœufs, les vaches et leurs veaux. — Les toucheurs. — Les transactions en sabir. — Les bourriquets mutualistes. — Les arbres crasseux. — La clôture du Marché. — La conclusion des affaires au café. — La Metidja à vol d'oiseau en 1868.................. Page 407.

XX

Bou-Farik, de 1869 à 1887..... .... Page 475.

www.ingramcontent.com/pod-product-compliance
Lightning Source LLC
Chambersburg PA
CBHW060507230426
43665CB00013B/1431